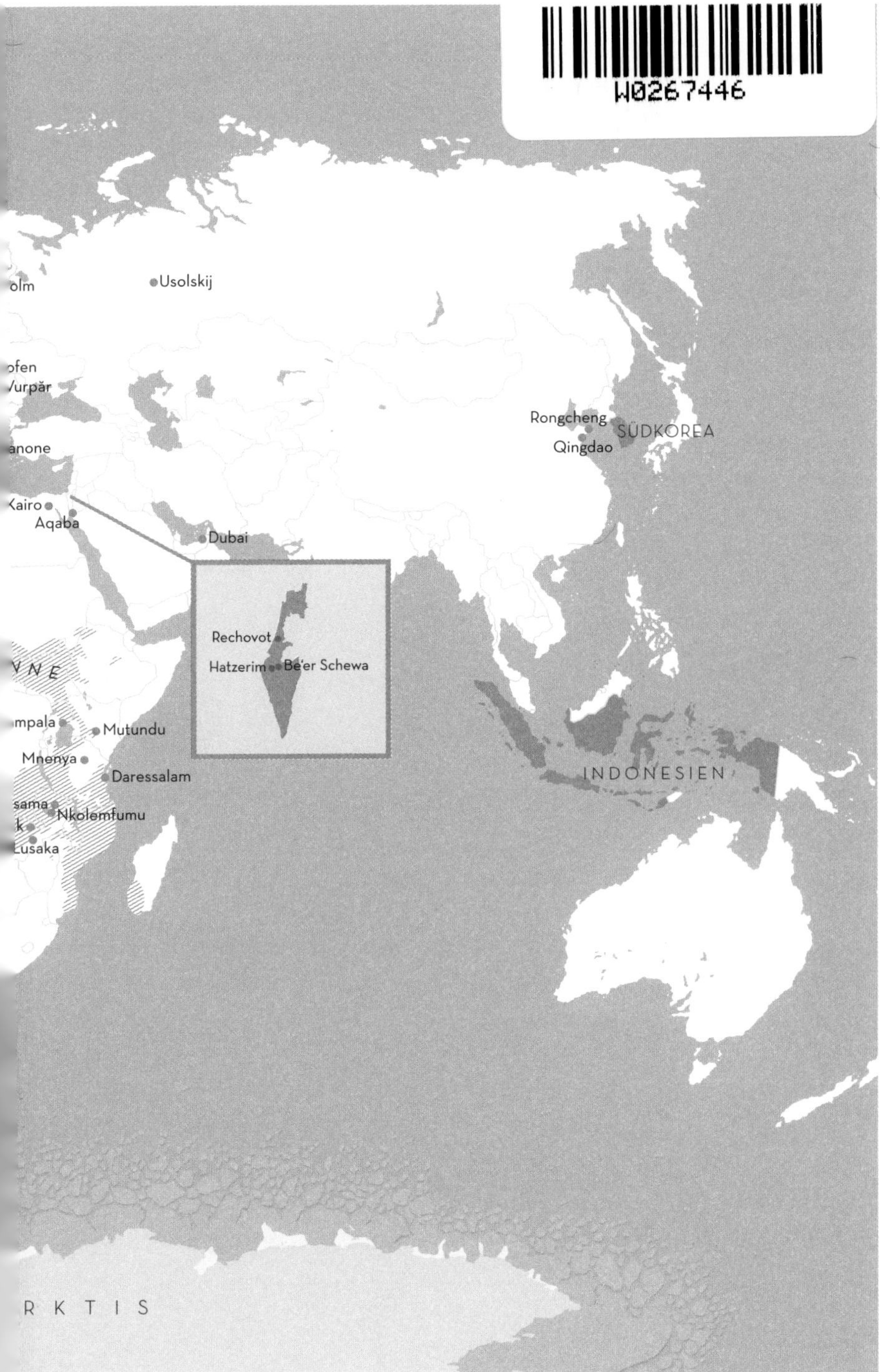

olm
Usolskij
ofen
Vurpăr
anone
Kairo
Aqaba
Dubai
Rechovot
Hatzerim
Be'er Schewa
Rongcheng
SÜDKOREA
Qingdao
INDONESIEN
mpala
Mutundu
Mnenya
Daressalam
sama
Nkolemfumu
Lusaka
RKTIS

Jan Grossarth (Hrsg.)

FUTURE FOOD

Jan Grossarth (Hrsg.)

FUTURE FOOD

Die Zukunft der Welternährung

wbg THEISS

Die Deutsche Nationalbibliothek verzeichnet diese Publikation
in der Deutschen Nationalbibliografie; detaillierte bibliografische
Daten sind im Internet über http://dnb.de abrufbar.

wbg Theiss ist ein Imprint der wbg.

Die Herausgabe des Werkes wurde durch die Vereinsmitglieder der WBG ermöglicht.
Satz: Sabine Ufer, Verlagsherstellung, Leipzig
Einbandgestaltung: Peter Lohse, Heppenheim
Einbandabbildung: Sahara Forest Project / saharaforestproject.com
Logo der Serie: © Rhonald Blommestijn (F.A.Z.)
Gedruckt auf säurefreiem und alterungsbeständigem Papier
Printed in Germany

Besuchen Sie uns im Internet: www.wbg-wissenverbindet.de

ISBN 978-3-8062-3971-3

Elektronisch sind folgende Ausgaben erhältlich:
eBook (PDF): 978-3-8062-3981-2
eBook (epub): 978-3-8062-3982-9

Inhalt

1 Prekäre Welternährung 7
Eine Einführung von *Jan Grossarth* 7

2 Norden und Süden 17
Der globale Weizen 17
Handelsbilanzen 32
Merkwürdiges Geschäft: Kakao gegen Schrott 37
Nkolemfumu und Wintersheim 46
Reden über Nkolemfumu 70
Im Dickicht der Landinvestitionen 77
Sambische Kinder malen ihre Zukunft 87
Ernten für die Mafia 94
Lernt Senegal vom Chiemsee? 103
Der Kleinbauer als Auslaufmodell oder Ideal 111

3 Felder und Meere 119
Der Mais und seine globalisierten Feinde 119
Guinea-Savanne – das gelobte Land? 123
Heimisches Soja 129
Algen aus den Weltmeeren 133
Quallen aus den Weltmeeren? 143

4 Gewächshäuser und Labore 150
Bananen auf Island 150
Leuchtende Kreislaufwirtschaft 156
Gemüse fürs Weltall 164
Neues Leben in die Wüste 166
Karotten und Mais oder Karottenmais? 175
Algen aus dem Gewächshaus 180
Schnecken für die Welt? 185

5 Bilder von Nkolemfumu 191

6 Maschinen, Algorithmen und die Neuerfindung des Fleisches 201
Wie kommt der Traktor nach Afrika? 201
Familie Ngosa und das Smartphone 207
Elementarteilchen 211
Die Welternährungswissenschaft 216

7 Land und Stadt 233
Kleinbauern der Städte 233
Salat aus dem Keller 239
Stadthuhn, Landhuhn, Häuptling 246

8 Klimawandel und Ökologie 252
Global Warming und die Ernten 252
Der Saatgutschatz in der Arktis 257
Teufelskreis der Stickstoffdüngung 262
Permakultur ersetzt Stickstoff 270
Lachs lässt das Meer kotzen 278

9 Energie und Ressourcen 283
Am Tropf von Öl, Gas und Phosphor 283
Wintersheim, Nkolemfumu und die Chemie 289
Meerwasser entsalzen! Regen festhalten! 293
Urin macht satt 300

10 Die kommende Kreislaufwirtschaft 303

Autorenbiografien 312
Ortsverzeichnis 316
Namensverzeichnis 317

1 Prekäre Welternährung

Eine Einführung von *Jan Grossarth*

Das Bild von Male, der Hauptstadt der Malediven, ist symbolisch. Die kleine Insel, die sie trägt, ist bis an den Rand, bis an ihre Strände und Hafenmauer mit Hochhäusern und Straßen zubetoniert. Wo Früchte wachsen könnten, leben Menschen. Und ringsum steigt das Wasser. Die Nahrungsmittel kommen von anderswoher.

Solche Inseln, die aus weiter Ferne am Leben gehalten werden, gibt es immer mehr auf der Welt, auch in großem Maßstab. Zum Beispiel Singapur, den Stadtstaat, der zu den erfindungsreichsten Orten der Welt zählt und wo zunehmend eigenes Obst und Gemüse in Hochhäusern angebaut wird. Zum Beispiel aber auch Ägypten: Vor zweitausend Jahren versorgten die fruchtbaren Böden am Nil das Römische Reich mit Getreide, heute ist Ägypten selbst in hohem Maß auf die Einfuhr von Weizen angewiesen, der meist aus Russland oder Amerika kommt. Oder aber Israel: Dessen Bevölkerung wächst schnell, das fruchtbare Land wird immer knapper, und schon heute kann sich Israel, obwohl es moderne Landwirtschaftstechniken anwendet, bei weitem nicht selbst versorgen. Schließlich und letztlich: der ganze afrikanische Kontinent. Afrika ist seit einigen Jahrzehnten und zunehmend auf Nahrungsmittelimporte angewiesen, obwohl gerade auf diesem Erdteil, der über die größten Ackerreserven der Welt sowie über viel Wärme und Licht und im Norden und Süden durchaus über ausreichend Wasser verfügt, viel mehr Lebensmittel produziert werden könnten, auch für den Export.

Nicht zuletzt in Afrika entscheidet sich die Welternährungsfrage. Die Bevölkerung Afrikas verdoppelt sich bis 2050 den Prognosen zufolge auf mehr als 2 Milliarden Menschen. Es werden dann beinahe zehnmal so viele sein wie im Jahr 1950. Wie kann es gelingen, dass sie sich ernähren können? Die Weltbevölkerung soll in dieser Zeit auf 9 oder 10 Milliarden Menschen anwachsen. Bis zum Jahr 2050 werden Schätzungen zufolge zwischen 50 und 70 Prozent mehr Nahrungsmittel produziert werden müssen, um diese Menschen ausreichend mit dem zu ernähren, was sie benötigen – also auch mehr Fleisch und Milchprodukte.

Man braucht, um eine Antwort auf die Welternährungsfrage zu finden, eine Fantasie, die auch Technikutopien nicht scheut – bezüglich des Anbaus von Lebensmitteln, aber auch der Rezepturen, vor allem des Ersatzes von Fleisch durch pflanzliche Proteine oder Insektenproteine. Die Grenze zur Science-Fiction ist nahe, denkt man über alternative Ernährungssysteme angesichts der gegenwärtigen energetischen und ökologischen Problemlagen nach. *Die globale Ernährungs- und Landwirtschaft muss neu gedacht werden.* Seitdem Computeralgorithmen, LED-Lichttechniken und Milliarden Euro von Investoren zur Verfügung stehen, die ein zunehmendes Interesse am Food-Business haben, ist es einfacher geworden, sie neu zu denken. Selbst Soja und Reis könnten künftig in Containern und Kreislaufanlagen in den Megacitys der Welt wachsen, damit der teure Transport entfällt. Bis Mitte des Jahrtausends werden schließlich 70 Prozent der Weltbevölkerung in den Städten leben. Sie werden sich dort teils auch selbst versorgen. Hier werden teure Hightech-Gewächshäuser, wo Gemüse, Fische und Insekten in Kreislaufsystemen miteinander großgezogen werden, neben intensiver als bisher genutzten Gärten der ärmeren Bevölkerung zur Versorgung beitragen. Wieviel zum Beispiel solche urbanen Gärten zur Welternährung beitragen, berichtet Linda Tutmann in diesem Band in ihrer Reportage aus Südafrika (Kapitel 7).

Andererseits führte ein einseitiger Fokus auf technische Radikal-Innovationen in die Irre. Es wäre weltfremd, die urbane Landwirtschaft zum einzigen oder zum Hauptort der künftigen Versorgung zu erklären. Es sind auch nicht die Mega-Farmen Amerikas, Deutschlands oder Russlands. Gegenwärtig ernähren angeblich zu 70 Prozent *Kleinbauern* die Welt, der Großteil arbeitet noch mit Hacken und mit den Händen. Man kann Tage durch afrikanische Länder wie Sambia reisen, ohne einen einzigen Traktor zu sehen – geschweige denn einen Ochsenpflug, der für viele Millionen Bauern unerschwinglich ist. Dieses Buch handelt von der kommenden Welternährung. Also auch und ausführlich davon, wie diese Kleinbauern überhaupt an die höheren Ernten des Nordens herankommen können, und ob und wie dies möglich ist, ohne in dieselbe gefährliche Abhängigkeit von Dünger und Chemikalien zu geraten – mit all ihren ökologischen Schadwirkungen wie etwa der Bodenerosion und dem globalen dramatischen Humusverlust. Die Geschichte von der Welternährung der Zukunft ist eben nicht nur eine von Hightech, sondern auch von langsamen, mühsamen Verbesserungen der heutigen Bedingungen der Kleinbauern. Es geht in diesem Buch im übertragenen Sinn um beides, um Sambia und Singapur, um heute und übermorgen.

Weltbevölkerung oder Welternährung überhaupt als relevante Kategorien zu begreifen, sich darüber hinaus für so einen letztlich abstrakten Gegenstand als Leserin oder Leser zu interessieren, ist nicht selbstverständlich. Dies setzt einen mehr oder weniger kosmopolitischen Blick und ein (gegenüber national-zentrierten oder den gleichfalls in Teilen der Welt vorherrschenden tribalen Sichtweisen) entgrenztes Verantwortungsempfinden voraus.

Es wird zudem auch eindeutig nicht nur eine Frage von Technik und Ressourcen sein, alle Menschen in Zukunft ernähren zu können. Der Großteil des Hungers ist seit Jahrzehnten und Jahrhunderten in Kriegen und bewaffneten Konflikten begründet; sie sind und bleiben überhaupt die ständige und gegenwärtig größte Bedrohung für eine stabile Welternährung.

Der bange Blick auf die Welternährung hat vor allem in Europa eine lange Tradition. Die Prognosen darüber, wie viele Menschen die Erde tragen kann, haben eine mindestens 250-jährige Geschichte, sie setzten sogar noch in den Vorjahren der agrarischen Industrialisierung ein. Es kann wohl kein Buch geben über die Welternährungsfrage ohne den Hinweis auf Thomas Malthus, der bis heute geradezu symbolisch für den größtmöglichen Pessimismus in dieser Frage steht. Malthus sah die regelmäßigen Hungerkrisen als Naturnotwendigkeit an. Im Jahr 1798 schrieb er, Kriege und Epidemien seien von Gott gewollte, notwendige Korrekturen der Überbevölkerung, und der in die übervolle Welt geborene Mensch habe „keinen Anspruch auf den kleinsten Anteil an Nahrung, hat tatsächlich kein Recht, dort zu sein, wo er ist. An der mächtigen Festtafel der Natur ist kein Gedecke für ihn bereitet". Hier zeigt sich auch die Handschrift des Pastors. Im preußischen Kulturkreis war es im frühen 18. Jahrhundert der Pfarrer Johann Peter Süßmilch, der sich mit Weltbevölkerungsprognosen befasste. Auch ihm ging es im Geist seiner Zeit darum, eine göttliche Naturordnung mitsamt einer klar bezifferbaren Obergrenze für irdische Seelen zu ergründen. Und dabei kam er wohl zufälligerweise zu – aus heutiger Sicht – zutreffenderen Ergebnissen als Malthus, der die Tragfähigkeit der Erde mit einer Milliarde Menschen beziffert hatte. Pfarrer Süßmilch hielt rund 7 Milliarden Menschen für möglich, korrigierte sich allerdings etwa zwanzig Jahre später, als er – vielleicht altersmilde – nun 14 Milliarden als das Maximum nannte.

Fast 200 Jahre später, im Jahr 1960, erschien dann ein bemerkenswertes, populäres Buch, das in viele Sprachen übersetzt wurde: „Der Wettlauf zum Jahre 2000". Geschrieben hat es Fritz Baade, ein sozialdemokratischer und bekennend christlicher Agronom. Ihm ging es längst nicht mehr darum, gottgewollte Grenzen der Natur zu erforschen; er wollte unter dem Eindruck der schrecklichen Weltkriege und in der Hoffnung auf einen nachhaltigen Frieden überhaupt wieder Verständnis für das Anliegen der *Welt*ernährung schaffen. Baade schrieb angesichts der vielen Millionen Kriegstoten gerade in Osteuropa, welche die Konsequenz der rassistisch-biologistisch begründeten Wahnvorstellung waren, ein Volk müsse *Lebensraum* erobern um seine Ernten und damit sein Überleben zu sichern. „Paradies oder Selbstvernichtung?", fragte 1960 in Baades Buch der Untertitel mit dem bangen Blick auf die dramatischen agrartechnischen Umbrüche dieser Zeit, also die Chemisierung, Maschinisierung, Pflanzenzucht. Wird die Menschheit das Jahr 2000 noch erleben, lautete die unsichere Frage. Aus heutiger Sicht muss man antworten: die Welt ist zu Baades vage erhofftem Paradies geworden, aber die Selbstvernichtung ist deswegen nicht ausgeschlossen.

Baade fragte damals auch, welche neben der (von Baade selbst im türkischen Exil miterlebten) deutschen Blut-und-Boden-Ideologie noch eine weitere Folie für die Überlegungen bildete. Obwohl ihm die prekäre Welternährungswirtschaft bewusst war, hielt er es mit einem im Rückblick durchaus recht einseitig scheinenden Technikoptimismus: Baade entschied sich für den Glauben, dass (versorgunstechnisch) das Paradies möglich ist: Dass die (Agrar-)Technik, in all ihrer Ambivalenz, der Freund der Menschheit sei, Garant für besseres Leben. Solche Hoffnung wirkt gegenwärtig, angesichts des gewohnten medialen Fokus auf kritische Aspekte, erstaunlich und ungewohnt. Baade dachte die Welternährung wie ein Technikutopist: Wälder und Ozeane zu Feldern machen, Traktoren und Landmaschinen für die ganze Welt, Hochhäuser bauen statt Flächen für Siedlungen zubetonieren. Eine Welt ohne Hunger war seine Vision, weil er nie wieder Krieg erleben wollte. Mithilfe des technischen Fortschrittes und gezielter Entwicklungspolitik, so meinte er aufgrund pedantischer Berechnungen, könnten sogar 65 Milliarden Menschen auf der Welt leben.

In dieser Zeit, den 1960er und 1970er Jahren, stellte die dänische Ökonomin Ester Boserup in diesem zuversichtlichen Sinne fest, dass die malthusianischen Pessimisten einen wichtigen Punkt übersehen hatten. Und zwar den, dass die Bauern das Land viel produktiver zu nutzen beginnen, wenn der Bevölkerungsdruck steigt. So war es in Asien, dem demografischen Problemfall dieser Zeit; nicht aber in Afrika. Seither steht der Name Boserup für die contra-malthusianische Sicht der agrarischen Entwicklung in dicht bevölkerten Erdteilen. Boserup lebte Jahrzehnte in Afrika und Indien. Sie beobachtete in den 1960er und 1970er Jahren im armen, ländlichen Asien eine steigende Monetarisierung des Warenaustauschs sowie eine steigende Erwerbsbeteiligung der Frauen, dadurch zurückgehende Geburtenrate und steigende Produktivität der Landnutzung. Sie lieferte den Fatalisten und Zynikern ihrer Zeit damit neue und empirisch fundierte Argumente, weshalb das Land durchaus eine steigende Bevölkerung werde ernähren können. „Neo-Malthusianer“ sieht sie etwa in der amerikanischen Handelspolitik ihrer Zeit am Werk. Diese glaubten, die armen, „überbevölkerten“ Erdteile würden sich nur mit Getreideexporten ernähren lassen, etwa aus den Vereinigten Staaten. Hatte sie Recht mit ihrem Entwicklungsoptimismus? Aus heutiger Sicht gab es bäuerlich-ländlich geprägte Erdteile, die sich im Boserupschen Sinne entwickelt haben, aber auch andere, die solche Entwicklung vermissen lassen, etwa Ägypten oder Länder des südlichen Afrikas wie Somalia, Tansania, Mali oder Zimbabwe.

Dass auf der Erde 65 Milliarden Menschen zu ernähren wären, behauptete nach Fritz Baade trotz gewisser Erntefortschritte, auch im bäuerlich-ländlichen Raum, niemand mehr ernsthaft. Kürzlich etwa ergab eine Metastudie der Columbia University, dass die meisten seriösen Schätzungen die Tragfähigkeit der Erde zwischen 7,7 und 12 Milliarden Menschen bezifferten. Die abenteuerliche Bandbreite der Prognosen zeigt zwar, dass niemand eine solche Zahl kennen kann, die kritische Grenze könnte aber jetzt, in unseren Jahren, erreicht werden.

Die Landwirtschaft, der Agrarhandel, unser Essverhalten sind politische Themen. Die Handelspolitik, der wirtschaftliche Ordnungsrahmen, vor allem die Subventionen entscheiden mit darüber, wie Menschen auf und mit dem Land leben, wie sie ihr Leben gestalten können. Dass die Menschen der Peripherie nicht plötzlich Sinn, Sicherheit und Lebensperspektiven verlieren, ist im allgemeinen Interesse. Es sind schließlich auch die hoffnungslosen Kinder der Nomaden aus Mali, denen das Land geraubt wird oder deren Böden austrocknen, die zu islamistischen Kämpfern werden können. Und dort, wo die Nebel des religiös-politischen Fanatsimus aufgezogen sind, geht der Blick dafür verloren, dass Essen nicht vom Himmel fällt, sondern zunehmend auf geistigen, kulturellen, ingenieurwissenschaftlichen Leistungen beruht. Aber diese dürfen sich nicht gegen die Menschen richten. Schließlich lassen industrialisierte Großstrukturen auch Millionen Bauern – ob aus Bangladesch, Brasilien, Iowa oder Bayern – keine Perspektive mehr. In ihrem Sinne ist eine sanfte Industrialisierung in der Landwirtschaft nötig, die den Bauern zugutekommt und sie nicht durch Kapitalgesellschaften ersetzt, deren monomanische Felder verblüffend ähnlich aussehen wie einst diejenigen der Kolchosen der Sowjetunion.

Wie die globalen Bauern leben, säen und ernten, wird sich nicht nur an den politischen Bedingungen oder dem Fokus der technischen Entwicklungsingenieure orientieren, sondern auch daran, welches Obst die Kunden im Supermarkt kaufen. Deshalb sind die Beobachtungen der Expeditionen in diesem Band auch für Verbraucher aufschlussreich und praktisch relevant.

Die globale Landwirtschaft ist in einem Wettlauf – um höhere Ernten, um effizientere Techniken. Die Spannung, die durch dieses Buch tragen soll, vermittelt sich aus diesem globalen Wettlauf, der zwischen dem Bevölkerungswachstum und der Nahrungsmittelproduktion im Gange ist. Das ist nicht neu, aber jedes Wachstum der Ernten ging über Jahrtausende mit neuen Erfindungen in der Agrartechnik und Lebensmittelverarbeitung einher und hatte darin ihren Grund. Dazu zählen die Bewässerungssysteme der antiken Gesellschaften, die Windmühlen des Mittelalters, immer weiter verbesserte Ochsenpflüge und Landgeräte, die ausgeklügelten Produktionssysteme der Fischzucht in den mittelalterlichen Klöstern, immer differenziertere Ackerbausysteme, und so weiter. Aber die eigentliche und auf höherer Ebene prekäre Lage der Gegenwart begründet sich erst in den Anfängen der agrarchemischen Revolution, die in den Erkenntnissen zur Pflanzenernährung Justus von Liebigs in den 1840er Jahren sowie in den industriellen Methoden zur Stickstoffsynthese des frühen 20. Jahrhunderts ihre Ursprünge hat (vgl. Kapitel 9). In den nicht einmal zweihundert Jahren seither verachtfachte sich die Weltbevölkerung und hängt seitdem und zunehmend am sprichwörtlichen Tropf der fossilen Energien. Dünger, Diesel, Insektizide, Herbizide oder Fungizide werden seither aus Erdöl, Erdgas oder endlichen Mineralien hergestellt.

Zugleich steigt seit Beginn der Industrialisierung das Erdklima an – nicht (nur) wie in früheren Jahrhunderten aufgrund natürlicher Schwankungen, sondern erstmals in der Erdgeschichte durch menschliche

Kohlenstoffverbrennungen verursacht. Die Veränderungen von Temperaturen und Niederschlägen verunsichern auch fortschrittshoffende Geister bezüglich der Frage, ob es einen guten Weg abseits vom prekären Pfad der industriellen Lebensmittelproduktion gibt. Die Frage des Einflusses des Klimawandels auf die Ernten vertieft etwa Ulrich Schaper im Kapitel 8.

Kann die Welternährung unter diesen erschwerten Bedingungen wirklich gelingen? Was könnten Gründe sein im Jahr 2020 noch so optimistisch zu sein, wie Fritz Baade es 1960 war? Und auf welche Weise gelingt die Welternährung überhaupt gegenwärtig? Auf verschiedenen „Flughöhen" nähert sich dieses Buch diesen Fragen an. Den Kapiteln gemein ist, dass sie zwischen Beobachtung und statistischer Abstraktion changieren, und die Autoren auch den Mut zum eigenen Erzählen nicht scheuen. Es beginnt mit der Geschichte der globalen Weizenzucht von Marcus Jauer, die sich wie ein Drama liest, das gegenwärtig sein retardierendes Moment erreicht. Es folgen Einblicke in die Industrialisierung von Afrikas Landwirtschaft, die nötig sein wird, aber andererseits auch den in dieser Hinsicht langsamsten Kontinent der Welt auf den prekären energetischen Pfad führt. Die Autoren verfallen dabei nicht der Versuchung, Welternährung technizistisch oder technokratisch zu betrachten. Die Ambivalenz der Industrialisierung wird immer wieder gespiegelt anhand agrarkultureller, menschlicher Wirklichkeiten, anhand dessen, was die Personen, von denen die Begegnungen handeln, überhaupt selbst wollen. In diesem Sinne ist auch der von mir verfasste Text im zweiten Kapitel über das Jahr eines sambischen Kleinbauern zu verstehen, den ich mit einem deutschen Ackerbauern vergleiche und beide miteinander ins Gespräch bringe (Nkolemfumu und Wintersheim). Der Sambier schuftet mit seinen Händen bis zur Erschöpfung und wünscht sich nichts mehr als einen Traktor. Der Deutsche, der durchaus starke Traktoren besitzt, strandet, auch müde vom Agrar-Monopoly, im Spätsommer in einer Klinik für müde Leistungsträger. Auch der (diskrete) Blick auf menschliches Glück und Unglück ist der besondere Beitrag dieses Buches zu einer ohnehin komplizierten Thematik.

Die gemeinsame Überlebensfrage wird sich in beiden Hemisphären entscheiden. Der globale Norden ist längst hochtechnisiert, aber dabei immer noch stark von endlichen Ressourcen abhängig. Im Süden – in Afrika, Asien und Arabien –, wo die Bevölkerung dramatisch wächst, herrscht Armut, es mangelt an Techniken, die im Norden seit Jahrzehnten die Ernten erhöhen. Der Süden muss vom Norden lernen. Er braucht Traktoren, Apps und Marktzugang. Aber er darf die Fehler des Nordens nicht nachmachen. Der Norden muss neue, intelligente Technik entwickeln, sich so vom Tropf des Erdöls und anderer Ressourcen lösen. Die nächste agrarindustrielle Revolution ist diejenige der Kreislaufwirtschaft der Ernährung, resümmiert das Schlusskapitel. Welche einzelnen Beiträge dazu Technik und Forschung leisten können, erschließt sich auf meinen Reisen zu einigen der wichtigsten Landwirtschaftsuniversitäten Europas, nach Israel und in die Wüste Jordaniens (Kapitel 6), oder auch während der Weltreise zu den Algenfarmen der Meere, die Peter Hermes gemacht hat (Kapitel 3).

Obwohl viele Autorinnen und Autoren beitragen, trägt das Buch eine Handschrift. Das liegt an der gemeinsamen Perspektive, die sich einerseits auf das Spannungsfeld von Ressourcenabhängigkeit, Ernten und Ökologie konzentriert, sich aber andererseits bemüht, vom hohen Abstraktionsgrad des akademischen oder institutionellen Blicks immer wieder ins Konkrete, Lokale zu kommen. Das Buch basiert auf einem journalistischen Langzeitprojekt, das ich für die Frankfurter Allgemeine Zeitung koordinieren durfte und das großzügig durch die Stiftung „European Journalism Center" (EJC) gefördert wurde. Diese ermöglichte meinem Projektteam aufwendige Recherchereisen. Das EJC bezuschusste dankenswerterweise auch die Publikation dieses Buches. Das Buch ist eine Einladung an die Leserinnen und Leser, mit den Autorinnen und Autoren immer wieder die Perspektiven zu wechseln – zwischen den Welten der Ingenieure und Ökonomen, die sich erfinderisch und abstrakt Gedanken über die künftige Welternährung machen, und denen der Armen und Kleinbauern der Erde, die die Welternährung täglich mit ihrer Hände Arbeit und ihrem Boden sichern. Deren Mangel, Wünsche, Willen und Klugheit können „wir" uns schließlich kaum noch vorstellen. Das Buch soll keine einfachen Lösungswege aufzeigen, sondern zunächst Einblicke in Zusammenhänge, Entwicklungen und Lebenswirklichkeiten schaffen und so zum Denken anregen.

Jedem Kapitel habe ich als Herausgeber einen einführenden und den Beitrag in den Kontext des Gesamtwerks einordnenden Absatz vorangestellt. Das Buch beginnt nach diesem Vorwort nicht gleich mit Zukunftsvisionen von „Urban Farming“ und modernen Gewächshäusern mit Kaskadennutzung, sondern mit Reisen in die heutigen Lebenswirklichkeiten der Bauern in Afrika, die bald und dringend produktiver werden müssen. Die Autorinnen und Autoren reisen dorthin, wo die größte Modernisierungsnot herrscht. Sambia, eines der ärmsten Länder der Welt, ist dabei ein Ankerpunkt, zu dem die Expeditionen im Buch immer wieder zurückkehren. In den folgenden Kapiteln geht es zunächst um Fragen der Abhängigkeiten afrikanischer und anderer Staaten vom Lebensmittelexport. Hier ist Ägypten ein geeignetes Beispiel.

2 Norden und Süden

Der globale Weizen

Weizen nährt die Welt. *Marcus Jauer* ergründet in diesem Kapitel, wie und warum gerade dieses Korn zum globalen Brotgetreide wurde. Seine Geschichte vom Weizen lässt sich *pars pro toto* für die bisherige Fortschrittsgeschichte der „modernen“ Pflanzenzucht lesen. Und dafür, wie prekär der Pfad von Zucht- und Ertragsfortschritten war und bleiben wird. Jauer meint: „Man kann jeden Fortschritt nur einmal machen.“ Und er erzählt, in welch existenziellem Maß schon heute nordafrikanische Staaten wie Ägypten vom Import von Weizen aus Russland, Europa oder Amerika abhängen, und vom zuchttechnischen Fortschritt der kommenden Jahrzehnte.

Im Jahr 1970 ging der Friedensnobelpreis an einen Mann, der vermutlich mehr Menschen das Leben gerettet hat als irgendjemand sonst. Sein Name ist Norman Borlaug, Sohn eines Farmers aus Iowa und bedeutendster Agrarwissenschaftler überhaupt. Ab Mitte der vierziger Jahre züchtete er in Mexiko, wo die Armut der Bauern damals bedrückend war, neue Weizensorten, die ertragreicher waren als alles, was man kannte. Es war der Beginn der sogenannten „Grünen Revolution“.

Von Mexiko aus führte Norman Borlaug die neuen Sorten nach Asien und Afrika ein, wo es in den fünfziger und sechziger Jahren wiederholt zu Hungersnöten gekommen war. Innerhalb weniger Jahrzehnte vervielfachten sich die Erträge und Länder wie Indien, Pakistan oder Indonesien, die bis dahin Weizen einführen mussten, konnten sich auf einmal selbst versorgen. Szenarien, nach denen der Kampf um die Ernährung der Menschheit verloren schien und Verteilungskämpfe zum Zerfall jeglicher Ordnung führen mussten, wirkten nun verfrüht. Der Hunger nahm ab, die Armut ging zurück, die Kindersterblichkeit fiel.

Wieder einmal hatte der Mensch, und in diesem Fall nur ein einziger, das scheinbar Unausweichliche mit Hilfe des Fortschritts abgewendet.

In der Rede zum Nobelpreis erklärte Norman Borlaug, man habe es beim Kampf gegen den Hunger mit zwei widerstreitenden Kräften zu tun: der Nahrungsmittelproduktion und dem Bevölkerungswachstum. Die Menschheit habe die Macht, beide zu steuern, konzentriere sich bisher aber nur auf die Erhöhung der Nahrungsmittelproduktion, ohne sich angemessen um das Bevölkerungswachstum zu kümmern. Doch die Grüne Revolution könne das Problem, dass immer mehr Menschen auch immer mehr Nahrung brauchen, nicht grundsätzlich lösen. Sie habe der Menschheit nur etwa eine Generation Zeit verschafft, eine andere Lösung zu finden.

„Im Moment haben wir vielleicht gerade Flut, aber die Ebbe könnte bald einsetzen, wenn wir selbstgefällig werden und in unseren Anstrengungen nachlassen."

Die Welternährung fußt in der Hauptsache auf drei Pflanzenarten: Mais, Reis und Weizen, wobei Weizen für den Menschen der wichtigste Kalorienlieferant ist. Er ist nach Mais das am zweithäufigsten angebaute und am häufigsten gehandelte Getreide der Welt und Hauptnahrungsmittel für die Ärmsten der Armen, also Menschen, die über weniger als zwei Dollar am Tag verfügen. Vielerorts hat er die traditionellen Grundnahrungsmittel verdrängt, weil es kaum etwas gibt, das schneller zuzubereiten ist als Nudeln oder verbreiteter als Fast Food. Inzwischen wird mehr Weizen für Pizzateig verbraucht als für Brot. Weizen ist das Korn der globalisierten Welt und zugleich ihr Ursprung.

In dem Moment, in dem vor ungefähr zwölftausend Jahren, irgendwo im fruchtbaren Halbmond, im weiten Bogen zwischen Persischem Golf, Mittelmeerküste und der Sinai-Halbinsel, Menschen das erste Feld anlegten, änderten sie den Lauf der Geschichte. Aus Nomaden wurden Sesshafte, aus Jägern und Sammlern Bauern. Durch die neolithische Revolution gelang es dem Menschen erstmals, mehr Energie aus dem Boden für sich zu gewinnen, aber die Energie musste gesichert, zugeteilt, verteidigt und vermehrt werden. Es brauchte Gefäße, Werkzeuge, Zugtiere, Kornspeicher, Stadtmauern, Märkte, Soldaten und Bürokratie. „Cultura“, das lateinische Wort, bedeutet ursprünglich schlicht „Pflege des Ackers“. Die Zivilisation erwuchs aus diesem Acker. Die Frage ist nur, wie weit er unsere Zivilisation noch tragen wird.

Laut der Welternährungsorganisation wird die Weltbevölkerung bis zum Jahr 2050 auf fast zehn Milliarden Menschen anwachsen. Um sie ernähren zu können, muss sich die Nahrungsmittelproduktion auf der Erde verdoppeln. Anders ausgedrückt: Die Menschheit muss bis dahin so viel Lebensmittel produzieren, wie sie seit ihrem Bestehen verkonsumiert hat. Für den in dieser Rechnung so wichtigen Weizen heißt das: Die Erträge müssen jährlich um 1,5 Prozent wachsen. Derzeit steigen sie nur um 1,0 Prozent. Der Unterschied ist kein geringer, denn er bedeutet, dass der Zuwachs derzeit tatsächlich um die Hälfte unter dem liegt, was unbedingt nötig wäre, damit die Welt nicht in eine gigantische Hungerfalle hineinläuft.

Ägypten ist das Land auf der Welt, in dem am meisten Brot gegessen wird. Die Wichtigkeit des Brotes für Ägypten zeigt sich schon im Namen, den es hier trägt: „Aish“ bedeutet im Hocharabischen „Leben“, im ägyptischen Dialekt heißt es „Brot“. In der Metropole Kairo mit zwanzig oder mehr Millionen Einwohnern, in der ein Drittel aller Ägypter lebt, arbeiten Tausende Bäcker rund um die Uhr, um den enormen Brotbedarf zu decken. Brot gibt es an jeder Ecke. Die „Agalati“, Männer, die sich auf Fahrrädern einhändig und mit meterlangen Tabletts in den chaotischen Verkehr stürzen, um das Brot zu Märkten, Restaurants und Imbissständen zu bringen, prägen das Straßenbild.

Das billigste Brot nennt sich „Aish baladi“, „Brot der Armen“ – oder eben: „Leben der Armen“. Frisch aus dem Ofen ähnelt es einem kleinen Ballon, der in sich zusammenfällt, sobald er abkühlt. Es gibt dieses Brot in einer trockenen, dünnen und in einer feuchteren, dickeren, aber auch grobkörnigeren Variante. Allein in Kairo werden jeden Tag gut fünfzig Millionen Stück verkauft. Baladi-Brot kostet fünf

Piaster, das ist umgerechnet weniger als ein Cent und damit siebenmal billiger als normales Brot in Ägypten. Der Preis wurde von der Regierung vor mehr als dreißig Jahren festgelegt.

Baladi-Brot ist Teil eines Systems staatlicher Nahrungsmittelsubventionierung, deren Anfänge in den sechziger Jahren liegen, als Ägypten von Gamal Abdel Nasser regiert wurde. Jahrelang waren alle Einwohner Kairos sowie der größte Teil der restlichen Bevölkerung berechtigt, Baladi-Brot in unbegrenzter Menge zu beziehen. Das Anrecht wurde innerhalb der Familien vererbt. Heute haben 65 Millionen Ägypter Anspruch auf verbilligtes Brot, das sind 80 Prozent der Bevölkerung. Das kostet die Regierung bis zu drei Milliarden Dollar jährlich, weshalb sie in der Vergangenheit wiederholt versucht hat, das ständig teurer werdende System auszudünnen. Fast immer kam es daraufhin zu Ausschreitungen, wie in den siebziger Jahren, als Anwar as-Sadat beim Versuch, die Forderungen des Internationalen Währungsfonds für einen Kredit zu erfüllen, den Brotpreis erhöhte und damit einen Aufstand auslöste, die Brotunruhen.

„Das steckt dem System noch in den Knochen", sagt Stephan Roll, der in der Stiftung Wissenschaft und Politik die Forschungsgruppe Naher und Mittlerer Osten leitet.

Billiges Brot ist in Ägypten für die Bevölkerung und für die Regierung eine Überlebensfrage. Aber die Möglichkeiten des Landes sind begrenzt, seinen riesigen Weizenbedarf von derzeit mehr als 20 Millionen Tonnen pro Jahr zu decken – was in etwa dem entspricht, was in einem durchschnittlichen Jahr in der Ukraine geerntet wird. Zwar baut Ägypten seit langem in großem Stil Weizen an, doch die Fläche, auf der Landwirtschaft betrieben werden kann, ist klein und lässt sich kaum steigern. Ackerbau ist fast ausschließlich mit künstlicher Bewässerung möglich, also entlang des Nils und in dessen Delta. Der weite Rest des Landes, mehr als 90 Prozent, besteht aus Wüste. Gleichzeitig nimmt die Einwohnerzahl Ägyptens jährlich um zwei Millionen zu und wird bald die Hundert-Millionen-Marke erreichen. Das zwingt das Land, mehr als die Hälfte seines ständig steigenden Bedarfs auf dem internationalen Markt zu kaufen. Ägypten, einer der ärmsten Staaten der Welt, ist der größte Weizenimporteur.

Im Jahr 2015 veröffentlichte die Londoner Versicherungsbörse Lloyd's einen Report über die Gefahr einer weltweiten Nahrungsmittelkrise – eines „Food System Shock". Darin spielen Ökonomen, Meteorologen und Agrarwissenschaftler ein Szenario durch, das noch nie eingetreten ist, aber auf realen Zahlen beruht. Es beginnt mit einem ungewöhnlich starken El Niño, der im Verlauf eines Jahres eine Kettenreaktion auslöst. Hurrikans verzögern in Amerika die Aussaat. Überschwemmungen des Mississippi und Missouri lassen die Erträge von Mais, Weizen und Soja um ein Viertel schrumpfen. In Indien kommt es zu einer Hitzewelle, während in Pakistan, Nepal und Bangladesch sintflutartige Regenfälle niedergehen, was in Australien zu einer Dürre führt und die Hälfte der Weizenernte vernichtet. In der Türkei, in Kasachstan und der Ukraine wird der Weizen von Rost befallen, einem Pilz, der die Erträge um zehn Prozent fallen lässt.

Aus Sorge, den Eigenbedarf nicht mehr decken zu können, verhängt Indien daraufhin einen Ausfuhrstopp für Weizen. Thailand antwortet mit einem Ausfuhrstopp für Reis. In der Folge bricht der weltweite Getreidehandel ein, der Weizenpreis verdreifacht sich. Um die Ausfälle abzufangen, überdüngen die Bauern ihre Felder, was das Grundwasser belastet und den Preis für Erdöl in die Höhe treibt, das zur Düngerherstellung notwendig ist. Um Futterkosten zu sparen, schlachten viele amerikanische Bauern mehr Vieh als sonst, was zu einem Überangebot an Fleisch führt und zu einer Pleitewelle. Wegen der hohen Lebensmittelpreise kommt es in Nigeria zu einem Bürgerkrieg, in Ägypten übernehmen Muslimbrüder die Macht. Im Mittleren Osten, in Nordafrika und Lateinamerika brechen Unruhen aus, die den Ölpreis weiter treiben. Ein außergewöhnliches Wetterphänomen – und am Ende eines einzigen Jahres sieht die Welt anders aus.

Kann so etwas passieren?

Die Autoren des Reports betonen, dass keines der Ereignisse in ihrer Argumentation fiktiv ist, jedes ist schon einmal eingetreten, wenn auch nicht innerhalb eines Jahres. „Auffallend ist jedoch", so die Autoren, dass die Eintrittswahrscheinlichkeit dieses Szenarios als wesentlich höher eingeschätzt werden müsse, als die Wahrscheinlichkeit, mit der Versicherungen sonst vom Auftreten sogenannter „extremer Ereignisse“ wie Erdbeben ausgehen. Interessanter als die Frage, ob und wann der Fall eines „Food System Shock“ eintreten kann, ist jedoch das Bild, das sich in diesem Report von der Welternährung vermittelt. Das Bild eines immer komplexer werdenden Systems, in dem die einzelnen Faktoren immer schneller aufeinander reagieren.

Der deutsche Molekularbiologe Michael Baum leitet die Abteilung für Biodiversität und Pflanzenveredelung von ICARDA, einer von fünfzehn über den ganzen Erdball verteilten Einrichtungen, in denen die Weltgemeinschaft – Entwicklungsländer, Industrieländer und internationale Organisationen wie die UN – landwirtschaftliche Forschung gegen den Hunger finanziert. ICARDA ist in dem Verbund für die Trockengebiete zuständig. Bis zum Bürgerkrieg in Syrien saß Michael Baum im Hauptquartier in Aleppo, jetzt sitzt er in Rabat, Marokko. Aber er ist ohnehin sehr viel unterwegs in der Welt.

„Das Gebiet, um das wir uns kümmern, reicht von Mauretanien bis China“, sagt er.

Eine Aufgabe von ICARDA ist es, für die gängigen Feldfrüchte in dieser Region neue Sorten zu züchten: Kichererbsen, Saaterbsen, Ackerbohnen, Linsen, Gerste und Weizen. Jedes Jahr veröffentlichen die Wissenschaftler diese neuen Sorten auf ihrer Website wie in einem Katalog, damit registrierte Benutzer diese bestellen und testen können. Eine neue Weizensorte zu entwickeln, dauert wenigstens zehn Jahre und kostet eine Million Euro. Für die Länder, die von ICARDA unterstützt werden, ist das Saatgut kostenlos.

„Wir verschicken allerdings immer nur wenige Gramm“, sagt Michael Baum.

Für Ägypten werden die Päckchen unter anderem nach Sids geschickt, einer Stadt im Nildelta, in der ICARDA und das ägyptische Landwirtschaftsministerium gemeinsam eine Zuchtstation betreiben.

Die Körner werden in Reihen von vier Metern Länge ausgebracht, unterbrochen von einer Reihe mit altem Saatgut, um später vergleichen zu können. Damit eine neue Weizensorte von den Behörden zugelassen wird, muss sie in zwei bis drei aufeinanderfolgenden Jahren zehn Prozent mehr Ertrag bringen. Erst dann wird ihr Saatgut in großem Stil vermehrt, was noch einmal drei Jahre dauert, und wie fast alles, was mit Ernährung zu tun hat, in den Händen des Staates liegt.

Die Anbaubedingungen für Weizen sind in Ägypten an sich gut. In der Antike war das Land die Kornkammer Roms. Heute liegt es, was die Erträge angeht, immerhin an der Spitze der Entwicklungsländer. Mit einer guten Sorte ernten Bauern bis zu elf Tonnen Weizen pro Hektar, das ist viermal so viel wie in Marokko. Schädlinge wie Rost, ein Pilz, der inzwischen ein Viertel der weltweiten Anbaufläche bedroht, können sich aufgrund der hohen Temperaturen kaum ausbreiten. Der wichtigste Grund für die Erträge aber ist die künstliche Bewässerung. Fast der gesamte Wasserbedarf des Landes wird durch den Nil gedeckt, doch während die wachsende Bevölkerung und mit ihr die Landwirtschaft einen immer größeren Wasserbedarf haben, lässt sich die Wassermenge des Flusses nicht steigern. Vollkommen unklar ist außerdem, welche Auswirkungen der gigantische Staudamm haben wird, den Äthiopien derzeit am Oberlauf des Nils baut, um seine Bevölkerung mit Strom zu versorgen.

Ob es vor diesem Hintergrund reicht, wenn Michael Baum neue Weizensorten züchtet und die Bauern vor Ort in einer Anbaumethode anlernen lässt, die er „raised bed“ nennt, eine Art Hochbeet, bei der sich Wasser sparen und der Ertrag steigern lässt?

„Wir müssen es in Ägypten einfach schaffen“, sagt er. „Wenn nicht da – wo dann?“

Der weltweite Nahrungsmittelhandel läuft vor allem über vier Unternehmen, die zusammen als „ABCD“ abgekürzt werden. Ihr Marktanteil beträgt siebzig Prozent. Aber Archer Daniels Midland, Bunge, Cargill und Louis Dreyfus handeln nicht nur Mais, Soja und Weizen, Zucker,

Palmöl oder Reis. Sie besitzen auch Schiffe und Züge, um sie zu transportieren, Häfen, um sie zu verladen, Silos, um sie zu lagern, Mühlen, Raffinerien und Fabriken, um sie zu verarbeiten. Die großen Vier sind nicht nur Teil der Kette vom Feld zum Teller, sie sind die Kette. Gewinne generieren sie heute aber nicht mehr vorrangig aus der Spanne zwischen Einkauf und Verkauf, wo sie einst gegenüber der Konkurrenz einen Vorteil hatten, weil sie als international agierende Unternehmen aus jeder Ecke der Erde schneller an Informationen über Saatgutpreise, Düngereinsatz, Niederschläge und Ernteerwartungen kamen und ihr Geschäft darauf einstellen konnten. Diese Daten bekommt jetzt jeder aus dem Internet. Gewinn macht ein Händler heute, wenn er – wie in anderen Branchen auch – so viele Glieder der Wertschöpfungskette wie möglich in seinen Konzern integriert und für deren reibungsloses Ineinandergreifen sorgt – rund um die Welt, an jedem Ort, über das ganze Jahr, möglichst auf den Tag genau.

„Allein ein Schiff, das länger im Hafen liegt, weil die Ware nicht da ist, kostet einen Händler bis zu fünfzehntausend Dollar pro Tag", sagt Klaus-Dieter Schumacher.

Schumacher hat lange die Volkswirtschaftliche Abteilung des Hamburger Handelshauses Toepfer International geleitet, das vor Jahren von einem der großen Vier geschluckt wurde, bevor er sich als Berater für die Agrar- und Ernährungswirtschaft selbstständig machte. Er ist einer der wenigen Experten, die auch von Kritikern der Monopolisten anerkannt werden, wie es etwa viele Entwicklungshilfeorganisationen sind, weil sie glauben, dass die großen Vier ihre Macht ausnutzen, um Bauern die Preise zu diktieren.

„Dabei gibt es nur wenig Märkte, die so transparent sind, wie der Agrarmarkt", sagt Klaus-Dieter Schumacher.

Wie kommt es dann zu Preissprüngen wie beispielsweise zwischen 2005 und 2008, als sich Weizen, Mais und Soja plötzlich um das Dreifache verteuerten?

Preissprünge sind Ergebnis von Knappheit. Knappheit entsteht in der Landwirtschaft üblicherweise durch das Wetter. Das muss kein ungewöhnlich starker El Niño sein. Der Nahrungsmittelkrise von 2007 gingen einfach ein paar schlechte Ernten voraus. Gleichzeitig verteuerte ein hoher Ölpreis Beregnung, Dünger und Transport. Die globalen Weizenvorräte, von denen heute die Hälfte in China liegen – so groß ist der Bedarf inzwischen dort –, fielen unter die Marke, ab der die Welternährungsorganisation von Engpässen ausgeht. Hinzu kamen die Erzeuger von neuen Biokraftstoffen, die in einem ohnehin schon engen Markt einkauften. Die eigentliche Veränderung aber war das Aufkommen der Nahrungsmittelspekulation.

Mit dem Ausbruch der internationalen Finanzkrise gingen die Kapitalanleger auf die Suche nach neuen Gewinnmöglichkeiten. Zwar waren an der Chicagoer Börse, die der wichtigste Handelsplatz für Agrarrohstoffe ist, schon zuvor Warentermingeschäfte zugelassen, bei denen sich ein Händler einen Rohstoff, beispielsweise Weizen, noch vor der Ernte zu einem bestimmten Preis sichern konnte. Doch dieses Instrument wurde vor allem von den Getreidehändlern genutzt, um die eigenen Geschäfte abzusichern. Nun aber drängten institutionelle Anleger wie Fondsgesellschaften in den Markt, die gar nicht vorhatten, Agrarrohstoffe zu kaufen, sondern nur mit ihnen spekulieren wollten. Wie bei jeder Spekulation steigt auch hier der Gewinn umso mehr, je stärker die Preise schwanken. Und je mehr sie schwanken, umso mehr Spekulanten werden angelockt, was wiederum zu Schwankungen führt.

„Diese Finanzinvestoren haben so viel Geld, dass sie die Preisbewegungen nach oben oder unten übertreiben können", sagt Klaus-Dieter Schumacher, der schätzt, dass in Chicago heute nur noch zu einem Drittel klassische Agrarhändler am Werk sind und zu zwei Dritteln institutionelle Investoren. „Die Verhältnisse haben sich umgedreht."

Der Anteil der reinen Spekulation am Weizenhandel ist nach Angaben der Entwicklungshilfeorganisation Oxfam seit Mitte der neunziger Jahre von zwölf auf siebzig Prozent gestiegen. Allein der Versicherungskonzern Allianz hat die Menge des Kapitals, das er in Agrarrohstoffen anlegt, nach 2008 innerhalb von drei Jahren auf sechs Milliarden Euro vervierfacht. Das ist der Markt, in dem Ägypten, eines der ärmsten Länder der Erde, jedes Jahr mehr als die Hälfte seines Weizens kaufen muss – und zwar so viel wie kein anderes Land sonst. Ägypten ist nicht nur der größte Weizenimporteur weltweit, der ägyptische Staat ist auch der größte Einzelkäufer. Die größten Exporteure sind Russland,

Kanada, die Europäische Union und Australien. Die Dritte Welt kauft in der Ersten ein.

Hans Braun ist der Nachfolger vom Norman Borlaug. Er sitzt an dessen Schreibtisch, in einem zweigeschossigen Flachbau, eine knappe Autostunde westlich von Mexiko-Stadt, aber wer ihn sprechen will, erreicht ihn meist irgendwo anders auf der Welt. Die Hälfte aller Weizensorten, die heute in den Entwicklungsländern angebaut werden, gehen auf Züchtungen von ihm und seinen Kollegen zurück. Es gibt wohl niemanden, der mehr über den globalen Weizenanbau weiß als der deutsche Agraringenieur Hans Braun, aber so würde er seine fünfunddreißig Jahre währende Karriere nie zusammenfassen.

„Für mich ist das Wichtigste, dass die Menschen zu essen haben", sagt er.

Hans Braun leitet das Weizenzuchtprogramm von CIMMYT, das wie ICARDA zu jenem weltweiten Forschungsverbund gehört, der im Zuge der „Grünen Revolution" entstand. Aber so leicht wie in den fünfziger und sechziger Jahren gelingen heute keine Wunder mehr. Norman Borlaug, ganz amerikanischer Farmersohn, hatte damals in Mexiko zuerst die Düngung auf den Feldern verbessert, bis er feststellen musste, dass die Halme in die Höhe schossen und umknickten, weil sie die Ähren nicht mehr tragen konnten. Daraufhin kreuzte er seinen Weizen mit einer Zwergweizensorte, die ursprünglich aus Japan stammte. Die Pflanzen wurden kleiner und stabiler. Später züchtete er Weizen, der gegen Rost resistent war und rottete den Pilz so gut wie aus. Züchtung, Düngung, professioneller Anbau – die „Grüne Revolution" richtete die Landwirtschaft der Dritten Welt an jener der Ersten aus, aber das Potential ist aufgebraucht. Man kann jeden Fortschritt nur einmal machen.

„Wir düngen heute mit zehnmal mehr Stickstoff als am Anfang der Grünen Revolution", sagt Hans Braun, „aber die Erträge sind nur um das Dreifache gestiegen."

Die „Grüne Revolution" hatte vor allem die Städte im Blick, um gewaltsame Umstürze zu verhindern, die das Gleichgewicht der Blöcke im Kalten Krieg hätten gefährden können. Den Menschen auf dem Land hat sie weniger genützt. Sie bevorzugte größere Flächen, machte Bauern arbeitslos, die daraufhin selbst in die Städte abwanderten. Sie führte zum vermehrten Einsatz von Dünger, Pestiziden und Herbiziden, die inzwischen die Böden und das Wasser belasten – und Ende der neunziger Jahre tauchte in Uganda auch der Schwarzrost wieder auf. Er hatte die Resistenz im Weizen überwunden und seine Sporen verbreiten sich seither mit dem Wind über die Welt, auch nach Europa. Vor zwei Jahren vernichtete er in Sizilien große Teile der Ernte.

„Und dann ist da ja auch noch der Klimawandel", sagt Hans Braun.

Weizen reagiert sensibel auf Hitze. Erhöht sich die durchschnittliche Temperatur in den Entwicklungsländern nur um ein Grad, so haben es Hans Braun und seine Kollegen in Mexiko oder Indien beobachtet, verringert sich der Ertrag um acht Prozent. Die internationale Klimapolitik will die Erwärmung der Erdatmosphäre bis zum Jahr 2100 auf zwei Grad begrenzen. Womöglich werden es jedoch drei oder sogar vier Grad. Das würde die Lücke zwischen dem, was die Menschheit künftig an Weizen braucht, und dem, was sie ernten wird, weiter vergrößern. Wenn Züchter wie Hans Braun diese Lücke schließen wollen, wird es Zeit für eine neue Revolution.

„Und wir haben mit der Gen-Editierung seit Kurzem ja auch die Technologie dafür", sagt Hans Braun. „Aber der Widerstand dagegen ist groß."

Das Genom des Weizens ist ein Ungetüm, fünfmal so groß wie das des Menschen und so kompliziert, dass es lange als nicht entzifferbar galt. Das liegt daran, dass Weizen das Erbgut von drei Pflanzen in sich vereinigt; da sind die beiden Wildgräser, aus denen vor fünfhunderttausend Jahren der Emmer entstand, und das Ziegengras, das sich mit dem Emmer kreuzte, als er vor zehntausend Jahren vom Menschen angebaut wurde. Seit Sommer 2018 liegt das Genom entschlüsselt vor. Es war eines der größten Projekte der Pflanzenforschung. Mehr als zweihundert Wissenschaftler aus zwanzig Ländern hatten dreizehn Jahre daran gearbeitet. Nun lässt sich der Bauplan für eine der wichtigsten Nutzpflanzen nicht nur lesen, sondern gezielt verändern.

Um den Ertrag zu steigern, kann ein Weizenzüchter die Anzahl der Halme an einer Pflanze erhöhen, die Anzahl der Ähren an einem Halm, die Anzahl der Körner in einer Ähre und die Größe der Körner. In den hochentwickelten Ländern ist all das in der Vergangenheit gemacht worden, aber seit den neunziger Jahren steigen die Erträge dort kaum noch, weil Ertragssteigerungen oft zu Lasten der Widerstandsfähigkeit der Pflanze gehen. Sie wird anfälliger für Krankheiten und Umwelteinflüsse, gegen die ihr erst wieder Resistenzen hineingezüchtet werden müssen. Dazu wurde die Pflanze bisher mit Chemikalien und Gamma-Strahlen bearbeitet, um zufällige Mutationen auszulösen, deren Nutzwert die Züchter dann in jahrelanger Versuchsarbeit herausfinden mussten – immer wieder aussäen, ernten, vergleichen, aussäen. Darum braucht es zehn Jahre und eine Million Euro, bis mit traditioneller Züchtung eine neue Sorte entsteht. Könnte man die Gene gezielt verändern, würde es innerhalb eines Jahres gehen.

Eines der Instrumente, die den Forschern dafür jetzt zur Verfügung stehen, ist die CRISPR / Cas-Methode, eine sogenannte Genschere. Sie besteht aus Eiweißen, die das Erbgut an einer bestimmten Stelle durchtrennen, um so Teile zu entfernen oder neue einzusetzen. Die Methode wurde bei Bakterien erprobt, funktioniert aber auch bei Menschen und Pflanzen. Weizen, der toleranter gegen Hitze ist, der mehr Dünger verträgt, weniger Wasser braucht und Unkrautvernichtungsmittel aushält. Weizen, der dem Rost widersteht, weil die Resistenz mehrfach genetisch abgesichert ist. Die Möglichkeiten der neuen Technik sind unbegrenzt – aber genau das ist es ja.

Einige Wochen bevor die Wissenschaftler die Entschlüsselung des Weizengenoms bekanntgaben, riefen französische Bauern den Europäischen Gerichtshof wegen der Genschere an. Sie wollten erreichen, dass Pflanzensorten, die auf diesem Weg entstehen, unter die Gentechnik fallen und entsprechend gekennzeichnet werden müssen. Zwar argumentierten die Befürworter der Genschere, dass mit ihr ja keine fremden Gene in die Pflanzen eingesetzt würden und sich die Methode deshalb im Grunde nicht von der traditionellen Züchtung unterscheide, sie sei nur gezielter. Aber dem folgten die Richter nicht. Sie ordneten die Genschere in ihrem Urteil der Gentechnik zu und Pflanzensorten, die damit entstehen, den gentechnisch veränderten Organismen, deren Anbau in der Europäischen Union strengen Regeln unterliegt.

Agrarkonzerne, Wissenschaftler und Bauernverbände reagierten auf das Urteil, als hätten die Richter die neue Technik verboten. Doch das haben sie nicht. Sie haben nur eine Kennzeichnung verlangt, damit der Verbraucher entscheiden kann, ob er ein gentechnisch verändertes Lebensmittel essen möchte oder nicht – die Mehrzahl der Verbraucher will das bisher nicht. Das ist nicht nur in Europa so.

Als der amerikanische Agrarchemiekonzern Monsanto, der heute zu Bayer gehört, Ende der neunziger Jahre einen gentechnisch veränderten Weizen entwickelte, der resistent gegen das ebenfalls von Monsanto hergestellte Unkrautvernichtungsmittel Glyphosat war, der dessen Einsatz also überleben konnte, während das Unkraut ringsum starb, verhängte Japan einen Einfuhrstopp für amerikanischen Weizen. Andere Länder schlossen sich an und Monsanto zog den Zulassungsantrag für die Sorte zurück. Eine genveränderte Weizensorte ist bisher in keinem Land der Welt zugelassen.

Als Osama Naser El-Din Ahmed sein Studium der Agrarökonomie an der Universität Kairo beendet hatte, verdiente er gut genug, um kein Baladi-Brot mehr kaufen zu dürfen. Darauf war er stolz. Sein Großvater hatte das vom Staat subventionierte Brot bezogen, sein Vater bezog es, doch er, der Sohn, hatte die Einkommensgrenze überschritten, die von der Regierung eingeführt worden war. Allerdings war die Mitteilung, dass jemand diese Einkommensgrenze erreicht hat, freiwillig.

„Dass ich mich trotzdem gemeldet habe, konnte mein Vater nicht verstehen“, sagt Osama Ahmed. „Es hätte keiner gemerkt.“

In den vergangenen Jahren hat die ägyptische Regierung Schritte unternommen, das System der Nahrungsmittelsubventionen zu verändern. Baladi-Brot wird mit Mais gestreckt und nicht mehr in unbegrenzter Menge abgegeben. Jeder Bezieher muss eine Smart-Card vorzeigen, auf der gespeichert ist, wie viele Brote er im laufenden Monat gekauft hat. Das billige Brot, das den Staat so viel kostet, soll nicht mehr zum Mästen von Schafen und Ziegen benutzt werden, wodurch sich der Weizenverbrauch in den letzten zehn Jahren verdoppelt hat, das Bruttoinlandsprodukt aber gleich geblieben ist. Inzwischen zahlt der staatliche Getreideeinkäufer GASC seine Rechnungen für die Importe, die im Hafen von Alexandria ankommen, nicht mehr in den zwei Wochen nach Sichtung der Lieferung, sondern nach zweihundert Tagen.

„Die meisten Menschen mögen diese Reformen nicht“, sagt Osama Ahmed.

Er sitzt im Leibniz-Institut für Agrarentwicklung in Transformationsökonomien in Halle an der Saale, wo er Experte für die ägyptische Landwirtschaft ist. In seiner Heimat hat er mehrere Projekte betreut, welche die Arbeit von Michael Baum und ICARDA fortführen. Denn bessere Weizensorten zu züchten nützt wenig, wenn man den Bauern nicht zeigt, wie sie diese richtig anbauen. Doch das eine scheint genauso schwierig zu sein wie das andere. Als Osama Ahmed Bauern im Nildelta neue Anbaumethoden im Auftrag des Landwirtschaftsministeriums vorstellen wollte, musste er ihnen Geld anbieten, damit sie überhaupt zuhörten – und dann kamen nur sieben Bauern, obwohl das Programm für dreihundert gedacht war.

„Ein Jahr lang mussten sie sich genau an das halten, was der Mastertrainer ihnen zeigt“, sagt Osama Ahmed.

Die landwirtschaftlichen Betriebe in Ägypten sind klein, weil das Land immer unter den männlichen Nachkommen aufgeteilt wird. Für den Einsatz von Dünger, Herbiziden und Pestiziden gilt unter den Bauern oft noch der Grundsatz, dass viel auch viel hilft. Wasser wird in einem offenen Kanalsystem aus dem Nil abgezweigt und den einzelnen Flächen zugeteilt – aber in der Angst, dass ihre Pflanzen vertrocknen, wässern viele Bauern ihre Felder zusätzlich mit Wasser aus den abfließenden Kanälen, das mit Rückständen der Pestizide und Herbizide verunreinigt ist. Außerdem wird, um Geld zu sparen, oft Saatgut aus dem Vorjahr mit neuem vermischt, was die Ertragssteigerung zunichtemacht. Aber all das durften die Bauern ein Jahr lang nicht mehr tun.

„Am Ende ernteten sie mehr als das Doppelte“, sagt Osama Ahmed,

„und im nächsten Jahr wollten dann vierhundertfünfzig Bauern ins Programm."

Steigen die Erträge, wird Ägypten weniger abhängig vom Import, und natürlich ist das erst einmal gut. Auf der anderen Seite gibt es Pflanzen, bei denen das kostbare Wasser gewinnbringender eingesetzt wäre als bei Weizen. Würden die Bauern stattdessen grüne Bohnen anbauen, die sich exportieren ließen, könnten sie das Zwanzigfache verdienen. Aber wie für viele Länder, die von den plötzlich steigenden Preisen während der Nahrungsmittelkrise überrascht wurden, gilt Weizen in Ägypten als strategisch wichtige Pflanze.

Das fällt mit den traditionellen Ansichten zusammen. „Wer bei uns ein Feld besitzt, der muss auch Weizen anbauen – alles andere gilt als Schande", sagt Osama Ahmed. „Bei einer anderen Pflanze ließe sich die Mentalität der Bauern vielleicht ändern, aber nicht bei Weizen."

Die Frage, ob die Erde die Menschen im Jahr 2050 noch ernähren wird, kann heute mit Sicherheit niemand beantworten. Aber bei der Suche danach, auf welchem Weg das – wenn überhaupt – möglich sein könnte, zeigen sich zwei verschiedene Ansätze.

Der eine gründet auf der Annahme, dass die Probleme, die der Fortschritt erzeugt, mit noch mehr Fortschritt in den Griff zu bekommen sind, ohne dass sich an der Art und Weise wie der Mensch lebt etwas grundsätzlich ändern muss. Für den Weizen bedeutet das, alle Möglichkeiten der Technik zu nutzen, um den Weg, den er vom Feld zum Teller zurücklegt, Schritt für Schritt effizienter zu machen. Es bedeutet, ertragreichere Sorten zu züchten, wirksamere Unkrautvernichtungs- und Pflanzenschutzmittel herzustellen, auf größeren Feldern mit besserer Bewässerung anzubauen, die weltweite Logistik genauer aufeinander abzustimmen und freien Handel zu befördern, um die Preise zu senken. Im Kern unterscheidet sich der Ansatz nicht von dem, was Norman Borlaug vor mehr als fünfzig Jahren getan hat. Er versucht, Zeit zu gewinnen – nur noch umfassender, tiefgreifender und feiner, weil jetzt auch Gentechnik und Digitalisierung bereitstehen.

Der andere Ansatz argumentiert, dass der Mensch eine grundsätzlich andere Richtung einschlagen muss, weil das System der Nahrungsmittelversorgung absehbar instabiler werden wird. Erdöl und Wasser werden knapper und teurer. Der Klimawandel trifft gerade die Regionen am härtesten, die schon jetzt Weizen zukaufen müssen und die so noch abhängiger von Importen werden, während Spekulanten in einem immer wechselhafteren Markt die Preise treiben. Diesem Ansatz nach kann die Lösung der Probleme nicht darin liegen, ein System fortzuführen, das im Versuch, Ungleichgewichte aufzufangen, immer neue schafft, weil erst durch diese Ungleichgewichte in Wahrheit Gewinnchancen entstehen, von denen das System lebt. Es sind dann doch ganz große Fragen, die ein so kleines Korn wie Weizen stellt.

Und da hat man noch keinen einzigen Gedanken auf das verwendet, was Norman Borlaug in seiner Rede für den Friedensnobelpreis das andere Problem der Welternährung nannte: das stetige Bevölkerungswachstum.

Handelsbilanzen

Der Getreideexport nach Afrika ist notwendig und kaum Gegenstand von politischer Kritik. Der Export von Milch oder Fleisch hingegen durchaus. Denn es heißt, er schade afrikanischen Kleinbauern, die chancenlos seien im Konkurrenzkampf. In diesem Text versuche ich eine differenziertere Betrachtung. Dabei gehe ich auch erstmals kurz zu Felix Kangwa, dem sambischen Bauern und Kleinhändler in Nkolemfumu, der in den kommenden Texten immer wieder vorkommen wird. Was er in Zukunft braucht, ist ein Platz für seine Ernten in den sambischen Supermarktregalen.

In der Diskussion über die Entwicklungsmisere afrikanischer Landwirtschaften geht es häufig auch um die wirtschaftliche Not vieler Afrikaner, die nicht zuletzt durch die Wirtschaftspolitik westlicher Länder verursacht wird. Es ist die Geschichte von den zweifellos ungerechten Handelsbedingungen, die vielen afrikanischen Bauern das Leben schwer machen, weil sie wegen diesen kaum mit ihren Produkten auf die westlichen Märkte vordringen können – wohingegen die westlichen Produkte sehr wohl den afrikanischen Markt erreichen oder gar „überschwemmen".

Aber stimmt das überhaupt? Wir suchen eine erste Antwort in einem kleinen Dorfladen in Sambia. In Nkolemfumu, zehn Autostunden von der Hauptstadt Lusaka entfernt, leben einige hundert Seelen. Felix Kangwa, ein Kleinbauer und Besitzer des Dorfladens, kauft die Ware, mit der er handelt, in der vierzig Kilometer entfernten Nachbarstadt Kasama ein.

Weder hier, noch auf dem Markt in Kasama gibt es augenscheinlich essbare Produkte aus europäischer oder amerikanischer Erzeugung. Einige Konserven stammen aus Südafrika und Tansania. Andere, etwa Erdnussbutter, sind aus Sambia. Das Obst und Gemüse und der Trockenfisch, die in der gegenüberliegenden Markthalle verkauft werden, kommen von lokalen Kleinbauern, wie Felix Kangwa einer ist.

Rund 70 Prozent der Weltbevölkerung, so heißt es, leben von den Ernten der Kleinbauern. Das sind vor allem die Milliarden Kleinbauern selbst. In Dörfern wie Nkolemfumu wird überhaupt kaum ein Dollar „von außen" hinzuverdient; mit Mühe und Not können sich die Leute etwas Salz oder Dosenmilch zu den lokalen Produkten hinzukaufen. Es ist im Grunde eine Tauschwirtschaft auf Basis der lokalen Währung Kwacha. So leben hunderte Millionen Afrikaner und Asiaten, und sie sind es auch, die unter Mangelernährung leiden. Der Großteil der Speisen kommt vom Feld, dazu kommt ein wenig Handel mit Gemüse und Maismehl. Europäische „Billiglebensmittel" kann sich hier überhaupt niemand leisten.

Fleisch gibt es in Kangwas Familie überhaupt nur ein, zwei Mal im Jahr – vom eigenen Huhn. Und wenn jemand ein Huhn kauft, dann aus sambischer Massenhaltung. Die gibt es in Ställen, die nicht größer sind als Wohnhäuser, mit Hunderten von Hühnern, oder es gibt sie aus Großanlagen vom großen Fleischkonzern Zambeef; das aber überwiegend in den Städten.

Wenn Afrika irgendwo mit Billiglebensmitteln überschwemmt wird, dann in den Städten. Dort gibt es schließlich eine kaufkräftige Mittelschicht. Kasama ist zwar eine große Stadt in Sambia, aber sie hat nur einen einzigen Supermarkt. In Lusaka, der Hauptstadt, gibt es viel mehr. Hier müssten Bauern wie Kangwa ihre Ernten verkaufen, wenn sie Geld verdienen wollten, das nicht aus dem Kreislauf der dörflichen Armut selbst kommt.

Im Supermarkt in Kasama, einer Filiale der südafrikanischen Kette Shoprite, sieht man die industriell gefertigten Lebensmittel, gegen die die Bauern mit ihren kleinen Erntemengen, ihrem krummen Gemüse und den reifen Früchten nicht ankommen. Ein Großteil der Lebensmittel kommt nicht aus sambischer Produktion, sondern aus industriell weiterentwickelten Staaten. Fruchtsäfte und Marmelade, Konserven und Süßigkeiten werden zu einem großen Teil aus Südafrika importiert, das rund zwei Flugstunden entfernt ist. Dort gibt es in größerem Maßstab industrielle Landwirtschaft – meist in der Hand weißer Buren, die in Südafrika nach dem wenig vielversprechenden Vorbild Zimbabwes zumindest teils enteignet werden sollen – und es gibt moderne Fabriken. Diese Lebensmittel sind nicht billiger, sondern teurer als lokales Gemüse, aber es sind eben industriell verarbeitete Speisen, die kein Kleinbauer herstellen kann.

In Kasama, dieser mittelgroßen sambischen Stadt, gibt es aber nur diesen einen Supermarkt. Fast die gesamte Versorgung entfällt auch hier auf die Bauern und Kleinhändler auf den Straßen. Bei ihnen ist alles viel billiger als im Shoprite, auch das Fleisch. Einige der Nahrungsmittel in den Supermärkten kommen sogar aus der Europäischen Union – Weine zum Beispiel oder Milch. In der Hauptstadt Lusaka wirbt ein großes Plakat für eine italienische Milchmarke.

Hier im südlichen Afrika bekommt man nicht den Eindruck, dass westliche Billiglebensmittel eine wichtige Rolle spielen. Allerdings fällt das sehr große Angebot an chinesischen Billigplastik- und Eisenwaren auf.

Aber wie sieht es südlich der Sahara aus? Caspar Schwietering, ein freier Journalist, hat sich für diesen Band beispielsweise die Supermärkte im Senegal angesehen. Dort, sagt er, sehe man sehr viele europäische Produkte: Milch, Nudeln, Fleisch. Das Gemüse komme aber auch oft aus dem Senegal selbst. In Nord- und Westafrikas Städten konkurrieren die lokalen Erzeuger heftiger mit den ungleich stärker subventionierten Bauern und Industriekonzernen aus dem globalen Norden.

Dieser Teil des Kontinents handelt rege mit Europa, wobei die Europäische Union mit Westafrika – das sind insgesamt 16 Staaten – einen Außenhandelsüberschuss erzielt. Das waren in den Jahren 2016 und 2017 rund fünf beziehungsweise drei Milliarden Euro. Die gesamten EU-Exporte in diese Region betrugen etwa 28 Milliarden Euro. Allerdings, Chemikalien, Medikamente und Maschinen machen einen Großteil davon aus. Von den 25 Milliarden Euro, für die andererseits Waren aus Westafrika in die Europäische Union importiert werden, entfällt der größte Teil auf Lebensmittel wie Kaffee, Kakao und Südfrüchte.

Beuten wir Afrika also durch Agrarhandel aus? In der Summe jedenfalls weniger als früher. Die Exportsubventionen, die die Europäische Union lange für Lebensmittelausfuhren nach Afrika gezahlt hat, gibt es nicht mehr. Sie wurden infolge jahrelanger, berechtigter Kritik langsam auf null abgeschmolzen. Aber die Europäische Union zahlt ihren Bauern jährlich mehr als 40 Milliarden Euro Subventionen. Sie gibt den Landwirten Kapital und damit im Weltwettbewerb einen Vorteil. Das gilt auch für Farmer aus den Vereinigten Staaten. Sie werden vom Staat hoch subventioniert. Das kommt der Lebensmittelindustrie in den hochentwickelten Ländern zugute. Sie kaufen günstig Rohstoffe ein, Standardware nach Geschmack der Industrie. Einen kleinen Teil ihrer Geschäfte macht die Industrie mit Westafrika, aber das behindert die Entwicklung einer dortigen Lebensmittelverarbeitung.

Es gilt seit Jahrzehnten als Ziel der amerikanischen Geopolitik, über Lebensmittellieferungen Abhängigkeiten zu schaffen. Großteile des Nahen Ostens sind auf die Getreidelieferungen aus den USA, aber auch aus Russland und der Europäischen Union angewiesen. Afrika war vor Jahrzehnten noch ein Netto-Exporteur von Lebensmitteln. Dass es jetzt immer mehr importieren muss, hängt vor allem mit seinem enormen Bevölkerungswachstum zusammen. Und andererseits: Ohne Einfuhren aus Europa oder den Vereinigten Staaten können diese Länder nicht überleben.

Das Thema des Für und Wider der Lebensmittelexporte ist so komplex, dass eindeutige Antworten kaum möglich sind. Christine Wieck ist Agrarökonomin an der Universität Hohenheim, davor arbeitete sie für die Gesellschaft für Internationale Zusammenarbeit (GIZ). Nach jahrelanger Erfahrung mit Afrikas Agrarmärkten beantwortet die Professorin die Frage nach europäischen Exporten nach Afrika sehr differenziert: Ob die schädlich oder nützlich für die lokalen Landwirte seien, könne man nur von Land zu Land beantworten und von Produkt zu Produkt. Zum Beispiel seien EU-Exporte von Milch weniger problematisch als die von Hühnerfleisch. Der Fleischexport von europäischen Konzernen wie PHW (Wiesenhof) oder Tönnies nach Burkina Faso bedrohe die dortige intakte Fleischwirtschaft. Für Kenia und viele andere Staaten seien Hühnerfleischexporte höchst problematisch, sagt Wieck. „Hühner können Kleinbauern gut selbst erzeugen."

Aber die Staaten schützen sich inzwischen. Kamerun zum Beispiel vergibt keine Importlizenzen für Geflügelfleisch mehr, um die Billigimporte abzuwehren. Christine Wieck gehört einer Expertengruppe der Europäischen Union an, der „Task Force Rural Africa". Elf unabhängige Experten beraten die Europäische Union und sprechen Empfehlungen aus, um die Zusammenarbeit zwischen Europa und Afrika im Bereich der Landwirtschaft zu stärken. Hier geht es um eine sinnvolle, nachhaltige Gestaltung der Agrarhandelspolitik. Christine Wieck sagt: „Die Fragen, die wir uns stellen, werden von nachhaltigem Wachstum des Agrar- und Lebensmittelsektors über Jobs für junge Leute bis hin zu den Ursachen der Migration reichen."

Das Resümee: Importe von Lebensmitteln aus dem globalen Norden sind nicht direkt die Ursache für Mangelernährung im globalen Süden, denn die Mangelernährten können sich die Importe in der Regel überhaupt nicht leisten – aber indirekt sind sie es doch, denn sie machen es den Kleinbauern schwerer, ihre selbst erzeugten Produkte in den Supermärkten an die urbanen Mittelschichten zu verkaufen. Sie müssen klug reguliert, aber nicht pauschal verboten werden. Importe von industriell erzeugtem Huhn schaden Afrika mehr, als diejenigen von Milch oder Weizen. Man muss aber überhaupt bei jedem Land und jedem Produkt genau hinsehen, und das tun afrikansiche Staaten zum Glück auch selbst.

Merkwürdiges Geschäft: Kakao gegen Schrott

Auch dieses Kapitel befasst sich mit Handelsfragen. Hier beobachtet *Anne Waak* in Ghana exemplarisch eine spezielle europäische Handelsbeziehung mit Westafrika: Ghana erhält für seinen Kakao große Mengen an europäischem Elektroschrott. Davon leben dort tausende Händler. Waak selbst findet, dass sei ein unfairer Handel. Ihr Text fokussiert sich auf ein Beispiel, anhand dessen sichtbar wird, dass etablierte Handelsströme auch Pfade markieren, von denen es sich schwer abweichen lässt. Deutlich wird, dass es Ländern wie Ghana guttäte, wenn sie auch die Verarbeitung von Schokolade im eigenen Land hätten und nicht nur den Rohstoff exportierten. Sonst gibt es für Bauern keinen Ausweg aus der Armut. Eine bemerkenswerte Entdeckungsreise zum Anfang und Ende der jeweiligen Wertschöpfungskette von Kakao und Wohlstandsmüll.

Die Sonne scheint schwach durch die Staubschwaden, die der Wind aus der Sahara nach Ghana geweht hat. Wäre es nicht so heiß und trocken, könnte man die Schleier in der Luft für Nebel halten. Kwaku Amoateng, ein freundlicher Mann im blau-weiß gestreiften Polohemd und mit Schlappen an den Füßen, steht unter dem Blätterdach eines seiner Bäume. Über seinem Kopf hängen rotgrüne Früchte, manche groß wie Brotlaibe. „Ich bin Bauer geworden, weil mir der Kakao ein besseres Leben bieten konnte", sagt er.

Der 54-Jährige – verheiratet, zwölf Kinder – wurde hier geboren, am Lake Bosomtwe in Ghanas Zentralregion, wo die Ortsnamen eher an Japan denken lassen: Abaase, Kuntanse, Abono. Der von Regenwald und zerfurchten Bergen eingefasste Kratersee liegt mitten im sogenannten Kakaogürtel, einem Streifen zwischen dem nördlichen und dem südlichen Wendekreis, in dessen tropisch-feuchter Hitze der Kakaobaum gedeiht.

Doch auch das bessere Leben, das Amoateng hier gefunden hat, ist ein hartes. Laut der Organisation Fairtrade verdienen ghanaische

Kakaobauern durchschnittlich 1,50 US-Dollar am Tag. Für Kwaku Amoateng wird es in dieser Saison nur ein Bruchteil dessen sein. Der Kakaopreis fällt wieder; er verdiente schon in der vergangenen Saison nur 713 ghanaische Cedi, umgerechnet 128 Euro. Und das, obwohl Ghana in den vergangenen Jahrzehnten einen bemerkenswerten Aufstieg hingelegt hat. Betrug das Bruttonationaleinkommen im Jahr 2002 noch 280 Dollar pro Kopf, war es 2013 mehr als sechsmal so groß. Das Land ist reich an Gold, Öl und Mineralien. Das bedeutendste landwirtschaftliche Exportgut ist und bleibt jedoch der Kakao.

Und doch ist der reine Rohstoffexport vergleichsweise unprofitabel: Setzt der Kakaosektor in Ghana zwei Milliarden Dollar im Jahr um, sind es in der Schokoladenindustrie auf der Welt 98 Milliarden Dollar. Ghana ist nach der benachbarten Elfenbeinküste der zweitgrößte Kakao-Exporteur der Welt, sechzig Prozent des weltweiten Bedarfs stammen aus diesen beiden Ländern.

Seit fast zwanzig Jahren bewirtschaftet der Bauer Amoateng die siebzehn Hektar Land, eine Fläche so groß wie fünfundzwanzig Fußballfelder. Bevor er Kakaobauer wurde, war Amoateng Fischer, wie viele der Bewohner der Dörfer rund um den See. Der Legende nach entdeckte ein Ashanti-Jäger das fischreiche und einst noch von dichtem Wald umstandene Gewässer, als er eine verletzte Antilope verfolgte. Er ließ sich hier nieder und nannte den See Bosomtwe, „Antilope Gottes“. Heute ist das Gewässer überfischt. Immer mehr Menschen leben vom Kakaoanbau.

Achthunderttausend ghanaische Kleinbauern und -bäuerinnen leben wie Kwaku Amoateng vom Kakao. In der Haupterntezeit ab Oktober pflücken sie die Früchte, stapeln sie unter den Bäumen zu Haufen und lassen sie ein paar Tage liegen. Das macht den nächsten Schritt leichter. Sie öffnen dann die dicken Schalen mit Macheten, um die bis zu vierzig pralinengroßen Samen darin herauszulösen. Diese fermentieren dann unter Bananenblättern, bevor sie langsam in der Sonne trocknen. In Säcke verpackt, wird die Ware von Trucks abgeholt und zu einer der Geschäftsstellen des Ghana Cocoa Board gebracht. Das ist die staatliche Regulierungsbehörde, die das Exportmonopol hat.

Kwaku Amoateng (Anne Waak)

Ein anderer ghanaischer Wirtschaftszweig lässt sich gut zweihundert Kilometer entfernt von Kwaku Amoateng besichtigen. Hier, am Rande der Hauptstadt Accra, sitzen die letzten Teilnehmer eines anderen weltumspannenden und jährlich anwachsenden Handels – dem mit gebrauchten Elektronikgeräten. Ausrangierte Computer, Mobiltelefone und Laptops aus Europa und Asien landen mit kurzer Restlebensdauer in Westafrika, wo sie im besten Fall repariert und weiterverwendet werden. Im schlechtesten Fall sind sie schon schrottreif. Am Ende landet alles auf der Schrotthalde Agbogbloshie.

Die jungen Männer, die dort die Plastikummantelungen von Kabeln verbrennen, um an die wertvollen Metalle darin zu gelangen, riskieren ihre Gesundheit und verdienen ähnliche Hungerlöhne wie die Kleinbauern. Kakao raus, potentielles Gift rein – von Ghanas einfachen Leuten aus gesehen profitieren im Handel zwischen dem globalen Norden und dem, was der globale Süden genannt wird, langfristig nur die anderen. Die Ghanaer sind jeweils die ärmsten und verletzlichsten Glieder der Wertschöpfungsketten.

Zu dieser Sichtweise passt, dass nur vier Prozent der weltweit verzehrten Schokolade in Afrika gegessen werden. Den Geschmack der hitzebeständigen ghanaischen Marke „Golden Tree“, die in der sengenden Hitze von Straßenhändlern verkauft wird, bezeichnen manche Einheimische schlicht als „schrecklich“, andere mutmaßen, dass der Hersteller heimlich einen Anteil an Kakaobutter durch billigere Sheabutter ersetzt. Tatsächlich erinnert die brüchige Konsistenz der für den heimischen Markt gedachten Ware eher an trockene Blockschokolade. Das mag niemand. Eine Tafel aus dem Kakaoland Ghana eignet sich als Souvenir ungefähr genauso gut wie ein kaputtes Nokia-Handy. In Europa hergestellte Schokolade, die als Import in den heruntergekühlten Supermärkten Accras erhältlich ist, kostet dagegen umgerechnet 3,50 Euro pro Tafel.

Der Kakao ist der Stolz Ghanas. Und wie er zum wichtigsten Agrarprodukt des Landes wurde, ist eine Erfolgsgeschichte: Es war ein Analphabet und Händler namens Tetteh Quarshie, der im Jahr 1879 von der vor Kamerun gelegenen Insel Fernando Po zurückkehrte an die Goldküste, wie Ghana unter damaliger britischer Kolonialherrschaft hieß, und ein paar Kakaosamen im Gepäck hatte. Der Boden und das tropische Klima in seinem Garten erwiesen sich als ideal für den Anbau, und schon wenige Jahre später stieg das Land in den Export ein. 1935 bediente Ghana die Hälfte des weltweiten Bedarfs, heute sind es neunhunderttausend Tonnen im Jahr.

Trotz seiner Stellung als zweitgrößter Kakaoproduzent der Welt hat es Ghana bislang nicht geschafft, die Wertschöpfungsleiter rund um seine „Cash Crops“ hinaufzuklettern. Je weiter ein Rohstoff zu einem Produkt verarbeitet wird, desto größer werden die Gewinnspannen.

Das gilt für Baumwolle, die zur Markenjeans wird, genauso wie für Kakao und sein Endprodukt Schokolade. Achtzig Prozent des ghanaischen Kakaos werden unverarbeitet exportiert. Der Anteil der Industrie am Bruttosozialprodukt betrug 2016 gerade einmal 1,7 Prozent. Die Profiteure sind die westlichen Konzerne. Das weiß auch Staatspräsident Nana Akufo-Addo. Er gab eine zweifache Devise aus: Die Bauern sollen noch mehr Kakao für den Export produzieren, gleichzeitig soll durch die Liberalisierung des Sektors auch die heimische Schokoladenproduktion und damit der nationale Konsum erhöht werden. Seit Jahren organisiert die staatliche Exportorganisation Cocobod kostenlose Spray-Aktionen mit Insektiziden, verteilt Dünger sowie ertragreichere und resistentere Hybrid-Setzlinge an die Bauern. Oft wird die Behörde für ihre intransparente Finanzpolitik kritisiert und dafür, dass sie Farmer von sich abhängig macht.

Kwaku Amoateng erreichen die Maßnahmen erst gar nicht. Die Farmen am Lake Bosomtwe gelten als zu veraltet und wenig ertragreich, als dass sich Subventionen lohnen würden. Vergrößern kann Amoateng sich nicht. Farmland ist rund um den See nicht mehr zu haben, zu viel Wald wurde schon gerodet, um Platz für die Landwirtschaft zu machen. Kakaoanbau gilt in Westafrika als der Hauptverursacher der Abholzung von Regenwald, was die Böden erodieren und das Regenwasser versickern lässt. Auch die Gemüseernten in der Region fallen von Jahr zu Jahr schlechter aus. Das Wasser im Lake Bosomtwe dagegen steigt kontinuierlich an.

Doch selbst wenn Amoateng sich vergrößern könnte: Wovon sollte der Bauer Mitarbeiter bezahlen? Seine zwölf Kinder, die ihm früher halfen, sind in die Stadt gezogen – dorthin, wo es besser bezahlte Arbeit gibt. Also baut Kwaku Amoateng neben Kakao auch Gemüse an: Kochbananen, Tomaten, Paprika, Okra-Schoten, Avocado sowie die stärkehaltigen Maniok- und Yamswurzeln. Das wenige, das seine Frau und er nicht verbrauchen, versuchen sie in der Nachbarschaft zu verkaufen.

Schokolade essen sie selten. Das ist hier unüblich wie auch unbezahlbar. Aber sein Neffe, erzählt Amoateng, habe ihm mal eine Tafel aus Schweden mitgebracht, deren zarten Schmelz mochte er. Auf die Frage, was er davon hält, dass sein Kakao ins Ausland verschifft wird –

in die Schweiz, nach Deutschland oder Belgien –, lacht er und ruft: „Das macht mich stolz!"

Amoatengs Kakao wird knapp dreihundert Kilometer von seiner Farm entfernt verschifft. Die Stadt Tema beheimatet Ghanas größten Hafen. Er ist überlebenswichtig für Ghana und seine nördlichen Nachbarn ohne Meerzugang. Achtzig Prozent des Im- und Exportverkehrs finden hier statt. Und hier, wo der Stolz Ghanas das Land verlässt, landet auch das zukünftige Gift an: in Form von Elektronikgeräten aus den Industrieländern.

Hier kommt auch der deutsche Wohlstandsmüll an. Laut dem vom Bundesministerium für wirtschaftliche Zusammenarbeit und Entwicklung mitfinanzierten „Global E-waste Monitor" fielen 2016 weltweit 44,7 Millionen Tonnen Elektroschrott an – das Äquivalent von 4500 Eiffeltürmen. In Europa sind das 16,6 Kilogramm ausrangierte Mobiltelefone, Laptops oder Kühlschränke pro Einwohner. Nur ein Teil davon wird vorschriftsmäßig wiederverwertet. 76 Prozent werden weggeworfen, verkauft oder unsachgemäß recycelt. Verlässliche Daten darüber, wie viel Elektroschrott aus hochentwickelten Ländern in Entwicklungsländer verschifft wird, sind in diesem hochgradig informellen Sektor schwer zu bekommen, aber eine Fallstudie in Nigeria ergab 2016, dass die EU-Staaten die Herkunftsländer von 77 Prozent aller importierten Geräte sind.

Eine kurze Autofahrt vom Hafengelände entfernt liegt die Greenwich Meridian Avenue, deren Name sie sehr viel grandioser klingen lässt, als sie ist. Hierher kommen Einheimische, wenn sie sich für gebrauchte Elektrogeräte interessieren. Die Schilder der kleinen Geschäfte werben mit den Logos bekannter Computermarken. Unter einem Schatten spendenden Mangobaum sitzen Moses und Richard auf Plastikstühlen. Zwischen sich haben die beiden Männer fünf Plastikcontainer mit schwarzen Laptops stehen. Die Ware sei neulich per Schiff am Hafen angelangt, sie verkauften sie nun weiter. „Die kommen aus Deutschland und Holland", erzählt Richard und klappt ein Gerät auf. Der Bildschirm hat Risse, bei einem anderen Laptop fehlt er ganz. „Mit diesen kleinen Geschäften kann man viel Geld verdienen“, sagt Moses – bis zu fünfundsechzig Euro.

Nur ein paar Meter weiter die Straße hinauf lässt sich besichtigen, was aus den alten Geräten wird. Sie dienen als Ersatzteillager. Auf einem zweistöckigen Regal unter einem Wellblechdach verkauft Jefferson Sam gebrauchte Laptops der Marken HP, Acer und Advent. Jedes der Geräte ist zum Schutz gegen den umherfliegenden Staub fest in Frischhaltefolie eingewickelt. „Wir schauen, was kaputt ist, und ersetzen die defekten Teile“, erzählt der 22-Jährige, die weißen Kopfhörer in den Ohren. Je nachdem, ob „die Maschine“ internetfähig sein soll oder nicht, kosten diese aufgearbeiteten Laptops umgerechnet zwischen hundert und zweihundert Euro. Noch der billigste würde Amoatengs Jahresverdienst aus der Kakaoernte verschlingen.

Die Teile an E-Schrott, die nicht mehr repariert oder verbaut werden können, landen in Agbogbloshie. So heißt ein Stadtteil am Rand der Zweieinhalb-Millionenstadt Accra, der mal ein Marktplatz für Zwiebeln und Yamswurzeln war und sich über die Jahre zu einem Slum auswuchs. Heute ist der Name Agbogbloshie fast synonym mit seiner Schrotthalde, der zweitgrößten ihrer Art in Westafrika, aber nur einer von mehreren in Ghana. 76 017 Tonnen Elektronikschrott landen laut einer aktuellen Studie der Gesellschaft für Internationale Zusammenarbeit im Jahr hier.

Je nachdem, in welche Himmelsrichtung man die Nase hält, riecht es brackig oder nach brennendem Plastik. Asche und Öl haben die rote Erde schwarz gefärbt. In der schweren Luft liegt das Geräusch unzähliger Hammer und Macheten auf Metall. Klonk-klonk, klink-klink. Zwischen Bergen von Schrott sitzen Arbeiter in T-Shirts und Flipflops und hacken auf Autobatterien und Waschmaschinentrommeln herum. Auf einem Weg zwischen den Abfallhügeln gehen zwei junge Männer nebeneinander her, jeder von ihnen trägt einen Stapel Laptops auf dem Kopf. Mädchen verkaufen Plastiktüten mit chemisch gereinigtem Trinkwasser. Kinder spielen Verstecken in einer ausgeweideten Tiefkühltruhe. Am Rand des Schrottplatzes erhebt sich eine dunkle Ebene. Rauch steigt auf. Ein paar Meter weiter grast ein Dutzend magerer

Zebus. Zu den Hufen der Buckelrinder wächst Müll. Die Einheimischen nennen diesen Ort „Sodom und Gomorrha".

Doch anders als im Rest des Landes, wo der Plastikabfall meist achtlos fallen gelassen und der Hausmüll mangels funktionierender Entsorgung am Straßenrand verbrannt wird, herrscht in „Sodom und Gomorrha" eine eigenartige Ordnung. Alles wird gesammelt, gewogen, geordnet und einer weiteren Verwendung zugeführt. Jede Batterie, jeder Ölkanister, jedes Kabel ist wertvoll. Das Metall wird nach Sorten getrennt und weiterverkauft. Das Plastik, das die edleren Materialien ummantelt, wird verbrannt. Das machen die „Burners", die unten stehen in der Hierarchie der etwa zweitausend Arbeiter. Sie atmen die beim Abfackeln entstehenden toxischen Gase ein, leiden an Atemwegserkrankungen und sterben oft einen frühen Tod. Motoröl versickert im Boden, der sich wie das Wasser der Lagune, an der Agbogbloshie liegt, mit Schwermetallen und organischen Schadstoffen anreichert.

Die Jugendlichen, die in Agbogbloshie arbeiten, wissen oft nicht um die Gesundheitsfolgen des unsachgemäßen Recyclings. Und wenn, dann ignorieren sie dieses Wissen zumeist. Sie stammen fast alle aus dem ärmeren, ländlichen Norden Ghanas. Es sind auch die Söhne von Bauern, die wie Kwaku Amoatengs Kinder ihre Heimatorte verlassen haben, um woanders ein Auskommen zu finden.

Der Agbogbloshie-Markt in unmittelbarer Nähe der Halde ist Accras größter Umschlagplatz für Gemüse. Kein Mensch weiß, wie viel von den in der Luft umherfliegenden Schadstoffen auf den Lebensmitteln landet. Sicher ist, dass sie von einem der giftigsten Orte der Welt aus in die Küchen, Straßenimbisse und Restaurants der Stadt verteilt werden. Die Zwiebeln stammen dabei aus Niger, die Tomaten aus Burkina Faso, der Kohl und die Karotten aus Togo – Gemüse, das in Ghana angebaut werden könnte, aber in viel trockeneren Regionen herangezogen wird. Nach Schätzungen der „Ghana Agricultural Producers and Traders Organization" werden jährlich allein Zwiebeln für einhundertzwanzig Millionen Dollar importiert.

„Wie können wir eine Volkswirtschaft aufrechterhalten, wenn fast nichts, was wir essen, von hier kommt?", fragt Selassie Atadika. Es ist ein Sonntagabend, sie sitzt an einem Tisch im Hof des „Bistro 22", einem angesagten Restaurant in Accra. Aus den Lautsprechern säuselt die Soul-Stimme von Erykah Badu, auf der Karte stehen Gerichte wie australisches Black-Angus-Filet und Rosmarin-Hühnchen. Atadika arbeitete lange in der Katastrophenhilfe der UN, wo sie jeden Tag mit Nahrungsmittelsicherheit zu tun hatte. 2014 kündigte sie und kehrte zurück in ihre Heimatstadt Accra. „Unser Essen ist nicht fair", sagt sie. Im Gegensatz zu Europa, wo sich Fragen nach dem Nährwert der Nahrung, der Nachhaltigkeit der Landwirtschaft, dem Einsatz von Dünger und Pestiziden genauso stellen wie hier, komme in Afrika noch ein weiteres Problem hinzu: der Kampf ums bloße Überleben.

Mit ihrem Unternehmen „Midunu" veranstaltet Atadika im Garten ihres Familienhauses im edlen Viertel Tesano regelmäßig Abendessen. Die Köchin bringt Gerichte auf den Tisch, für die sie lokale Zutaten und Gewürze verwendet. Und sie stellt Schokoladentrüffel her, für die sie Kuvertüre aus heimischen Kakaobohnen kauft und mit Aromen wie Mango, Hibiskusblüten und Ingwer, dem äthiopischen Berbere-Gewürz oder der ghanaischen Chili-Mischung Shito anreichert – für die wachsende Mittel- und Oberschicht, für Menschen, die sich den Luxus leisten können, sich für die Herkunft ihrer Nahrung zu interessieren. Mit „Midunu" gehört Atadika zu einer wachsenden Gemeinschaft von Food-Start-ups, deren Gründerinnen – es sind meist Frauen – sich fragen, wie es möglich ist, dass Länder wie die Schweiz, in denen bekanntlich kein einziger Kakaobaum wächst, als Schokoladen-Nationen gelten.

Nkolemfumu und Wintersheim

Von Handelsfragen kommt die Erzählung nun deutlicher auf die Lebenswelt afrikanischer Kleinbauern. Solcher wie Felix Kangwa in Sambia. Mehrmals reiste ich zu ihm, um im Detail zu beobachten, wie er lebt, arbeitet, woran es ihm mangelt. So entstand ein anthropologisches Portrait seines Dorfes Nkolemfumu. Ich bekam dort ein Gespür für den Glauben und Aberglauben im dörflichen Afrika - und spürte, wie der Glaube Trost und Antrieb und der Aberglaube ein Hemmnis für Veränderung und Entwicklung ist. Parallel begleitete ich ein Jahr lang den deutschen Ackerbauern Axel Dettweiler. Der hatte ganz andere Probleme. Dieser Text erzählt anhand zweier ungleicher Lebenswirklichkeiten die gemeinsame Geschichte globalisierter Ohnmacht. Und er hält fest, was anrührend und liebenswert ist, hier und da. Meine Geschichte über die Welternährung, im Großen und Kleinen.

Das Dorf Nkolemfumu liegt im Stammesfürstentum Nkolemfumu, das sich über hundert Kilometer im Flachland des nordwestlichen Sambias erstreckt und ungezählt viele Einwohner hat, vor allem Kinder. Der Häuptling heißt Nkole, und Mfumu heißt einfach nur Häuptling. Hier lebt auch Felix Kangwa. Er hat sieben Kinder, eine Frau, einen Acker von 3,75 Hektar und ein paar Holzhacken. Einen Ochsen oder gar einen Traktor hat er nicht.

Kangwa steigert seine Ernten trotzdem kontinuierlich, außer in den trockenen Jahren, dann gibt es Rückschläge. Kangwa ist als Bauer mit den Böden und Bedingungen, die er in Nkolemfumu hat, zufrieden: „Wir haben gute Bedingungen, viel Regen und gute Böden, und wir können in die Nachbarländer exportieren, und davon kann ich mir mehr Dünger kaufen und die Schulbesuche meiner Kinder finanzieren."

Von den knapp 15 Millionen Sambiern leben fast 10 Millionen auf dem Land, so wie Kangwa. Die meisten Bauern verdienen mit Mais ihren Lebensunterhalt. Der Staat und gut vernetzte Händler sammeln deren Ernten ein und exportieren ein Gutteil davon, vor allem in die benachbarten Staaten Tansania und Kongo. Auch Kangwa trägt dazu bei. 60 bis 90 Prozent seiner Ernte verkauft er. Er trägt zum Export bei, er steht in Verbindung mit den Weltmärkten, die Welternährung ist auch sein Projekt. An der Zukunft der Welternährung hängt auch seine Zukunft.

Das ist gegenwärtig sein Leben: Kangwa steht gegen Mittag auf der Brücke und blickt herunter in den trüben Lukulu. Der Fluss, der das Wasser bringt – ein guter Ort für ihn, den afrikanischen Bauern? Ein Ort der Leben schenkt? Nein, nicht nur. Der Lukulu nimmt Leben. Es ist der Fluss des Todes. Erst vor wenigen Monaten sprang zuletzt ein junger Mann aus dem Dorf in den Lukulu. Wie immer geschah es hier auf der Brücke, der einzigen weit und breit, erbaut vor wenigen Jahren von südafrikanischen Konstrukteuren. Hier, wo vom Morgen bis zur Dämmerung die Kinder sitzen und kleine Fische angeln. Der junge Mann war von der Polizei des Dorfes über die Brücke geführt worden. Nachbarn hatten ihn der Zauberei beschuldigt, er sollte zum Gericht gebracht werden. Als sie die Brücke überquert hatten, vom West- zum Ostufer, riss sich der junge Mann plötzlich los, lief zur Mitte der Brücke zurück und sprang. Sein Körper, wie weggezaubert. „Der Fluss hat keinen guten Geist“, sagt Felix Kangwa. „Ich kann ja die Selbstmorde nicht mehr zählen.“ Felix Kangwa Kasunde lebt hier seit mehr als dreißig Jahren. Schwimmen hat er nicht gelernt, und ohnehin kann das hier kaum jemand. Deshalb hält man sich besser fern vom Lukulu. Auch keines seiner sieben Kinder kann schwimmen.

Die Lukulu-Brücke hat kein Geländer. Der Lukulu ist der Ort in Nkolemfumu, der sich am besten für den Selbstmord eignet. Es gibt zwar auch eine Bahnschiene, die Linie Daressalam–Lusaka, keine zwanzig Kilometer entfernt, aber die Züge fahren selten und zu langsam. Und an der Straße stehen Händler, Wachposten, Kinder; am Lukulu lässt es sich diskreter aus dem Leben treten.

Kangwa hat eine helle Seele. Er ist ein Bauer von sechsundfünfzig Jahren, ein Mann der Bibel, mit Jesus und den guten Geistern. Wenn er morgens um sechs Uhr aufwacht, dankt er Gott. Wenn er abends um zehn Uhr ins Bett geht, dankt er Gott. Er dankt ihm morgens für den neuen Tag, er dankt ihm abends für den alten. Er nimmt seine Kinder und Enkel zu sich und betet mit ihnen. Er bittet Gott um nichts, er dankt ihm für das, was er hat. Kangwa betet das Vaterunser auf Bemba und auf Englisch. Er hält die Gebote ein, er feiert nicht Ostern und nicht den Sonntag, sondern macht nur, was die Bibel sagt: Halte den Sabbat, bete. Er ist Adventist, seit fast dreißig Jahren, als er vom Katholizismus konvertierte. Erst Jahre später wurde er Bauer.

Er heiratete eine Frau aus Nkolemfumu, zog in dieses Dorf im Nordosten Sambias und befreite seine Familie mit Land und Saatgut aus der bitteren Armut. Kangwa ist einer der reichsten Bauern von Nkolemfumu geworden, aber er ist immer noch ein armer Mann, wie der Großteil der Weltbevölkerung. Er lebt mit der Natur und leistet, was ein Mann mit der Kraft seiner Hände leisten kann.

In dieser bäuerlichen Welt Sambias sind mythische Bilder vom Leben in den Wäldern wahr: Hühner, Menschen, wildes Wimmeln und Hütten im Wald, die aus Holz und Lehm gebaut sind. Das winzige Dorf Nkolemfumu, in dessen Zentrum Kangwa wohnt, ist anders. Es hat einen Marktplatz und auf diesem herrscht der urbane Flow Afrikas: Kirchen, Gebete, Aberglaube, Jugend, Leben, Schrott als wertvoller Rohstoff – arm, erbärmlich, stolz, freundlich, staunend, hoffend. Und es gibt den Fluss, der manchen die letzte Ruhe gibt.

Kangwas Haus hat ein Blechdach, das ist allerhand. Auch Strom gibt es hier; die nahe Hochspannungsleitung wurde vor wenigen Jahren von Chinesen errichtet. Das Haus hat drei Zimmer für die Familie: ein Wohnzimmer, eins, in dem Maismehl lagert, und ein Schlafzimmer. Fahrräder stehen draußen. Dort kocht seine Frau, Hausfrau, Nshima-Maisbrei auf dem Holzkohleöfchen.

Drei oder vier Häuser hat Kangwa in seinem Leben schon gebaut, aber das hier ist das beste, sagt er. Das Dach, die Stromkabel, den Elektroofen hat er mit dem Geld bezahlt, das ihm Mais, Erdnüsse und Gemüse einbrachten.

Aber das Geld gibt es nicht an der Straße. Auch der kleine Markt in Nkolemfumu bringt nicht genug. Der Kleinbauer muss weiter raus, um mehr zu verdienen. Ein Beispiel, die Erdnuss: Sie wächst auf einem Feld mit Kürbis, Mais und Cassawa in lehmiger, schwarzer Erde, zu dem Kangwa zwanzig Minuten mit dem Fahrrad fährt. Im Mai ist die Nuss reif. Der Bauer erntet sie per Hand; sechs Kinder und zwölf Tagelöhner helfen. An drei Tagen sind die Nüsse von gut einem Hektar aus der Erde und in Stoffsäcken.

Überall an der Straße stehen die Kinder und verkaufen Eimer voller Erdnüsse, aber das bringt zu wenig. Kangwa ruft von seinem Handy den Agrarpreisinfodienst an. Dort sagt eine Stimme, wo die Erdnuss am gefragtesten ist. Im letzten Herbst war das der Markt von Lusaka, der Hauptstadt. Die aber ist leider zehn Autostunden entfernt und die Straße voller Schlaglöcher. Und er hat kein Auto. Im ganzen Bezirk Nkolemfumu gibt es überhaupt nur fünf Autos. Kangwa muss per Anhalter fahren. Er stellt sich mit vierzig Säcken à fünfzig Kilo roter Erdnüsse an die Straße und wartet bis ein Lastwagen anhält. Die Laster fahren von Tansania nach Lusaka; sie transportieren Erdöl, Dünger oder gefrorene Flussfische. Mehrere in der Stunde kommen vorbei. Dann hält ein Laster und lädt die Säcke ein. Kangwa fährt zum Preis von umgerechnet zwanzig Dollar im Frachtraum mit. In Lusaka übernachtet er bei einem Freund. Am nächsten Tag verkauft er die Nüsse für rund zehn Dollar je Sack, etwa zwei Dollar mehr, als es in Nkolemfumu gäbe. Händler aus den Nachbarländern decken sich hier ein, manche aus Zimbabwe und Namibia, andere aus dem südlichen Sambia. Das produzierende Gewerbe, zum Beispiel die sambische Erdnussbutterindustrie, tut es nicht. Die hat Farmen im Osten Sambias.

Kangwa lebt, ökonomisch und kulturell, in der Welt des Kleinbauern. Er lebt – mit Ausnahme des staatlich organisierten Maisexports – von den lokalen Märkten und denen, die mit dem Lastwagen erreichbar sind. Auch das ist ja „Welternährung“: die Versorgung des eigenen Dorfes.

Wie eine andere Welt ist demgegenüber die der Agrarfarmen, von denen es in Sambia Hunderte gibt, die umzäunt und bewacht und meist in der Hand weißer Farmer sind. „Commercial farming" werden sie hier genannt.

Kangwa bewundert das. Wer tüchtig ist, wird Gott sei Dank aus der Armut herauswachsen, hofft auch er. Auch seine Landwirtschaft ist schon gewachsen. Kangwa bewirtschaftet, mit Hand- und Kinderarbeit, fast vier Hektar. Er hat zudem seinen kleinen Laden, in dem er kalte Getränke, Konserven, Werkzeuge, ausgeleierte Badehosen und Krimskrams verkauft. Er war der Ideengeber des Marktplatzes mit Geschäften, Bars und Friseuren, den es so noch nicht gab, als er hierher zog. Er kann sich nicht nur elektrischen Strom erlauben, sondern auch ertragreiches Einmal-Saatgut und hochgeschätzte chemische Pestizide, die er ungeschützt aus einem Plastikkanister verspritzt.

Kangwa, der Bauer, versorgt viele, weil er mehr erntet als er braucht. Anders kennt er es nicht. Er fragt mich: „Wie ist es in Deutschland: Gibt es dort Leute, die keine Bauern sind und sich nicht selbst versorgen können? Die auf Lebensmittelkäufe angewiesen sind?"

Axel Dettweiler, ein deutscher Ackerbauer, hat uns auch Fragen mitgegeben. Sie kommen von ihm und von seinen Kindern. Wir sitzen gegen Spätnachmittag in Nkolemfumu, in Kangwas Garten, und stellen sie Kangwa:

Felix, wie ist deine gesellschaftliche Position als Kleinbauer in Sambia?
Die gesellschaftliche Situation für uns Bauern in Sambia ist gut. Vor allem für diejenigen, die keine sonstige Arbeit haben. Denn du verdienst als Bauer immerhin dein eigenes Einkommen. Und die Landwirtschaft bietet damit Möglichkeiten, noch etwas anderes machen zu können. Beispielsweise können meine Kinder jetzt eine Schule besuchen. Ich betreibe einen kleinen Laden. Ich habe meiner Familie ein Haus gebaut.

Akzeptieren die Leute bei dir im Dorf den Einsatz von Pflanzenschutzmitteln und Dünger?
Ja. Sie sind glücklich über den Einsatz von Pestiziden, denn sie wissen, dass die Mittel die Früchte auf den Feldern schützen. Ohne Chemikalien würde die Ernte auf jedem Feld in dieser Gegend von Insekten beschädigt werden.

Reicht dein Einkommen aus deiner Farm denn aus, um damit deine Familie zu ernähren?
Das größte Problem ist, dass ich das Geld für meine Ernte nur einmal jährlich bekomme [Vom Staat; JG.]. Wenn ich etwas im Juni ernte, bekomme ich das Geld dafür erst im September. Und danach erst wieder im nächsten September. Also warte ich dann fast ein Jahr auf mein Geld! Dadurch ist es leider sehr schwierig für uns, vom Geld aus der Landwirtschaft zu überleben.

Felix, hast du den Wunsch, dass eines deiner Kinder deinen Bauernhof später einmal übernehmen wird?
Die meisten meiner Kinder wollen lieber in die Schule gehen und eine gute Ausbildung bekommen. Sie könnten zwar auch Farmer werden, wenn sie wollen, aber das ist nicht ihr Wunsch und auch nicht mein Wunsch. Sie sollen lieber gute Arbeit als Angestellte finden und später in Büros arbeiten.

Und eine Tochter Dettweilers fragt Felix Kangwa:

Was ist euer Lieblingsessen?
Hier in Afrika essen wir hauptsächlich Nshima [Maisbrei]. Eigentlich nichts anderes. Manchmal bekommen wir aus Kasama, der nächsten Stadt, eine Gallone Reis oder geröstete Cassava-Wurzel. Ab Januar gibt es auch Kürbisse und verschiedene Erdnüsse, rote und helle. Aber hauptsächlich essen wir Nshima.

In Wintersheim, man kennt es, mögen die Kinder Lasagne und Pommes. In Wintersheim weiß der Bauer Dettweiler auch nicht so recht, ob seine Kinder den Hof mal übernehmen sollen. Denn er zweifelt daran, dass dreihundert Hektar Land in Zukunft noch reichen werden, um davon eine Familie gut zu ernähren.

Ich bin gewissermaßen zufällig hier, bei Felix Kangwa; ich bin ihm auf meiner Suche nach einem sympathischen typischen Bauern begegnet, der einen Reporter tagelang ertragen mag. Wir wollen ihm dabei zusehen, wie er die Welt ernährt. Dazu mussten wir fünfzehn Stunden fliegen und fünfzehn Stunden mit dem Jeep fahren.

Für Kangwa ist unsere Begegnung kein Zufall, sondern der „Plan Gottes“. Und deshalb auch eine Last, die er geduldig trägt.

Dies sind seine Felder. Der Bauer führt uns über Pfade durch Elefantengras zu Mais und Bohnen, wo alles sprießt und reift, unterwegs muss man immer wieder durch feuchtes Grasland. Der Lukulu speist Sümpfe und Pflanzen: Das größte Feld hat zwei Hektar: Mais. Zwischendrin eine alte Sorte Zuckerrohr. Es riecht so gut, überall singen die Tiere. Pfade führen durch Gras und Sumpf auf andere Hügel: Bohnen, Tomaten, Bananen, Zuckerrohr, Chinakohl, Eierpflanzen.

Es duftet nach dem Paradies, aber Kangwa will von hier weg. „Meistens langweile ich mich hier. Ich vermisse Fußball, Stadien, Fahrten durchs Land“, sagt er, „ich genieße es immer so, wenn ich in Lusaka bin. Das sagt auch meine Frau. Wir sind hier, weil wir arm sind.“ Auch deshalb verkauft er seine Erdnüsse in der Hauptstadt, nicht nur wegen der paar Dollar, sondern weil er gern in die Ferne fährt.

Schon in der Bibel steht, dass es das Paradies für uns Menschen nicht mehr gibt. In Nkolemfumu sieht es nur auf den ersten Blick so aus wie das Paradies. Eigentlich sehen wir Arbeit, an der das Leben hängt. Die wilde Sumpfidylle ist auch Kangwas Schicksal. Er pflügt, sät, erntet, viele Wochen im Jahr mit nichts als einer geschmiedeten Hacke, deren Holzstiel er selbst schnitzt. Zwölf Stunden auf dem Feld, Früchte ernten, die nicht mehr als einen Hungerlohn bringen.

Er will so gern nach Kasama ziehen. „In der Stadt gibt es Inspiration“, sagt er, „man sieht es an den Kindern: Sie sind wacher und lernen Sprachen.“

Kasama ist vierzig Kilometer entfernt, keine Schönheit, eine verstreute Ansammlung von Sandstraßen, Hütten, Kirchen und Märkten. Kangwa fährt mit dem Fahrrad hin, lässt sich im Auto mitnehmen oder läuft. Er spart seit Jahren für ein Haus in der Stadt. Die Materialien und das Grundstück würden fünftausend Euro kosten; bauen würde er es selbst. Erst mal muss er noch viele, viele tausend Kwacha sparen, sein altes Haus verkaufen. Vielleicht hat er nicht mehr viel Zeit. Aber noch funktioniert sein Körper. Er hatte noch nicht mal Malaria. Bauer würde er bleiben, auch in der Stadt. „Ich würde hier ein Zimmer haben und immer für einige Wochen nach Nkolemfumu zurückkehren, wenn die Feldarbeit ansteht."

Das ist eine Utopie. Der Maispreis wird angeblich bald wieder fallen, auf unter sechzig Dollar je Fünfzig-Kilo-Sack. Die Freiheit der Stadt wird für ihn lebenslang zu teuer bleiben.

Dies ist sein Dorf, sein Schicksal. Kangwa hat einige Nachbarn, ihre Häuser sehen ähnlich aus wie seines. Nebenan wohnt ein katholischer Grundschullehrer, der als Laie auch die Gottesdienste leitet. Nur wenige Male im Jahr kommt ein Priester aus Kasama. Den Hang hinab lebt der Richter, ein junger Mann mit weißen Kleidern. Mit ihm spricht man schnell über die Bibel; anders als bei Kangwa, der seinen Glauben nicht nach außen kehrt, sprudelt die Begeisterung für Gottes Wort aus ihm heraus. Das Dorfgericht, in dem er arbeitet, ist ein wichtiger Ort, es liegt eine Minute Fußweg von Kangwas Haus entfernt. Es verhandelt die Angelegenheiten der Bürger. Es untersteht nicht dem Staat, sondern dem Häuptling von Nkolemfumu, der über ein Gebiet von etwa einhundert Kilometern herrscht. Er ist Großbauer und fährt einen neuen Toyota (vgl. Kapitel 7).

Im Gericht werden Fälle von Diebstahl, Nachbarschaftsfehden und Hexerei verhandelt. Dass Hexerei existiere, stehe in der Bibel, zitiert der junge Richter aus Paulus' Galaterbrief: „Götzendienst, Zauberei, Feindschaft, Hader, Eifersucht, Zorn, Zank, Zwietracht, Spaltungen, Neid, Saufen, Fressen und dergleichen. Davon habe ich euch voraus-

Nkolemfumu (Daniel Blum)

gesagt und sage noch einmal voraus: Die solches tun, werden das Reich Gottes nicht erben.“ Der Richter sagt: „Nachbarn klagen einander oft wegen Zauberei an.“ Wer weiß, ob die Kläger immer nur die gute Absicht treibt? Die Rechtsprechung in Sambia ist hart. Und jeder Bürger hat in manchen Fällen das Recht, einen Übeltäter zu arrestieren und ihn selbst der Polizei zu übergeben. Auch Kangwa glaubt an Hexerei. Es steht ja bei Paulus. Aber er meint, sie könne einem Gläubigen nichts anhaben.

Er hat andere Sorgen. Das Geld. Die Kinder durchbringen. Möglichst viele in die Stadt schicken, wo Geld zu verdienen ist, das auch ihm zugutekommt. Für den Bauern ist es ein Problem, dass er kaum Geld sparen kann. Das liegt an den Kosten für das Maissaatgut, die Pestizide und die Nahrung für seine vielen Kinder; die Gebühren für zwei Kinder auf der weiterführenden Schule verschlingen den Großteil seines Einkommens. Darauf, dass sie dann in der Stadt ein gutes Einkommen haben, sind Bauern wie Kangwa angewiesen. Seine älteste Tochter war Krankenschwester, ehe sie starb. Ein Sohn arbeitet in Lusaka, der Hauptstadt.

Kangwa hatte sieben Kinder. Seine erste Tochter Gift, die Krankenschwester, wurde 1989 geboren, doch sie starb vor zwei Jahren an den Folgen einer Hirnhautentzündung. Dann kamen Tochter Purite, Sohn

Chiluba, Tochter Mulenga und Sohn Kasunde, der derzeit die Sekundarschule in Mpika besuchen darf. Es folgten Tochter Mila und Sohn Katebe, der vier Jahre und etwas jünger als Kangwas ältester Enkel ist.

Was wäre, Herr Kangwa, wenn Sie weniger Kinder hätten, nur eines? Sie würden Geld sparen, sich einen Traktor kaufen, wachsen und in Nkolemfumu ein richtiger Commercial Farmer werden?
Dann würde ich vielleicht der Hexerei angeklagt werden. Es gibt einen sozialen Druck, viele Kinder zu haben. Aber wir brauchen sie auch, sie müssen mitarbeiten und uns pflegen. Wenn du ein Kind hast und es stirbt, hast du nichts.

Am Sabbat guckt er gern Fußball. „Ich muss ja mein lokales Team unterstützen, aber ich unterstütze auch ManU und Chelsea und Teams aus Nigeria und Marokko und Ägypten", erklärt er. Früher spielte er selbst. Kangwa war Torwart, ehe er mit Mitte zwanzig Vater wurde. Eine Verletzung durfte er dann nicht mehr riskieren, er musste ja eine Familie ernähren. Aber er liebt den Fußball immer noch. Er schaut sich die Spiele vom Klub in Nkolemfumu an, der keinen Namen hat und dessen Spieler zwar in orangefarbenen Trikots, aber zum Teil barfuß auflaufen. Die Tore haben keine Netze, die Pfosten sind aus Baumstämmen. Das Gras auf dem Platz wächst stellenweise kniehoch. Die Spieler rennen mit hastigem Eifer, als hätten sie eine Woche auf den Sport gewartet.

Nach eiliger Arbeit sieht es sonst nirgends aus. Nicht in Kangwas Haus, nicht in seinem Laden; jetzt, im April – also noch vor der Ernte – nicht mal auf dem Feld. Später, im August, nach der Ernte, auch nicht. Im Laden ist nicht viel los, alle zehn Minuten kommt ein Kind und kauft Limonade für fünf Kwacha. Im Haus läuft oft der Röhrenfernseher: Gottesdienste aus Lusaka oder Fußball. Die Kinder machen draußen Hausaufgaben. Sie lernen chemische Strukturformeln und auf Englisch alles über HIV, Malariamücken und Brechdurchfall, malen die Mücke mit Kugelschreiber und Buntstift, streichen mit den nackten Füßen über den roten Sand, essen dreimal täglich Maisbrei zwischen Hühnern und unter einem Himmel, der nachts jeden Stern der Milchstraße zeigt.

Es gibt viele schmerzhafte Rückschläge. Im letzten Winter starben alle zwanzig Hühner, die Kangwa besaß, und der Hahn. Eine Seuche namens Newcastle raffte sie hinweg. Es gab keine Impfmittel. Und alles kostet Geld: die Schulen, die Mitgift für die Töchter. Er hat nichts als Erdnüsse und Mais, aber davon immerhin mehr als Hunderte andere in Nkolemfumu. Und mehr als früher. Er hat seine Hacke, den Laden, Gottes Trost und einen Fluss, der ihn immer daran erinnert, dass sein Schicksal nicht das härteste ist.

Der Marktplatz. Ein Schmied, eine Bar. Vor der Bar steht ein chinesischer Spielautomat, dessen Vorderkonsole ein kalifornisches Pin-up Girl zeigt. Die Männer schauen aus Augen, die gelb sind wie die Fingernägel eines Rauchers und durch die rote Äderchen fließen wie Kupferadern durch die Hügel Sambias. Es sind nur fünf, die trinken. Niemand bettelt, schon gar nicht die schüchternen, misstrauischen Kinder.

Die Familien, die über den Marktplatz spazieren, sind bunt gekleidet, manche weiß. Vor der Kirche stapeln sie Holz für das Osterfeuer. Das Osterfeuer gibt es hier seit Jahrzehnten, es kam mit den weißen Missionaren, nicht mit den portugiesischen Sklavenjägern des neunzehnten Jahrhunderts und schon gar nicht mit den arabischen, die hier mordend Kinder und Frauen verschleppten und auf diese Weise Nkolemfumu erstmals mit anderen Kontinenten in Verbindung brachten.

Wovon leben die Menschen in diesem abgelegenen Dorf? Vom Welthandel oder einfach von ihren Feldern? Neu ist hier das gekühlte Bier. Man braucht dafür elektrischen Strom, einen Kühlschrank. Das Bier kommt aus Lusaka. Von dort gelangt es mit dem Lastwagen in zehn, zwölf Stunden nach Kasama. Dort verkauft es der einzige Supermarkt weit und breit, die Kette „Shoprite", oder günstiger, Hunderte kleine Läden und Bars. Die Barbesitzer aus Nkolemfumu fahren mit einem der fünf Autos, die es im Fürstentum gibt, nach Kasama und bringen das Bier ins Dorf. Sie haben eine Kühltruhe. Damit sind sie Zehntausenden Bewohnern im Umkreis Jahrhunderte voraus. Ewig verlief das

Leben im Dorf auch ohne Strom. Man trocknete die Lebensmittel an der Sonne, vieles verdarb, und so ist es vielerorts bis heute. Man trank warmes Bier, das die Frauen aus Mais brauten. Erst vor sechs Jahren bauten chinesische Konstrukteure im Auftrag des Staates eine große Stromleitung, sie führt am Rand des Dorfes vorbei.

Der Strom kommt von Süden, von den großen Staudämmen im Karibasee oder dem Sambesi. Mal fließt er, mal nicht. Dennoch breitet sich der Besitz von elektrischen Geräten zügig aus: Bügeleisen, Handys, Radios. Die Bars am Marktplatz haben noch das Kühlschrankmonopol. Nur der Kiosk von Felix Kangwa, der hat auch eine eigene Kühltruhe. Smartphones und E-Mail-Adressen gibt es hier zwar noch nicht, aber auch diese technische Revolution wird wohl bald erfolgen.

In Kangwas Kiosk gibt es alles, was man zum Leben braucht. Kaum etwas von dem gab es hier vor fünfzehn Jahren. Der Kiosk brachte gekühlte Limonade. Er brachte auch sehr viel Plastik; er ist das Tor zum Segen petrochemischer Fabriken in fernen Städten. Es gibt Badehosen und Prinzessinnenkleider, Haarspangen und Kinderpuppen, Kindersandalen aus Plastik. Es gibt LED-Lampen, Schulhefte und Taschenrechner, Salz und Pfeffer, Fertigsuppe und Hautcreme. Die meisten Produkte kommen – wie am Beginn des Kapitels schon erwähnt – aus Tansania. Kangwa sagt: „Sie sind billiger als sambische Produkte, ich weiß nicht, warum." Andere Artikel kommen aus China. Aus Kasama, der nächstliegenden Stadt, stammen nun die Eier, nachdem eine Seuche alle Hühner in Nkolemfumu weggerafft hat.

Etwa alle zehn Minuten kommt ein Kunde in Kangwas Laden. Meist sind es Kinder, die Limonade für hart erarbeitete fünfzig Kwacha, also rund vierzig Cent, kaufen. Kühlung und Transport machen sie so teuer. Ein Arbeiter bekommt bloß zwei, drei Euro für einen Tag auf dem Feld. Limonadetrinken ist Verschwendung. „Fünfzig bis zweihundert Kunden habe ich am Tag", sagt Kangwa, „sie kommen nicht nur aus dem Dorf, sondern aus zwanzig, dreißig Kilometern Entfernung." Der nächste Kiosk liegt siebzehn Kilometer entfernt in der katholischen Mission Mulobola, aber die Waren dort sind etwas teurer. Das wissen die Leute. Kangwas Gewinnspannen sind minimal. An einem Schulheft verdient er umgerechnet vier Cent. Er kauft sie in Kasama. Die

Kombination aus Maisanbau und solcher Arbitrage ermöglicht seiner Familie ein Leben, das eher besser wird als schlechter, trotz des Klimawandels, den er beklagt.

Nkolemfumu ist nicht wie ein deutsches Dorf, es ist die Miniatur einer Stadt. Hier gibt es eine Schule, ein Gericht, Polizei, Läden, Handwerker, Kirchen; hierher pendeln die Leute aus ihren Subsistenzwirtschaften. Es ist ein Ort der Begegnung, ein kultureller Magnet, ein Versprechen. Der Marktplatz ist der Berührungspunkt des Dorfes zur Welt – kulturell, finanziell, energetisch, stofflich. Es ist der Ort des Austauschs, des Handels. Jeder kleine Laden bringt Hoffnung auf Emanzipation vom Feld, vom Clan und von der Armut. Ein Bauernsohn darf jetzt Frisör sein, vierzig Cent pro Haarschnitt, fünfmal am Tag.

Der elektrische Strom brachte dem Dorf auch Musik aus hohen Plastikboxen, zuvor gab es nur Lieder aus Menschenkehlen und kleinen Batterieradios. Seit sechs Jahren ist das anders, und es geht Kangwa ehrlich gesagt sehr auf die Nerven. Aus den Lautsprechern der Bar, die zwei Häuser neben dem Kiosk auf dem Marktplatz steht, dröhnt bunter Gospel. Er ist im Dorf zu hören und darüber hinaus, in jeder Gasse, in den Gärten, vor den Kirchen: *Jesus, Son of David, have mercy on me.* Felix ist ja gläubiger Christ, aber es ist ihm zu laut, und es geht von morgens bis Mitternacht.

Das Umland und die Nahversorgung. Nkolemfumus Gassen haben eine wunderbare Würze, die sich je nach Tageszeit, Feuchte und Sonnenintensität verändert. Wenige Meter vom Marktplatz entfernt beginnt die Natur. Die Akazien und der rote Sandboden, auf dem sich stellenweise Pfützen von den Niederschlägen der Nacht gebildet haben, tragen zum Duft bei. Mit einem Hauch von Urin, von menschlichem Schweiß – manchmal aufdringlich, aber selten störend. Überall laufen Hühner; ihre Daunen, ihr Kot, der Staub, den sie aufwühlen, mischen sich in der Luft. Die Vegetation erfüllt die Luft mit Düften: Kabanga Sheshe, eine Art Lavendel; Sensele, das weiß blühende Gras; Ichitungulu sieht aus wie wilder Mais. An den Wegen steht meterhohes Elefantengras (Imisanse) und hohe Farne, die Uluputu heißen. Viele Arbeiter stehen an der Hauptstraße, auf den Wegen und an den Pfaden im Sumpf, die den Kindern der Schulweg sind oder Erntehelfern der

Arbeitsweg, und bekämpfen das wuchernde Gras ständig mit Sensen. In der Luft pfeift Insala Bubewshi, ein Vogel, der Ameisen frisst.

Aus den lichten Wäldern, fünf Kilometer vom Dorf entfernt, kommt eine Pilzsammlerin. Am Weg begegnen wir ihr. Links vom Weg sind Felder, wo Kürbis, Erdnuss, Mais und Cassawa durcheinander wachsen. Rechts vom Weg lebt eine Familie so, wie hier alle leben, seit vielen hundert Jahren. Zwei Lehmhütten im Wald – eine zum Schlafen, eine für das Getreide. Dampf über dem Kohleofen draußen, Maisbrei, natürlich Hühner. Diese Hütten sehen aus wie aus einer Fantasie von Henry Thoreau. Sie sehen aus, wie wir uns als Kinder ein Leben im Wald vorgestellt haben. Wie eine Idee romantischer Ökologie: im Schoß der Natur, im Kreislauf mit ihr, stofflich und emotional verbunden. Aber die Pilzsammlerin will weg von hier und schnell ins Dorf gehen, wo sie sich einige Geldscheine verspricht. Auf dem Kopf trägt sie einen Korb, in den Händen zwei Eimer, darin der Waldpilz Munya sowie Chitondo, das sind Pfifferlinge. Fünf Stunden war Violet Katongo sammeln, vielleicht auch acht Stunden. Sie verkauft die Pilze dann in der Markthalle, am äußersten Stand. Ein kleiner Eimer voller Pilze kostet zwei Kwacha, das sind etwas weniger als zwanzig Cent.

Tomaten. Nebenan verkauft Astrida Malama, fünfundvierzig, Tomaten. Vier Stück kosten so viel wie ein Eimer voller Pilze. Das verstehe, wer will. Sie kommen nicht von Kangwa oder aus dem Dorf, sondern von der Genossenschaft Mapapos. Dort kauft die Händlerin alle drei Tage einen Sack Tomaten für etwa fünfzehn Euro. „Etwa zehn Prozent verfaulen", meint die Händlerin, den Rest verkaufe sie. An solche Händler verkaufen die meisten Bauern ihre Tomaten. Die Händler verkaufen sie an Kunden, die wiederum Bauern sind. Diese Tomaten erreichen nie als verarbeitetes Produkt ein Supermarktregal. Darin steht das globalisierte Tomatenmark (siehe das spätere Kapitel „Migranten ernten für die Mafia").

Die Versorgung mit Saatgut, Dünger und Chemie. Etwas Land besitzt jeder, und in allen Gärten wächst etwas Mais, Soja oder Gemüse. Die Bauern haben ihre Felder, und sie haben Gemüsegärten draußen auf den Hügeln, die von Sümpfen umgeben sind. Sie verkaufen an Händler: teuer, wenn das Angebot gering ist – billig, wenn Erntezeit ist und es Tomaten, Eierpflanzen und Süßkartoffeln in großen Mengen gibt. Kangwa zum Beispiel bekommt fünfzehn bis zwanzig Euro für einen Sack Tomaten, zehn Cent für einen Chinakohl, vier Euro für einen Sack Süßkartoffeln, zwanzig Cent für einen Plastikbeutel Eierpflanzen. Alle Samen kaufen die Bauern im Agro-Shop, mit Ausnahme von Chinakohl und Rape, einem Gemüse, das die Sambier oft zum Maisbrei essen und dessen Samen die Bauern selbst züchten.

Razerous Katongo, selbst Farmer auf einem Hektar Land, ist Eigentümer des Agro-Shops, der direkt am Marktplatz liegt. Alle Bauern kaufen bei ihm – nur den Mais nicht, dessen Produktionskette staatlich organisiert ist. Also: Tomatensamen, F1-Hybride, African Seed Company (Tansania). Die Zehn-Liter-Pestizidspritze aus Plastik (China). Eierpflanzen-Samen für einen achtel Hektar, achtzehn Euro (Zambian Seed Company). Wichtiger noch: das Insektenvernichtungsmittel „Bolt 315,4 %“ (China). Wirkstoff: „Chlorplyrifos & Lambda-Cyhalothrin“. Wenn dieses Mittel fehlt, kann der Armeewurm ganze Felder abfressen. In Dörfern, die keinen Agro-Händler wie Razerous Katongo haben, fliegt bei Bedarf die sambische Armee ein und versprüht das Insektizid aus Flugzeugen. Bei Razerous Katongo zahlen die meisten mit staatlichen Gutscheinen. Wer die erhält, entscheiden lokale Genossenschaften.

Der Häupling. Die Chefs der Genossenschaften sind mächtig, noch mächtiger ist der Häuptling (von unserem Versuch, ihn zu besuchen und ihm ein Huhn zu schenken, handelt ein späteres Kapitel). Der Palast des Häuptlings Nkole ist nicht zu sehen, er liegt versteckt weit hinter einer für die meisten Besucher verschlossenen Schranke. Nkole steht auch den Bürgermeistern der vielen Dörfer im Stammesfürstentum vor. Er verteilt nach alter Sitte die Landnutzungsrechte an Bauern und an Investoren aus arabischen Ländern oder aus China. Er fährt einen silbergrauen Toyota, hat zehn Minister und sitzt dem lokalen Gericht vor.

Wintersheim in Rheinland-Pfalz ist beschaulich wie Nkolemfumu. Es ist ein gereifter deutscher Agrarstandort, wo die Bauern nicht mehr um höhere Ernten kämpfen, sondern gegen neuerdings herbizidresistentes

Unkraut. Und auch hier geht es ums Überleben. Es gibt einen für Agrarbetriebe tödlichen Preiskampf; jedes Jahr geben in Europa viele tausend Bauernhöfe auf. Den Hof von Axel Dettweiler gibt es noch, er ist einer von noch rund zweihundersiebzigtausend deutschen Landwirten, und seinem Betrieb geht es wirtschaftlich gut.

Wintersheim, Rheinhessen: neunundvierzigster Breitengrad, nördliche Hemisphäre, etwa fünfzehn Flugstunden entfernt von Nkolemfumu. Axel Dettweiler hat hier bisher sehr gut überlebt. Er ist einer von vier Landwirten mit dem Nachnamen Dettweiler, allein in diesem Winzerdorf von dreihundert Einwohnern. Der Bauer, spezialisiert auf Rüben, Getreide, Mais und Schnitttulpen, trägt seine rote Regenjacke. Es ist Januar, seit Wochen ist der Himmel trüb. Dettweiler sagt: „Ich glaube, dass ich hier auch ein wenig helfe, die Welt zu ernähren."

Inwiefern? Was ist der Beitrag der Service GbR Dettweiler/Berges zur globalen Tischgemeinschaft? Gelangt das Getreide von hier nach Afrika, konkurriert er gar mit Kangwa, nährt er ihn? Das weiß niemand so genau. Dettweiler liefert Weizen an eine Mühle, Gerste an eine Mälzerei, Erbsen an Tiermäster. Dettweiler weiß aber nicht, was aus dem Mehl wird, das aus seinem Weizen gemacht ist. Oder was aus den Schweinen wird, die all die Erbsen fressen, die er im vergangenen Spätsommer geerntet hat.

Seine Erbsenbestände zum Beispiel hat er gerade erst an einen Schweinemäster im Emsland verkauft. Emsland-Schweine fressen die Erbsen, dann werden sie zu Lendchen und Wurst. Solches Schweinefleisch, das besagen die Statistiken, geht teilweise auf Weltreise. Und mit ihm Axel Dettweilers Erbsen.

Grob ein Fünftel des deutschen Schweinefleischs ist die Exportquote, so viel verkaufen Schlachtkonzerne wie Tönnies ins Ausland. Und es wird immer mehr. Neben westlichen Industrieländern geht das deutsche Fleisch zu den wachsenden Mittelschichten in Chinas und Russlands Industriezentren. Huhn und Rind – nicht das Schwein – gehen nach Saudi-Arabien. Das zahlt seine Rechnung gewissermaßen mit Erdöl. Und nur zum kleineren Teil geht das deutsche Fleisch nach Nord- und Westafrika. Dettweilers Ernten reisen so, indirekt, bedeutend weiter als diejenigen von Kangwa.

Die Welternährungsfrage entscheidet sich nicht allein bei den Hunderten Millionen Bauern der Welt. Man darf sich diese Frage also nicht nur als einen Wettlauf von Bauern wie Kangwa und Dettweiler vorstellen. Man muss auf die Handelsströme achten zwischen Ländern, Konzernen und Menschen, die Dollars und Euro, Yuan und Yen besitzen. Diese Ströme fließen vor allem zwischen Industriestaaten und rohstoffreichen Ländern.

Und diese Fragen hat uns Felix Kangwa mitgegeben nach Wintersheim. Ich stelle sie Axel Dettweiler:

Axel, benutzt ihr Farmer in Deutschland Traktoren oder Ochsen zum Pflügen?
Wir benutzen ausschließlich Traktoren. Ochsen haben wir gar nicht mehr. Seit bestimmt 60, 70 oder 80 Jahren gibt es hier keine Ochsen mehr zur Feldarbeit.

Wenn ihr Dünger auf die Felder ausbringt, macht ihr das mit der Hand?
Im Ackerbau oder im Hauptbetrieb machen wir das mit der Maschine. Bei den Blumenfeldern ist es in der Tat so, dass wir auf kleinen Flächen auch noch mit der Düngerwanne, mit der Düngerschüssel, über den Acker laufen und das per Hand verteilen. Unsere Fläche ist ja viel zu groß, um das alles mit der Hand bewältigen zu können. Außerdem sind die Lohnkosten hier so hoch, dass das gar nicht mehr funktionieren würde.

Verkauft ihr eure Produkte an die Regierung oder an jedermann?
Nein, an die Regierung nicht. Ganz klar nein. Die ist kein Käufer von Getreide oder Zuckerrüben. Wir verkaufen an private Firmen wie zum Beispiel die Südzucker AG und an Getreidehändler hier vor Ort, Mühlen, Mälzereien.

Erdöl gegen Fleisch. Zurück zu dem wichtigen Gedanken, dass der globale Handel vor allem einer unter reichen Staaten ist – reich an Industrie, reich an Rohstoffen wie Öl. Bauern leben ja nicht von Regen und Böden und Sonne allein. Die Rohstoffe sind zunehmend eine Grundlage für hohe Ernten. Zum Beispiel das Erdöl: Von Arabien, Iran oder Russland kommt es auf Schiffen nach Rotterdam und es schippert daraufhin den Rhein hinab. Hier kreuzt es fast die Wege von Axel Dettweilers Mähdrescher. Keine zehn Kilometer von Wintersheim entfernt fahren die Frachtschiffe auf dem Rhein in Richtung Ludwigshafen, zur BASF, dem größten Chemiekonzern der Welt. Konzerne wie BASF machen aus Öl verschiedene chemische Pflanzenschutzmittel. Und aus der Luft machen sie Stickstoffdünger, unter Einsatz großer Mengen Erdgas, wovon ebenfalls ein späteres Kapitel handelt.

Beides kommt auch auf dem Hof von Axel Dettweiler an. Hier geht die Energie aufs Feld, in die Erbse, dann ins Schwein, ins Schlachthaus und, zum Beispiel, zurück nach Russland, in das Herkunftsland des Öls, und immer so weiter.

Und auch Sambia exportiert Rohstoffe, vor allem Kupfer, vor allem nach China und in die Schweiz. Und auch Sambia importiert Süßigkeiten, Wein, Wurst und andere Lebensmittel aus der EU. Die gibt es in den wenigen Supermärkten der Metropolen, in der Hauptstadt Lusaka. Auch die sind für Felix Kangwa so weit weg wie der Mond.

Nicht weniger kompliziert – genau nach diesem Muster muss man sich die globale Nahrungsversorgung vorstellen, um verstehen zu können, wer wen ernährt. Ressourcen, Handel, Kaufkraft.

Der globale Tisch ist gedeckt mit Regen, Sonne, Diesel und Erdgas. Man muss sich das, wovon wir uns ernähren, in Energieeinheiten vor Augen führen. Öl wird zu Dünger und zur Erbse und zum Schwein. Dazwischen steht eine gigantische Global-Logistik mit Containerschiffen, Lastwagen, Güterzügen. Auf jedem Meter Landwirtschaft, Transport und Verarbeitung geht ein wenig Energie verloren: Sie sickert als überschüssiger Stickstoffdünger in die Böden, wie Christian Schwägerl im späteren Kapitel verdeutlichen wird. Sie wärmt die Luft rund um die Chemiefabriken, und sie wärmt die Luft der Schweineställe in der Form der Wärme, die die Schweine abgeben. Die Energie geht vom Menschen über seine Fäkalien und die Klärwerke in die Flüsse und Meere. Auf jedem Stück der Reise hinterlässt sie ihre Spuren in der Umwelt.

Felix Kangwa und Axel Dettweiler säen in zwei Welten, doch die sind nicht voneinander isoliert. Ihre Länder sind im Austausch miteinander – indirekt, diffus, unsichtbar und unausgesprochen. Der Norden ist für die Versorgung des Südens mit Kalorien wichtig, nicht andersherum. Trotzdem versorgt auch der Süden den Norden: mit Mais, mit Kakao, mit Rohstoffen. Und Rohstoffe sind ja, letztlich, nur eine andere Form von Lebensmitteln – eine Vorstufe zum Lebensmittel.

Sambia ist das einzige Land im südlichen Afrika, das mehr Mais hat, als es verbraucht. In Flugzeugen und Schiffen geht ein Teil der Ernte sogar nach China. China verbraucht mehr Mais, als es erzeugt. Sambias Kleinbauern ernähren die Welt. Felix Kangwa ernährt China. In China trifft sich sein Mais vielleicht mit dem von Axel Dettweiler.

Hybridmais nährt die Welt. Nicht nur der Kühlschrank, das Handy, der Fernseher, das Blechdach zählen zu den technischen Errungenschaften, die relativ neu sind in Nkolemfumu. Es ist auch der Hybridmais. Auf den lohnt es sich, genauer zu schauen. Hybridmais ist die Basis von Kangwas bescheidenem Wohlstand. Hybridmais ist eine Art Inzest-Pflanze, die größere Erträge bringt – wenn man sie nur gut düngt. Der nötige Stickstoff-, Kali- und Phosphordünger kommt vom Händler aus Kasama, vierzig Kilometer von Nkolemfumu entfernt. Solche Wege fährt man hier mit dem Fahrrad.

In schlechten Jahren erntet Kangwa fünfmal so viel Mais, wie seine Familie für sich benötigt. In guten Jahren ernten sie dreißigmal so viel. Erst mit dem Hybridmais hat auch der Kleinbauer einen Schritt hin zur landwirtschaftlichen Industrialisierung gemacht, von der Subsistenzwirtschaft auf die Weltmärkte – eine Entwicklung, die im Amerika der 1930er Jahre begann und in Deutschland in den 1960er Jahren durchschlug. Felix Kangwa nutzt seit mehr als zehn Jahren Hybridsaaten. Nicht, ohne damit in Abhängigkeit von den Lieferketten zu geraten: Jetzt nämlich muss er auch das Saatgut jedes Jahr kaufen.

Mais auf dem Markt in Kasama (Jan Grossarth)

Mit dem Hybridmais kommen ökologische Probleme auf: „Die Böden wurden anfangs immer ärmer", sagt Kangwa. Erst als er Bohnen dazu säte, die Stickstoff binden, habe sich das wieder gebessert. Und seither hat sich vieles geändert. Man nennt es „Conservation Farming": vielfältige Pflanzen, auch bodendeckende Erdnüsse, die Pflanzenreste der Ernte verbleiben auf dem Boden. Seither spart er rund achtzig Dollar im Jahr für das Pflügen. „Für das Geld schicke ich meine Kinder in die Schule oder kaufe zwei Fässer Dünger." Die Böden bleiben erhalten, die Ernte steigt.

Sein Dünger und die Samen fahren hier weite Wege. Die Saaten kommen von Konzernen wie Pioneer aus den Vereinigten Staaten oder MRI Seed Zambia; und auch der meiste Dünger komme aus Fabriken in der Hauptstadt Lusaka, sagt Kangwa – elf Autostunden entfernt. Die im Land zunehmenden Maisflächen und die Monokulturen sind auch ein Paradies für Maiszünsler oder für den Maiswurzelbohrer, die bedrohlichsten Schädlinge (über den Eva Konzett ein späteres Kapitel beiträgt). In Afrika steigen dann Flugzeuge mit Kampfpiloten gegen sie in den Himmel. Das Militär Sambias schickte in diesem Winter seine

Flugzeuge mit Insektiziden über die Felder. Für Kangwa lohnt sich der Hybridmais, er hat seine Armut gelindert. Wintersheim hat den Hybridmais seit Jahrzehnten, es hat kräftige Traktoren, es trägt viel mehr zur globalen Speisetafel bei, und es hat auch mehr landwirtschaftliche Geschichte. Im Dorfkern kann man sie nachvollziehen: Fast jedes Haus ist ein alter Bauern- oder Winzerhof. Zu jener Zeit kamen auch die Dettweilers hierher, Mennoniten aus dem Schweizer Dorf Dettwyl. Sie verstanden sich vortrefflich auf Ackerbau und gottgefällige Sparsamkeit. Alte, von Sandsteinmauern eng eingefasste Wege führen durch Wintersheims alte Bauerngärten. Als Axel Dettweilers Ur-Ur-Ur-Ahnen hier ankamen, hatten sie wohl Eisenpflüge und Ochsenkarren und Pferde; es gab einen Handel mit Getreide, Fleisch, Milch und Gemüse, der höchstens bis nach Mainz und Frankfurt reichte. Wintersheim heute: Um den alten Dorfkern gibt es Siedlungshäuser, dahinter beginnen Felder und Monokulturen aus Weinreben. Es gibt im Dorf keine Schweine mehr, keine Hühner. Dafür gibt es hier jetzt Stromkraftwerke – Windräder, wohin man blickt. Schon vor Jahren gab der letzte Tierhalter auf.

Der Januar beginnt für Axel Dettweiler und seine vier Kinder mit einer Influenza. Auf halber Strecke in den Skiurlaub kehrt die Familie um und legt sich in die Betten. Es ist auch nicht viel zu tun in dieser Zeit. Die Felder sind regendurchweicht, man kann sie nicht befahren, und es wäre laut EU-Vorgaben auch nicht erlaubt. Die Beihilfen aus Brüssel – für viele europäische Bauern die Hälfte des Einkommens – würden für Teilflächen gekürzt, wenn der Bauer jetzt aufs Feld führe. Aus Gründen des Bodenschutzes. Auf den Feldern stehen nun Phacelia, Sonnenblumen, Ölleinen, Ramtillkraut – eine EU-Umweltauflage, das Greening. Das gibt es in Sambia nicht. Die Zwischenfrüchte sorgen dafür, dass Nährstoffe im Boden fixiert werden und sich Humus bildet. Die Bauern sind sehr damit beschäftigt, solche Auflagen im Blick zu haben. Sie ändern sich oft, ab Januar gilt eine neue Düngeverordnung. Im Bauernblatt liest Axel Dettweiler sonst meist nur die Tabellen mit regionalen Getreidepreisen. „Wir verhalten uns im Grunde opportunistisch", sagt er, „wir reagieren auf Preise, staatliche Programme und schauen, was nachhaltig ist."

Ganz anders als in Sambia, sind die Bauern hier sehr viel mit Büroarbeit beschäftigt, vielleicht das halbe Jahr. Dettweiler macht nun im Januar notgedrungen Steuersachen. Er und sein Compagnon Berges telefonieren mit Agrarhändlern. An sie verkaufen die beiden in diesem Januar Teile der Gersten- und Weizenlagerbestände. Sie lassen die Reste der Rübenernte vom Herbst in die Zuckerfabrik bringen. Dettweiler versucht in der zweiten Januarwoche, seinen Mähdrescher zu verkaufen; es gibt Interessenten. „Es macht einen wichtigen Teil unseres Einkommens aus, dass ich die gebrauchten Maschinen gut verkaufe", sagt er. Das kann mehr bringen als fünf Hektar Ernte. Diese Möglichkeit hat Kangwa nicht.

Das Beispiel zeigt, was ein europäischer Ackerbauer können muss. Säen und ernten reichen nicht. Er muss Maschinenhändler und Weizenverkäufer sein. Dettweiler hat auch einen Nebenjob als Berater für den Saatgutkonzern KWS. Er besucht Bauerntage und Messen, jetzt im Januar die Agrartage Nieder-Olm des örtlichen Bauernverbandes. Dort drückt er Bauern Prospekte über Sortenleistungen in die Hand. „Das wird nicht hoch bezahlt, aber es bringt Synergieeffekte", sagt er.

Dettweiler sieht seine Kinder zu den Mahlzeiten, Kangwa könnte ohne die ständige Mitarbeit seiner Kinder nicht leben. Kangwa blickt zum Himmel und hofft auf Regenwolken. Dettweiler blickt auch aufs Wetter, aber das sieht er auf dem Smartphone. Und darauf hat er auch die Agrarpreise und Zinsentwicklung im Blick. Er sagt: „Es ist ein großer Druck. Es gibt auch bestimmt nicht weniger Bauern, die in Burnout-Kliniken sind, als in anderen Berufsgruppen."

Dettweilers Ernten hängen an Krediten, Mais-, Diesel- und Düngerpreisen. Und in Sambia? Da ist das ganz ähnlich.

Und wenige Monate später ist Spätsommer, dann Herbst – Erntezeit. Dettweiler und seine Mitarbeiter sind tagelang mit schweren Maschinen über die Weizen-, Gerste-, Mais- und Rübenfelder gefahren, immer in den Spuren, die das GPS-System kennt, um den übrigen Boden nicht zu verdichten. Doch die Ernten waren mäßig. In Deutschland war 2018 das wärmste Jahr seit Beginn der Wetteraufzeichnungen. Mehr als zwei Grad lag die Durchschnittstemperatur über dem langjährigen Mittel; die Felder in Brandenburg sahen aus wie eine Wüste. Insgesamt gingen die Ernten in Europa um 7,9 Prozent zurück. Dettweiler kam, weil es in Rheinhessen etwas mehr regnete, mit durchschnittlichen Ernten davon.

Und wie war die Maisernte in Nkolemfumu? Kangwas ganze Familie arbeitet mit, das halbe Dorf. Draußen auf den Feldern, die sich über die Sümpfe des Lukulu-Flussbetts erheben, schlagen Männer die Pflanzen mit Sensen ab. Frauen und Kinder stapeln sie, und Kinder auf Fahrrädern transportieren sie ins Dorf. Immer hin und her, eine Woche lang, für die Ernte von gut drei Hektaren. Jeden Kolben pulen sie dann in Handarbeit aus dem längst vertrockneten, braunen Blätterwerk. Der Mais liegt dann hoch gestapelt noch eine Zeitlang in einem mit trockenen Schilfwänden begrenzten Lagerplatz. Kinder dreschen den Mais mit Stöcken. Der Staub des gedroschenen Maises weht durch die Luft im Dorf. Sie trennen Körner von Kolben, packen sie in Säcke, mittendrin Felix Kangwa.

Das war Mitte August. Felix Kangwa erntete deutlich weniger. Das Jahr war ein Wettlauf im Krebsgang. Kangwa hat keine genauen Daten darüber, wie mager genau seine Ernte im Jahresvergleich ausfiel. Insgesamt ging in Sambia die Getreideernte, inklusive Mais, um rund 34 Prozent zurück. Dabei ist die Bevölkerung um rund eine halbe Million Menschen auf knapp 18 Millionen angestiegen. Immerhin, in ganz Sambia stieg die Ernte von Bohnen, Erdnüssen und Reis. Aber der Mais ist die Brotfrucht. Hier fehlte es vor allem im Frühjahr an Regen, als der Mais knöchelhoch stand und das Wasser am dringendsten brauchte. Und Kangwa bekommt trotz der mageren Ernte kaum mehr Geld je Tonne. Von 60 auf 65 Kwacha hob der Staat, dem Hunderttausende Kleinbauern und auch Kangwa ihre Ernte verkaufen, den

Preis an. Der Preis sei „absurd und schrecklich niedrig“, klagte der sambische Bauernverband. Für das nächste Jahr prognostizieren Experten wieder Ausfälle infolge eines El-Nino-Wetterphänomens, das Trockenheit bringen soll.

Wenn man dieses exemplarische, letztlich zufällige Beobachtungsjahr 2018 zugrunde legt, dann steht fest: Der Wettlauf um höhere Ernten war diesmal sowohl für Dettweiler als auch für Kangwa verloren. Im Januar 2018 lebten 7 591 541 000 Menschen auf der Erde. Am Jahresende sind es rund 80 Millionen Menschen mehr – ein Mal die Bevölkerung Deutschlands. Doch die Ernten gingen zurück. Der Sommer brachte in großen Teilen der Welt Hitze und Trockenheit. Nur noch 2,6 Milliarden Tonnen Getreide ernteten die Farmer und Bauern auf der Welt. Das waren 2,1 Prozent weniger als im Vorjahr. Die Statistik der Welternährungsorganisation FAO vom November zeugt von vielen Rückschlägen: globale Weizenernte minus 4,3 Prozent, Brotgetreide minus 2,2 Prozent. Dabei verbrauchten die Menschen 0,2 Prozent mehr Getreide. Die Lagerbestände fielen. Manche sagten, eine neue Lebensmittelkrise zeichnete sich ab.

Herbst. Ungewöhnlich ist der Ort, an dem Dettweiler von seinen mäßigen Ernten erzählt. Es ist nicht Wintersheim, es ist nicht das Feld, nicht das Führerhäuschen im Rübenroder. Es ist nicht der Petershof, wo Dettweiler und Generationen vor ihm auf sehr unterschiedliche Weise Landwirtschaft praktizierten. Es ist nicht die Bauernstube, es ist nicht der Hof, wo im Frühling die Frösche im Teich quakten. Dettweiler sitzt in der Parkklinik in Schlangenbad, einem Kurort in Hessen, wo er längere Zeit verbringt. Er leidet seit dem Frühjahr unter einer Depression. Axel Dettweiler fühlt sich ausgebrannt. Erst am Ende des Jahres, im November, wird er ganz zurückkehren zur Familie und den Traktoren. Er ist in diesem Jahr nachdenklicher geworden, er sagt: „Ich hatte von frühester Kindheit, als Halbwaise, einen unausgesprochenen Druck, den Hof zu übernehmen und zu erhalten.“ Er sei dann viele Jahre wie süchtig geworden nach immer größeren Ernten, immer höheren Erlösen und neuen Geschäftsideen. Aber sonst habe es für ihn keinen Sinn gehabt, all das hoch maschinisierte Säen und Ernten, das er seit zwanzig Jahren betreibt. Er sagt, er mache sich nun Gedanken, in welcher Form er weitermachen solle.

Als sei die Herausforderung, die Welt zu ernähren, nicht schon groß genug. Ja, ohne Sinn geht es nicht. Der Mensch lebt nicht nur vom Brot.

So ist diese Geschichte von den beiden globalen Bauern auch zum Dokument ungleicher Unzufriedenheit geworden. Der eine Bauer hat Grund zur Klage, weil alles zu sehr auf Leistung getrimmt ist. Der andere, weil er so hart schuften muss, und das Kleinbauerntum eben nicht die aus der Ferne fantasierte Idylle darstellt, und weil es ihm den Ausweg in die Freiheit der Städte nicht bieten kann und wahrscheinlich auch seinen Kindern nicht.

Aber beide klagen nicht, sie säen und ernten.

Es wirkt so, als sollte ein jeder dem anderen ein wenig aus seiner Welt schenken. Aber das können sie nicht. Der eine ist in zu großem Maß abhängig vom Staat, der andere vom Markt.

Kangwa sieht in seiner Arbeit Sinn; Dettweiler hat Märkte, Wissen und Geräte.

Nichts von beidem allein genügt dem Menschen.

Reden über Nkolemfumu

Die Artikelserie über Nkolemfumu nahm ich zum Anlass für mehrere Interviews über meine Beobachtungen mit fachlich qualifizierten Politikern und Prominenten. Die Antworten von Gerd Müller (Bundesminister für Entwicklung, CSU), von Robert Habeck (Bundesvorsitzender Bündnis 90 / Grüne) und Thilo Bode (Foodwatch, früher Greenpeace) sind hier in Auszügen dokumentiert.

Herr Minister Müller, wie sehen Sie das: Soll Afrikas landwirtschaftliche Entwicklung im Rahmen der bestehenden Strukturen stattfinden – oder ist ein Kleinbauer wie Felix Kangwa, den wir begleitet haben, ein Auslaufmodell?

Der afrikanische Kontinent ist hundertmal so groß wie Deutschland. Von Kairo nach Kapstadt brauchen Sie zehn Stunden mit dem Flugzeug. Das ist die Entfernung Frankfurt–Peking. Und jede Region und jedes Land hat gerade im landwirtschaftlichen Bereich eine vollkommen andere Ausgangssituation, was Klima, Böden oder die Verfügbarkeit von Landmaschinen angeht. Gleichzeitig gibt es afrikaweite Trends: 600 Millionen Menschen leben und arbeiten auf dem Land, ein großer Teil davon in kleinbäuerlichen Strukturen. Die junge Generation möchte das harte Leben ihrer Eltern aber nicht mehr führen. Deswegen ist Landflucht ein großes Thema.

Viele Menschen im ländlichen Afrika, auch unser Bauer Felix Kangwa, wollen unbedingt in die Stadt umsiedeln …
Es ist wie überall, die Menschen wollen leben. Die Familien brauchen Zukunft, und die Jugend braucht Arbeit. Sie sehen westliches Leben, sie schauen CNN und andere Fernsehsender. Das hat eine ungeheure Wirkung auf die junge Generation. Sie wollen nicht im Dorf des 19. Jahrhunderts zurückbleiben. Darauf müssen wir reagieren, darauf müssen die Regierungen vor Ort reagieren. Und das heißt: Fortschritt in die Dörfer bringen, den Bauern Entwicklungschancen ermöglichen und für die junge Generation Ausbildung und Arbeit schaffen. Sonst endet die Zukunft für Afrikas Jugend in den Slums der Megastädte.

Wie kann die Entwicklung gelingen?
Die Bauern brauchen eine Entwicklung von unten, von den bäuerlichen Familien ausgehend. Zum Beispiel mit Genossenschaften, wie wir sie vor 150 Jahren in Deutschland – in der Raiffeisen- und Genossenschaftsbewegung – entwickelt haben. Das heißt, stärkere Zusammenarbeit bei Anbau, Einkauf und Vermarktung. Das ist unser Ansatz. Großinvestitionen, Großbetriebe und Hightech-Maschinen können es nicht sein. Wichtig ist die Eigentumsfrage. Die Bauern brauchen Land und Boden, damit sie Kooperativen bilden können, um günstiger einzukaufen und besser auf Märkten verkaufen zu können. Das zusätzliche Einkommen können sie beispielsweise in angepasste Mechanisierung investieren. Vier von fünf afrikanischen Bauern bestellen ihr Land noch

immer von Hand. Ein Ochsenpflug ist da schon Luxus, eine Motorhacke quasi Hightech. Mit solchen, für Kleinbauern-Kooperativen zugeschnittenen Landmaschinen könnte der afrikanische Kontinent in den nächsten Jahren enorme Fortschritte machen. Auch mit der Digitalisierung: Denn auch in den entlegensten Dörfern Afrikas ist das Internet und das Smartphone angekommen.

Dazu passt folgende Anekdote: Wir haben beobachtet, wie der Bauer Felix Kangwa Erdnüsse zehn Autostunden entfernt von seinem Dorf verkauft, weil er neuerdings auf dem Smartphone sieht, dass die Preise dort etwas höher sind.
Das Smartphone bietet der Dorfbevölkerung und den Bauern ganz neue Wege der Information: Wo beziehe ich Saatgut? Wo kann ich verkaufen und einen besseren Preis erzielen? Alte Abhängigkeiten lösen sich auf. Ein Bauer in Burkina Faso kann heute übers Internet direkt auf dem Feld die Preise der Chicagoer Warenbörse abfragen. Er ist damit dem Großhändler aus der Region nicht mehr ausgeliefert.

Bringen Innovationen wie Smartphones den armen Bauern in diesem Sinne vielleicht mehr als Jahrzehnte westlicher Entwicklungshilfe?
Beides ergänzt sich. Wir fördern ja gezielt solche digitalen Innovationen mit der staatlichen Entwicklungszusammenarbeit, beispielsweise mit unseren fünfzehn Grünen Innovationszentren in Afrika und Indien. Eine Million Kleinbauern profitieren bereits davon. Das Wissen und die Technologien sind vorhanden, damit die afrikanische Landwirtschaft Quantensprünge macht – das muss nicht hundert Jahre dauern, das kann in einem Jahrzehnt gelingen. Dazu müssen wir die vorhandenen Lösungen aber jetzt einsetzen und den Kampf gegen Hunger konsequent fortsetzen. Die Voraussetzungen sind in vielen Ländern gut. Blicke ich nach Sambia, einem Land, das Wasser und guten Boden hat, dann kann und muss das Land sich selbst ernähren. Es mangelt einfach am richtigen Einsatz von Wissen und leider auch an geeigneten Rahmenbedingungen. Das müssen und wollen wir ändern.

Neuerdings steigt der globale Hunger in absoluten Zahlen wieder an. Wo sehen Sie die Gründe?
Hunger ist und bleibt der größte vermeidbare Skandal auf unserem Planeten, denn die Erde hat das Potential, alle Menschen zu ernähren. Seit 1990 konnten wir die Zahl der Hungernden weltweit um fast 200 Millionen verringern, obwohl in der gleichen Zeit mehr als 2 Milliarden Menschen neu auf die Welt gekommen sind. Der Anteil der Hungernden in Entwicklungsländern halbierte sich auf 11 Prozent. Das ist ein großer Erfolg! Seit drei Jahren steigen allerdings die Zahlen wieder. 821 Millionen Menschen müssen weltweit hungern, in den letzten beiden Jahren sind rund 40 Millionen hinzugekommen. Die Ursachen sind regional verschieden. An der somalisch-äthiopischen Grenze hat es seit drei Jahren nicht geregnet. Erst verdorren die Pflanzen, dann sterben die Tiere. Hier sind der Klimawandel und die Wassernot der Grund, warum Millionen Menschen hungern. Vor wenigen Wochen war ich auch im Tschad. Hier liegt es eindeutig am fehlenden Willen der Regierung. Im Südsudan sind Krieg und Gewalt verantwortlich. Viele internationale Helfer trauen sich nicht mehr in die Krisengebiete. Überschwemmungen haben zusätzlich einen Großteil der Ernten vernichtet. 7 Millionen Menschen sind akut vom Hunger bedroht. Eine Katastrophe!

Wie lassen sich andere Hindernisse für die Entwicklung überwinden – beispielsweise unklare Eigentumsrechte dort, wo ein Provinzhäuptling letztlich wie ein Fürst regiert, oder der Glaube an Hexerei, der zu Hexenprozessen führt?
Die Gesellschaften müssen sich von innen heraus entwickeln. Und wir können Anstöße geben. Solche „Traditionen", wie Sie sie beschreiben, sollten so schnell wie möglich überwunden werden. Das gilt auch für die weibliche Genitalverstümmelung, die die Rechte von Mädchen und Frauen aufs schwerste missachtet. Etwa 200 Millionen Mädchen und Frauen sind weltweit davon betroffen. Um das zu schaffen, brauchen wir aber Zugang zu den Familien- und Stammesstrukturen. Afrika allein durch die deutsche Brille zu bewerten wäre ein grundlegender Fehler.

Herr Minister Müller, glauben Sie, dass die Leser und Bürger ein realistisches Bild davon haben, wie Kleinbauern in Afrika wirklich leben?
Das glaube ich nicht, denn ich gehe mal davon aus, dass 95 bis 98 Prozent der Deutschen noch nie die Gelegenheit hatten, in ein afrikanisches Land zu reisen. Und vermutlich wissen die meisten Kinder in Deutschland auch nicht mehr, wie die Kartoffel bei uns angebaut wird.

Herr Habeck, glauben Sie, dass wir hier ein Bild haben von der Lebenswirklichkeit eines afrikanischen Kleinbauern wie Felix Kangwa?
Das glaube ich nicht, und ich würde mich da selbst nicht ausnehmen. Ich würde sogar behaupten, dass ich relativ viel weiß über Welternährung und Lebensmittelproduktion, die Kreisläufe und die Abhängigkeiten. Aber alle Erfahrung zeigt mir, und auch schon im kleinen Maßstab in Deutschland, dass die Bilder der Wirklichkeit ganz andere Eindrücke auslösen. Wir reden technisch und abstrakt, die Probleme vor Ort sind aber praktisch und konkret.

Was nehmen Sie von der Lektüre der Reportagen über Nkolemfumu und Felix Kangwa mit?
Dass wir uns hüten müssen zu sagen: Wir schätzen eure intakten Strukturen, aber bleibt bitte auch dabei. Die Menschen brauchen eine Entwicklungsperspektive. Es reicht nicht zu sagen: Es ist doch toll, dass ihr eure Auberginen auf euren Märkten verkaufen könnt, und eure Kinder und Kindeskinder werden auch Auberginen verkaufen. Kangwa zum Beispiel träumt davon, dass eines seiner Kinder Lehrer wird. Zu Recht, wer will ihm diesen Traum absprechen?

Benötigen Länder südlich der Sahara also eine industrielle Entwicklung, auch der Ernährungsproduktion?
Das ist eine schwierige und grundsätzliche Frage: Helfen Globalisierung und technische Entwicklung – oder zerstören sie die Strukturen? Ich glaube, dass eine technische Entwicklung nicht an sich gut oder schlecht ist, sondern dass sich ihr Wert an ihrem Nutzen für die Gesellschaft misst. Unsere nordwestliche Lebensweise profitiert davon, dass wir aus anderen, nicht so stark entwickelten Regionen Rohstoffe abziehen und

im Gegenzug unseren Müll dorthin exportieren. In gewisser Weise betreiben wir auf diese Weise immer noch eine Art koloniale Politik. Gleichwohl ist es in bestimmten Regionen gelungen, durch Handel – und auch globalen Handel – Wohlstand und technische Fortschritte zu generieren.

Braucht es dort Urbanisierung?
Vor allem braucht es Arbeitsteilung. Und Arbeitsteilung heißt, dass einige Landwirte produktiver sein müssen, um andere mitzuversorgen, die sich dann an anderer Stelle ökonomisch oder auch in der Bildung betätigen. Andererseits gibt es dort Grenzen, wo der Fortschritt zu einer Entmündigung führt, also wo die Gesellschaft nicht mehr frei entscheiden kann, welche Art von Produkten, Entwicklung und Anbau sie eigentlich will. Dann ist es zu viel. Die Idee von einem sozialen Markt, die auch Leitidee für Deutschland war, die heißt eben auch: selbst zu bestimmen, in welchen Entwicklungsschritten man vorangeht. Sonst geht es schnell nicht mehr darum, dass ein paar weniger Leute Auberginen anbauen und dafür Lehrerin oder Lehrer werden, sondern darum, dass niemand mehr etwas anbaut außer niederländische und dänische Konzerne.

Würden Sie sagen, so ein Dorf braucht zunächst auch Chemikalien, etwa zur Schädlingsbekämpfung?
Der Einsatz gegen Schädlingsbefall oder Fäulnisbefall ist ein zivilisatorischer Gewinn, denn so sind wir in der Lage, Hungersnöte zu vermeiden. Aber er muss ökologisch verträglich sein, und das ist bei der Art, wie und in welchen Mengen Pestizide derzeit weltweit in der Regel eingesetzt werden, nicht gegeben. Apropos ökologisch verträglich: Ich war beeindruckt, dass sogar der Bauer Kangwa ein starkes Problembewusstsein für das Schicksal von Masthähnchen hat.

Überrascht Sie das?
Zuerst hat mich das überrascht. Denn die Frage, wie wir mit Tieren umgehen, hat stark mit der Frage zu tun, wie und in welcher Menge wir Tiere halten. In der industriellen Tierhaltung werden Tiere zu

Rohstofflieferanten degradiert. Beim zweiten Nachdenken ist es dann doch nicht so erstaunlich. In Deutschland hat man die Fleischproduktion aus unserem Sichtfeld verbannt: Nirgendwo sieht man zum Beispiel noch Schweine rumlaufen. Aber da, wo Menschen auf Tiere treffen und den Übergang erleben, da gibt es noch das natürliche Empfinden, dass Tiere Mitgeschöpfe sind.

Herr Bode, was waren ihre Gedanken beim Lesen, woran mangelt es diesem Dorf Nkolemfumu?
In diesem Dorf mangelt es einerseits an allem, andererseits an manchem immer weniger. Was mich natürlich beeindruckt hat ist die Elektrifizierung. Dass sie dann die Musik nicht leise stellen, finde ich natürlich ganz furchtbar. Wenn man sich mal überlegt, man kommt da in ein kleines afrikanisches Dorf und wird zugedröhnt. Und dass sie dann natürlich auch den ganzen Quatsch kaufen wie süße Limonaden, die sehr viel teurer sind, da denke ich mir natürlich: Das muss ja nicht sein. Sie werden gerade von den sogenannten Segnungen der Zivilisation erreicht, und wie überall spielt das natürlich eine Rolle.

Wir haben ja versucht, einen Bauern und ein Dorf zu finden, das ein bisschen repräsentativ für Subsahara-Afrika ist. Was, würden sie sagen, bräuchte dieses Dorf für seine Entwicklung?
Welche Möglichkeit haben die, die in der Landwirtschaft tätig sind, ihren Lebensstandard zu verbessern? Das hängt von einer Vielzahl von Faktoren ab. Zum einen an den Preisen in der Landwirtschaft und zu ihrem Verhältnis zu den Industriepreisen. […] Aber auch: Wie ist die Verwaltung? Werden die Leute ausgebeutet durch den Häuptling oder die Genossenschaftspräsidenten; leiden die Leute unter Korruption? Das sind auch die Sachen, die mich interessieren, auch aus eigenen Erfahrungen früher in der Entwicklungshilfe.

Im Dickicht der Landinvestitionen

Auch der Reporter *Christopher Piltz* reiste nach Sambia - um vor Ort über das brisante und meist nur negativ konotierte Thema der Übernahme von einst bäuerlich bewirtschaftetem Land durch Investoren zu recherchieren. Er zeichnet ein differenziertes Bild. Für Sambia, einem der ärmsten Länder der Welt, verbindet sich mit den Investoren durchaus ein Wohlstandsversprechen. Das Land lechzt nach Kapital, nach Investoren. Wo sie sind, entstehen auch Straßen, die allen nützen. Das Miteinander aber geht nur so lange gut, wie ausreichend Land da ist. Piltz' Text beginnt überhaupt mit den großen Hoffnungen, die Sambia in die agrarische Modernisierung setzt.

Sambia setzt für die Zukunft auf eines: die Landwirtschaft. Vor allem anderen. In den kommenden Jahren möchte das Land zu einer der führenden Agrarnationen Afrikas werden. Die Agrarministerin spricht vom „food basket for Southern Africa", dem Lebensmittelkorb für das südliche Afrika. Vergangenes Jahr verabschiedete Präsident Edward Lungu den „7. Nationalen Entwicklungsplan". Auf 139 Seiten wird geschildert, wie Sambias Zukunft aussehen soll: Die Infrastruktur soll ausgebaut werden, der Tourismussektor. Und, unter Punkt 7.4, „eine vielseitige und exportorientierte Landwirtschaft". Kein Abschnitt umfasst mehr Absätze im Bericht.

In vielen Ländern Afrikas wächst die Landwirtschaft. Auf dem ganzen Kontinent gibt es noch massenweise ungenutztes, aber fruchtbares Land; Millionen Hektar potenzielle Ackerflächen. Die Weltbank spricht in einer Studie von einem „schlafenden Riesen".

In Sambia werden nur etwa 15 Prozent des fruchtbaren Bodens bewirtschaftet, schätzen Experten. Für die Regierung ist der Aufstieg Sambias zu einem bedeutenden Agrarland unumgänglich. Der Staat soll sich unabhängig machen von der Kupferindustrie. Sie dominierte bislang die Wirtschaft; Sambia ist der zweitgrößte Kupferproduzent Afrikas. Doch die Märkte schwanken zu stark, und der erhoffte Wohlstand für die ganze Nation blieb bislang aus. Heute träumt man von einem Wandel, wie ihn die brasilianische Region Mato Grosso in den vergangenen Jahrzehnten erlebte.

Dort, im Zentrum Brasiliens, spielte sich eine beispiellose Agrarrevolution ab. Noch in den 1970er Jahren war der Landstrich eine dünn besiedelte Region, perspektivlos, abgehängt. Dann erkannten Farmer, welchen Schatz der Boden ihnen bietet. Bis zu vier Ernten im Jahr sind möglich. Bald siedelten sich internationale Konzerne an: Monsanto, Bayer, Dupont. Alle haben inzwischen Außenstellen dort. Heute säumen Silos, groß wie Flugzeughangars, die Straßen, gefüllt mit Mais und Soja. Schulen wurden gebaut und Kliniken eröffnet, Familien kamen zu Wohlstand. Die Mittelschicht wächst seit Jahren. Das ist die eine Seite, die erfolgreiche. Die andere ist eine tragische. Sie handelt von vertriebenen Kleinbauern. Von Landschaften voller Monokultur. Von zerstörten Lebensräumen. Von Chemie, gespritzt aus Flugzeugen.

Das ist, was viele auch hier fürchten, mitten in Afrika. So hatte etwa die Regierung Mosambiks vor einigen Jahren das Projekt „Pro-Savana“ geplant. Eine Fläche doppelt so groß wie Bayern – 14 Millionen Hektar Land – sollte an Investoren verpachtet werden, um Baumwolle, Mais und Sojabohnen für den Weltmarkt zu produzieren. Für mehr als zwei Milliarden Dollar sollte die Infrastruktur der Region ausgebaut werden. Der Agrarminister träumte von einer „grünen Revolution“. Kleinbauern hingegen sprachen von einem Raubzug. Protest brandete auf; internationale Organisationen und Verbände schlossen sich ihm an. Das Projekt scheiterte.

Sambias Schritt ist deshalb ein gewagter. Wie schafft es das Land, Anschluss zu finden an die Großen der Agrarwelt? Aber vor allem geht es um die Frage, ob ein Land es schaffen kann, geschlossen vom Ausbau der Landwirtschaft zu profitieren. Und wenn ja: wie?

Antworten soll eine Reise zu Farmern und Politikern bringen, zu Menschenrechtsaktivisten und Unternehmern, zu Besorgten und Hoffnungsfrohen. Sie beginnt im Zentrum Lusakas, der Haupstadt Sambias. In einem Betonklotz, 4. Stock, Raum 443, dem Büro der Agrarministerin Dora Siliya. Ein schwüler Tag, Regenwolken hängen tief über Lusaka, seit Stunden gießt es. Emanuel Chibesakunda hetzt durch die Gänge des Agrarministeriums. Im Vorzimmer der Ministerin wird er abgefangen, einige Minuten dauere es noch, er solle doch warten. Er setzt sich auf ein Sofa und klappt sofort seinen Laptop auf. Schreibt Mails. Telefoniert. Ein Getriebener.

Emanuel Chibesakunda, 46, ist Sohn eines Sambiers und einer Deutschen. Er ist in München geboren, wuchs in Sambia und Bayern auf. Chibesakunda studierte Maschinenbau an der TU München, wechselte für ein Jahr an die amerikanische Elite-Universität Berkeley. Später arbeitete er für eine Unternehmensberatung, organisierte Projekte mit Siemens, BMW oder der Telekom. 2007 gründete er sein eigenes Beratungsunternehmen, die Munich Advisor Group, und zog nach Sambia. Er wollte näher bei seinem Vater leben, aber vor allem dem Land helfen. Heute arbeitet er mit Hilfsorganisationen zusammen, berät Kleinbauern und sambische Start-ups. „Plant-A-Million", ein Großprojekt, in dessen Rahmen mehr als 2 Milliarden Bäume bis Anfang der 2020er Jahre gepflanzt werden sollen, ist sein erstes eigenes Projekt. Baumschulen und die Forstwirtschaft sollen davon profitieren.

Als Kind besaß Chibesakunda einen eigenen Mangobaum. Er pflegte ihn, erntete die reifen Früchte. Er spürte Stolz, wenn andere seine Mangos aßen. Ein Glück, das er heute gerne teilen würde. Natürlich gibt es kein Patentrezept um Armut zu mindern, sagt Chibesakunda. Aber ein Baum kommt dem schon ziemlich nahe. Die Früchte versorgen eine Familie, spenden wichtige Nährstoffe. Sie lassen sich verkaufen. Aber noch besser, sie lassen sich verarbeiten. Zu Saft, Marmelade, Seife. Das müsse im Land geschehen, um den Gewinn hier zu behalten. Chibesakunda spricht von Skaleneffekten, Implementierbarkeit, Multiplikationsfaktoren.

Er hat erreicht, dass eine der größten Tageszeitungen Sambias täglich eine Kolumne mit dem „Plant-A-Million"-Logo druckt. Zudem ist er auf der Suche nach einer „Superfrucht" aus Sambia. Zusammen mit einer Universität lässt er einen Überblick erstellen, welche indigenen Fruchtbäume es in Sambia gibt. Sein Traum ist es, die Kiwi Sambias zu finden. Eine Frucht, die so einzigartig und massenfähig ist, dass sie einmal auf der ganzen Welt gegessen wird.

Wenige Minuten später sitzt Emanuel Chibesakunda an einem langen Konferenztisch, am Kopfende die Agrarministerin Dora Siliya. Wochen vorher hatte ich, der Journalist, versucht, ein Interview mit Dora Siliya zu bekommen. Meine Anfragen blieben alle unbeantwortet. Als ich Chibesakunda davon erzählte, dauerte es nur wenige Tage, da hatte ich einen Termin. Er kennt die Ministerin, eine Bekannte der Familie. Und zurzeit eine Verbündete bei seinem Traum.

„Kommt der Präsident zur ersten Baumpflanzung Ende des Monats?", fragt Chibesakunda die Ministerin.

„Ja, das hat er mir gestern noch versichert. Und ich werde auch Baumschulen in den kommenden Monaten eröffnen."

Chibesakunda nickt zufrieden, er schreibt sich eine Notiz auf dem Laptop. Dora Siliya gefällt die Idee, Sambias Landwirtschaft auszubauen. Sie ist auf der Suche nach Pionieren wie Emanuel Chibesakunda, und nach Investoren, die den Wandel finanzieren. So reiste sie nach Israel und Ägypten, sprach auf der Internationalen Konferenz der Agrarminister in Berlin. „Wir müssen zeigen, dass Landwirtschaft keine Notlösung ist, sondern ein seriöses Business", sagt Siliya. „Nicht nur die Geschäftsleute aus der Kupferindustrie können sich Landrover leisten, auch Landwirte." Dora Siliya will die Landwirtschaft attraktiv für die junge Generation machen. Sie nennt es „sexy".

Erreicht werden soll das durch sogenannte Farmblocks. In Sambia gibt es dieses Modell seit Jahrzehnten. Fruchtbare, aber dünn besiedelte Regionen werden ausgewiesen, um Investoren für Großfarmen anzulocken. Doch so groß wie jetzt wurde es noch nie geplant: Mehr als eine Million Hektar Land sollen erschlossen werden. Eines der größten Projekte wird gerade für den Norden des Landes geplant: der Kalungwishi Farm Block. 200 000 Hektar Ackerland, Investition: mehr als 393 Millionen Dollar. Brücken und Straßen sollen gebaut werden, Schulen und Dämme. In wenigen Jahren soll die Agrar-Region eröffnen, 35 000 Stellen sollen entstehen. So der Traum der Ministerin.

Ein Desaster, sagen die anderen, vor allem die Menschenrechtler. Sie fürchten, dass ausländische Investoren das Land aufkaufen, eigene Arbeiter und moderne Maschinen einfliegen lassen, um am Ende Mais und Sojabohnen für den Weltmarkt anzubauen. Ein Wettrennen um

Boden habe begonnen – mal wieder. Und mit ihm wächst die Angst, dass sich Kolonialgeschichte wiederholt. Die Hilfsorganisation Oxfam berechnete, dass seit 2001 in Entwicklungsländern mehr als 230 Millionen Hektar Land verkauft wurden – die Fläche entspricht in etwa der Größe Westeuropas. Meist kommen die Investoren aus dem Ausland. Die Initiative „Landmatrix" listet in ihrer Online-Datenbank Hunderte Deals allein in afrikanischen Ländern auf; die Fläche umfasst mehr als zehn Millionen Hektar Land. Die Unternehmen, die Verträge abschlossen, kamen vorwiegend aus den Vereinigten Staaten, aus Großbritannien, Malaysia – und immer wieder China.

Auch in Sambia sind chinesische Unternehmen aktiv. Sie betreiben jedoch nur wenige Farmen. In offiziellen Daten finden sich nur vier Betriebe, die in chinesischem Besitz sind. Zusammen machen sie weniger als 1400 Hektar aus. Dafür dominieren chinesische Geschäftsleute einen anderen Sektor: die Baubranche. Sie liefern die Infrastruktur überall im Land. Der neue internationale Flughafen in Lusaka wurde von einem chinesischen Unternehmen errichtet. Ebenso Wasserkraftwerke, das Nationalstadion, tausende Kilometer Straßen. Auch für den Kalungwishi Farm Block beauftragte die Regierung eine chinesische Baufirma, die China Railway Seventh Group. Oppositionspolitiker fürchten die Abhängigkeiten, die mit jeder Unterschrift entstehen. Die größte Angst: Was passiert mit den Projekten und den Flächen, wenn das Geld einmal ausgeht? Für Sri Lanka beispielsweise wurde das kürzlich zu einem Problem. Die Regierung dort hatte in den vergangenen Jahren viele Bauprojekte initiiert, meist mithilfe chinesischer Kredite. Als ihr das Geld ausging und sie die Schulden nicht zurückzahlen konnte, überschrieb sie die Nutzung des größten Hafens an ein chinesisches Unternehmen – für die nächsten 99 Jahre. Der Ausverkauf eines Landes, weil man zu viel Geld verprasst? Ministerin Dora Siliya sagt, sie müssten die Angebote der Chinesen nutzen. China sei die einzige Nation, die sie als Geschäftspartner ernst nehme. Ansonsten seien sie auf sich alleine gestellt.

Archie Mulunda blickt aus dem Fenster auf üppiges Grün, dicht stehen die Maishalme, zwei Meter ragen sie in die Höhe. Seit 30 Minuten fährt er an dem Feld vorbei, es will nicht enden. Die Farm im Westen Sambias gehört Zambeef, einem der größten Fleischproduzenten Afrikas; das Unternehmen beliefert Supermärkte in Sambia, Ghana und Nigeria. Auf 45 000 Hektar bauen sie hier Mais und Sojabohnen zum Füttern der Tiere an. „Wenn man das sieht, kann man doch denken, dem Land geht es gut“, sagt Mulunda. „Aber die meisten Menschen leben in Armut. Hier wird der Wohlstand einiger weniger gefördert.“

Archie Mulunda kennt das Landleben. Er wuchs selbst auf dem Land auf, sein Vater bewirtschaftete 3500 Hektar Ackerland. 20 Kilometer musste er als Kind zur Schule laufen, jeden Tag. Damals wuchs in ihm der Wunsch, das Leben der Menschen zu verbessern. Er sagt, was gerade im Land geschehe, helfe nur wenigen: Denen, die schon Geld haben. „Wir erleben einen Neokolonialismus, und niemand unternimmt was“, sagt er. Mulunda arbeitet seit zehn Jahren für Menschenrechtsorganisationen in Sambia. In den vergangenen Jahren hat er Tausende Sambier beraten, die von Großfarmern vertrieben wurden. Ganze Dörfer hat er unterstützt, ihnen Kontakte zu Anwälten vermittelt, Geld für Gerichtsprozesse organisiert. Er hat sich mit Aliko Dangote angelegt, einem nigerianischen Unternehmer; er gilt als der reichste Mann Afrikas. Mulunda weiß, wie ungleich die Kräfte verteilt sind. Er sagt, gerade deshalb gebe er nicht auf. Im Oktober 2017 kritisierte auch Human Rights Watch, dass Kleinbauern in Sambia vertrieben werden. Die Menschenrechtsorganisation veröffentlichte einen Report, der Fälle auflistet, bei denen dutzende Familien gezwungen waren umzusiedeln. Hunderte Menschen waren betroffen. Häuser und Äcker wurden zerstört, in einem Fall ein Bewohner festgenommen und vier Monate in eine Gefängniszelle gesperrt. In einzelnen Fällen zahlten die Großfarmer eine Entschädigung, meist wenige hundert Dollar. Archie Mulunda sagt, es seien gerade schwierige Zeiten. Vor wenigen Tagen erreichte ihn ein Anruf. Eine Familie aus der Copperbelt Region an der Grenze zum Kongo klagte, ein Großfarmer plane, ihnen ihr Land wegzunehmen. Mulunda versprach, vorbeizukommen und sich die Situation anzusehen. Zu ihnen ist er heute unterwegs.

Archie Mulunda ist Teil eines Systems, in dem die Rollen klar verteilt scheinen. Es gibt die Guten, Menschen wie ihn, die den Ärmsten eine Stimme geben wollen. Und es gibt die Bösen; Politiker, die mit Unternehmen kooperieren, Großfarmer. Und da sind noch die Opfer, die Kleinbauern. Aber Archie Mulunda sagt, so einfach ist das nicht. Die Probleme sind komplexer. Er wird an diesem Tag Recht behalten.

Nach zwei Stunden Fahrt kommt Archie Mulunda bei der Familie Kalawani an. Sie lebten in drei einfachen Ziegelhäusern entlang eines Trampelpfades. Im Hof picken Hühner, auf einer Wiese grasen Schweine. Ein alter Mann sitzt auf einem Hocker im Schatten. Der Vater, Familienoberhaupt, daneben seine drei Söhne. Etwas abseits, unter einem Strohdach, sitzen die Frauen und Kinder, insgesamt 21 Personen – eine Familie. Archie setzt sich auf einen Sack Mais. „Was ist passiert?", fragt er den alten Mann.

Der erzählt. Wie die Familie seit 1992 hier lebt, auf 60 Hektar Land. Wie sie gemeinsam jedes Jahr genug Mais vom fruchtbaren Boden erntet, um sich zu versorgen, ohne Dünger, ohne Probleme. Wie sie sich eine Kapelle nahe dem Fluss aufgebaut haben, wenige Fußminuten entfernt. Wie sie eine Heimat gefunden hätten.

„Doch vergangene Woche bekamen wir die Nachricht, Chief Mwinuna verkaufe unser Land an den weißen Farmer, wir sollten weichen", erzählt der Mann. Die Chiefs sind die dritten Akteure in diesem Stück. Sie sind die wirklich Mächtigen im Land.

Unterwegs zum Kalungwishi Farm Block (Christopher Piltz)

In Sambia verfügen – wie in vielen afrikanischen Staaten – lokale Herrscher, die Chiefs, über 94 Prozent des Landes. Sie regieren ihren Bezirk, das Chiefdom, ihnen gehört der Boden. Im ganzen Land gibt es 288 Chiefdoms. Kleinstkönigreiche, in denen eine strenge Hierarchie herrscht zwischen Untergebenen und Herrschern.

Der alte Mann zeigt auf ein Dickicht. Dahinter liegen die Felder der Familie. Nur wenige hundert Meter würden sie von dem Zaun eines Großfarmers trennen. Elf weitere Familien in der Nachbarschaft hätten schon freiwillig ihr Land verkauft. Sie haben einen Teil des Geldes bekommen, den Großteil erhielt der Chief. Nur sie, die Familie Mwinuna, wollte nicht weichen.

Mulunda hört zu, schreibt mit. Er fragt nach Papieren. Normalerweise verteilen Chiefs ihren Mitbürgern Nutzungsrechte für das Land. Sie gelten meist ein Leben lang. Der Mann sagt, sie hätten die Papiere verloren. Sein Sohn lebe in der Stadt, ein unzuverlässiger Mann. Er habe sie verschlampt. Mulunda sagt, er wolle versuchen, mit dem Chief zu sprechen und mit dem Großfarmer. Er würde sich melden. Dann fährt er weiter.

Im Auto sagt er, er traue der Geschichte nicht. Er sagt, normalerweise verschwinden solche Papiere nicht. Schließlich bedeuten sie für die Familien alles.

Am nächsten Tag trifft er Chief Mwinuna in Luanshya, einer kleinen Bergbaustadt. Der König sitzt in einer Autowerkstatt, sein Jeep hat einen Motorschaden. Einige Tage muss er nun in der Stadt ausharren, bevor er zurück aufs Land kann, in sein Chiefdom Mwinuna, zurück in seinen Palast.

Mulunda erzählt, normalerweise müsste er sich auf die Knie werfen und auf den Boden gucken, während er den Chief begrüßt. Aber in der Stadt zähle das Protokoll nicht. Hier verbeugt sich Mulunda nur kurz, dann redet er.

Chief Mwinuna sagt, er kenne die Familie. Und er plane nicht, das Land zu verkaufen. Im Gegenteil, er habe erfahren, dass die Familie illegal hinter seinem Rücken Teile des Landes an Mitarbeiter des Großfarmers verkauft habe.

„Von vielen Hektar hat die Familie gesprochen?“, fragt er Mulunda.

„Von 60 Hektar."

Chief Mwinuna lacht. Laut seinen Aufzeichnungen hat sie die Erlaubnis, 100 Hektar zu nutzen. Ein Mitarbeiter des Farmers habe ihm erzählt, die Familie hätte 500 Dollar für einen Teil ihres Landes bekommen. Und wolle jetzt versuchen, neue Papiere zu erhalten, damit das nicht auffalle. Manchmal geht es nicht um Gut oder um Böse. Manchmal geht es einfach um Geld. Und darum, wer zuerst zugreift.

Um zum „Feind" zu gelangen, muss man zwei Tore passieren. Sicherheitsleute kontrollieren das Auto, fragen nach den Ausweisen. Nach einigen Minuten darf man passieren und zur Farm von Human Swart fahren. Swart, 35, sitzt auf einem Ledersofa im Wohnzimmer seines Farmhauses. Er ist Südafrikaner, ein wuchtiger Mann, breite Schultern, Glatze. Er trägt eine kurze Hose und ein zerschlissenes Hemd. Ein weißer Farmer, der 5000 Hektar Land bewirtschaftet und ausschließlich Sojabohnen erntet, eine Cash Crop. Für viele erfüllt er damit das Feindbild. Die Farm gehört zum Lufanyama-Farmblock; seit einigen Jahren ist die Region hier für industrielle Landwirtschaft ausgewiesen. Zwei weitere Farmen haben sich inzwischen niedergelassen. Auf einer werden 2500 Milchkühe gehalten, die andere baut Mais und Sojabohnen an. Doch Swart hat nicht der Farmblock gelockt. Er ist gekommen, weil er Angst hatte. Über Jahre hat Human Swart in Südafrika als Landwirt gearbeitet. Doch vor acht Jahren hat er sein Grundstück verkauft und ist nach Sambia gezogen. Er sagt, das Leben als weißer Farmer sei nicht mehr sicher gewesen. Zu oft hörte er von Überfällen auf benachbarte Farmen, zu oft von Morden. Die Gesellschaft sei so gespalten in Südafrika, voller Missgunst und Neid, dass ein normaler Alltag dort nicht mehr möglich sei, wie er sagt. Er habe keine Lust auf ein Leben mit bewaffneten Wachleuten und einer Pistole neben dem Bett.

Er arbeitete zuerst als Agrar-Berater in Sambia. Vor einem Jahr übernahm er diese Farm hier. 47 Arbeiter hat er angestellt, zudem beschäftigt er bis zu 60 Saisonarbeiter. Aber vor allem sucht er den Kontakt zu den Kleinbauern. Zu lange hat er erlebt, was mit einer Nation passiert, in der sich wohlhabende Farmer abschotten und Kleinbauern ignorieren. Er möchte nicht die gleichen Fehler machen, die in Südafrika passiert sind. Er sagt, es gehe nicht um ein Gegeneinander. Am Ende könnten doch beide voneinander profitieren. Er hofft, dass mehr Landwirte das verstehen würden.

Es ist eine neue Sicht, für viele eine ungewöhnliche. Über Jahre galt es als Konsens, dass ausländische Investoren in der Landwirtschaft vor allem einem nutzen: den ausländischen Investoren. So stellte das Kieler Institut für Weltwirtschaft vor einigen Jahren noch fest, dass große Investitionsprojekte für die lokale Bevölkerung „viele Risiken und nur wenige Vorteile“ bringen. Auch Jan Urhahn, Referent für Landwirtschaft und Ernährung bei der entwicklungspolitischen Organisation Inkota, sagt: „Der Ablauf ist doch meist der gleiche: Maschinen ersetzen die Arbeitskräfte, auf den Felder wachsen bald nur noch Monokulturen und die Ernte wird exportiert. Davon profitieren nur wenige.“ Da überrascht eine Studie des unabhängigen Hamburger Forschungsinstituts German Institute of Global and Area Studies, einem Mitglied der Leibniz-Gemeinschaft. Dessen Wissenschaftler untersuchten, welche Auswirkungen kommerzielle Großfarmen auf Kleinbauern in Sambia haben. Dafür nutzten sie Daten des Statistischen Amtes Sambias, das alle Farmen mit mehr als 20 Hektar auflistet. Ihr Ergebnis: Kleinbauern, die in Nachbarschaft zu Großfarmen leben, würden mit der Zeit ihre Ackerfläche vergrößern und ihre Ernte steigern. Alles in allem würden die positiven Effekte für die Landwirte überwiegen.

Human Swart hofft, dass er es in den kommenden Jahren schafft, das Bild des Großfarmers zu wandeln, wenigstens etwas. Er hat damit schon langsam begonnen. Er kauft den Kleinbauern ihre Ernte zum Marktpreis ab, damit sie sich nicht mehr auf den stundenlangen Weg zum nächsten Markt machen müssen, um ihre Ware zu verkaufen. Meist transportieren sie die Maissäcke auf einem Fahrrad. Swart plant, Ende des Jahres einen Farmerday zu veranstalten, einen Farmertag. Dafür will er alle Kleinbauern der Region einladen und fragen, welche Probleme sie haben. Zudem möchte er mit den beiden anderen Großfarmern Geld sammeln, um die Straße in die nächstgelegene Großstadt, nach Kitwe, auszubauen. Bislang braucht man für die 68 Kilometer

Feldweg mehr als zwei Stunden mit dem Auto. Er sagt, das würde das Leben aller in der Region verbessern.

Aber vor allem würde es ihm helfen, das Vertrauen der Kleinbauern zu bekommen. Und das wäre erst einmal das Wichtigste.

Sambische Kinder malen ihre Zukunft

Der Agrarökonom *Thomas Daum* hatte eine interessante Idee. Er reiste für Wochen in ein sambisches Dorf und ließ Kinder und Jugendliche dort unter anderem malen, wie sie sich ihr zukünftiges Leben in der Stadt oder auf dem Land vorstellen. Viele Bilder zeigen ein glückliches Landleben. Tatsächlich fanden die wenigsten, die ihr Glück in der Stadt versucht hatten, dort das, was sie erträumten - und viele kehrten dann in ihre Dörfer zurück, erfuhr Daum.

Patrick etwa ist dreizehn Jahre alt und lebt in Zozwe, diesem Dorf im Osten Sambias. In einer Stadt war er noch nie. Zu seiner Vorstellung vom Leben in der Stadt gefragt, sagt er: „In Chipata essen alle Würstchen, und das jeden Tag." Und dann lachen alle, die um ihn herumstehen, und tanzen. Die Jugendlichen am Rande des Fußballfeldes kichern später noch lange: „Würstchen, Würstchen". Und das, obwohl Patrick es ernst gemeint hatte und obwohl auch keiner von ihnen je in der Stadt war, auch Patrick nicht, und warum auch. Allein der Gedanke, jeden Tag Würstchen zu essen – einfach zu absurd.

Zozwe liegt im Osten Sambias. In der Regenzeit ist das Feld grün, in der Trockenzeit ist es gelb und staubig. Gerade ist es grün, der Ball verspringt nicht ständig beim Passen. Schnell rollt er über den warmen Boden, verfolgt von Beinen und Kinderschreien. Am Tag haben sie Kühe gehütet und Mangos gesammelt. Jetzt spielen sie Fußball, bis es dunkel wird. Die Sonne steht tief am Horizont. Am Brunnen füllen die Mädchen die letzten Wasserkanister. Sie spielen nicht Fußball.

Die Jugendlichen von Zozwe. Was träumen sie? Was erwarten sie vom Leben? Um sie das zu fragen, muss man weit reisen. Zuerst mit dem Flugzeug nach Lusaka. Schnell geht das, zu schnell, um verstehen zu können, dass man plötzlich in Afrika ist. Dann wird es langsam. Mit dem Überlandbus nach Chipata, über den Luangwa, einen majestätischen Strom, stundenlang durch Baumsavanne, am Straßenrand kaum Siedlungen, gelegentlich die Holzkohlesäcke der Köhler. Von Chipata geht es mit dem Kleinbus weiter. Chipata–Zozwe, die Strecke, die am kürzesten ist und beinahe am längsten dauert.

Der Bus passiert Felder mit zarten Maispflänzchen, hält in immer kleineren Dörfern. Strohdächer lösen Wellblechdächer ab. Plastiksäcke mit Düngemittel werden abgeladen. Und dann, als der Bus beinahe leer ist und das Handynetz Mosambik anzeigt, ist man da.

Im Ausland gibt es Krieg und Hunger, sagt der sechzehnjährige Adam am nächsten Tag. Er sagt das mit Mitgefühl, und obwohl es Sambia ist, das in der Region laut Welthungerindex die höchsten Hungerraten aufweist. Viele der Kinder hier sind zu klein für ihr Alter, ein Zeichen von Mangelernährung. Adam ist auch zu klein, aber das weiß er nicht, und das wissen wohl auch seine Eltern nicht. Adam fühlt sich wohl in Zozwe. Hier, wo der Regen den Mais bringt und Mangos und Malaria. Das Ausland schüchtert ihn ein und die Städte auch. In beiden war er noch nicht, aber Freunde haben ihm erzählt, dass es dort Satanisten gibt und Schlägereien. Nein, hier ist es sicherer. Es gibt Land, das Wasser kostet nichts, und wenn die Ernte eingebracht ist, gibt es für ein paar Monate genug zu essen. Landwirt will er werden, und im Grunde ist er das schon. Seitdem er denken kann, hilft er beim Hacken, beim Jäten und Ernten. Patrick hingegen will weg. Er hat gehört, dass es in den Städten nicht nur täglich Würstchen, sondern auch aufeinandergestapelte Häuser und Supermärkte gibt. In der Stadt müssten die Kinder nicht arbeiten, nur die Erwachsenen, hat er gehört und fragt, ob das stimmen kann. Hier bekomme man nur ledrige Haut vom vielen Arbeiten in der Sonne.

Ruth, fünfzehn Jahre alt, sitzt unter einem Mangobaum in der Mitte des Dorfes. Im Schatten des Baumes hat sie einen kleinen Verkaufsstand, einen Holztisch, auf dem einige Plastiktüten mit Sonnenblumenöl und kleinen Flussfischen liegen. Gerade hat sie nichts zu tun. Die meisten Erwachsenen sind auf dem Feld. Das Dorf gehört den ganz Alten, den Faulenzern, den Kranken. Und Ruth. Sie nutzt die mangelnde Kund-

Das Land als Idylle (Felistus Poloto)

schaft, um in einem verstaubten Schulheft Hausaufgaben zu machen. Im Hintergrund spielen einige Kinder „Pflügen mit Ochsen", die Kleinsten stellen die Ochsen dar, die Größeren führen das Gespann. „Die Feldarbeit ist anstrengend, aber die Ernte macht Spaß. Dann sieht man, wofür man gearbeitet hat, und wir können alles kaufen: Dinge für den Haushalt, Schulhefte und Kleider", sagt Ruth. Sie will trotzdem in die Stadt. Hier auf dem Land könne man wegen kleinen Streitereien verhext werden. Dort in der Stadt gibt es fließendes Wasser, Strom und Supermärkte. „Also richtige Supermärkte, nicht so wie meinen", erklärt sie und weist auf ihren kleinen Holztisch.

Ruth war schon in der Stadt, für ein paar Tage, als eine Tante im Krankenhaus gepflegt werden musste. Sie wusch und kochte für die Tante, denn Krankenhausessen gab es keines. Trotzdem sagt Ruth, dass sie noch nie so ein modernes Krankenhaus gesehen hat. Auch deswegen will sie lieber in der Stadt leben. Nur wenn es mit dem Schulabschluss nicht klappt, will sie hierbleiben. Dann wird sie Landwirtin. Aber viel lieber will sie Lehrerin oder Krankenschwester werden, da bekommt man ein regelmäßiges Gehalt und ist nicht auf den Regen angewiesen.

Überhaupt der Regen, manchmal fällt er und manchmal nicht, und in diesem Halbsatz liegt der Unterschied zwischen Schönheit und Grausamkeit. Denn Subsistenzlandwirtschaft ist Risiko, das wissen die Jugendlichen ganz genau. Lange hatte man nicht verstanden, welche große Rolle das Risiko für Kleinbauern spielt. Nun weiß man, dass viele Kleinbauern nicht die ertragreichsten, sondern die sichersten Sorten wollen. Lieber jedes Jahr eine kleine Ernte als oft eine große und dann wieder gar keine. Das heißt nicht, dass die Kleinbauern keine moderne Landwirtschaft wollen. Im Gegenteil, Düngemittel und Pflanzenschutz wollen die meisten. Und Bewässerung, aber das kann sich keiner leisten. All das würde das Risiko eines Ernteausfalls vermindern. 1986 schrieb die New York Times, dass die Natur für afrikanische Dorfbewohner kein Freund, sondern ein Feind, ein „Dämon" sei. 1925 schrieb Aldous Huxley, man könne die Natur nur lieben, wo man ihr nicht ausgeliefert sei, sondern sie versklavt habe.

Ruth mag die Natur. Aber wenn es nach ihr ginge, wäre das Dorf besser eine Stadt. „Wenn ich Chief wäre", also der Häuptling, und das ist natürlich ein vermessener Gedanke, „dann gäbe es hier Einkaufszentren und Strom und asphaltierte Straßen".

Einkaufszentren und Straßen würde auch ihre Freundin Helene, die vierzehn ist, bauen. Helene geht seit Jahren nicht mehr zur Schule. Anders als Ruth fühlt sich Helene wohl in Zozwe. Das Dorf hält zusammen, und nichts kostet etwas. In der Stadt müsse man für alles bezahlen. Für das Maismehl, aus dem die Frauen Nshima kochen, für Wasser und Miete. „Hier sind wir unabhängig", sagt sie stolz. Stolz, auf dem Land zu leben und vom Land. „Ich will reich werden mit Landwirtschaft, Düngemittel kaufen, meine Familie unterstützen", sagt sie.

Die Welt wandelt sich auch hier. Kürzlich haben Chinesen, die in einem Bergwerk eine Autostunde entfernt arbeiten, einen Spielautomaten aufgestellt. Der schluckt nun Münzen und leuchtet, wenn es gerade Strom gibt. Einige der größeren Landwirte, viele davon ehemalige Beamte, haben sich Solarpaneele, Fernseher und gebrauchte Traktoren angeschafft. Sie profitieren von der Nähe zu Malawi und

Mosambik. Wenn die Regierung den Maispreis zu tief festlegt, schmuggeln sie ihre Ernte über die Grenze.

Man erkennt Großbauern daran, dass sie ihren Hof ummauern, und daran, dass sie ihre Kinder auf die höhere Schule schicken können. Sehana, fünfzehn, ist eines davon. Sein Vater bewirtschaftet stolze zwanzig Hektar Land. Sehana ist einer der wenigen Jugendlichen hier, die pubertierend aussehen. Er hört meistens Musik auf seinem Handy und geht unter der Woche auf das Internat. „Ich weiß noch nicht, was ich machen will. Vielleicht studieren, etwas mit Technik", sagt Sehana. Er muss kaum arbeiten, die Arbeit erledigt ein Traktor, ein paar Landarbeiter aus dem Dorf und eine Reihe von Viehjungen. Die kommen aus Malawi und führen für zwei, drei Jahre die Kühe von Sehanas Vater durch die Savanne. Am Ende dürfen sie eine Kuh behalten.

Vom Möglichkeitsraum sprechen Soziologen, dem Raum, der eingrenzt, wie weit man im Leben kommen kann. Sie unterscheiden zwischen dem vorstellbaren und dem realen Möglichkeitsraum. Vor einigen Jahren waren hier beide gleich groß. Die Welt war eine Welt der Kleinbauern und des Dorfes. Jetzt sehen manche der Jugendlichen gelegentlich Hollywood-Filme auf den Fernsehapparaten der Großbauern. In den Filmen essen die Leute Würstchen, wohnen in aufeinandergestapelten Häusern und müssen nie körperlich arbeiten. In dem Kontrast zwischen dem eigenen Leben und dem Leben auf dem Bildschirm entstehen Träume und Sehnsüchte, aber auch Druck und Rechtfertigungszwänge. Und wenn dann der Dorfpfarrer predigt, dass es in der Stadt Satanismus gibt, und die Eltern davor warnen, dass die Leute, die dorthin ziehen, an Drogen und Alkohol zugrunde gehen, kann das auch besänftigen.

In Kasenengwa, einige Stunden von Zozwe entfernt, führt Rhoda über den Schulhof. Rhoda kommt eigentlich aus der Hauptstadt Lusaka. Die meisten Lehrer wollten nicht auf dem Land arbeiten, obwohl man hier ein höheres Gehalt bekomme, sagt sie. Deswegen teilt die Regierung Lehrer zu, aber mit etwas Geld könne man das beeinflussen. Rhoda hingegen arbeitet gerne auf dem Land. Sie ist stolz, Lehrerin zu sein. Jeden Tag trägt sie einen langen Rock und ein gebügeltes Hemd. Rhoda zeigt die Schulbibliothek, eine Nichtregierungsorganisation hat die Bücher gestiftet. Dann zeigt sie die Küche, ein Strohdach auf vier Holzpfosten, in der Mitte eine Feuerstelle. Hier bekommen die Kinder jeden Tag Porridge. Jede Woche bereiten das andere Eltern zu, die Zutaten kommen vom Welternährungsprogramm. Seitdem es das Programm gibt, kommen mehr Kinder, sagt Rhoda. Meistens jedenfalls. Mit Bleistift und Lineal zeichnet sie jeden Tag auf, wie viele Kinder gekommen sind. Eine kluftige Kurve, die zur Zeit des Unkrautjätens und während der Ernte jäh abfällt. In Kasenengwa gibt es keine Großbauern und keinen Spielautomaten. Die Grenze zu Malawi ist weit; hier müssen alle Bauern mit dem staatlichen Maispreis vorliebnehmen, der manchmal nicht einmal die Kosten für Saatgut und Düngemittel deckt. Hier hat selbst der Chief keine Solarpaneelen, und wo es keinen Strom gibt, gibt es auch keine Röhrenfernseher. Am Abend hören die Leute Radio oder erzählen Geschichten. Tagsüber bauen sie Mais, Erdnüsse und Baumwolle an und transportieren Dinge auf dem Fahrrad.

Es ist dunkel und kalt. Der fünfzehnjährige Simon taumelt verschlafen ins Freie – seine Mutter war schon früher aufgestanden. Hastig schlürft er eine Tasse Maisporridge, etwas zuckrigen Tee, dann läuft er Richtung Schule. In der Hand hält er einen Stock, wegen der Schlangen. Nach einigen Minuten fängt er an zu erzählen. Er ist hin und her gerissen: „Im Dorf ist meine Familie, meine Freunde. Das ist mein Leben. Aber hier ist alles immer gleich. In der Stadt gibt es noch so viel zu sehen." Einige ältere Jugendliche aus dem Dorf hätten es in der Stadt versucht. Die meisten sind jetzt wieder da, einige haben es irgendwie geschafft. „Ich glaube, die arbeiten für Inder, die dort Handel betreiben", sagt er.

Nach einer halben Stunde wird es hell. Licht entströmt den Rändern der Erde und die Nacht entweicht in den Himmel. Die Konturen von Bananenplantagen, Affenbrotbäumen und Savannengras erscheinen wie Schattenspiele, die langsam farbig werden. Vögel zwitschern. Als wäre auch Simon verzaubert, sagt er: „Vielleicht bleibe ich hier und führe die Farm fort. Aber dann muss ich clever sein. Dann brauche ich Zugtiere und mehr Land."

Simon kommt auf dem Schulhof an. Er meldet sich beim Schuldirektor und bekommt einen Reisigbesen. Bevor die Schule losgeht,

Träume vom Ochsenpflug und Haus (Joseph Banda)

müssen er und ein paar andere Kinder täglich den Schulhof fegen. Eine andere Truppe muss die Plumpsklos säubern, eine dritte wurde dazu eingeteilt, auf den privaten Feldern des Schuldirektors Unkraut zu jäten. „So lernen sie Landwirtschaft kennen“, sagt dieser. Im Klassenzimmer erklärt Rhoda die Aufgabe für heute. Die Kinder sollen malen, eines von mehreren Themen: Wie sie sich die perfekte Farm vorstellen. Wie sie sich das Leben in der Stadt vorstellen und das Leben in anderen Ländern. Buntstifte und Papier werden ausgeteilt. Jetzt gibt es nur das weiße Blatt Papier und die Vorstellungen der Jugendlichen. Gegen 10 Uhr wird die Hitze unerträglich. Die Kinder malen noch immer, fragen nach Anspitzern und mehr Papier. Dann, gegen 11 Uhr, sind die ersten Bilder fertig.

Die perfekte Farm, schön stellen sie sich diese vor und vielfältig. Die meisten Jugendlichen haben bunte Höfe gemalt. Höfe mit Gemüsegärten, Kohl und Kürbissen. Obstplantagen mit Bananen und Mangos. Felder mit Mais und Erdnüssen und Baumwolle. Gehege mit Hühnern, Kühen und Ziegen. Viele haben Ochsengespanne gemalt, schon das wäre ein Fortschritt. Traktoren sind wenigen eingefallen. Viele Mädchen haben Wasserstellen mit Wasserhähnen gemalt. Manche der Kinder haben kräftig gemalt, die Stifte fest aufgedrückt, als wollten sie ihre Vorstellungen so ins Leben rufen. Andere haben zaghaft gemalt, die Stifte kaum aufgedrückt, als wäre es vermessen, überhaupt zu träumen.

Die Bilder der Stadt sind sehr verschieden. Einige zeigen graue Straßen und Autounfälle, Fabrikschornsteine und Trunkenbolde. Ein Junge hat beinahe liebevoll eine Prügelei gemalt. Es gibt aber auch Bilder, die etwas anderes ausdrücken: Sie zeigen große Häuser mit Stromleitungen und fließendem Wasser, mit Fernsehapparaten und gedeckten Tischen.

Einige Tage später in Lusaka, es ist laut und grell. Straßenhändler bieten Zeitungen, Erdnüsse und Cola an, manche verkaufen Fußballtrikots und Puzzle. Am Straßenrand ruhen sich einige von ihnen aus. Sie sind so alt wie die Jugendlichen aus Zozwe und Kasenengwa. Aber sie sehen müde aus und ihre Kleidung ist schmutzig. Nicht vom Schmutz der Erde, sondern vom Schmutz der Straße. Und dann kommt ein Junge um die Straßenecke. Er ist zwölf, vielleicht aber auch erst acht Jahre alt. Er trägt abgelaufene Flipflops, zerschlissene Jeans, Unterhemd. Auf seinem Kopf balanciert er eine Plexiglasbox. „Würstchen, Würstchen“, schreit er und klopft gegen die Box. Patrick hatte also doch recht. In der Stadt gibt es Würstchen. Allerdings verkauft der Junge die Würstchen nur, essen tut er sie nicht.

Ernten für die Mafia

Nicht ihr Wunsch, sondern die harte Wirklichkeit globalisierter Lieferketten bestimmen in der Regel, was Landwirte anbauen. *David Klaubert* ist zu Plantagen in Süditalien gereist. Und traf dort auf Erntehelfer, die aus Afrika eingewandert sind. Sie leben wie Sklaven und sind froh, wenn sie am Monatsende 50 Euro in ihre Heimat überweisen können. Obwohl die Arbeitsbedingungen und Löhne für sie in Italien miserabel sind, geht es manchem dort immer noch besser, als früher im afrikanischen Dorf - finanziell betrachtet. Gut verdient in den Tomatenwelten von Sizilien die Mafia, der jedes Mittel recht ist, um ihr ausbeuterisches Millionengeschäft aufrechtzuerhalten. Die nigerianische Mafia kontrolliert derweil den Drogenhandel und die Prostitution in den Arbeiterghettos. Und irgendwie steht am Anfang der Ausbeutungskette der europäische, amerikanische oder chinesische Verbraucher und die Supermarktketten, die das billigste Tomatenmark ins Regal legen. Ein kritischer Blick auf schwer fassbare Realitäten der Ernährungsglobalisierung.

Pasquale Potito erinnert sich noch genau an den Satz, den sein Vater sagte, als das Auto explodierte. Ein Donnerschlag hatte sie nachts um kurz nach zwei Uhr geweckt. Erst dachten sie an ein Feuerwerk, dann sahen sie die Flammen in der Gasse gleich vor ihrem Haus. Der Fiat Grande Punto von Pasquales Vater brannte lichterloh. Er sagte nur: „Jetzt haben wir das auch hinter uns." Pasquales Vater war Gewerkschafter, einer vom alten Schlag. Er kämpfte gegen Ausbeutung und Ungerechtigkeit, ohne Rücksicht auf Verluste, vor allem was ihn selbst anging. Und so hatte er sich auch der Erntearbeiter angenommen, die im Frühjahr 2016 in sein Büro in Ascoli Satriano kamen, seinem Heimatstädtchen in der süditalienischen Provinz Foggia. Die meisten von ihnen waren Rumänen, und sie arbeiteten für Miscia P., einen älteren Herren, den in Ascoli Satriano jeder kannte. P. vermittelte Arbeiter an Landwirte, zum Aussäen, Unkrautjäten und Ernten. In zwei Kastenwagen, so die Arbeiter, lasse P. sie zu den Feldern bringen, jeweils 25 bis 30 zusammengepfercht wie Tiere, und verlange auch noch vier bis sechs Euro pro Fahrt. Vom Tageslohn behalte er mindestens 20 Prozent, so dass sie, selbst wenn sie zwölf Stunden schufteten, nicht einmal 30 Euro verdienten. Mehrere Frauen erzählten, dass P. sie bedränge und zum Sex zwinge, mit der Drohung, ihnen sonst keine Arbeit mehr zu geben, die sie ja so dringend benötigten.

Pasquales Vater erstattete Anzeige in der Provinzhauptstadt Foggia, denn den Carabinieri in Ascoli Satriano traute er nicht. Die Polizei nahm Ermittlungen auf. Und kurz darauf ging es los: Auf Flugblättern wurde Pasquales Vater eine Affäre mit einer der Rumäninnen unterstellt.

Als Pasquale in einer Bar zufällig auf P. traf, zog der wortlos sein Hemd hoch und zeigte ihm die Pistole darunter. Der Anschlag auf das Auto wurde mit einem selbstgebastelten Sprengsatz verübt – Täter unbekannt. Wenige Monate später starb Pasquales Vater an einem Herzinfarkt. „Die Arbeit stand für ihn immer an erster Stelle. Für seine Gesundheit hatte er keine Zeit", sagt Pasquale. Miscia P. schmiss am Tag der Beerdigung ein großes Fest.

Der Bauer. Auch Sanés Vater hat Herzprobleme. Einen Arztbesuch oder Medikamente kann er sich aber nicht leisten. Die Ernte seiner kleinen Farm in Gambia reicht meist gerade, um die Familie zu ernähren. Sie bauen dort Maniok an, Erdnüsse, Mais und Reis. Sané mochte die Arbeit auf den Feldern. Er war gern Bauer.

In den vergangenen Jahren aber dörrte der Wind, der in der Trockenzeit aus der Wüste im Norden kommt, den Boden immer mehr aus. Immer länger mussten sie auf den Regen warten, und wenn er kam, war er oft so stark, dass er alles mit sich riss. Dann reichte die Ernte nicht einmal, um alle satt zu machen. Und so beschloss Sanés Familie, ihn loszuschicken.

Sané verließ sein Dorf, sein Heimatland, zog durch die Wüste, übers Meer. Europa erreichte er an der Küste Siziliens. Von dort wurde er in ein Aufnahmelager in Turin gebracht. Er bekam Taschengeld und ab und zu Italienischunterricht. Nach anderthalb Jahren wurde er weggeschickt, mit einer Aufenthaltsgenehmigung bis zur endgültigen Klärung seines Asylantrags in der Hand, aber ohne Dach über dem Kopf. Ein Freund lieh ihm fünfzig Euro, sodass er in den Süden reisen konnte, in die Provinz Foggia. Sané hatte gehört, dass es auf den Feldern dort Arbeit gebe.

Das System. Foggia liegt am Sporn des italienischen Stiefels. An der Küste bäumt sich das zerklüftete Gargano-Gebirge auf, dahinter liegt flach und fruchtbar eine Tiefebene, genannt Tavoliere, der Tisch. Olivenhaine reihen sich aneinander, Weinreben und Äcker, auf denen Weizen, Spargel, Melonen, Brokkoli, Zucchini und Artischocken wachsen. Der größte Teil der italienischen Tomaten kommt von hier.

Die Bauern, auf deren Feldern Sané jetzt arbeitet, kennt er nicht. Den Kontakt zum Padrone, zum Herrn, sagt er, habe ein Somali, der schon länger in Foggia sei. Vier Euro bekommt er von ihm pro Stunde. Wenn er etwas bekommt. In den vergangenen zwei Wochen, erzählt Sané, habe er in den Weinreben gearbeitet, habe Blätter gezupft, damit die Trauben genug Sonne abkriegen. Auf den Lohn dafür warte er noch immer. Der Somali schiebe es auf den Padrone, und den habe er ja noch nie gesehen. „Was soll ich da machen?" Einen Arbeitsvertrag hat Sané nicht.

Caporali heißen die Mittelsmänner, die den Kontakt zu den Landbesitzern halten. Manche sind Einheimische wie Miscia P., andere selbst Migranten, die sich hochgearbeitet haben. Sie kommandieren ein Heer von Tagelöhnern, vor allem für die Tomatenernte. Zwar wird ein großer Teil davon von riesigen Maschinen erledigt. Aber die roten Früchte sind wetterempfindlich; kündigt sich Regen an, muss der Landbesitzer reagieren. Dann braucht er Erntearbeiter, möglichst viele, möglichst schnell. Ein Caporale kann sie ihm besorgen.

Bezahlen lassen sich die Caporali von den Arbeitern. Sie kassieren für den Transport zu den Feldern – oft in überladenen, verkehrsuntüchtigen Minivans – und behalten einen Teil des Lohns ein. Manche verdienen auch noch am Trinkwasser, das die Arbeiter, die oft in der prallen Sonne schuften, ihnen teuer abkaufen müssen. Wer sich beschwert, bekommt keine Arbeit mehr. Da viele keine andere Möglichkeit haben, Geld zu verdienen, ist das ein mächtiges Druckmittel. „Es gibt Fälle", sagt der Oberstaatsanwalt von Foggia, „da ist die Macht des Caporale über die Arbeiter so groß, als wären sie seine Sklaven." Durch die Flüchtlinge aus Afrika, die wie Sané in den vergangenen Jahren nach Italien gekommen sind, hat sich die Konkurrenz auf diesem ausbeuterischen Arbeitsmarkt noch einmal verstärkt. Fünf Euro, vier, drei, zwei – irgendein Verzweifelter findet sich fast für jeden Stundenlohn. Ein Neuling, ein Hungriger, ein Illegaler, der sich nicht wehren kann. Und es findet sich ein Landwirt, der das ausnutzt.

Den vorgeschriebenen Mindestlohn von 7,50 Euro pro Stunde, sagt Daniele Iacovelli, Generalsekretär der Landarbeitergewerkschaft Flai-CGIL in Foggia, bekomme von den ausländischen Erntearbeitern keiner. Egal ob Rumänen oder Bulgaren, ob Nord- oder Schwarzafrikaner. Egal, ob sie von einem Caporale angeheuert werden oder direkt. Insgesamt, schätzt die Gewerkschaft, sind in Italien bis zu 430 000 Landarbeiter, also fast die Hälfte, irregulär beschäftigt.

Die Gettos. Das Dach, das Sané in Foggia zum Schlafen über dem Kopf hat, ist zusammengenagelt aus Sperrholz und Plastikfolien. Ausrangierte Fahrradschläuche geben dem Verschlag Halt, sodass er aussieht wie ein zusammengeschnürter Ballen Müll. Acht Männer leben darin. 25 Euro Miete zahlt Sané pro Monat.

Gettos nennen die Italiener die Siedlungen der ausländischen Erntearbeiter. Allein in der Provinz Foggia gibt es ein halbes Dutzend, versteckt inmitten der Felder. Es sind Gespensterdörfer, die offiziell nicht existieren, so wie viele ihrer Bewohner, die schon seit Jahren ohne Papiere durch Italien ziehen, immer im Rhythmus der Erntezeiten, zu den Tomaten, den Melonen, den Orangen, den Oliven. Und wieder zu den Tomaten. Im Getto „Ghana House“ leben je nach Jahreszeit bis zu 2000 Arbeiter in verlassenen Einsiedlerhöfen. Westafrikaner vor allem, daher der Name. Benito Mussolini hatte die Höfe einst im Zuge seiner Landreform bauen lassen. Viele sind halb verfallen. Und wo einst eine Bauernfamilie lebte, hausen heute in der Erntesaison 30, 40 Personen, Matratze an Matratze. Fließendes Wasser gibt es nicht. Wer sich waschen will, muss Kanister schleppen – falls noch Wasser in dem Plastiktank ist, den die Caritas alle paar Tage auffüllen lässt.

Das größte Getto zieht sich entlang der Landebahn des ehemaligen Militärflughafens von Borgo Mezzanone. In Baracken, Containern, selbstgebauten Ziegelhütten und Bretterverschlägen leben hier viertausend, fünftausend Menschen. Die „Piste“ ist ein Slum von der Größe einer Kleinstadt. Überall kokelt Müll. In einer roten Lache liegt ein Schaf mit aufgeschlitzter Kehle und blutet aus: Nachschub für eine Restaurantbaracke. Aus einem Loch fliegt Erde. In drei Metern Tiefe steht ein schwitzender Mann und gräbt noch tiefer. Er hebt die Sickergrube für ein Plumpsklo aus.

Der italienische Staat hat die Gettos sich selbst überlassen, aber das heißt nicht, dass sie rechtsfreier Raum sind. Es gilt das Recht des

Stärkeren. Und die Stärkeren sind neben den Caporali die Bosse der nigerianischen Mafia. Auf der Piste verkaufen sie Rauschgifte und kontrollieren die Prostitution. „Food is ready" steht als Erkennungszeichen an den Bordellbaracken. Drinnen warten junge Nigerianerinnen, zehn Euro kostet der Sex. Manche machen es für weniger. Der Druck der Ausbeutung erhöht sich immer mehr.

„Make money, not friends" hat jemand an die Wand einer Hütte geschmiert. „Das stimmt", sagt Michael, ein bulliger Nigerianer, Spitzname Big Father, und nach eigener Auskunft Geschäftsmann seit Geburt. Zum Mittagessen, Maismehl mit Fleisch und Soße, trinkt er gekühlten Vino Spumante Dolce. „Sag mir, was du brauchst! Ich kann es dir besorgen." Gebrauchte Schuhe, Klamotten, Matratzen; Sperrholz, Folien und Nägel für eine eigene Hütte; eine Fahrt in die Stadt; ein Fahrrad für etwas Unabhängigkeit – alles im Getto hat seinen Preis. „Ich versuche, mindestens zehn Stunden am Tag zu arbeiten", sagt Sané. Dann bleibt, falls er bezahlt wird, manchmal etwas Geld übrig, das er nach Gambia schicken kann. „50 Euro", sagt er, „sind mehr als 2000 in gambischer Währung."

Die Tomaten. „Oro rosso" nennen sie in Foggia die Tomaten: rotes Gold. Mehr als zwei Millionen Tonnen werden jedes Jahr geerntet. Die wichtigste Sorte ist die längliche Flaschentomate, die nur hier in der Hitze Süditaliens ihren vollen Geschmack entfalten kann. Ist sie reif, reißen die Erntehelfer die ganzen Stauden aus dem Boden und schütteln die Tomaten in Körbe, die sie dann in größere Transportkisten entleeren. Etwa 375 Kilogramm fassen diese Kisten, pro gefüllter Kiste verdienen die Arbeiter drei bis vier Euro, abzüglich 50 Cent für den Caporale. Auch wenn diese Art von Akkord eigentlich verboten ist. „Das ist der Standard", sagt Gewerkschafter Iacovelli. „Wir schätzen, dass 70 Prozent der Farmen hier so bezahlen – mindestens." Die Erntehelfer sind wie Minenarbeiter. Bei ihnen bleibt am wenigsten vom Wert des Goldes hängen.

Der Großteil der Ernte wird geschält und zu Dosentomaten verarbeitet, zu Soßen püriert oder zu Tomatenmark eingedickt. Die Fabriken dafür stehen fast alle in Kampanien, der Region rund um Neapel. Jetzt, während der Hochsaison der Ernte, stauen sich auf der Autobahn dorthin die Tomatenlaster. Die Bauern in Foggia liefern nur den Rohstoff. In den Häfen Kampaniens kommen außerdem jede Woche Containerschiffe mit Hunderten Tonnen chinesischem Tomatenkonzentrat an. Weltmarktführer ist Italien nicht mehr. Vorn liegen China und Kalifornien. Das importierte Konzentrat wird weiterverarbeitet, abgefüllt und exportiert. Viele Konserven gehen in afrikanische Länder wie Ghana – wo sie mit ihren Dumpingpreisen die Tomaten örtlicher Kleinbauern vom Markt verdrängen.

In Europa bleibt nur ein kleiner Teil des chinesischen Tomatenkonzentrats. Aber es erhöht den Preisdruck, und der ist ohnehin groß. Ganz oben stehen die europäischen Supermarktketten, in deren Regalen die Dosentomaten und Tomatensoßen landen. Ihre Marktmacht ist gewaltig. In Deutschland teilen Edeka, Rewe, Lidl und Aldi mehr als 85 Prozent des Lebensmittelhandels unter sich auf. In einem internationalen Vergleich der Nichtregierungsorganisation Oxfam schneiden die deutschen Ketten zudem besonders schlecht ab, was die Transparenz und die Durchsetzung von Menschenrechten bei ihren Lieferanten betrifft. Von einer 700-Milliliter-Flasche mit passierten Tomaten, die 1,30 Euro kostet, so rechnet der italienische Bauernverband Coldiretti vor, bleibe mehr als die Hälfte bei den Handelsketten hängen. Gut 23 Cent entfallen auf die industrielle Verarbeitung, 13 Cent kostet die Flasche. Nur zehn Cent bekommt der Bauer für das eigentliche Produkt: die Tomaten. Ehrliche Landwirte würden mit Preisen unter den Herstellungskosten zum Aufgeben gezwungen, sagt Coldiretti-Präsident Roberto Moncalvo. Auch Daniele Iacovelli sagt: „Bei diesen Marktpreisen ist es mit Sicherheit schwer, ordentliche Löhne zu zahlen.“ Der Gewerkschafter sieht aber auch die Bauern in der Pflicht. Anders als etwa in Norditalien gibt es im Süden kaum Kooperativen, die sich um eine gemeinsame Vermarktung ihrer Produkte kümmern. Oder um die Weiterverarbeitung. Die Bauern, kritisiert Iacovelli, täten nichts, um von ihrem Status als Rohstofflieferanten wegzukommen. „Das einzige, was ihnen einfällt: am Lohn der Arbeiter zu sparen. Das ist bequem. Und das Risiko ist gering.“

Der Staat. Um die Ausbeutung besser bekämpfen zu können, verabschiedete das Parlament in Rom schon vor zwei Jahren das Gesetz 199/2016, auch „Gesetz Paola Clemente" genannt – nach einer italienischen Arbeiterin, die im Sommer 2015 im Alter von 49 Jahren tot auf einem Feld zusammengebrochen war. Die Strafen für Caporali wurden erhöht, die Haftbarkeit der Landbesitzer wurde ausgeweitet. Auf dieser Grundlage ordnete das Landgericht Foggia im Juni auch Maßnahmen gegen Miscia P. an, den Caporale aus Ascoli Satriano. Es ließ seine Kastenwagen, Bargeld und Bankkonten beschlagnahmen, außerdem das Geschäftsvermögen von zwei Landwirtschaftsbetrieben. Diese hätten, so das Gericht, die von P. vermittelten Arbeiter, unter ihnen einen Minderjährigen, „zu niedrigen Löhnen, in überlangen Schichten, unter erniedrigenden Bedingungen und ohne Arbeitsschutzmaßnahmen" ausgebeutet. Beide Unternehmen wurden über Jahre mit EU-Subventionen gefördert, auch 2017 noch.

Einem Gerichtsprozess musste sich Miscia P. auch zwei Jahre nach der Anzeige noch nicht stellen, das Verfahren läuft. „Ich sehe ihn fast jeden Tag bei uns im Dorf", sagt Pasquale Potito, der seit dem Tod seines Vaters für die Gewerkschaft UIL arbeitet. Erst vor wenigen Wochen begleitete er wieder vier Arbeiter zur Polizei, die von Miscia P. bedroht worden waren, weil sie ohne dessen Vermittlung direkt für einen Landwirt arbeiten wollten.

„Die Ermittlungen gegen Caporali sind komplex", sagt Ludovico Vaccaro, der Oberstaatsanwalt von Foggia. Für eine Verurteilung nach dem neuen Gesetz muss eine systematische Ausbeutung über einen langen Zeitraum nachgewiesen werden. Die vier Staatsanwälte, die in Foggia darauf spezialisiert sind, führen parallel gut 40 Verfahren. „Aber das ist nur die Spitze des Eisbergs", sagt Vaccaro. „Wahrscheinlich müssten es 400 sein. Oder 4000."

Für Arbeitsrechtsverstöße, die nicht unter das Caporalato-Gesetz fallen – gewöhnliche Ausbeutung ohne Mittelsmänner also, durch Schwarzarbeit, zu niedrige Löhne und zu lange Schichten – ist das Ispettorato del Lavoro zuständig. In Foggia gibt es für die Kontrolle der gut 40000 Agrarbetriebe sechs Inspektoren. Den gesetzlichen Anforderungen zu genügen, sagt einer von ihnen, sei für die Landbesitzer ziemlich einfach. Sie müssten mit den Tagelöhnern nur die in Italien üblichen Rahmenverträge abschließen. Wie viele Stunden die Arbeiter dann auf dem Feld stehen und wie viel Lohn sie bekommen, ist für die Inspektoren nur schwer nachzuvollziehen. Kaum ein Erntearbeiter sagt gegen seinen Arbeitgeber aus. Zu groß ist die Angst, am Ende ganz ohne Geld dazustehen. Und dann sind da noch Korruption und Vetternwirtschaft. Schon mehrmals, erzählt Sané, sei ihm von den Caporali im Getto ausgerichtet worden: „Morgen kannst du nicht arbeiten. Es wird Polizeikontrollen auf den Feldern geben."

Die Unfälle. Auf einer Landstraße bei Ascoli Satriano stieß Anfang August ein Kleinbus mit einem Tomatenlaster zusammen. Vier afrikanische Erntehelfer kamen ums Leben. Keine 48 Stunden später krachte ein weiterer Kleinbus auf einen Sattelschlepper. Er hatte ein bulgarisches Kennzeichen und kam von der Tomatenernte. Nur zwei der 16 Insassen überlebten. Alle Opfer waren afrikanische Arbeiter. Das Entsetzen in Italien war groß. Ministerpräsident Giuseppe Conte, Arbeitsminister Luigi di Maio und Innenminister Matteo Salvini reisten nach Foggia. Sie versprachen, die Zahl der Inspektoren und der Kontrollen zu erhöhen. Salvini erklärte dem Caporalato den Krieg und definierte auch gleich seine Gegner: „Eine Zuwanderung, die außer Kontrolle ist, hilft der Mafia: Wenn nicht Tausende Verzweifelte ankämen, die ausgebeutet werden können, wäre es für die Kriminellen schwieriger, Geschäfte zu machen." Er lasse nicht zu, dass die Landwirtschaft in Italien wegen weniger schwarzer Schafe als gesetzlos abgestempelt werde. Außerdem kündigte Salvini an, die Gettos räumen zu lassen – ohne weiter auszuführen, wohin die Menschen dann sollen, die dort leben.

Schon seit Jahren arbeitet sich die Regionalregierung an genau dieser Frage ab. Sie hat Wohncontainer für Hunderte Erntearbeiter angeschafft. Doch viele stehen bis heute auf Halde, weil sich kein Bürgermeister findet, der sie auch nur in Sichtweite seiner Gemeinde aufstellen lassen will. Die Ablehnung gegenüber Migranten wird immer größer, angefeuert auch von Salvinis fremdenfeindlicher Rhetorik. „Ich weiß nicht, was die Italiener von uns halten", sagt Abdulei Ismail, ein Ghanaer, der auf der Piste lebt. „Aber manchmal glaube ich, sie halten uns für Tiere." Und auch direkt nach dem Unfall bei Ascoli Satriano zeigte sich, wie groß die Ablehnung inzwischen ist. Vier der acht Erntearbeiter an Bord des Kastenwagens überlebten, zum Teil schwer verletzt. Aber erst als Oberstaatsanwalt Vaccaro sich persönlich für sie einsetzte, fanden sich Krankenhäuser, die bereit waren, sie aufzunehmen.

Lernt Senegal vom Chiemsee?

Besser als ein Sklavenleben ist alles. Für viele Migranten ist es sogar eine attraktive Perspektive, in ihre afrikanischen Heimatländer zurückzukehren und dort eine eigene Landwirtschaft aufzubauen. Je schwieriger dort die Verhältnisse sind, desto wichtiger ist es, dass sich Helfer finden, die bereit sind, mit Geld und Ratschlägen vor Ort mitzuwirken. *Caspar Schwietering* lernte in Bayern einen Asylsuchenden aus dem Senegal kennen, der nach Jahren in sein Land zurückkehren musste. Immerhin hatte er gute Kontakte zu einer hilfsbereiten Bürgerbewegung aus Prien am Chiemsee. Die sammelte für ihn Spenden, damit er eine Hühnerzucht aufbauen konnte. Schwietering reiste mit Helke Fussell, einer Helferin, zu Babakar in den Senegal und stellte fest, dass das Projekt nicht einfach ist, selbst wenn Geld und guter Willen vorhanden sind. Denn wo viele Arme sind und viele Verwandte, versickert Geld schnell im Sog aktueller Bedürftigkeiten, statt dass der Empfänger es auf künftige Einnahmen gerichtet investiert. Schwieterings tragisch-komische Reportage vermittelt einen Eindruck davon, dass Geld allein die Probleme armer afrikanischer Dörfer nicht löst.

Senegal, Kaffrine. Irgendwo an der Hauptstraße muss das Restaurant liegen: „Prime am Kinze". Es ist das beste der Stadt, da ist sich Helke Fussell sicher. Sie hat Fotos gesehen. Und sie hat gehört, dass auch der Bürgermeister dort isst. Stolz hat sie den Chauffeur gefragt, ob er das „Prime am Kinze" kennt. Es liegt direkt am Ortseingang. Der Chauffeur ist irritiert. Will die Deutsche nach vier Stunden Fahrt wirklich hierhin? Eine kleine Hütte – das „Prime am Kinze" – liegt eingeklemmt zwischen dem Busbahnhof, einer Tankstelle und den Taxis. „Die Gegend habe ich mir anders vorgestellt“, sagt Helke Fussell.

„Helke!“, ruft Babakar Segnane. Mit einem Moped fährt er die Böschung zum Restaurant hinab. Er läuft auf sie zu, umarmt sie. „Helke!“ Er bittet Fussell herein. Das „Prime am Kinze“ ist eine eigentümlich geschriebene Hommage an ihre Heimat Prien am Chiemsee. Auf den Fotos mit dem bunt gefliesten Eingang hat es schick ausgesehen. Jetzt erweist es sich als kleiner, dunkler Verschlag. Es ist stickig. Babakar Segnane macht den Ventilator an. Die Tische stehen dicht an dicht. Sie sind leer. Als das Essen kommt, sieht Fussell im Licht der blauen Glühbirnen kaum, was sie isst. Sie schaut mit dem Handylicht nach: Fisch mit Reis und Salat. Fussell redet jetzt wenig. Das Restaurant war ihre große Hoffnung. Im Blaulicht kommen ihr Zweifel. Doch da ist auch die Freude über das Wiedersehen. Hand in Hand gehen sie im Dunklen in die Vorstadtsiedlung zu Segnanes Hof.

Am nächsten Morgen gibt es zum Frühstück aus großen Schalen klein gemahlenes Couscous mit süßem Joghurt. Die Männer essen auf der einen, die Frauen und die Kinder auf der anderen Seite. Jetzt sieht Fussell, wie viele Menschen auf dem Hof leben. Babakar mit seiner Frau Cotia und dem Sohn Ibrahim. Seine Großmutter, sein Bruder mit dessen Frau, Tanten, Geschwister, Cousinen, Neffen und Nichten. Mitarbeiter. Sie wohnen in einem Haus mit vier kleinen Zimmern und in einer Hütte mit Strohdach. Seine Mutter, die Matriarchin der Familie, bewohnt ein Schachtelhaus für sich allein. Dazwischen Esel, Gänse, Tauben, ein paar Hühner. Wie viele Menschen insgesamt hier wohnen, weiß Babakar Segnane nicht. Das wechsle ständig. Aber so zwanzig seien es immer.

Als sein Vater vor acht Jahren starb, war er mit Mitte zwanzig als ältester Sohn plötzlich für all diese Menschen verantwortlich. Zehn Hektar Land, das der Familie gehörte, vererbte ihm der Vater in dem kleinen Dorf Musa. Kurz vor seinem Tod hatte der Vater dort eine Wasserleitung verlegen lassen. Nun waren da die Schulden und niemand mehr, der alles koordiniert: die Großfamilie Segnane (der Vater hatte noch vier weitere Frauen), die Dorfbewohner und den gemeinsamen Gemüseanbau. Schnell brach die Landwirtschaft zusammen.

Babakar Segnane wollte nach Europa, Geld verdienen. Die Mutter war dagegen. Aber er sah die Häuser von denen, die es in Europa geschafft hatten und Geld schickten. In Kaffrine, wo unverputzte Zementsteine das Stadtbild prägen, fallen die ordentlichen Fliesenfassaden auf. Als seine Mutter eines Tages auf den Markt ging, fuhr er heimlich los. Das war vor ungefähr sechs Jahren, meint er. Sein Sohn Ibrahim war da gerade eine Woche alt. Es war auch eine Flucht aus der Verantwortung. Von Dakar aus nahm er den Bus nach Mauretanien. Dort musste er Geld verdienen für die Schlepper nach Marokko, und in Marokko für die Schlepper nach Spanien. Die Jahre verschwimmen ihm in der Erinnerung. Waren es drei oder vier? Keine gute Zeit. Nachdem er an Spaniens Küste anlandete, fuhr er schnell weiter nach Deutschland. Im Erstaufnahmezentrum in München bekam er 150 Euro Taschengeld. „Davon habe ich mir ein Handy gekauft und meine Familie angerufen."

Den Beamten sagte er, dass er gekommen sei um zu arbeiten. Sein Asylantrag wurde abgelehnt. Fortan war er geduldet, sollte ausreisen. Eine Arbeitserlaubnis bekam er nicht. In Prien verließ er kaum noch sein Zimmer. Aber da war diese Frau, Uta Mewes, die immer wieder bei ihm klopfte. „Oft hab ich nicht aufgemacht, hab geschrien, Uta lass mich", erzählt er. Aber Mewes ließ nicht locker. „Mama Uta", nannte er sie bald. „Ich hätte nicht gedacht, dass sich in meinem Leben jemand noch mal so um mich kümmert." Uta Mewes holte Helke Fussell dazu, die sich mit Segnane auf Französisch unterhalten konnte. Sofort erzählte er ihr seine ganze Lebensgeschichte. „Diese Offenheit hat mich umgehauen. Da habe ich beschlossen, mich für ihn zu engagieren", sagt sie. Für Babakar Segnane wird sie „Mama Helke".

Mewes fuhr mit ihm auf einen Bauernhof der solidarischen Landwirtschaft. Dort machten sie noch immer das meiste mit der Hand. „Tomaten ausgeizen, Salat hacken, das hat er ganz schnell gemacht. Das konnte er einfach", erzählt Mewes. „Und auf der Fahrt zurück hat Babakar jedes Mal vor Freude laut gesungen." So kam ihr die Idee mit dem Landwirtschaftsprojekt. Mit zehn Hektar und deutscher Starthilfe müsste sich im Senegal doch etwas aufbauen lassen, dachten sich die beiden Frauen. Sie banden mehr Menschen ein und gründeten ein Rückkehrprojekt. Im Kleinen folgten sie der Politik: von der Willkommenskultur zur Bekämpfung der Fluchtursachen. „Babakar ist Analphabet. In unserem durchgeplanten Land kann er nichts beitragen“, sagt Helke Fussell. „Aber im Senegal kann er richtig was bewirken.“

Es dauerte, bis sie ihn überzeugten, in ein Leben zurückzukehren, das er aufgegeben hatte. Dann planten sie zusammen. Babakar Segnane wollte Hühner mästen und Gemüse anbauen. Mewes und Fussell sammelten Spenden: bei den Rotariern, den Kirchen, Bekannten von Babakar. 8000 Euro kamen so zusammen. „Sukouli Sense Musa – Entwicklung für Musa“ nannten sie das Projekt. Der deutsche Staat gab 2000 Euro dazu, weil Segnane freiwillig in seine Heimat zurückkehrte und nicht abgeschoben werden musste. Im November 2017 flog er zurück in den Senegal.

Als er den Staub und den Dreck in Kaffrine sah, war er schockiert. „Afrika wird sich ändern“, dachte er sich. Zwei Wochen sperrte er sich zu Hause ein. Dann erst war er bereit, sich den Erwartungen zu stellen. „Wenn man aus Europa zurückkommt, denken alle, dass man viel Geld hat. Viele wollen dann profitieren. Ich habe nach den richtigen Leuten gesucht, mit denen ich mein Projekt starten konnte“, sagt er.

Er will jetzt Helke Fussell das Dorf zeigen. An der Hauptstraße nehmen sie einen Eselskarren. Lkw fahren dicht an ihnen vorbei. Dann biegt der Fahrer rechts ab, aus Asphalt wird Staub. Eine Wasserpfütze voller Müll mitten auf der Straße. Das Bild ändert sich, als sie die Stadt verlassen. Vor ihnen öffnet sich eine grüne Savanne – es ist Regenzeit. Nach zwei Kilometern taucht das Dorf Musa auf. Mit seinen Strohhütten sieht es aus wie eine afrikanische Idylle – oder wie das, was Europäer dafür halten.

Mit schnellen Schritten stapft Segnane durch die Felder. Helke Fussell ist 54 Jahre alt, eine große und etwas rundliche Frau. Sie läuft ihm gemächlich hinterher. „Bis da hinten geht mein Land“, sagt er und zeigt Richtung Horizont. Doch noch bepflanzt er wenig. Auf einer Fläche von vielleicht zwei Fußballfeldern baut er Erdnüsse und Hirse an. Das Land ist stumpf geworden und braucht erst mal teuren Dünger. Weil die Felder nicht umzäunt sind, lohnt es sich nicht, sie zu bewässern und ganzjährig Gemüse anzubauen. In der Trockenzeit würden die Ziegen und Esel alles auffressen.

Er geht nach links in den kleinen Gemüsegarten. Auf einem Paprikafeld zeigt er ihr, wie das Wasser durch die Rillen zwischen den Sträuchern läuft. Im Grunde sei das alles wie in Deutschland: Boden umgraben, Unkraut jäten, Pestizide versprühen. Nur dass sie hier mit einer kleinen Spitzhacke statt mit Maschinen arbeiten. In einem langen Flachbau hält er die Hühner. Bis zu tausend Tiere kann er dort mästen. 5000 Euro hat Segnane einem Verwandten für die Ställe gezahlt, die Hälfte seines Startkapitals.

Mit Arbeit bekämpfte er in den ersten Monaten seine Zweifel. Morgens um sieben fuhr er nach Musa und kam abends um neun zurück. Er ertrug kaum die Enge auf dem Hof seiner Mutter. Immer wieder fragte er sich, ob er nicht besser untergetaucht wäre, um in Spanien auf einer Gemüseplantage zu arbeiten. Aber nicht nur er zweifelte, auch seine Familie schien nicht begeistert über seine Rückkehr. Die Mutter sähe ihn lieber verheiratet in Europa. Sie fragt Helke Fussell, ob Babakar nicht ihre Tochter zur zweiten Frau nehmen könne. Genervt lehnt Fussel ab. „Die glauben noch immer nicht an sein Projekt“, sagt sie.

Im März baute Segnane in Kaffrine das „Prime am Kinze“ auf, als zweites Standbein neben der Landwirtschaft. Sprachnachrichten nach Prien schickte er jetzt um fünf Uhr morgens oder elf Uhr abends. Dort machten sie sich Sorgen, dass er im Burnout landen könnte. Und dass er alles Geld nur in das Projekt stecke und nichts für sich und seine Familie übrig hätte. Sie fragten ihn, ob sie ihm für den Anfang ein Gehalt zahlen sollen oder ob sie etwas anderes tun können. „Wenn ihr mir helfen würdet, ein Haus zu bauen, wäre das toll“, sagte er.

Sie sammelten 6000 Euro, das Haus wuchs, doch als im Juni die Regenzeit begann, fehlte das Dach und das Geld war alle. Der Regen könnte alles wegspülen, was sie bisher gebaut haben, fürchteten sie. In drei Tagen haben sie noch einmal 3000 Euro gesammelt. Für viele aus dem Helferkreis sei das aber ein Schock gewesen, meint Fussell, das Gefühl, im Hauruck Geld schicken zu müssen.

Deswegen ist sie jetzt hier. In Prien haben sie Angst, dass Babakar pleite ist. Sie fragen sich, ob er, der nie in der Schule war, überfordert sein könnte mit der Planung des Projektes. Helke Fussell soll nun herausfinden, wie viel er mit Hähnchen, Gemüse und dem Restaurant einnimmt. „Babakar, est-ce qu'on peut faire les chiffres", fragt sie ihn, als sie wieder auf dem Hof sind. Können wir die Zahlen durchgehen? Sie sitzen im neuen Haus. Größer und höher ist es und besser durchlüftet. Um sie herum wuseln die Bauarbeiter. Ein bisschen hatten sie in Prien auch Angst, dass er sich hier einen Palast hingesetzt haben könnte. Nachdem Fussel eine Nacht mit Cotia und Ibrahim in einem Bett geschlafen hat, denkt sie das nicht mehr. Eine Weile reden sie dann darüber, dass es beim Bauen immer teurer wird, doch die Zahlen machen sie nicht. Während Fussell den Bestand aufnehmen will, will Segnane zeigen, was er alles aufgebaut hat.

Am Abend schlendern sie in die Stadt. Das „Prime am Kinze" sei zu klein, erklärt er ihr. Er stoppt vor einem großen Gebäude im Zentrum. „In dem Saal können fünfzig bis hundert Leute essen." Hier will er bald das neue „Prime am Kinze" eröffnen. Er lässt den Besitzer aufmachen. Im Grunde sei alles top in Ordnung. Sicher müsse man die Möbel austauschen. Aber die Substanz stimme. Dann wischt er den Staub weg, um ihr den Fliesenboden zu zeigen. Über die Miete oder einen Kaufpreis habe er schon verhandelt. „Ich denke ja, dass ich mich schnell auf Neues einstelle", sagt Helke Fussell. „Aber da bin ich k. o." Sie hätte auch noch ihr eigenes Leben, um das sie sich kümmern müsse. In der Form, da ist sie sich jetzt sicher, geht es nicht weiter. Er zeigt ihr dann noch eine kleine Wellblechhütte, in der er Joghurt verkaufen will. „Deine Träume wechseln schnell, Babakar", sagt sie.

Am nächsten Morgen erklärt sie ihm, dass sie eine Pause braucht. Nachdem sie die letzten zwei Jahre damit verbracht hat, den Senegal und seine Landwirtschaft zu verstehen, hat sie sich sehr auf dieses Abenteuer gefreut. Aber nach dem ersten Tag in Kaffrine wird ihr alles etwas viel. Er besucht dann Freunde in der Stadt. Manchmal sei es schwierig, dass er nicht seine eigenen Entscheidungen treffen könne, sagt er. „Ich bin gerade wie ein Student. Ich muss viel ausprobieren und schauen, was funktioniert."

Am Sonntag erfragt er auf dem Markt die Preise. Seine Paprika sind reif. Ob er Gewinne oder Verluste macht, entscheidet sich nach jeder Ernte hier auf dem staubigen Straßenmarkt. Eine Zwischenhändlerin will die Paprika in den großen Städten im Westen verkaufen – in Saint-

Louis, Thiès und Dakar. Dort lassen sich bessere Preise erzielen. Er ist unzufrieden mit dem Angebot. Einen, vielleicht zwei Tage kann er die Paprika noch auf dem Feld lassen, dann verderben sie.

Helke Fussell, die in der evangelischen Kirche in Kaffrine gewesen ist, kommt euphorisch aus dem Gottesdienst zurück. Der Pfarrer habe gesagt, so etwas habe er ja noch nie gehört, „und dass er für mich betet". Er fände es richtig, wenn all die jungen Menschen, die in den letzten Jahren fortgegangen sind, zurückkämen und unterstützt von europäischen Freunden hier etwas aufbauen. Genau das denkt sie doch auch. Sie hat jetzt wieder ein besseres Gefühl. Mit Segnane will sie über ökologische Landwirtschaft reden. Sie fragt sich, ob es die Pestizide und die Medikamente für die Hühner braucht. Ob es nicht umweltschonender und billiger geht. Sie träumt von einem Ökodorf in Musa. Doch er geht mitten im Satz an sein Handy, muss jetzt den Paprikapreis verhandeln. Da schaut sie, die tatsächlich wie eine Mutter mit ihm spricht, zum ersten Mal kurz ärgerlich. Beinahe vergisst er, dass er ihr heute die Dorfbewohner von Musa vorstellen wollte. „Uh, ich habe so viel in meinem Kopf", sagt er. Die letzten Tage schien er mit den Gedanken oft woanders zu sein. Er hat dann nur mit ein, zwei deutschen Wörtern geantwortet: „super", „keine Problem" oder „langsam, langsam", das er verwendet, wenn er glaubt, dass seine Pläne und Träume den Deutschen zu weit gehen.

Im Halbkreis sitzen sie am Abend vor den Hütten in Musa: Segnane, Fussell und die Menschen, die hier leben. „Ich bin kein reicher Mann", sagt er. „Aber mit deutscher Hilfe konnte ich mir hier etwas aufbauen." Deshalb wolle er jetzt ihnen helfen. Deshalb stelle er ihnen kostenlos Wasser zur Verfügung, damit auch sie Gemüse anbauen können. „Ich möchte, dass wir zusammen Sense Musa entwickeln, damit niemand mehr fortgehen muss. Denn in Europa gibt es für Senegalesen nichts." Er schlüpft jetzt in die Rolle des Vaters, der jahrelang der Arbeitgeber für die Dorfbewohner von Musa war. Seine Ansprache beeindruckt Helke Fussell. „Es wäre doch toll, wenn Babakar der größte Arbeitgeber von Kaffrine werden könnte", sagt sie und schaut zu dem versiegten Brunnen rüber. Mit einer Solarzelle könnte man den wahrscheinlich wieder in Gang bringen. Und vielleicht auch noch ein Kühlhaus betreiben. „Wenn Babakar sein eigenes Wasser hätte und Gemüse und Obst kühlen und außerhalb der Saison anbieten könnte, dann hätte er einen echten Wettbewerbsvorteil."

Statt Masthähnchen könnten sie Legehühner anschaffen. Nur wenige Bauern in Senegal können es sich leisten, die Tiere vier Monate anzufüttern, bevor sie ihre ersten Eier legen. In Prien das nötige Geld einzusammeln wäre nicht schwer, glaubt sie. Entwicklungsschritte, für die andere Bauern Jahre bis Jahrzehnte brauchen, könnte Babakar in ein paar Monaten machen. Den „deutschen Turbo" nennt sie das. Vor zwei Tagen ging ihr noch alles viel zu schnell, nun möchte Helke Fussell das Tempo erhöhen. Aber Babakar Segnane lässt nun auch den Zweifel zu. Aktuell habe er nicht einen Franc auf der Bank, sagt er. Und bald ist Monatsende: „Da kommen die Rechnungen und ich muss meine Mitarbeiter bezahlen." Das mache ihm gerade große Sorgen. „Das ist so deprimierend", sagt Helke Fussel. „Dass er gerade gar kein Geld hat." Dann beschließt sie, die Wasserrechnung für diesen Monat zu zahlen.

Kurz vor ihrer Abreise trifft sie schließlich Tidiane Lo, den Mann der Zahlen. Als Kinder waren er und Babakar Segnane Nachbarn. Lo hat studiert und vergibt heute für eine Nichtregierungsorganisation Mikrokredite. Er hat Segnane versprochen, über seine Kostenkalkulationen zu gucken. Aber eine Abrechnung über die laufenden Kosten und Einnahmen gibt es nicht. Doch Lo kann Fussell ungefähr zeigen, was Wasser, Medikamente, Spritzmittel und Mitarbeiter kosten. Und was Hähnchen, Gemüse und das Restaurant einbringen. Vor allem aber sagt er ihr, dass er an Babakars Projekte glaubt, dass er die Investments für sinnvoll hält. Die Einschätzung von diesem ernsten, jungen Mann wird ihr statt der Zahlen zur Bilanz. Sie hat sich nun entschieden. Babakar soll eine Anschubfinanzierung für das neue „Prime am Kinze" bekommen.

Auf dem Weg zurück nach Dakar nimmt sie Segnane mit nach Thiès zu Ambroise Tine, dem Finanzdirektor des katholischen Bistums Thiès. Er koordiniert die Städtepartnerschaft zwischen Solingen und Thiès, leitet den Austausch zwischen den Bistümern Bamberg und Thiès und arbeitet mit dem Freistaat Bayern bei der Ausbildung von Solartechnikern zusammen. Geht es nach Helke Fussell soll er nun auch zum Mittler zwischen Kaffrine und Prien, zwischen Babakar und ihnen werden. Lange hat sie gezögert, diesen Schritt zu gehen: „Babakar ist so stolz." Sie war sich nicht sicher, ob er es akzeptiert, wenn ihn jemand kontrolliert. Doch Babakar Segnane ist froh, dass er mit Tine alles einmal in seiner Muttersprache Wolof besprechen kann. Ihm erzählt er, dass er längst einen Plan in Auftrag gegeben hat, wie sich seine Felder – die ganzen zehn Hektar – bewässern ließen. Bisher habe er sich nicht getraut, davon zu erzählen, weil die Deutschen so viel Angst vor großen Summen hätten. Als Ambroise Tine dann sagt, dass man auch in Afrika schon Geld investieren müsse, um mit der Landwirtschaft wirklich Profite zu machen, „da haben wir beide gestrahlt", sagt Helke Fussell. Sie glaubt, dass sie sich jetzt ganz einig sind. Das neue Restaurant, die Legehühner, das würden sie jetzt als Erstes angehen. Und die Solarpumpe, die Kühlkammer? „Langsam, langsam", sagt Helke Fussell.

Der Kleinbauer als Auslaufmodell oder Ideal

Vom Kleinbauern wie Felix Kangwa ist häufig die Rede, wenn es darum geht, wie die Welternährung gelingen kann. Nicht selten wird er für politische Ziele vereinnahmt. *Regina Birner* und *Thomas Daum* geben einen Überblick über verschiedene gängige Narrationen, deren Vertreter es sich zu einfach machen. Sie vereinnahmen Bauern wie Kangwa auch für ihre Zwecke. Birner und Daum wollen den Blick auf die in ihren Augen dominierenden fünf vereinfachenden Erzählungen schärfen, die sie hier „Diskurse" nennen. Zu jedem narrativen Fokus, wie man dazu vielleicht noch treffender sagen könnte, nennen sie die in ihren Augen berechtigten Anliegen, aber auch die kritischen Fragen, die ihre Vetreter ausblenden. Hier geht es um idealtypische Öko-Romantiker und Technik-Gläubige, um malthusianische Pessimisten und Urbanisierungs-Eiferer, die alle eines gemeinsam zu haben scheinen: dass sie Afrika nicht ganz ernst nehmen.

In der öffentlichen Diskussion mangelt es nicht an Empfehlungen, wie man den Hunger in Afrika bekämpfen kann. Die Vielfalt der oft widersprüchlichen Ansichten lässt sich mit Hilfe einer Diskurs-Analyse besser verstehen. Damit kann man Ansichten zusammenfassen, die ein ähnliches Erklärungsmuster für die Probleme von Hunger und Armut in Afrika aufweisen und die daher ähnliche Lösungswege vorschlagen. In diesem Artikel skizzieren wir fünf Diskurse und zeigen auf, wo sie berechtigt sind und wo sie zu kurz greifen.

Weit verbreitet ist ein *Malthus-Diskurs*, der nahelegt, die Probleme Afrikas würden sich von selbst lösen, wenn man das Bevölkerungswachstum bekämpft. In den Kommentaren zu dieser Reihe konnte man oft lesen, es sei „ganz einfach" Afrikas Probleme zu lösen, man müsse nur so wie China die Ein-Kind-Politik einführen. Tatsächlich ist das Bevölkerungswachstum in Afrika höher als in anderen Weltregionen. Die Bevölkerungsdichte ist jedoch zumeist wesentlich geringer als in Asien oder Europa. Die Vertreter des Malthus-Diskurses überschätzen ohnehin die Möglichkeiten, das Bevölkerungswachstum steuern zu können. Dazu wäre ein effektiver staatlicher Apparat notwendig, der bis in den letzten Haushalt hineinregiert. Außerdem sind fragwürdige Instrumente notwendig, um eine Ein-Kind-Politik durchzusetzen, etwa Zwangsabtreibungen. Im Übrigen sank in vielen asiatischen Ländern das Bevölkerungswachstum auch ohne Ein-Kind-Politik. Denn die effektivste Bremse für Bevölkerungswachstum ist wirtschaftliche Entwicklung. Das zeigen nicht nur Daten weltweit, sondern auch Fallbeispiele aus Afrika. So konnten Forscher für ländliche Regionen im Senegal nachweisen, dass Frauen, die Zugang zum Arbeitsmarkt haben, 25 Prozent weniger Kinder haben.

Aber wie kann die wirtschaftliche Entwicklung gefördert werden? Das ist Gegenstand von kontroversen Diskursen. Die Vertreter des *Urbanisierungs-Diskurses* sehen Entwicklungschancen nur in der Industrie und in Städten. Kleinbauern, die mehr als 70 Prozent der Agrarfläche Afrikas bewirtschaften, sollten die Landwirtschaft vermeintlich effizienteren Großbetrieben überlassen. Für Paul Collier von der Universität Oxford ist die Förderung von Kleinbauern „romantischer Populismus". Der Urbanisierungs-Diskurs sagt allerdings nicht, wo all die Kleinbauern arbeiten sollen, nachdem sie in die Städte abgewandert sind, obwohl es sich um mehr als die Hälfte der Bevölkerung handelt. Weder gibt es eine kaufkräftige heimische Nachfrage für Produkte und Dienstleistungen, welche die abgewanderten Menschen erzeugen könnten, noch haben afrikanische Länder gute Aussichten, entsprechende Produkte zu exportieren, da sie mit Ländern wie China konkurrieren.

Von wenigen Ausnahmen abgesehen zeigt die Geschichte, dass nur landwirtschaftliche Entwicklung die Voraussetzungen für die Industrialisierung schaffen kann. Wenn Millionen von Kleinbauern durch Ertragssteigerung ihr Einkommen erhöhen, dann entsteht eine Nachfrage für Industriegüter und Dienstleistungen. Dann können Kleinbauern aus der Landwirtschaft in diese Sektoren abwandern, erst jetzt finden sie dort produktive Beschäftigung. Die Bedeutung der Landwirtschaft als Entwicklungsmotor wurde schon in den 1960er Jahren von John Mellor, einem führenden Agrarökonomen, bewiesen. Seither ist sie weder theoretisch noch empirisch widerlegt worden. Höchst umstritten ist allerdings die Frage, worin die Probleme der afrikanischen Landwirtschaft liegen und wie sie sich entwickeln kann. Dazu gibt es zwei konträre Diskurse, die man zugespitzt als den öko-romantischen Diskurs und den Technologie-gläubigen Diskurs bezeichnen könnte.

Der *öko-romantische Diskurs* sieht die afrikanische Landwirtschaft als eine naturnahe Form der Landbewirtschaftung, die geschützt werden müsse, vor allem vor den Agrarkonzernen, die Saatgut, Düngemittel, Pflanzenschutzmittel und Maschinen herstellen. Besonders in der Kritik steht gentechnisch verändertes Saatgut, aber auch konventionell gezüchtetes Hybridsaatgut, das jedes Jahr zugekauft werden muss. Abgelehnt werden diese Technologien nicht nur aus Umweltgründen, sondern auch, weil sie Bauern von machthungrigen Agrarkonzernen abhängig machen würden. So warnte Robert Habeck, Politiker der Grünen, im Interview mit der Frankfurter Allgemeinen Zeitung über die Welternährung davor, den „industriellen Kreislauf der Landwirtschaft noch schneller zu drehen“. Und bei der Entwicklungsorganisation Misereor ist zu lesen: „Industrielle Landwirtschaft frisst Ressourcen und macht Menschen abhängig – von Saatgutfirmen, Krediten, Supermärkten.“ Brot für die Welt fordert deswegen „agrarökologische Anbaumethoden". Die „Romantik" die man diesem Diskurs gerne vorwirft, liegt darin, dass in der afrikanischen Landwirtschaft eine „heile Welt" gesehen wird, in der all das erhalten werden soll, was die Anhänger dieses Diskurses in der modernen Landwirtschaft der Industriegesellschaften vermissen. Das Anliegen, die Geschäftspraktiken multinationaler Konzerne kritisch zu hinterfragen, ist zwar berechtigt. Dies ist aber kein Problem der Agrarkonzerne allein, wie der Fall Volkswagen zeigt. Nur zieht aus dem VW-Fall niemand den Schluss, die Verbraucher sollten grundsätzlich keine Autos mehr kaufen, da sie ausgebeutet würden. Die Vorstellung, dass afrikanische Kleinbauern selbst entscheiden möchten, wie sie wirtschaften – ökologisch oder konventionell mit zugekauften Betriebsmitteln – scheint dem Öko-Romantiker fremd zu sein, obwohl er von Souveränität spricht. Der öko-romantische Diskurs befasst sich eher wenig damit, wie die Lebenssituation der Kleinbauern verbessert werden kann, die von hoher Arbeitsbelastung, niedrigen Einkommen und Mangelernährung gekennzeichnet ist. Die favorisierten „agrarökologischen Methoden" sind nicht klar definiert, entsprechen aber weitgehend den Verfahren des ökologischen Landbaus. Dieser hätte durchaus Potenzial, die Erträge in Afrika nachhaltig zu steigern (vgl. dazu auch Kapitel 6 und die Stimmen der Agrarökologen der Uni Witzenhausen). Zum Beispiel, weil er ein besseres Management der Bodenfruchtbarkeit vorsieht, als es derzeit betrieben wird. Das liegt daran, dass sich viele afrikanische Anbausysteme in der kritischen Phase des Übergangs von Brachewirtschaft, in der eine mehrjährige Brache für die Erhaltung der Bodenfruchtbarkeit sorgt, zu permanenten Anbausystemen befinden. Letztere stellen viel höhere Anforderungen an die Bauern, die nun düngen und auf Humusgehalt achten müssen. Dies geschieht oft nicht, weswegen in weiten Teilen Afrikas die Bodenfruchtbarkeit abnimmt. Beim Übergang zur permanenten Landbewirtschaftung wird aber auch die Bekämpfung von Unkraut, Schädlingen und Pflanzenkrankheiten schwieriger. Mit den Methoden des ökologischen Landbaus lassen sich diese Herausforderungen zwar bewältigen, es sind aber erhebliche Investitionen in angewandte Forschung sowie Ausbildung und Beratung von Landwirten notwendig, denn das Management der Fruchtbarkeit tropischer Böden ist eine Herausforderung, insbesondere ohne mineralischen Dünger. Genauso sind unter tropischen Bedingungen Pflanzenschädlinge schwieriger in den Griff zu bekommen als bei uns, wo der Winter dazu beiträgt, Schädlinge zu kontrollieren. Öko-Romantiker unterschätzen oft auch die die Arbeitsbelastung, die entsteht, wenn man in nicht mechanisierten Systemen Ökolandbau betreiben will und dann etwa von Hand Unkraut hacken muss. Oft sind es Frauen und Kinder, die bei tropischer Hitze solche schweren Arbeiten durchführen. Zudem ist zu berücksichtigen, dass sich mit den Methoden des Ökolandbaus nicht das gleiche Ertragsniveau erzielen lässt, wie mit konventionellen Methoden. Daher gibt es eine heftige Debatte darüber, ob man die Welt ökologisch ernähren kann, ohne dafür Agrarflächen ausweiten zu müssen. Modellberechnungen zeigen, dass dies möglich wäre, wenn es gelänge, den Konsum tierischer Produkte einzugrenzen. Wie das erreicht werden soll, ist eine offene Frage.

Der Gegenentwurf zum öko-romantischen Diskurs ist der *technologie-gläubige Diskurs*. Seine Anhänger sehen die Rettung der afrikanischen Landwirtschaft in moderner Technik. Mit verbessertem Saatgut, mineralischem Dünger und chemischem Pflanzenschutz ließen sich „Ertragslücken" schließen. In den Ländern West- und Zentralafrikas liegen die Getreideerträge zwischen 0,5 und 1,5 Tonnen je Hektar, während das mit modernen Methoden erreichbare Potenzial auf mindestens 2,5 bis 3,5 Tonnen geschätzt wird. Als Vorbild gilt die Grüne Revolution, mit der in Asien in den 1970er und 1980er Jahren erhebliche Ertragssteigerungen erzielt werden konnten. So gibt es zum Beispiel eine „Allianz für eine Grüne Revolution in Afrika" (AGRA), deren Gründungspräsident Kofi Annan war. Den Technologie-Gläubigen ist bewusst, dass der Einsatz moderner Anbaumethoden zu Umweltproblemen führen kann. Sie fordern daher eine „doppelt grüne" Revolution, aber sie sind der Ansicht, dass diese Umweltprobleme ebenfalls mit Hilfe moderner Technologien wie etwa Digitalisierung gelöst werden können. Bezüglich der Nutzung von modernen Betriebsmitteln scheint eine differenzierte Betrachtung angemessen. Der Einsatz chemischer Pflanzenschutzmittel stellt zweifellos eine Herausforderung für den Schutz der Umwelt und der menschlichen Gesundheit dar, vor allem, wenn diese Mittel ohne Sachkenntnis ausgebracht werden. Die Nutzung von mineralischem Dünger ist aber mit geringen Risiken verbunden. Dennoch ist mineralischer Dünger im ökologischen Landbau nicht zugelassen. Gerade auf vielen Böden Afrikas, die im Vergleich zu den Böden Europas stark verwittert und daher nährstoffarm sind, könnte die Kombination von organischem und mineralischem Dünger die Erträge erheblich erhöhen. Auch bei den Verfahren der modernen Züchtung wäre eine differenzierte Betrachtung angebracht. Die Grüne Revolution beruhte, wie Marcus Jauer einführend darlegte, auf großen Fortschritten in der Getreidezüchtung, für die deren „Vater", Norman Borlaug, 1970 den Friedensnobelpreis erhielt. Erzielt wurden diese Fortschritte durch konventionelle Züchtung ohne Gentechnik. Heute steht Pflanzenzüchtern aufgrund rapider Fortschritte in der Genomanalyse ein breiteres Spektrum an Methoden zur Verfügung, mit denen sie auch ohne gentechnische Verfahren das Ertragspotenzial und die Krankheitsresistenz der Nutzpflanzen steigern können. Unter den Technologie-Gläubigen gibt es jedoch vor allem Anhänger der Grünen Gentechnik. So kritisiert eine Gruppe von Nobelpreisträgern die Ablehnung der Grünen Gentechnik in einer öffentlichen Stellungnahme und fragt: „Wie viele Menschen müssen noch sterben, bevor wir dies als Verbrechen gegen die Menschheit betrachten?" Die Rechtfertigung der Grünen Gentechnik nimmt bisweilen kuriose Züge an. So versuchten Befürworter mit Hilfe von amerikanischen Diplomaten und Wissenschaftlern, den Papst für die Aussage zu gewinnen, die Grüne Gentechnik sei zur Bekämpfung des Welthungers moralisch geboten. Sinnvoller erscheint die Empfehlung der Weltbank, Entwicklungsländer sollten nach Abwägung der Chancen und Risiken für sich selbst entscheiden, ob sie diese Technologie zulassen wollen. Weder die Öko-Romantiker noch die Technologie-Gläubigen scheinen afrikanischen Parlamenten und Regierungen eine solche eigenständige Entscheidung zuzutrauen.

Die Debatte um den Einsatz der Grünen Gentechnik hat mittlerweile durch die „Genschere" (CRISPR/CAS) eine neue Wendung genommen, die ohne die Einführung von artfremdem genetischen Material auskommt. Tatsächlich sollte man das Potenzial dieser Methoden nicht unterschätzen, vor allem, wenn man ohne chemischen Pflanzenschutz auskommen will. Als Urs Niggli, Leiter des renommierten Forschungsinstituts für biologischen Landbau (FiBL), diese Ansicht in einem Interview mit der taz äußerte, hagelte es heftige Kritik. Problematisch an dem Technologie-gläubigen Diskurs ist die Annahme, dass neue Technologien ausreichen, um die Probleme der Landwirtschaft zu lösen. Es mangelt an Verständnis dafür, wie wichtig und wie schwierig es ist, die institutionellen Voraussetzungen dafür zu schaffen, dass Kleinbauern neue Technologien überhaupt einsetzen können, zum Beispiel eine funktionierende Landwirtschaftsberatung oder ein Zertifizierungssystem für Saatgut, in dem die Inspektoren nicht bestechlich sind. Solche Voraussetzungen für die landwirtschaftliche Entwicklung zu schaffen, ist ein mühsamer Prozess, der auch in Deutschland viele Jahrzehnte gedauert hat. Die Grüne Revolution in Asien war auch nur möglich, weil die Regierungen massiv in Institutionen investierten, wie etwa in angewandte Agrarforschung und landwirtschaftliche Beratung. Entwicklungsorganisationen investieren leider kaum in die Entwicklung staatlicher Institutionen im Agrarsektor; sie geben ihre Mittel lieber an Nichtregierungsorganisationen, mit denen sich schnelle, aber oft nicht nachhaltige Erfolge erzielen lassen.

Der letzte Diskurs, der *Protektionismus-Diskurs*, sieht die Probleme der afrikanischen Landwirtschaft in den Agrarexporten der Industrieländer. Mit den Worten von Francisco Mari (Referent für Welternährung bei Brot für die Welt): „Mit seinen Fleischresten ist Europa dabei, sämtliche Tierhaltung und -mast in West- und Zentralafrika zu schädigen oder zu zerstören“. Tatsächlich könnten afrikanische Regierungen auch unter den Bedingungen der Welthandelsorganisation ihre Landwirtschaft mit Zöllen oder Importbeschränkungen stärker schützen, wenn sie das denn wollten. Dann müssten sie aber auch investieren, um die einheimische Produktion zu steigern, sodass die ärmere städtische Bevölkerung zu erschwinglichen Preisen Zugang zu hochwertigen Nahrungsmitteln hat. Wie das geht, zeigt eine Studie der Deutschen Gesellschaft für Internationale Zusammenarbeit (GIZ) in Kamerun, die im Kapitel über das Für und Wider des Fleischexports schon erwähnt wird. Seit 2005 beschränkt das Land die Einfuhr von gefrorenen

Geflügelteilen. Gleichzeitig – und darauf kommt es an – unterstützt der Staat den Aufbau des heimischen Geflügelsektors durch die Entwicklung von Brütereien, den Aufbau des Veterinärwesens und die Förderung von bäuerlichen Organisationen. Mittlerweile trägt die Geflügelproduktion vier Prozent zum Brutto-Inlandsprodukt bei und spielt eine wichtige Rolle für Ernährungssicherung und Beschäftigung.

Insgesamt zeigt sich, dass es für die Entwicklung der afrikanischen Landwirtschaft keine einfachen Rezepte gibt. Ihre Realität ist zu kompliziert für die einfachen Antworten der vorherrschenden Diskurse. Zudem erfordert die Wahl von Entwicklungsoptionen Werturteilsentscheidungen. Was also kann die Entwicklungszusammenarbeit tun? Vor allem kann sie in Institutionen investieren und in die Kapazität der Akteure, die heute und in Zukunft Afrikas Landwirtschaft gestalten: Bäuerinnen und Bauern und deren Verbände, Landwirtschaftsberater, Parlamentarier in landwirtschaftlichen Ausschüssen und Wissenschaftler an Universitäten und Agrarforschungseinrichtungen. Und dann darauf vertrauen, dass diese Akteure, über Diskursgrenzen hinweg, selbst am besten entscheiden können, wie sie das Potenzial ihrer Landwirtschaft nachhaltig für die Bekämpfung von Hunger und Armut nutzen wollen.

3 Felder und Meere

Der Mais und seine globalisierten Feinde

Dass die Welternährung zunehmend auf nur vier Getreidearten beruht, bringt neue Ausfallrisiken. Mit den Feldfrüchten verbreiten sich Schadpilze oder Schadinsekten über den Globus. Das wird öffentlich kaum beachtet. *Eva Konzett* ist exemplarisch einem der globalen Schädlinge auf die Spur gegangen und zeichnet seine unheimliche Verbreitung nach: dem Maiswurzelbohrer. Seine Geschichte zeigt, wie Kollateralschäden der auf Monokulturen basierenden industriellen Landwirtschaft zur Bedrohung für die Ernährung Afrikas werden können - und dass die Zukunft der Welternährung auf vielfältigen Fruchtfolgen beruhen sollte.

Die Reise über den Atlantik überstand er wohl im Bauch eines Flugzeuges, vielleicht einer Lockheed C-5, wie es das amerikanische Militär damals nutzte, versteckt irgendwo zwischen den Hilfslieferungen für die Menschen in dem Krieg, der gerade die Grenzen auf dem Balkan blutig neu ziehen sollte, neben Carepaketen und medizinischem Bedarf. Vielleicht hat er auch einen ganz anderen Weg genommen. Ganz sicher kann man es nicht sagen. Fest steht nur, dass er im Sommer 1992 in großer Anzahl da war, auf einem Acker in der Nähe des Nikola-Tesla-Flughafens in Belgrad: der Maiswurzelbohrer, lateinisch Diabrotica virgifera virgifera. Ein Tier aus der Klasse der Insekten, Ordnung Käfer. Fünf Millimeter groß mit körperlangen Fühlern, einem gelben Halsschild und mit charakteristischen schwarzgelben Streifen auf den Deckflügeln. Einen Neophyten nennen ihn die Wissenschaftler: ein eingeschlepptes, nicht heimisches Insekt. Einen Schädling nennen ihn die Pflanzenschutzexperten. Die Pest nennen ihn die Bauern, deren Felder er verwüstet.

Auf Serbien hat sich der Käfer nicht beschränkt. Seit 1992 breitet er sich in konzentrischen Kreisen rund um den ersten Fundort aus, kommt pro Jahr rund 20 Kilometer weit und wird oft mitgenommen – als blinder Passagier in Landwirtschaftsfahrzeugen, Privatautos oder Bussen. Der Maiswurzelbohrer hat 1995 Ungarn und Kroatien erreicht, ein Jahr später war er in bosnischen Fallen zu finden. Im Jahr 2002 hat er lautlos die österreichische Grenze übertreten. Die Gefahr, von der man nur gehört hatte und die sich nun zwischen den Fingern der Bauern zerdrücken ließ. Wie eine Linie legen sich die Fundorte genau auf den Grenzverlauf zwischen der Slowakei und Österreich. Dann setzte er zum Übertritt nach Deutschland an. Vor elf Jahren fanden Mitarbeiter der Bayerischen Landesanstalt für Landwirtschaft (LfL) die ersten Käfer in den Pheromonfallen. Überraschung war das schon keine mehr: „Wir kannten ja die stark steigenden Fangzahlen in Österreich. Wir wussten, dass der Käfer kommt. Wir haben auf ihn gewartet", sagt Michael Zellner vom Institut für Pflanzenschutz an der LfL. Die ersten Käfer fanden seine Mitarbeiter in einer Baulücke im Passauer Stadtgebiet; heute hat er sich in ganz Ober- und Niederbayern ausgebreitet, vor allem dort also, wo die Tiermäster Mais als Futterpflanze anbauen. 25 000 Käfer gingen in einem Jahr in die bayerischen Fallen. Viermal so viele wie im Jahr zuvor. Achtmal so viele wie zwei Jahre zuvor.

Mit einer Anbaufläche von mehr als 2,5 Millionen Hektar ist der Mais nach dem Winterweizen die zweitwichtigste Kulturpflanze auf den deutschen Feldern. Und es ist keine Frage, dass der Maiswurzelbohrer auch Niedersachsen erreichen wird, jenes Bundesland, wo besonders stark Mais angepflanzt wird. Die Frage ist nur wann. Der Maiswurzelbohrer ist ebenso gefräßig wie wenig liebestoll: Nur eine Generation pro Jahr bringt er hervor. Der weibliche Käfer legt im Herbst die Eier in mehreren Paketen zur Überwinterung in den Boden, jeweils 300 bis 400 Stück zusammen, und stirbt dann. Im Folgejahr schlüpfen Ende Mai die Larven im Maisacker und beginnen ihr Werk: Noch unter der Erde fressen sie die Wurzeln der Maispflanzen an; bei starkem Befall fressen die Käfer die ganze Wurzelmasse ab. Die Pflanze kann weniger Wasser und Nährstoffe aufnehmen und findet weniger Halt im Boden, sie knickt um. Schafft sie es, sich noch einmal aufzurichten, krümmt sie sich nach oben. Der Mais sieht dann aus wie ein Gänsehals. Nach der Verpuppung entsteigt der ausgewachsene Käfer dem Untergrund und nimmt sich die Pflanze oberhalb des Bodens vor: Die weiblichen Käfer fressen die Narbenfäden des Maises weg, quasi seine Reproduktionsmaschine. Der Kolben hat dann weniger Körner, der Bauer weniger Ertrag. Bei sehr starkem „Käferdruck" kann dieser doppelte Angriff zum Totalausfall der Ernte führen.

Es ist kein Kraut gegen ihn gewachsen, so scheint es. Und die Technologie oder Biochemie greifen auch nicht durch, nicht einmal in den Vereinigten Staaten, wo weniger scharfe Bestimmungen zum Einsatz von Pflanzenschutzmitteln gelten und gentechnisch verändertes Saatgut zum Einsatz kommt. Mit 36 Millionen Hektar Anbaufläche sind die Vereinigten Staaten der größte Maisproduzent der Welt. 70 Prozent der Pflanzen konzentrieren sich im sogenannten Cornbelt, der sich über die sechs Bundesstaaten Iowa, Illinois, Nebraska, Minnesota, Indiana und South Dakota zieht und eigentlich ein Mais-Soja-Gürtel ist. Hier säen die Landwirte abwechselnd Mais und Soja auf den Feldern aus, was einerseits den klimatischen Bedingungen mit heißen Sommern und kalten Wintern, aber vor allem ökonomischen Faktoren geschuldet ist. Das monokulturelle Doppelgespann landet hauptsächlich in den Futtertrögen der Viehindustrie und im Export. Und der Maiswurzelbohrer lebt als ständiger Begleiter mit.

Ein „verrücktes Insekt" und eine „kostspielige Sorge" der Bauern nennt ihn Manfredo Seufferheld, der Insektenkunde an der State University of Illinois lehrt. Die Ertragsverluste auf der einen Seite und die „Kontrollkosten", wie etwa die Insektizide, schlagen für die Bauern jährlich mit einer Milliarde Dollar zu Buche. Der Käfer frisst weiter. Der Maiswurzelbohrer habe gegen sämtliche bisher angewendete Verfahren Widerstand geleistet, sagt Seufferheld. Gegen die Pflanzenschutzmittel wurde er immun, und an die gentechnisch veränderten Pflanzen hat er sich ebenso angepasst. Der sogenannte BT-Mais mit eingeschleusten Bacillus-Thuringiensis-Bakterien, die die Larven töten, zeigt sich zunehmend unwirksam. An einer neuen Generation transgener Maissorten, die gezielt die Reproduktionsgene des Käfers ausschalten soll, wird noch geforscht. Muss man den Käfer also hinnehmen? Ist der Schädling, der aus Mittelamerika stammend mit dem Mais um die Welt wandert, der Preis der Globalisierung? Der Maiswurzelbohrer hat zumindest ein Handicap: Er mag eigentlich nur den Mais. Wo über Jahre auf großen Flächen Maispflanzen ausgesät werden, verbreitet er sich emsig. Werden aber auf den Feldern im Jahreswechsel unterschiedliche Kulturen angebaut, verhungern die Larven und sterben die Tiere. Deshalb empfehlen die Behörden, angefangen von der EU-Kommission bis zu den Regionalstellen der Landwirtschaftskammern, als probates Mittel gegen den Schädling die mehrgliedrige Fruchtfolge, also die aufeinanderfolgende Aussaat verschiedener Kulturen auf einem Acker. In der Steiermark, dem Kernland der österreichischen Schweinemast, hat man eine verbesserte Fruchtfolge mittlerweile ins Gesetz geschrieben: Die Schweinezüchter – „Veredler“, wie man sie hier nennt – dürfen nur noch zweimal hintereinander Mais auf einem Feld aussäen. Jetzt pflanzen sie vermehrt Hirse an; im Schweinetrog macht das wenig Unterschied, doch die Bauern – vor allem kleine Betriebe – murren. Denn die Hirse ist weniger ertragreich als der Mais.

In den Vereinigten Staaten aber umgeht der Käfer mittlerweile die monoton gestaltete Fruchtfolge aus Mais und Soja, indem er sich an die Sojapflanze gewöhnt. In den schnurgeraden, kilometerlangen Sojafeldern hat der Käfer über die Jahre hinweg ein Enzym entwickelt, das ihn eine Saison lang Sojablätter verdauen lässt. Die industrielle Landwirtschaft – 84 Prozent der Ackerfläche wird mit Mais oder Soja bewirtschaftet – hat innerhalb der Maiswurzelbohrerpopulation enorme Anpassungsleistungen hervorgebracht. Die stärksten Käfer ernähren sich nun eben von Sojablätterwerk, bis wieder Mais zu haben ist.

Das Insekt ist ein Produkt dieser Industriemonokulturen und es kann zur Gefährdung für die Ernährung der Ärmsten werden. Eine Milliarde Tonne Mais produziert die Welt pro Jahr, ein Drittel davon allein die Vereinigten Staaten. In den industrialisierten Staaten dient der Mais als Agrarrohstoff, den man verfüttern, mit dem man handeln oder spekulieren kann. Auf dem afrikanischen Kontinent aber findet man ihn als Grundnahrungsmittel, von dem mehr als 300 Millionen Menschen abhängen. Noch hat der Maiswurzelbohrer die Subsahara nicht erreicht, die UN-Welternährungsorganisation (FAO) rechnet aber damit, dass er sich nach Einschleppung im kenianischen und äthiopischen Hochland ebenso wie in den südafrikanischen Ländern ausbreiten könnte. Was ein Maisschädling in diesen Gebieten anrichten kann, hat vor zwei Jahren der Eulenfalter Spodoptera frugiperda bewiesen. Im Januar 2016 war er erstmals an der westafrikanischen Küste, in Nigeria, aufgetaucht, ein Jahr später hatte er es bis nach Südafrika geschafft. In 28 Ländern hat er, der Mais bevorzugt, aber auch Zuckerrohr oder Hirse frisst, Ernteausfälle in Höhe von mehr als zehn Milliarden Dollar verursacht. Wie dieser Schmetterling nach Afrika kam, ist ungeklärt. Man glaubt, dass er in einer Maislieferung eines Containerschiffes übergesetzt hat. Oder in einem Frachtflugzeug.

Guinea-Savanne – das gelobte Land?

Eine naheliegende Idee: aus Wäldern und Steppen Äcker machen. Inmitten von Afrika, wo der Bevölkerungsdruck enorm steigen wird, liegen immer noch Hunderte Millionen Hektar weitgehend ungenutztes Land. Sollte man sie umpflügen oder der Natur überlassen? *Thomas Daum* lenkt den Blick auf die Guinea-Savanne, die größte ungenutzte Landressource der Welt – und auch auf die Risiken der Nutzung. Er blickt als Agrarökonom auf die Frage, wie eine Nutzung in Zeiten der Bevölkerungsexpansion überhaupt zu verhindern wäre, und kommt auf internationale Ausgleichszahlungen – oder eine rasche landwirtschaftliche Intensivierung durch die Millionen Kleinbauern auf dem restlichen Kontinent. Die Guinea-Savanne also könnte der Ort sein, an dem sich das Ernährungsproblem des Kontinents löst. Oder entsteht dort die nächste ökologische Katastrophe?

Stellen wir uns vor, wir wären Mutter Erde und die Kontinente unsere Kinder, die wir satt bekommen müssen. Um Nordamerika und Europa müssten wir uns kaum sorgen, Asien wüssten wir auf einem guten Weg, aber Afrika würde uns Sorgen bereiten. Hier sind 23 Prozent aller Menschen von Unterernährung betroffen, und die Bevölkerung wächst – bis 2050 um eine Milliarde, bis 2100 um drei Milliarden Menschen. In Afrika wird sich entscheiden, ob wir die Welt ernähren können. Um den Wettlauf zu gewinnen, fordern einige Agrarökonomen Afrikas Guinea-Savanne „umzubrechen". Der gewaltige Bogen der Savanne reicht von Sierra Leone in Westafrika bis in den Sudan im Osten, schwingt sich von dort weit nach Süden bis Mosambik und Sambia und erreicht in Angola wieder den Atlantik. Die Weltbank spricht von 400 Millionen Hektar nutzbarem Land. Das wäre ein Viertel der weltweiten Ackerflächen. Die afrikanische Entwicklungsbank fördert die Transformation der Savanne bereits. Als Vorbild dient Brasiliens Cerrado-Savanne: Mit angepassten Sojasorten, Kalk und pfluglosen Anbaumethoden für die sauren, erosionsanfälligen Böden gelang hier eine ackerbauliche Nutzung. Brasilien wurde dadurch, mehr noch als durch die Nutzung seines Regenwalds, zum Agrar-Giganten.

Mit einer Umwandlung der Savanne verbänden sich allerdings Fragen. Die erste lautet: Wie viel Land wäre überhaupt nutzbar? Orientierung gibt die Zahl der Weltbank – wobei andere deutlich vorsichtiger sind. Jordan Chamberlin vom Internationalen Mais- und Weizenverbesserungszentrum (CIMMIT) rechnet mit 80 bis 170 Millionen Hektar als Nutzfläche. In seiner Kalkulation bliebe die Baumsavanne von der Umwandlung verschont. Zudem rechnet er mit einer strengeren Schwelle, ab der eine Umwandlung ökonomisch sinnvoll wäre. 20 Millionen Hektar dieser Flächen wurden schon von Investoren gekauft. Vom Rest liegt die Hälfte in für Investoren wenig ansprechenden Konfliktgebieten wie dem Sudan und Kongo. Und selbst Chamberlins Zahlen sind vermutlich zu hoch. Sowohl er wie auch die Weltbank berufen sich auf Satellitenaufnahmen, auf denen manche Nutzungen kaum zu erkennen sind – etwa Wanderfeldbau, bei dem Böden viele Jahre brachliegen, und Weiderouten von Hirten. Mit anderen Worten: Ein Großteil wird womöglich schon genutzt.

Zweitens stellt sich die Frage: Was wären die ökologischen Folgen? Das hinge von der Bewirtschaftungsmethode ab. Systeme, die Ackerbau, Forstwirtschaft und Weidehaltung kombinieren, wären besser als

Monokulturen. Aber selbst die beste Anbaupraxis hätte große Auswirkungen. Manche davon sind kaum erforscht, etwa Effekte auf lokale Regenfälle und Wasserkreisläufe. Vorhersehbar sind hingegen die Auswirkungen auf die Biodiversität. In einem Artikel für die britische Zeitung Guardian warnt Eric Solheim, Leiter des Umweltdepartments der Vereinten Nationen (UNEP), eindringlich davor, Afrika in eine gigantische Farm zu verwandeln. Er befürchtet ein ökologisches Desaster. Solheim verweist auf die UNEP-Studie „Elefanten im Staub", laut der bereits heute 30 Prozent der Elefantenhabitate durch die urbane und landwirtschaftliche Expansion gefährdet sind. Für Löwen sieht es ähnlich aus. Es gibt aber noch andere ökologische Auswirkungen. Die „Albedo" misst eine davon. Diese Zahl zeigt an, wie viel Sonnenlicht Oberflächen reflektieren. Das Arktis-Eis etwa hat eine hohe Albedo, es strahlt viel Sonnenlicht zurück. Schmilzt das Eis und bilden sich Wasserpfützen, dann heizt sich die Erde schneller auf. Mit Blick auf eine großflächige Umwandlung der Savanne könnte es einen ähnlichen Effekt geben und damit eine Bedrohung für das Weltklima. Und sogar eine zweifache, weil Savannen natürliche Kohlenstoffsenken sind und seit Millionen Jahren Kohlenstoffe speichern. Durch eine Umwandlung könnten diese freigesetzt werden, warnen Forscher der Universität Princeton in einem Artikel für die Fachzeitschrift Nature Climate Change. Sie empfehlen, nur Gegenden mit niedrigen Kohlenstofffreisetzungen und „Biodiversitätskosten" umzuwandeln. Manchen Ökologen gehen solche Überlegungen auch deshalb zu weit. Sie nennen die Umwandlung der Savanne schlicht ein Horrorszenario.

Interessanterweise findet das Thema, trotz der möglichen ökologischen Folgen, unter Nichtregierungsorganisationen kaum Beachtung. Im Gegensatz dazu: Die Abholzung des Regenwalds führt regelmäßig zu globalen Aufschreien. Woran liegt das? An fehlenden kampagnefähigen Bildern vielleicht. Für den Regenwald gibt es solche Bilder: von Brandrodung, von schweren Maschinen, die Baumstämme durchsägen, von Ackerflächen und Straßen, die den Urwald durchschneiden. Es gibt das Sprachbild der „grünen Lunge der Erde". Und es gibt Bilder der Schuldigen: Großfarmen, die kein Getreide für Hungerleidende, sondern Fleisch für Dickleibige produzieren. Für die Savanne gibt es all das bislang kaum: starke Bilder – auch wenn sich Elefanten anbieten würden –, überzeugende Sprachbilder, ein klares Feindbild. Stattdessen gibt es Bilder von hungernden Afrikanern. Die sind ein starkes bildliches Argument dafür, alles zu tun, um die Menschen zu sättigen. Dieses Bild könnte ein Argument sein, die ökologischen Risiken in Kauf zu nehmen und die Savanne umzubrechen.

Drittens: Müssen wir Savannen überhaupt umwandeln, um die Welt zu ernähren? Hier lohnt ein Blick in die Vergangenheit. Wenn früher die Bevölkerungsgröße zunahm, schnappte keineswegs ständig eine Malthusianische Falle zu, wie es Robert Malthus 1798 vermutete. Malthus argumentierte, dass die Weltbevölkerung schneller wachse als das Nahrungsangebot. In dieser Folge komme es irgendwann zu Hungerkatastrophen, Verelendung. Allerdings wurde der von Malthus vorhergesagte Punkt nie erreicht. Als der Brite seine Idee formulierte, lebten eine Milliarde Menschen auf der Erde. Heute liegt die Weltbevölkerung bei 7 Milliarden. Trotzdem hungern prozentual so wenige Menschen wie kaum zuvor – dieses Jahr stieg der Prozentsatz allerdings aufgrund von Konflikten erstmals wieder an.

Warum schnappte Malthus' Falle nie zu? Das lag auch an Flächenausweitung, dem Trockenlegen von Sümpfen und dem Roden von Wäldern (und damit in Deutschland dem Ausrotten von Bären und Elchen). Ein anderer, von Malthus unterschätzter Faktor spielte aber eine wichtigere Rolle: landwirtschaftliche Intensivierung. Die Theorie dazu lieferte der deutsche Agrarökonom Friedrich Aereboe schon in den 1920er Jahren in Grundzügen; durch die dänische Agrarökonomin Ester Boserup wurde die Theorie 1965 bekannt. Beispielsweise können Bevölkerungen, um mehr zu produzieren, von Wanderfeldbau auf eine ständige Kultivierung umsteigen. Eine solche Intensivierung braucht allerdings Anreize. Wanderfeldbau benötigt wenig Arbeit, die Böden erholen sich von allein, der Unkrautdruck ist niedrig. Intensivierung erfolgt nur, wenn die Bevölkerungsdichte zunimmt, wenn Flächen knapp werden und der Bedarf an Nahrung zunimmt.

Eine Gruppe amerikanisch-japanischer Wissenschaftler hat gezeigt, dass es für die landwirtschaftliche Entwicklung auch von Bedeutung ist, ob eher der Boden oder eher die Arbeitskraft im Vergleich erschwinglich ist. In den historisch landreichen und dünnbesiedelten Vereinigten Staaten von Amerika war Land günstig und Arbeitskraft teuer; hier wurden deshalb früh Traktoren eingesetzt – die Anreize, Erträge zu steigern, waren relativ gering. Im landknappen und dichtbesiedelten Japan wurden dagegen früh verbessertes Saatgut und Düngemittel zur Ertragssteigerung eingesetzt, Traktoren kamen später. Die meisten Savannenländer Afrikas haben Bedingungen wie die Vereinigten Staaten: dünne Besiedlung, große Flächen zu einem geringen Preis. Die ökonomischen Anreize sprechen für mehr Landnutzung. Deswegen verwundern die Zahlen kaum, die eine amerikanische Forscherin kürzlich vorstellte. Sie zeigen 4,5 Prozent jährliches landwirtschaftliches Wachstum in Afrika seit der Jahrtausendwende an, von denen 70 Prozent aus Landexpansionen stammen. Die Erträge je Hektar sind hingegen kaum gestiegen – ein, zwei Tonnen Mais je Hektar.

Feldversuche zeigen, dass bis zu fünf Tonnen möglich wären. Und es gibt durchaus Wege, um diese Ertragslücke zu schließen – etwa mit verbessertem Saatgut, Düngemitteln, Pflanzenschutz oder Maschinen. Aber wäre das genug, um auf neues Land verzichten zu können? Oder anders gefragt: Würde das reichen, um die Savanne zu retten? In einer Veröffentlichung der amerikanischen Nationalen Akademie der Wissenschaften aus dem Jahr 2015 zeigte eine Forschergruppe der holländischen Universität Wageningen, dass man ohne Ertragssteigerungen schon bis 2050 mindestens 100 Millionen Hektar Savannenland umbrechen müsste. Nur wenn man Ertragslücken schlösse, könne man einen großen Teil erhalten. Wenn man zudem den Rhythmus der Feldbestellung erhöhte, also mehrere Ernten pro Jahr einbrächte, etwa mit Hilfe von Bewässerung, sähe die Lage noch besser aus.

Viertens: Was, wenn das alles nicht reicht? Welche Nutzungsstrategie für das Savannenland wäre am besten: eine klein- oder großbäuerliche? Diese Frage lässt sich am Beispiel von Sambia, weiter im Süden Afrikas, erörtern. In manchen Gegenden des Landes scheint die Zukunft der Savanne längst beschlossen. Kleinbauern trotzen der Savanne Ackerland ab, vor allem aber fördert die Regierung Farmblöcke (siehe den Text über Land Grabbing von Christopher Piltz in diesem Buch) – Hunderte Hektar groß –, die an aufstrebende Landwirte und Eliten, etwa ehemalige Regierungsbeamte und Lehrer, verkauft werden. Das Land wirbt auch aktiv um ausländische Investoren. Sambia will seine Ökonomie dadurch unabhängig von Kupferexporten machen, es will sich entwickeln, Geld für Schulen und Krankenhäuser generieren.

Eine Beobachtung aus Sambia. Von einem Hügel lässt sich zum Beispiel die Farm eines Investors von oben betrachten: Dutzende kreisrunde Bewässerungssysteme, Traktorschwärme, alles umschlossen von Baumsavanne und schwerer, heißer Luft. Zehntausende Hektar Land hat der Investor gekauft. Nur ein Bruchteil wird genutzt. Die Erschließungskosten sind hoch, es gibt Probleme mit den Maschinen, mit den Ersatzteilen, alles muss von weit her gebracht werden, das dauert, die Straßen sind schlecht, es wird geklaut, und manchmal fressen Affen Teile der Ernte. Der Investor, dessen Name nicht genannt werden soll, bemüht sich um sein Image: Es gibt ein Projekt, um die umliegenden Kleinbauern zu unterstützen, man praktiziert konservierende Landwirtschaft, um die Böden zu schützen. Die Erträge sind ordentlich. Allerdings verkauft der Investor kaum an nationale Märkte. Die geerntete Soja wird als Futtermittel exportiert. Weil es lukrativer ist, wird auch ein Großteil des Maises zu Futter. Sollte dafür die Savanne geopfert werden?

Felix Kangwa, der Kleinbauer aus Nkolemfumu, bewirtschaftet weniger als vier Hektar, er führt einen kleinen Laden, er muss nicht hungern. 37 Prozent der Kleinbauern in Afrika geht es anders. Daher gelten tüchtige Kleinbauern wie Felix Kangwa als Entwicklungsmotoren. Sie versorgen Menschen mit Arbeit und Nahrung, wo es keine Industrie gibt. Und wenn ihre Höfe wachsen, entstehen „Überschwapp-Effekte", weil sie vorwiegend von lokalen Schmieden, Schreinern und Händlern kaufen, die dann auch wachsen. Aus der Perspektive der Armutsbekämpfung wäre eine Nutzung der Savanne durch Kleinbauern wie Kangwa am besten. Dazu müsste man allerdings die Infrastruktur ausbauen. Denn Savannenland zu erschließen, Wurzeln und Bäume zu entfernen, Bewässerungssysteme anzulegen, das kostet viel Geld. Und dann müsste man die Kleinbauern noch dazu bringen, umzusiedeln. Am Ende ist es eine politische Frage. Fördert man die Erschließung der Savanne? Oder hilft man Kleinbauern, Erträge zu steigern, damit man Land unangetastet lassen kann? Keine Entscheidung zu treffen, das führte wohl zum Umbruch.

Eine andere Studie der Universität Wageningen zeigt, dass Länder mit passiver Regierungsführung die landwirtschaftliche Produktion eher durch Landexpansion steigerten als durch Intensivierung. Es wäre aber zu einfach, den Regierungen die Schuld zuzuschieben – zumal diese sehen, wie Brasilien durch Savannenumwandlung wertvolle Einnahmen generieren konnte. Man muss Alternativen aufzeigen. Für den Schutz des Regenwalds gibt es den REDD+-Mechanismus der Vereinten Nationen, der Länder, die darauf verzichten, Wald abzuholzen, finanziell entschädigt. Es gibt Siegel für forstwirtschaftliche Produkte und viele Forschungsprojekte. Für die Savanne gibt es all das nicht. Was es gibt, sind die ersten Elefanten im Staub, den Kleinbauern Felix Kangwa, der schon wieder nicht mehr als zwei Tonnen Mais geerntet hat – und unser Kind, das noch nicht satt ist. Es ist Zeit für eine Debatte.

Heimisches Soja

Oder besser nicht? *Eva Konzett* ergründet in diesem Text den langsamen Fortschritt Europas hinsichtlich des Sojaanbaus im Pionierland Österreich - wo man vor einhundert Jahren allerdings schon einmal so weit war.

Der Ackerboden macht nicht, was der Bauer will. Im Winter, zur Zeit unseres Besuches, ist er tiefgefroren. Leopold Ripfl, der breitschultrige Biobauer, zieht seine Kappe tiefer ins Gesicht. Er steht vor seinem Hof in Großhofen, einem Nest in Niederösterreich, eine halbe Stunde Autofahrt von Wien entfernt. In der Nacht hat es wieder gefrostet, am Horizont drehen sich die Windräder, entlang der Felder stehen winterkahle Kirschbäume. Großhofen besteht aus einer Handvoll Gebäuden, einem Gemeindehaus mit Feuerwehr und einer Kapelle. Schon Ripfls Urgroßvater hat hier Landwirtschaft betrieben, dann der Großvater und der Vater. Vor zehn Jahren hat Ripfl den Betrieb auf biologische Landwirtschaft umgestellt. Wo der konventionelle

Bauer synthetische Hilfsmittel zur Hand hätte, bleiben ihm als Biolandwirt nur Erfahrung, Instinkt – und die Sojabohne.

Noch liegt Schnee auf den Feldern, noch warten die Bewässerungsrohre, zu Türmen an der Backsteinwand gestapelt, auf ihren Einsatz im Frühjahr. Doch sobald die Bodentemperatur zehn Grad erreichen wird, wird Ripfl Sojapflanzen aussäen. Nicht auf der gesamten, aber doch schon auf zehn Prozent seiner Ackerfläche. Die Sojabohne hilft ihm, eine gesunde Fruchtfolge, also einen bodenschonenden Kreislauf verschiedener Pflanzen auf einem Stück Acker einzuhalten. Sie ist der Jackpot in der Fruchtfolge, weil sie keinen Dünger braucht, sondern sich den Stickstoff mit Hilfe von Bakterien aus der Luft holt. „Als Biolandwirt kann ich nicht einfach den Mineraldünger am Feld verteilen", sagt Ripfl. Die konventionelle Landwirtschaft kann es; sie bringt jährlich weltweit rund 200 Millionen Tonnen Mineraldünger aus. Leopold Ripfls Sojabohnen sind nicht die einzigen in Österreich. Auf 64 000 Hektar haben österreichische Landwirte im vergangenen Jahr die ursprünglich asiatische Kulturpflanze ausgesät, ein Viertel davon wie bei Ripfl in biologischer Variante. Damit ist die Hülsenfrucht nach Weizen, Gerste und Mais schon die viertwichtigste Feldfrucht auf österreichischen Äckern – Tendenz steigend. Das kleine Österreich ist mit 190 000 Tonnen Soja schon der fünftgrößte Produzent in der EU. Und: In keinem anderen Land der EU geht ein ähnlich hoher Anteil in die Lebensmittelproduktion, nämlich die Hälfte. 20 Prozent des in der EU ausgebrachten Sojasaatguts kommt ebenfalls von dort.

Man kann es auch so sagen: An Österreich, kulinarischer Heimat von Leberkäse, Schnitzel und Tafelspitz, kommt die europäische Sojawirtschaft nicht vorbei. Wie das? Österreich war nicht immer ein Sojaanbauland. In der Feldfruchtstatistik taucht die Pflanze überhaupt erst 1990 auf. Ein von Subventionen aufrechterhaltener Sojaanbau hatte sich etabliert, da die österreichischen Getreideüberschüsse auf dem Weltmarkt nicht konkurrieren konnten. Das ist zwar die Geschichte der heutigen österreichischen Sojalandwirtschaft, aber nicht mehr ihr Erfolgsrezept. Vielmehr haben der EU-Beitritt, der die kleinteilige österreichische Landwirtschaft herausforderte, sowie die frühe Nulltoleranz gegenüber Gentechnik dazu beigetragen – und eine Wertschöpfungskette, die von den Samen über den Acker bis ins Lebensmittelgeschäft reicht und den Bauern Absatz garantiert.

Der Ursprung aber, der noch weiter zurückreicht, führt zu Friedrich Haberlandt. Es passt zum österreichischen Klischee, dass die „Ernährungsrevolution" mit Haberlandt in einem Schloss ihren Anfang hätte nehmen sollen. Im Versuchsgarten des barocken Palais Schönborn mitten in Wien, ab 1872 Sitz der „kaiserlich-königlichen Hochschule für Bodencultur", erkannte der Agrarwissenschaftler Friedrich Haberlandt als erster Europäer das ernährungsphysiologische Potential der Sojabohne. Er hatte 1873 auf der Weltausstellung in Wien von der japanischen Delegation eine Handvoll Sojasamen erhalten und diese zwei Jahre später mit dem Ziel weitergezüchtet, sie an die mitteleuropäischen Breitengrade zu adaptieren. Haberlandts Botschaft: An der Sojabohne – unempfindlich, proteinreich, fetthaltig und bei richtiger Zubereitung schmackhaft – sollten sich die Hungernden Europas, vor allem im Osten der Monarchie, endlich satt essen. Soja werde „in den Hütten der Armen eine große Rolle spielen", prophezeite der Professor. Doch die Ernährungswende scheiterte an einem Wanderunfall im April 1878, der Haberlandt eine nicht heilende Wunde zufügte. Er starb kurz darauf, seine Erkenntnisse blieben ungenutzt.

Die Sojabohne, die die Europäer hätte ernähren sollen, sie landete fast hundert Jahre später in der Tiermast. Man nehme, zum Beispiel, das Bundesland Brandenburg, bepflanze es von Cottbus über die Uckermark bis nach Potsdam mit Sojabohnen – flächendeckend in kilometerlangen schnurgeraden, nur von Fahrrinnen getrennten Reihen, die Konkurrenzpflanzen durch Pestizide niedergestreckt. Man ernte die Bohnen und verfüttere sie den Schweinen, Hühnern und Rindern in deutschen Mastbetrieben. Klingt verwegen? Passiert aber genauso. Zwar nicht im Nordosten der Bundesrepublik, sondern in Übersee. Nach Deutschland kommt diese Sojabohne trotzdem. Rund sieben Millionen Tonnen Sojaerzeugnisse werden jährlich aus Brasilien und den Vereinigten Staaten eingeführt – der überwiegende Teil davon genverändert. Das entspricht rund zwanzig Prozent der deutschen Ackerfläche oder eben fast der Fläche Brandenburgs. Österreich steht dem großen Nachbarn in nichts nach: Hier werden Sojaerzeugnisse im Ausmaß von einem

Sechstel der Ackerfläche importiert. Die ganze EU führt jährlich dreißig Millionen Tonnen Sojaerzeugnisse ein, denen nur eine Million Tonnen aus Eigenproduktion gegenüberstehen. Die genveränderte Soja landet im Futtertrog der europäischen Mastindustrie. Und warum hat sich die europäische Viehwirtschaft, die jährlich 167 Milliarden Euro umsetzt, von Futtermitteln aus Übersee abhängig gemacht? Weil sie hauptsächlich ihnen die eigene Größe verdankt. Es ist der hohe und hochwertige Eiweißgehalt der Sojabohne, der die Intensivmasten in der Tierproduktion ermöglicht, der das Tier physisch von der Weidehaltung entkoppelt.

Und es sind handelspolitische Beschlüsse aus der Vergangenheit, die einen autochthonen europäischen Sojaanbau bis heute bremsen. Das Gatt-Abkommen unter dem Dach der Welthandelsorganisation WTO erlaubte es erst den Vereinigten Staaten ab 1962 und später Brasilien und Argentinien, Soja und vor allem Sojaschrot zollfrei nach Europa zu exportieren. Die Vereinigten Staaten, wo Soja vor allem zur Ölproduktion verwendet wurde, wurden so den ausgepressten Soja-Abfall zu guten Preisen los und stiegen zum weltweit größten Exporteur von Sojaerzeugnissen auf. Als Lateinamerika nachzog, nahm dessen Soja ebenso ihren Weg nach Europa – auch als die ersten gentechnisch veränderten Samen ab Mitte der 1990er Jahre zur Zulassung gekommen waren. Sojapflanzen auf europäischen Äckern kamen gar nicht erst richtig auf. „Wir laborieren weiterhin an den Nachwirkungen dieser Politik", sagt Johann Vollmann, Professor an der Universität für Bodenkultur in Wien.

Jährlich importiert Deutschland so ein Drittel des verbrauchten Futtermittels – gemessen in verdaulichem Eiweiß –, schrieb der deutsche Sachverständigenrat für Umweltfragen 2015. Fast zwei Drittel der Wertschöpfung erzielt die deutsche Landwirtschaft in der Viehwirtschaft. Der Schweinebraten, der einst sonntäglich die Tafel krönte, ist ein Billigprodukt geworden – für den andere den Preis bezahlen: In Brasilien wird für die Sojaplantagen der Regenwald abgeholzt, die Monokulturen schaden der Biodiversität ebenso, wie der massive Einsatz von Pflanzenschutzmitteln zu Resistenzen bei den Schädlingen führt und die energieaufwendige Produktion von Düngern den Klimawandel anfacht. Die intensive Tiermast, wie etwa in Niedersachsen, belastet das Grundwasser. Nicht zuletzt braucht der Bauer 600 Gramm Soja, um ein Kilogramm Schlachtfleisch zu produzieren. Würde der Mensch das Futtermittel konsumieren, man könnte zehnmal mehr Menschen ernähren. In den westlichen Industrienationen mag dieser Aspekt an der Übergewichtigkeit der Bevölkerung abprallen – in den OECD-Ländern ist die Hälfte der Erwachsenen zu dick –, in der Subsahara aber, wo die Menschen wie im Osten Europas noch vor 100 Jahren vor allem an Proteinmangel leiden, könnte Soja als Nahrungsmittel helfen. Vor allem in Nigeria steigt der Anbau stark, auf zuletzt eine halbe Million Tonnen jährlich.

In Europa hingegen speist Haberlandts Idee indes nicht die Armen, sondern die Ernährungsbewussten. Soja in der gentechnisch unversehrten Variante, biologisch angebaut, hat als Fleischersatz so erfolgreich die Supermarktregale erobert, dass selbst die Fleischverarbeiter reagieren und vegetarische Wurstalternativen anbieten. Auch der österreichische Biobauer Leopold Ripfl baut auf seinen Feldern deshalb Speisesoja an: Großkörnig, mit hohem Proteingehalt und hellem Nabel – damit das Lebensmittel keine dunklen Punkte bekommt.

Algen aus den Weltmeeren

Fleisch durch Soja zu ersetzen schont die Umwelt, denn das nimmt Nutzungsdruck vom Land. Wer aber 10 Milliarden Menschen sättigen will, sollte nicht nur ans Land denken, sondern auch an die globalen Wasserflächen. Diesbezüglich muss man die Meere nicht nur leer fischen, sondern kann sie auch wie einen Acker kultivieren. *Peter Hermes* hat sich auf eine Weltreise zu den Algenfarmen der Ozeane gemacht und gesehen, dass China in dieser Sache traditionell am weitesten voraus ist. In Südkorea hat sich schon eine arbeitsteilige Zuchtindustrie entwickelt, und nicht nur in Indonesien leben Tausende und immer mehr Kleinbauern von der Meeresalgenzucht. Aber auch in Europas Nordmeeren tut sich etwas, auch wenn es hier noch zu früh ist, mit den gesunden Meeresalgen so viel Geld zu verdienen wie mit Weizen oder Mais.

Schneidend kalter Wind weht an einem Frühlingstag über die kärglich bewachsene Insel Frøya. Das Wasser des Golfstroms hält die Fjorde an der norwegischen Küste den Winter über eisfrei; in diesem März aber liegt das Land noch unter einer dicken Schnee- und Eisschicht. Vom wolkenlosen Himmel strahlt die Sonne aufs schäumende Meer. Auf dem Wasser sind Lachsfarmen und Arbeitsboote zu erkennen, Postboote fahren an der Küstenlinie entlang. Typisch Norwegen. Unter der Wasseroberfläche, nur durch wippende Bojen erkennbar, ist eine Meeresfarm verborgen. Keine Farm für Zuchtlachse, sondern für einen vielversprechenden pflanzlichen Rohstoff, der eine wichtige Rolle spielen soll bei der Transformation unserer Ernährung und Energiegewinnung: Meeresalgen. Genauer: Zucker- und Flügeltang.

In einem aktuellen Bericht über Fischfang und Aquakulturen skizziert die Welternährungsorganisation FAO die Bedeutung der Ozeane für die menschliche Ernährung. Schon heute garantieren demnach Lebensmittel aus dem Meer die Ernährungssicherheit für zehn Prozent der Weltbevölkerung. Nach Ansicht der Fachleute wird den Ozeanen in Zukunft eine noch größere Rolle für die Lebensmittelproduktion zukommen. Die Weltbevölkerung wächst, und die Essgewohnheiten in den aufstrebenden Ländern verändern sich. Der größere Nahrungsmittelbedarf kann kaum allein dadurch gedeckt werden, dass man zusätzliche Agrarflächen urbar macht oder die Landwirtschaft intensiviert. Zudem werden Nahrungsmittel auch zur Energieerzeugung genutzt. So wächst der Druck, der auf den verfügbaren Ressourcen lastet. Von der intensiven Landwirtschaft werden zugleich eine hohe Produktion und ein schonender Umgang mit der Natur gefordert. Die Landwirte sollen Düngemittel angepasst einsetzen, Schädlinge richtig bekämpfen, die natürliche Bodenfruchtbarkeit durch die richtigen Bearbeitungstechniken erhalten und nicht zuletzt das Klima und die Biodiversität schützen. Das klappt oft nicht. Immer noch gelangen vielerorts hohe Mengen Nährstoffe in die Ökosysteme. Darunter leiden Artenvielfalt und Bodenfruchtbarkeit. Die Emissionen klimaschädlicher Gase aus der Landwirtschaft sind teils enorm. Gründe genug, um neue, umweltschonende Wege zur Lebensmittelerzeugung zu erschließen. Hier kommen die Meerespflanzen vor der norwegischen Insel Frøya ins Spiel.

Sie führen uns zurück in die Urzeit unseres Planeten, als sich im Meer die ersten Photosynthese betreibenden Organismen entfalteten. In den Weltmeeren existiert eine enorme Vielfalt an Algen, von mikroskopisch kleinen Kieselalgen bis zu Seetang von mehr als 60 Metern Länge. Seit dem Auftreten der ersten Algen vor mehr als zwei Milliarden Jahren ist eine breite genetische Diversität entstanden. Die Meeresalgen, die für Aquakulturen geeignet sind, werden im Allgemeinen als Makroalgen bezeichnet. Sie wachsen in weiter oben gelegenen Schichten des Meeres, in die Licht gelangt, auf steinigem oder anderem festen Untergrund. Makroalgen können nicht wie Landpflanzen in Wurzeln, Sprossachsen und Blätter unterteilt werden. Ihr Vegetationskörper heißt Thallus („sprossender Zweig"). Es gibt braune, rote und grüne Meeresalgen, von denen sich einige Arten für den menschlichen Verzehr und den Anbau eignen. In Europa werden vor allem zwei braune Algenarten kultiviert: Zuckertang (Saccharina latissima) und Flügeltang (Alaria esculenta). Die Algenfarm auf der Insel Frøya an der Mündung des Trondheim-Fjords wird von dem norwegischen Unternehmen Seaweed Energy Solutions (SES) betrieben.

Kaia Kjølbo Rød, verantwortlich für das Algenzuchtprogramm von SES, hat sich als Meeresbiologin gegen eine Tätigkeit in der Lachsindustrie entschieden, in der viele ehemalige Kommilitonen arbeiten. „Anfangs war ich fasziniert von der Idee, dass man mit Meeresalgen Ressourcen nutzen kann, die sonst im Meer verloren gingen", sagt sie. „Nach einigen Jahren im Unternehmen wurde mir bewusst, dass wir hier Teil einer Entwicklung sind, die eine neue Industrie nach Europa bringt." Da die Algen im Meer kultiviert werden, benötigt die Algenzucht weder Landflächen noch Süßwasserressourcen. Auch Düngemittel sind nicht nötig, da in vielen Meeresregionen genug Nährstoffe vorhanden sind. Deshalb gehört der Algenanbau zu den nachhaltigsten Arten der Pflanzenkultivierung. Aber können Meeresalgen tatsächlich wichtig werden für die globale Nahrungsmittelproduktion?

Viele Küstenbewohner ernähren sich schon lange von Meeresalgen. Ob in der Bretagne, in Japan oder an der südamerikanischen Pazifikküste. Vielerorts finden sich historische Spuren des Konsums. Zwar besteht eine frisch geerntete Alge bis zu 90 Prozent aus eingelagertem

Meerwasser, die nach der Trocknung zurückbleibende Biomasse aber hat es in sich: Meeresalgen enthalten viele wichtige Proteine, Minerale, Ballaststoffe, Fettsäuren. Die ausreichende Aufnahme dieser Mikronährstoffe ist auch im Kampf gegen den Hunger von Bedeutung. Besonders in Ländern mit geringem Einkommen bedroht die Unterversorgung mit Mikronährstoffen die Gesundheit und Entwicklung von Kindern und Schwangeren. Die Weltgesundheitsorganisation nennt Jod, Vitamin A und Eisen als wichtigste Faktoren für eine gesunde kindliche Entwicklung. Meeresalgen verfügen über diese drei Inhaltsstoffe. Von ihrem Verzehr könnten nicht nur Haushalte mit eigener Algenproduktion oder direktem Zugang zu frischen Meeresalgen profitieren. Getrocknet sind Algen lange haltbar, leicht zu transportieren und einfach in die tägliche Kost zu integrieren. Bevor Algen in Europa zum Erfolg werden können, müssen nach Angaben von Kaia Rød noch zwei Hürden überwunden werden: „Wir müssen größere Märkte für Algenprodukte aufbauen und durch den Einsatz von Maschinen in der Kultivierung die Kosten senken.“ Vor allem automatische Verfahren zum Ausbringen der Saatleinen und zur Ernte sind für das Unternehmen SES wichtig.

Algenzucht im großen Maßstab ist viel komplexer, als Leinen ins Meerwasser zu hängen, abzuwarten und die Pflanzen dann zu ernten. Das erkennt man im Labor von SES in Trondheim, das vor allem als Aufzuchtstation der Algensetzlinge dient. Im ersten Raum treiben ausgewachsene Zuckertang-Algen in weißen Plastikbottichen mit direkt aus dem Fjord entnommenem Tiefenwasser auf und ab. „Das hier sind unsere Mutterpflanzen“, sagt Rød. „Da sie eigentlich nur im Oktober Sporen bilden, manipulieren wir den natürlichen Lebenszyklus, indem wir über die Beleuchtung herbstliche Tageslängen simulieren und die Wassertemperatur konstant bei sieben Grad halten. So können wir in unseren Tanks das ganze Jahr über Sporen erzeugen.“ Danach werden die Sporen aus den Mutterpflanzen extrahiert und in Glaskolben gefüllt. In einem mit Rotlicht ausgeleuchteten Raum reifen die männlichen und weiblichen Sporen nicht weiter heran, sondern vermehren sich rein vegetativ. Um die Befruchtung auszulösen, werden die Sporen in einem letzten Schritt künstlichem Frühlingslicht ausgesetzt. Unter dem Mikroskop sind die einzelnen Setzlinge bald zu erkennen. „Nach einiger Zeit können wir die Setzlinge in die Behälter mit den vorbereiteten Halteleinen geben, und nach einigen Wochen kann man mit bloßem Auge erkennen, wie die kleinen Algen die Leinen besiedeln." Sie werden dann zur Algenfarm vor Frøya transportiert und auf dem im Wasser fest installierten Haltesystem ausgebracht. In den nördlichen Breiten kann das zwischen September und Oktober geschehen. Nach dem Überwintern im Wasser wird schon im April und Mai des nächsten Jahres geerntet.

Olavur Gregersen, Geschäftsführer von Ocean Rainforest auf den Färöer Inseln, ist ein Pionier des marinen Industriezweigs. Als er vor zehn Jahren seine Tätigkeit als Unternehmensberater zurückfuhr und sein Unternehmen gründete, betrat er Neuland. Als alteingesessener Färinger wuchs er mit und auf dem Ozean auf und arbeitete mit Fischern und Lachszüchtern. Als er eines Tages beauftragt wurde, die Machbarkeit der Algenzucht auf den Färöer zu evaluieren, wurde er neugierig. In einem vom Meer umgebenen Land mit Schafweiden und steil abfallenden Klippen ist der Anbau von Getreide und Gemüse mühselig. Nutzpflanzen in den kristallklaren Fjorden der Inselgruppe anzubauen erschien Gregersen daher einleuchtend. „Ich bin Geschäftsmann, kein Meeresbiologe. Als ich mich vor zehn Jahren entschloss, voll in die Algenzucht einzusteigen, war das natürlich riskant." Gregersen erstellte einen Geschäftsplan für einen Zeitraum von 25 Jahren. „Nach zehn Jahren sind wir jetzt an dem Punkt angekommen, an dem ich sagen kann, dass ich nach weiteren zehn Jahren eine lukrative Algenfarm betreiben werde, die sich selbst trägt." Zunächst will das Unternehmen vor allem Lebensmittel- und Futtermittelmärkte beliefern. In ferner Zukunft hofft Gregersen, seinen Rohstoff auch an die Verpackungsindustrie und die Textilbranche zu verkaufen. Die Bedingungen für die Algenzucht auf den Färöer sind ideal. Die Inseln zwischen Island und der Westküste Norwegens liegen inmitten des Golfstroms. Für die Algen bedeutet das: perfekte Wassertemperaturen und ausreichende Versorgung mit Nährstoffen. Die schnell länger werdenden Tage im Frühjahr bieten den Pflanzen genügend Licht, das aufgrund des klaren Wassers tief ins Meer dringt. Bei ruhiger See bewirtschaftet Gregersen mit einem Skipper und einer Mitarbeiterin zwei Anbauflächen im

Norden, nahe der Insel Eysturoy. Auf der Fahrt durch den Fjord mit dem Arbeitsboot zur weiter draußen gelegenen Algenfarm erklärt Gregersen die Besonderheit der Anbaufläche: „Es ist ein exponiertes Anbausystem. Wir haben es hier mit Wellen zu tun, bei denen zwischen Wellenkamm und Wellental zwölf Meter liegen können." Systeme zu entwickeln, die solchen Naturkräften trotzen, sei unerlässlich. „Wenn wir mit Algen wirklich andere Produkte aus bestehenden fossilen Produktionssystemen ersetzen und großflächig Lebensmittel produzieren wollen, müssen wir die Algenzucht in großem Maßstab betreiben. Dafür müssen wir raus auf die offene See, weg von den stark genutzten Küstenabschnitten."

Mittlerweile werden bei Ocean Rainforest Meeresalgen auf 20 Kilometer langen Leinen angebaut. „Ich glaube fest daran, dass Algen exzellente Chancen haben, die steigende globale Nachfrage nach nachhaltiger Biomasse zu befriedigen", sagt Gregersen. „Mit Algen können wir etwas verändern." Im globalen Vergleich sind die Algenernten in Europa immer noch überschaubar. Wie eine Industrie aussehen kann, die Millionen Tonnen frische Algen produziert, zeigt eine Region, in der Meeresalgen seit Jahrhunderten verzehrt werden. In Qingdao, einer chinesischen Küstenstadt am Gelben Meer mit vier Millionen Einwohnern, hat sich um den historischen Stadtkern ein wichtiges Hafen- und Industriezentrum entwickelt, dessen Wolkenkratzer sich nachts im Meerwasser spiegeln. Qingdao liegt in der Provinz Shandong, dort wird in den größten Algenfarmen der Welt die Kombu-Alge (Saccharina japonica) angebaut, das asiatische Pendant zum europäischen Zuckertang.

Asien ist nicht nur die größte Anbauregion von Meeresalgen in Aquakulturen, sondern auch der größte Absatzmarkt von Algen als Lebensmittel. Schon am ersten Morgen in Qingdao wird man damit konfrontiert – in der Suppe treiben Algenstreifen. Durch das Kochen hat die Alge ihren typischen Eigengeschmack auf die Suppe übertragen, die ein angenehmes Meerwasseraroma verströmt. Algen sind „umami", eine fünfte Geschmacksrichtung, die sich weder als sauer, salzig, bitter oder süß beschreiben lässt. Die von Natur aus glutamatreichen Meeresalgen dienen in vielen asiatischen Gerichten als natürliche Geschmacksverstärker.

Shaojun Pang, Leiter der Meeresalgen-Forschung der Chinesischen Akademie für Wissenschaften in Qingdao, kommt im blauen Trainingsanzug und mit weißem Handtuch um den Hals vom Basketballspiel mit Studenten. Nach der Promotion in Deutschland kehrte der Wissenschaftler vor 15 Jahren nach Qingdao zurück. Als junger Forscher begann er, am Institut ein Programm zur Entwicklung neuer Algensorten für Aquakulturen zu initiieren. Mittlerweile hat die Abteilung knapp 20 Mitarbeiter – und durch Kreuzung drei neue Kultursorten entwickelt. Der Algenanbau sei in China weit verbreitet, sagt Pang. „Zurzeit werden sieben Algenarten entlang der chinesischen Küste kultiviert, davon vier überwiegend als Nahrungsmittel für Menschen, der Rest als Futtermittel und für andere industrielle Prozesse." Seine Forschung konzentriert sich darauf, die Qualität der angebauten Meeresalgen zu verbessern, durch neu gezüchtete Sorten, die höhere Erträge, bessere Lebensmitteleigenschaften und höhere Resistenzen aufweisen.

Die Nachfrage nach Lebensmittelalgen ist enorm: 2016 produzierte China 14 Millionen Tonnen frische Meeresalgen, die fast ganz vom heimischen Markt konsumiert wurden. In Rongcheng, einer kleinen Küstenstadt am nordöstlichen Zipfel von Shandong, sind schon Anfang April, vor Beginn der Haupterntezeit, Geschäftsleute aus dem ganzen Land eingetroffen, um sich einen Teil der Ernte zu sichern. Durch den Anbau der Kombu-Alge sind in Rongcheng aus ehemaligen Fischern Millionäre geworden. Dabei setzten die Algenfarmer auf eine Kombination des Algenanbaus mit der Zucht von Krustentieren und Muscheln im selben Anbausystem. Diese Wirtschaftsform, als integrierte multitrophische Aquakultur bezeichnet, ist in Sachen Nachhaltigkeit ein Vorbild für Aquakultursysteme auf der ganzen Welt. Mit bis zu 3000 Hektar Anbaufläche sind einige der Algenfarmen sogar auf Satellitenbildern leicht zu erkennen.

Ihre Ausdehnung lässt sich bei einer Fahrt auf einem Holzkahn erahnen, der durch schier endlose Reihen von Algenleinen und gläsernen Schwimmbojen tuckert. Bis zum Horizont erstrecken sich die in rechteckige Segmente unterteilten Anbauflächen, die gerade genug

Abstand zueinander aufweisen, dass Wartungsboote und die zur Ernte genutzten Barken Platz zur Durchfahrt haben. Die Anbaufläche ist die wichtigste Ressource der Algenbauern. „In Rongcheng treffen das Gelbe Meer und das Bohai-Meer zusammen", sagt Pang. „Strömung, Wassertemperatur, Lichtdurchlässigkeit und Nährstoffe sind ideal für das Wachstum von Kombu." Der Professor forscht in Zusammenarbeit mit den Algenbauern. Er ist auf ihr Wissen und ihre Erfahrung angewiesen, und auch sie profitieren von der Kooperation. Die vom Meeresalgen-Institut entwickelten Kultursorten werden bereitwillig angebaut, da sie höhere Erträge und bessere Qualität versprechen. Doch wie kann sichergestellt werden, dass die Algen keine Schadstoffe aus dem Meerwasser aufnehmen und einlagern? „Das wichtigste Qualitätsmerkmal einer kultivierten Meeresalge ist der Ort des Anbaus mit der dazugehörigen Wasserqualität", sagt Pang. In China wird die Qualität der Küstengewässer von staatlicher Seite regelmäßig bewertet, die Ergebnisse der Gutachten werden veröffentlicht. „Der Großteil der Algen wird als menschliches Nahrungsmittel verwendet", sagt Pang. „Eine zu hohe Konzentration von Schadstoffen in den Endprodukten würde der Markt nicht akzeptieren." Andererseits ist mit dem Aufnahmevermögen der Meeresalgen auch ein ökologisch vorteilhafter Aspekt der Algenkultivierung verbunden: Meeresalgen benötigen wie alle Pflanzen für ihr Wachstum Nährstoffe, allen voran Stickstoff und Phosphor. Sie liegen im Meerwasser natürlicherweise vor, ihre Konzentration ist jedoch durch menschliches Einwirken stark gestiegen. Vor allem Küstenregionen, die wegen der intensiven Landwirtschaft im Landesinneren dem Wasser viele Nährstoffe zuführen, sind von einer regelrechten Überdüngung der aquatischen Ökosysteme betroffen. Eine übermäßige Nährstoffzufuhr kann massives Wachstum von Mikroalgen fördern, deren anschließende Zersetzung zur Sauerstoffverarmung des Wassers und schließlich zum Kollaps des marinen Lebens führen kann. Auch in der Ostsee gibt es solche „Todeszonen". Werden im Meer großflächig Algen angebaut, nehmen die Pflanzen die Nährstoffe auf und wirken der Überdüngung entgegen. Mit der Ernte der Biomasse gelangen die Nährstoffe zurück ans Land und helfen, den Nährstoffkreislauf zu schließen.

Im Hafen von Rongcheng landen die von der Ernte tiefliegenden Holzbarken an. Das nasse Grün wird auf kleine Traktoren verladen. Nach kurzem Transport werden die Algen zur Trocknung auf kahlen Brachflächen ausgebreitet. Von Hand werden die Algen verteilt und gewendet. Der Algenanbau in China ist arbeitsintensiv. Von der Vorbereitung der Setzlinge bis zum Endprodukt gehen die Pflanzen durch viele Hände. Jede Alge wird einzeln auf die Halteleine im Meer gesetzt, geerntet und getrocknet – bei der ungeheuren Größe der Farmen kaum vorstellbar. „Vor allem zur Erntezeit, wenn riesige Mengen Algen in kurzer Zeit geerntet werden müssen, brauchen wir viele Arbeitskräfte", sagt Pang. „Die Jüngeren wollen diese Arbeit nicht mehr machen." Das heißt, ohne automatische Verfahren zum Bepflanzen der Leinen mit Setzlingen, zur Ernte und für die Weiterverarbeitung wird der Algenanbau in China künftig wohl nur über höhere Marktpreise betrieben werden können.

In Südkorea sind die ersten Schritte zur Mechanisierung bereits getan. Dort greifen überlieferte Anbautechniken und der Einsatz moderner Maschinen ineinander. In Südkorea wird ein Großteil der auf der Welt verkauften Nori-Algen (Pyropia) angebaut, die in Europa vor allem als Algenplatten zum Einrollen von Sushi bekannt sind. Im Land selbst werden kleine Nori-Portionen täglich mit Reis verzehrt, ob beim Frühstück oder als Beilage zu anderen Gerichten. Nori wird in Südkorea von Kleinbauern angebaut, häufig von Familien, die Algen auf Netzen in der Gezeitenzone der Küsten züchten. Sie beziehen ihre Jungpflanzen von Unternehmen, die sich auf die Aufzucht von Nori-Setzlingen spezialisiert haben. Nach der Extraktion von Samen aus erwachsenen Pflanzen im Labor werden die Samen in künstlichen Meerwasserbassins auf ausgelegte Betten leerer Austernschalen gegeben. Die Samen infiltrieren die Perlmuttschicht der Austern und wachsen zu Algensporen heran. Die Austernschalen werden samt Sporen in Säcken auf die Kultivierungsnetze ins offene Meer gebracht, wo die Sporen auf die Netze übersiedeln und zu Algen heranwachsen. Sobald die Meerwassertemperatur im November sinkt, können die Nori-Algen bis zum nächsten Mai monatlich geerntet werden, indem jeweils der untere Teil der Alge von Erntebooten aus abgeschnitten wird. Die geerntete Algenmasse wird an verarbeitende Unternehmen weitergegeben. Hauptabnehmer des in Südkorea produzierten Rohstoffs sind Japan, die Vereinigten Staaten, China und Thailand. Vor allem in den Vereinigten Staaten werden südkoreanische Algenprodukte in Form von gesunden Snacks immer beliebter. Heute konkurrieren die Algenprodukte mit Thunfisch um den zweiten Platz auf der Fischerei-Exportliste Südkoreas. Das Geschäftsmodell mit Mechanisierung und einträglicher Wertschöpfungskette durch kleinbäuerliche Produktion könnte zum Vorbild für andere Länder werden.

Auch in Indonesien, einem der bevölkerungsreichsten Staaten der Erde, sind Algenfarmen seit einiger Zeit stark im Kommen. In den vergangenen 15 Jahren hat sich dort ein dynamischer Wirtschaftszweig um die Produktion von tropischen Rotalgen (vor allem Kappaphycus alvarezii) entwickelt. Mittlerweile ist das Land hinter China zweitgrößter Produzent mariner pflanzlicher Biomasse. Ein Drittel der auf der ganzen Welt produzierten Algen stammt aus dem Archipel-Staat. Die örtlichen Algenarten, die an die tropischen Bedingungen angepasst sind, werden dort mit einfachen Produktionsmethoden angebaut, beispielsweise indem in seichten Lagunenbereichen Holzpfähle aufgestellt werden. An den Leinen, die zwischen die Pfähle gespannt sind, werden in bestimmten Abständen kleine Algenstücke befestigt. Unter günstigen Bedingungen kann sich in 20 bis 40 Tagen das Algengewicht jedes Setzlings verzehnfachen. Die Kultivierung im seichten Wasser hat den Vorteil, dass man ohne große Boote ernten kann. Die Algen können aber auch in tieferem Wasser auf schwimmenden Leinen oder Flößen kultiviert werden. Nicht nur die Umwelt profitiert von dem wachsenden Sektor. Knapp 200.000 Kleinbauern erarbeiten sich mit der Algenzucht in Indonesien ein Auskommen über der Armutsgrenze. Erfahrene Algenbauern können bei acht Ernten im Jahr mit der getrockneten Biomasse bis zu 2000 Dollar verdienen. Auch wenn die Rotalgen überwiegend für die Produktion von Agar, einem pflanzlichen Geliermittel, verwendet werden, landet ein Teil der Ernte auf örtlichen Lebensmittelmärkten.

Als Veggie-Beilage zu Gerichten oder eingearbeitet in Algen-Donuts sind die Pflanzen aus dem Meer beliebt geworden. Auch auf den Philippinen, in Malaysia, Tansania, Kenia und Madagaskar werden mittlerweile tropische Rotalgen angebaut.

Der neue Wirtschaftszweig hat sogar Sylt erreicht. Dort schaut der emeritierte Professor Klaus Lüning durchs Wohnzimmerfenster seines reetgedeckten Backsteinhauses auf seinen Garten, in dem Algen auf Wäscheleinen in Wind und Sonne trocknen. Lüning hat sich jahrzehntelang mit den Pflanzen des Meeres beschäftigt und will nun, nach seiner Pensionierung, den Nutzen von Meeresalgen in Deutschland bekannt machen. Er hat selbst viel mit Algen experimentiert und vertreibt sie über das von ihm gegründete Unternehmen Sylter Algenfarm in Deutschland. „Es gibt generell ein gestiegenes Interesse an Pflanzenmaterial", sagt Lüning. Vor allem die Vielfalt von Makroalgen und die interessanten chemischen Zusammensetzungen machten die Pflanzen so spannend. Deshalb seien Meeresalgen vor allem als funktionales Lebensmittel interessant. Sind Algen also mehr als ein kurzlebiger Ernährungstrend? Gut möglich, findet Lüning. Ähnlich wie die Nori-Alge durch Sushi auf der ganzen Welt verbreitet wurde, könnten auch andere Algenarten ihren Platz auf den Speisekarten finden. „Die Menschen sind sehr neugierig", sagt Lüning. „Sobald es eine neue essbare Pflanze gibt, wird sie auch gegessen. Aber das benötigt Zeit."

Quallen aus den Weltmeeren?

Nicht alles, was essbar ist, wird gegessen. Das gilt nicht nur für Meeresalgen. Auch Quallen sind für die Welternährung gegenwärtig ziemlich nutzlos. Gerade aber, wenn das ungenutzt Essbare in reichen Ländern vorhanden ist, während die Mangelernährten und Hungernden Tausende Kilometer entfernt sind, ist es kaum möglich, beide zusammenzubringen. *Tirza Meyer* erzählt hier aus Norwegen die durchaus kuriose Geschichte von Herrn Lee, der Quallen aus der Nordsee zu Geld machen, sie nach Asien exportieren wollte, dabei aber scheiterte. Schließlich ist zu erfahren, dass essbare Quallen nebenbei künftig die Meere von Plastik reinigen und den brasilianischen Regenwald entlasten könnten.

Lee hatte etwas entdeckt und wollte daraus ein Geschäft machen. Vor der norwegischen Küste gibt es zuhauf essbare Meeresfrüchte, die in Norwegen keiner isst. Er wollte Wellhornschnecken und Quallen fischen, verarbeiten und zubereiten lassen und sie verkaufen. Er beauftragte regionale Fischer. Er scheiterte. Mr. Lees Meeresfrüchtedrama zeigt, wie schwierig es ist, die Welt zu ernähren. Es kommt – obwohl Hunger und Mangel wieder zunehmen – noch lange nicht alles auf den Tisch, was essbar ist.

Mr. Lee kam 1954 als Jugendlicher nach Norwegen. Vom Koreakrieg gezeichnet und verwundet, war er für eine medizinische Operation nach Oslo gereist. Angeblich war er damals der erste Koreaner in der kreideweißen Hauptstadt. Leute auf der Straße drängten sich um ihn, berührten seine Haut. Mr. Lee war zäh, kämpfte sich durch und wurde zum echten Norweger. Auf Bildern aus jungen Jahren sieht man ihn im Strickpulli und mit Skiern in der Hand. Norwegischer kann man nicht werden.

Mr. Lee blieb und gründete eine Nahrungsmittelfirma, die asiatische Instant-Nudeln herstellte. Damals waren asiatische Instant-Nudeln für die üblicherweise Kartoffeln und Fischpudding essenden Norweger ziemlich exotisch. Lächelnd schaffte er es, den Norwegern die Nudeln schmackhaft zu machen. Mr. Lee wurde zum Sinnbild des guten Immigranten. Von da an war er als Nudelkönig bekannt. Es war ihm gelungen, einen eigenen Betrieb auf die Beine zu stellen. Er war Geschäftsmann geworden – und Geschäftsmänner wollen immer mehr. Der Erfolg mit den Nudeln ließ ihn an den Erfolg mit Schnecken und Quallen glauben. Im Jahr 2005 wagte Mr. Lee den Schritt ins Meer, eigentlich die Domäne der wilden Wikinger und Fischer. Hier ist viel zu verdienen. Allein im Jahr 2017 exportierte Norwegen 2,6 Millionen Tonnen Meeresfrüchte in alle Welt. Europäische Länder sind die größten Abnehmer, aber der chinesische Markt wächst rasch.

Erst kürzlich forderte der Wirtschaftsverband Norwegischer Meeresfrüchtefirmen, Norsk Sjømatbedriftene, mehr direkte Transportflüge nach Asien. Der Verband meint, dass Asien in Zukunft einer der wichtigsten Märkte für Meeresfrüchte sein wird.

Bis heute exportieren Firmen aus Norwegen vor allem Lachs, Dorsch und Makrelen ins Ausland. Schalentiere, wie Krabben, Hummer und Muscheln, machen nur zehn Prozent des Exportes aus. Die Wikinger verkaufen immer noch am liebsten Fisch. Dabei gibt es auch vor der Küste Norwegens Arten, die in Asien einen Marktwert haben. Genau dort hatte Mr. Lee die Marktlücke entdeckt. Die Koreaner – das wusste er – essen gern Wellhornschnecken mit Chilisoße und trinken Bier dazu. Die Schnecken werden in Korea ohne Gehäuse in Dosen verkauft. Wellhornschnecken gibt es auch in Norwegen; in Europa isst man die Schnecken vor allem in Frankreich, dort sind sie als Bulot bekannt. Aber auch in Belgien und den Niederlanden verzehrt man die Schnecke als Delikatesse. Wellhornschnecken gelten in der Nordsee und im deutschen Wattenmeer bereits als ausgestorben, der Fang ist verboten. Die Population in Norwegen scheint aber gesund zu sein. Dass sich Wellhornschnecken in ihren Fischgründen herumtrieben, das wussten die Krabbenfischer hier auch schon, bevor Mr. Lee auf die Verkaufsidee kam. Wer seine Krabbenreusen falsch legt, dem gehen stattdessen Wellhornschnecken in die Falle. Das liegt daran, dass Krabben und Schnecken einander gegenseitig fressen. Dort, wo eine tote Krabbe liegt, sammeln sich die Schnecken und fallen über den Kadaver her. Fischer, die versehentlich Wellhornschnecken fangen, sind einfach zu spät dran. Die Schnecken müssen über Bord geworfen werden und stören das Geschäft.

Seine Geschäftsidee, meinte er, würde den Beifang zu wertvollem Fang machen. Vielleicht ahnte Mr. Lee, dass er sich mit den norwegischen Fischern alliieren musste, um Erfolg zu haben. Niemand tritt so einfach in die Riege der norwegischen Fischer und Meeresbauern ein. Schon gar nicht ein lachender Nudelkönig.

So also kam es, dass Mr. Lees kleine Versuchsfirma Su San Norway AS ausgerechnet auf der Insel Frøya vor der Küste Mittelnorwegens Fuß fasste. Hier, auf den Zwillingsinseln Hitra und Frøya sind – wie sonst nirgendwo – die großen Fischerbosse und Meereskönige Norwegens zu Hause. An der rauen Küste haben sich die Fischereiflotten niedergelassen, hier schalten und walten die Aufzuchtbosse und Lachskönige.

Die Inseln liegen abseits der Regionshauptstadt Trondheim. Die Straßen, die hinaus zum Nordmeer führen, sind manchmal schmal und bucklig, dann neu und breit, mit modernen Tunneln und fein gebogenen Brücken über Krabbensunde und Schären. Hier stehen Fabriken für Fischverarbeitung, in den Buchten liegen hochmoderne Lachsaufzuchtgehege, und Lastwagen donnern über die Straßen zu den An- und Abladestellen, um die Schätze der Fjorde in der Welt zu verteilen. Dazwischen liegt die Küstenlandschaft wie eh und je. Windgebeutelte Büsche und Bäume kriechen die Abhänge hoch. Holzhäuser hocken auf Schären, und Motorboote dümpeln an Landungsbrücken und warten auf die nächste Ausfahrt. In diese Welt zog Mr. Lee mit seiner Firma. Die Firma mietete Räume in der alten Fabrik des Lachsaufzuchtkonzerns Marine Harvest auf Frøya. Die Wellhornschnecken sollten zunächst das Hauptgeschäft werden.

Im Mekka der Fischerei war das Schneckengeschäft eine Kuriosität. Die Lokalzeitung berichtete davon, wie eine koreanische Delegation zum Testessen eingeflogen wurde, wahrscheinlich wollte man ihr die bucklige Küstenstraße ersparen. Man hatte den Besuchern die Anlage gezeigt, in der die Schnecken gekocht wurden. Ein Mitarbeiter der Firma beschrieb damals in der Zeitung, wie ein Koreaner die gekochte Schnecke aus der Schale gepult und gegessen hat. Er selbst habe die Schnecken nur einmal probiert. Das reiche ihm. So exotisch fanden die Norweger auf Frøya das Schneckenprojekt. Mr. Lee hatte damals auch noch ein anderes Eisen im Feuer: Quallen. 2007 war Su San Norway AS in ein Projekt mit dem Forschungsinstitut Sintef in Trondheim und der dortigen Universität involviert. Der Trondheimfjord erlebte damals eine Qualleninvasion. Forscher von der Biologischen Station am Stadtrand hatten über Jahre den Fischbestand im innersten Teil des Fjords überwacht. Ab den 1990er Jahren tauchten Kronenquallen in Horden auf und brachten die Forschung durcheinander. Kronenquallen sind kirschrot, haben seltsam lang ausgestreckte Fangarme und bewegen sich wie Unterseeboote durchs Wasser. Anders als die durchsichtigen Ohrenquallen, die im Frühling aufblühen, herumwabern und dann im Herbst massensterbend untergehen, können Kronenquallen bis zu dreißig Jahre alt werden. Haben sie sich einmal eingerichtet, bleiben sie.

Weil sie Tiefseequallen sind, pumpen sie fröhlich die gesamte Tiefe der Fjorde hinauf und hinab und fressen dabei den Fischlarven das Futter weg.

Die Forscher zogen auf ihren Expeditionen tonnenweise Quallen an Deck, die darauf herumglitschten, nesselten und die wenigen Fische im Netz einschleimten. Die Biologen glauben, dass die ständig erhöhte Wassertemperatur die Quallenproduktion angekurbelt hatte. Die Vermehrung der Kronenquallen war aus dem Ruder gelaufen, die Viecher stiegen die Wassersäule wie verrückt hoch und runter, um Plankton zu mampfen und sich dabei zu vermehren. Die Universität in Trondheim tat sich mit einem Forschungsinstitut, mit Mr. Lee und Su San Norway AS zusammen, um ein Quallenprojekt auf die Beine zu stellen. Würde man die Quallen fangen können? Zerstören? Essen?

Einige Repräsentanten des Betriebs gingen mit den Wissenschaftlern der Universität auf Quallenfang. Die Presse wurde eingeladen, und man posierte an Deck des Forschungsschiffs mit der glibberigen Beute. Dann traf man sich in einem Chinarestaurant in der Innenstadt und ließ sich Quallen und anderes Getier auftischen.

„Quallen schmecken wie Gummibänder", sagt Heidi Glørstad Nielsen, die damals für den Frøya Nahrungspark arbeitete, in dem Su San Norway seine Firmenräume hatte. Das müsse nicht bedeuten, dass Quallen nicht irgendwann auf unsere Teller kämen. Zubereitet schmeckten sie gut, trotz des Gummigefühls. Glørstad Nielsen erinnert sich, dass die Frau eines chinesischen Professors beim Essen erzählt habe, wie unglaublich sie es fände, dass die Norweger so viele ihrer Meeresfrüchte nicht essen. „Wir fischen, was wir immer schon gefischt haben", sagt Heidi Glørstad Nielsen, „dabei gibt es viele Arten im Meer, die wir essen könnten."

Andere Länder haben einen weiteren Geschmackshorizont. Weltweit werden jährlich ungefähr 900 000 Tonnen Quallen gefischt. Das haben Forscher der University of British Columbia in Vancouver geschätzt. Die industrielle Quallenfischerei ist relativ neu. Nur Länder wie China, Indonesien, Japan und Malaysia haben den Schätzungen der Wissenschaftler zufolge Traditionen, die vor 1950 begannen. China ist der weltweit größte Produzent. Dort werden jedes Jahr über 100 000 Tonnen

Quallen verarbeitet. Gleichzeitig ist Ostasien auch der größte Markt für die Länder, die erst kürzlich mit der Quallenfischerei angefangen haben, viele davon erst in den 1980er Jahren. Bahrain, Ecuador, Honduras, Iran, Mexico und Pakistan sind sogar erst nach der Jahrtausendwende in das Geschäft eingestiegen. Von den westlichen Industrienationen sind nur die Vereinigten Staaten, Australien und Kanada vertreten.

In Nordeuropa will das Geschäft nicht laufen. Norwegen steht überhaupt nicht auf der Liste. Trotz der Experimente, die Mr. Lee mit seinen Partnern 2007 startete. Manche auf der Welt hatten Erfolg, aber Mr. Lee nicht. Warum gibt es heute keine Meeresfrüchte von Mr. Lee zu kaufen? Weder in Korea noch anderswo? Mr. Lee kann keine Antworten mehr geben. Er starb im Februar des Jahres 2018. Seine Tochter, Irina Lee, will sich an die Geschäftsidee überhaupt nicht erinnern können. In den alten Fabrikgebäuden auf Frøya will man von Mr. Lee nichts mehr wissen. Ein Investor, der nicht beim Namen genannt werden will, gibt ausdrücklich keinen Kommentar. Eine andere Firma, Hitramat, fing gleichzeitig mit Su San Norway an und hat ihre Fabrikgebäude bis heute auf der Nachbarinsel. Dort erinnert man sich an Mr. Lee als an einen jovialen, findigen Typen. Warum aber Mr. Lees Meeresfrüchtetraum nicht in Erfüllung ging, darüber will der Entwicklungschef Kolbjørn Ulvan nicht spekulieren. Aus eigener Erfahrung weiß er, wie kompliziert es ist, eine neue maritime Art einzuführen. Das fängt schon bei den Fischern an. Denen gehe es wohl zu gut: „Solange man mit Krabben- oder Dorschfischerei gut verdienen kann, wird kein Fischer auf Schneckenfang umsteigen."

Einstweilen stellte die Firma Hitramat dies selbst fest, als sie versuchte, ihre Fischer für den Schneckenfang zu begeistern. Lange hatten die Fischer überhaupt keine Lust dazu. Im Sommer 2018 hatte Hitramat dann endlich zwei Fischer gefunden, die auf Schneckenfang setzen wollten – doch da verlief die Krabbensaison so gut, dass die Produktionslinien überlastet waren. Außerdem war der Rekordsommer 2018 so warm, dass viele Schnecken schon auf den Booten in der Hitze verendeten. Kolbjørn Ulvan sagt: „Wir haben noch zu wenig Erfahrung mit den Schnecken. Müssen wir sie kühlen? Wie lange kann man sie auf den Booten lagern?" All das müsse erst erforscht werden.

Die Firma stellte den Schneckenfang vorläufig ein. Einige der Kriechtiere liegen noch heute im Kühlraum herum. Momentan ist kein Platz für die Tiere in den Koch- und Waschanlagen der Fabrik. Vielleicht hatte Mr. Lee ähnliche Sorgen.

Der Mangel an Nahrung ist in den Entwicklungsländern Afrikas und Südostasiens. Die Quallen aber sind in Norwegen. Die Fischer sind satt. Seit Jahren steigen in Norwegen die Exportzahlen für Lachs, der in Aquakulturanlagen aufgezogen wird. Während die Garnelenfischerei an manchen Orten drastisch zurückgegangen ist, hat Aufzuchtlachs auch im Jahr 2018 wieder Rekordpreise auf dem Weltmarkt erzielt. Auch Mr. Lee ging es ums Geld, nicht um Weltrettung. Zu den Armen der Welt wollte er die Quallen nicht verschiffen. Selbst wenn Quallen und Wellhornschnecken lange Reiserouten nach Asien auf sich nähmen, weil sie dort gute Preise erzielten, während sie in ihrer Heimat als kurioses Ekel-Essen belächelt würden, selbst dann wären solche Projekte keine Lösung für die Welternährung. Aber vielleicht kommt die Stunde der Quallen noch. Ihre Widerstandsfähigkeit könnte die Quallen zu Verbündeten im Kampf gegen Umweltverschmutzung und Nahrungsmittelknappheit machen. Wie genau, das wollen europäische Forscher jetzt herausfinden. Anfang 2018 startete das EU-Projekt „Go Jelly". Universitäten und Forschungsinstitute wollen im Rahmen des Projektes eine Vielzahl von Verwendungszwecken für Quallen unter die Lupe nehmen. In der Pressemeldung zum Projektstart stand: „Wir untersuchen Möglichkeiten, wie man das Potential dieser Biomasse, die direkt vor unserer Haustür vorbeischwimmt, nutzen könnte." Eine Idee ist, dass Quallen Mikroplastik aus den Meeren filtern und so die Verunreinigung von Stränden und Küsten durch winzige Plastikpartikel verringern. Die Forscher arbeiten auch an der Entwicklung einer Filterpatrone aus Quallenschirmen. Und ein anderer Teil des Projekts beschäftigt sich mit der Verarbeitung von Quallen zu einem Proteinzusatz im Tierfutter.

Wenn dies gelänge, könnten die Quallenproteine die Regenwälder Südamerikas entlasten. Dort wird Regenwald gerodet, um Sojabohnen für Tierfutter anzubauen. Dann würden zumindest die Schweine in Norwegen und China Quallenchips fressen.

4 Gewächshäuser und Labore

Bananen auf Island

Dank moderner Gewächshaustechnik braucht man nur ebendiese (und leider auch sehr viel Energie), und man kann überall auf der Welt alles Essbare anbauen. *Friederike Haupt* hat sich im November im dunklen Island auf die Suche nach arktischen Bananen gemacht. Sie hat sie auch gefunden, aber nicht im Supermarkt, wo es aber immerhin einheimische Tomaten gab.

Auch das noch: In Island züchten sie Bananen. Als wäre das Leben nicht schon schwer genug. Bananenstauden lieben es warm, sie fürchten Eis wie der Schneemann den Tropenregen. Zum Glück stand, soviel man weiß, noch nie ein Schneemann im Tropenregen. Aber Bananenstauden stehen in Island. Und tragen, oh Wunder, honigsüße Früchte. Der Weg zu ihnen führt durch eine Landschaft, die aussieht wie die Krume eines Bauernbrotes. Braune Kruste, zerklüftet, in höheren Lagen bestäubt: Schnee. Zwischendrin ein paar Birken, die der Wind flachgedrückt hat wie Büsche. Wer hier mit dem Auto langfährt, erwartet eher den Anblick des Yetis als den einer Banane; beides wäre extrem unwahrscheinlich, wenn auch nicht ausgeschlossen, aber der Yeti würde farblich besser passen. Auch einige Reisebusse sind unterwegs, darin Touristen. Sie wollen nicht zu den Bananen, sondern zu den Tomaten. Die sind auch eine Attraktion auf Island. Zwar keine so große wie die Bananen, aber dafür gibt es von ihnen viel mehr. Die Isländer züchten siebzig Prozent aller Tomaten, die sie essen – und sie essen gerne Tomaten – in ihrem eigenen Land, inmitten von Eis und Schnee und Vulkanen.

Das zeigt, dass die absonderliche Idee mit den Bananen Teil einer noch absonderlicheren Idee ist: schlichtweg alles, was die Isländer essen wollen, in Island anzubauen. Die Idee ist nicht neu. Sie stammt aus der Zeit, als Island noch ziemlich abgeschnitten war vom Rest der Welt, aber doch schon verbunden genug, um von herrlichem Obst und Gemüse gehört zu haben. Das ist etwa achtzig Jahre her. Damals gab es in Island zwar gelegentlich exotische Früchte zu kaufen, etwa Bananen, aber fast niemand konnte sie bezahlen. Sie waren einfach sehr langsam sehr weit gereist, das kostete. Andere Früchte, Erdbeeren zum Beispiel, erreichten Island gar nicht erst. Sie wären während der Überfahrt auf dem Schiff verfault. Damals hatten viele Isländer Gesundheitsprobleme. Das lag daran, dass ihre Ernährung sehr eintönig war: Fleisch und Fisch, schön und gut, dazu: Wurzelgemüse, Kohl, Kartoffeln, Beeren. Ende. Ein paar Bauern hatten schon ein bisschen mit Gewächshäusern experimentiert. Aber erst in den 1950er Jahren, mit der ersten Bananenpflanze, kam die Entschlossenheit. Wer Bananen kann, kann alles.

Heute müsste das den Isländern eigentlich egal sein. Sie können alles importieren. Es ist so billig wie nie. Aber stattdessen stecken sie mehr Arbeit denn je in den eigenen Anbau.

Sie sagen, es hat etwas zu tun mit ihrem Patriotismus. Aber noch viel mehr mit dem Schock, den sie vor zehn Jahren erlitten. Da brachen

Gewächshäuser auf Island (Kathrin Jakob)

ihre Banken zusammen. Ihre Währung war kaum mehr etwas wert. Importierte Lebensmittel waren plötzlich wahnsinnig teuer. Und isländische auf einmal preiswert. Die Isländer kauften isländisch.

Die Krise ist längst überstanden. Aber das Gefühl ist geblieben: Wenn es hart auf hart kommt, müssen wir uns selbst helfen. In den Supermärkten liegen zwar Gewächse aus allen Weltgegenden. Aber die Ware, die in Island angebaut wird, trägt die Landesflagge auf der Verpackung wie einen Orden. Und das ist nicht alles. Im Supermarkt hängt eine Liste, darauf ist jede Frucht notiert – und daneben das Land, aus dem sie stammt. Ananas: Costa Rica. Granatapfel: Peru. Zucchini: Holland. Lauchzwiebeln: Deutschland. Gurken: Island. Bei Gurken funktioniert die absonderliche Idee der Isländer schon, sie bauen alle Gurken, die sie essen, selbst an.

Allerdings nicht unter freiem Himmel. Denn da schneit und friert und regnet und nebelt es ja viel zu viel. Die Isländer setzen auf Gewächshäuser. Denn ihr eisiges Land hat ein Geschenk für sie: kostenlose Heizung – Erdwärme. In Island kocht es unter der Erde. Manchmal auch an der Oberfläche, dann steigt Wasser hoch, und man kann ein Ei darin hart kochen. Die Wärme jedenfalls, durch Rohre geleitet, heizt die Gewächshäuser kurzerhand auf Tropentemperatur. Oder auf Zimmertemperatur. Den Tomaten reicht das. Dann ist es ihnen auch egal, ob Juni oder November ist. Sie wachsen aufrecht Richtung Glasdach, Pflanze an Pflanze, Reihe an Reihe, umschwärmt von Hummeln, die zur Bestäubung gehalten werden. Da staunen die Touristen, wenn sie aus dem Bus steigen, der sie durch Schnee und Wind zu der Tomatenfarm in Reykholt gebracht hat. Dort in den Gewächshäusern wachsen dreihundertfünfzig Tonnen Tomaten im Jahr, zwanzig Prozent aller Tomaten, die in Island gegessen werden. Die Tomatenplantage ist ein Familienbetrieb. Die Bauernfamilie serviert den Besuchern Tomatensuppe und erklärt, warum Island seine Idee von der Selbstversorgung immer weiterverfolgt – auch wegen des Klimaschutzes. Island spürt den Klimawandel früher als andere Länder, es sieht seine Gletscher dahinschmelzen und hofft, dass jede Gurke, die nicht mit dem Flugzeug herbeigeflogen werden muss, ein bisschen dazu beiträgt, die Erderwärmung aufzuhalten. Die Regierung macht mit. Sie fördert den Anbau von Obst und Gemüse, das senkt die Preise. Dann kaufen die Isländer noch lieber isländisch.

Und zwar nicht, weil es billiger wäre. Es ist sogar oft teurer. Aber es geht ja darum, das Geld in Island zu lassen, statt in Importe zu stecken. Außerdem gibt es zwei ganz direkte Vorteile: Das eigene Obst und Gemüse ist fast immer bio. Und es schmeckt besser, weil es nicht weit weg unreif geerntet und dann her transportiert wurde; es reift und landet reif im Laden. Hier im Tomatengewächshaus der Bauernfamilie geht es noch schneller. Die Tomate kommt direkt von der Pflanze in die Suppe. Die Touristen geraten in Verzückung. Sie kaufen Zettelchen mit dem Rezept darauf. Zu Hause wird es nie so schmecken wie hier, aber egal. Später schreiben sie auf TripAdvisor: „Obwohl ich kein Tomaten-Fan bin, konnte mich die Tomatensuppe überzeugen."

Nach dem Essen steigen sie wieder in den Bus. Jetzt geht es zu irgendwelchen Wasserfällen, zu Geysiren und zu auseinanderdriftenden Erdplatten. Auf dem Weg dorthin fahren manche Busse an einem kleinen Ort vorbei, der weiter nicht auffällt. Außer im Dunkeln. Dann leuchtet er wie ein Haufen glühender Kohlen. Das sind die Gewächshäuser. Und in einem wachsen die Bananen.

Die bleiben vor den Touristen verborgen. Sie werden auch nicht verkauft. Sie sind die lebende Erinnerung an den isländischen Traum von der Selbstversorgung mit Südfrüchten. Bananen wachsen auf Island – allerdings nicht so, wie die Isländer es sich wünschen.

Pflanzenzüchter hatten die Stauden in den fünfziger Jahren importiert. Sodann experimentierten Landwirte damit; sie hofften, reich zu werden mit der Bananenzucht. Aber das war schwieriger als gedacht. Die Bananen entwickelten sich in den Gewächshäusern zwar ganz gut, aber auch nur, weil es da drinnen warm und feucht war. Draußen war Winter. Die Kälte nagte an den Holzbalken der Gewächshäuser, sie zerfielen. Außerdem wuchsen die Bananen naturgemäß nur sehr langsam. Die Bauern mussten also jahrelang riesige Pflanzen pflegen, bevor die verhältnismäßig kleine Mengen Früchte trugen. Das rechnete sich nicht.

Also brachten die Bauern ihre Bananenstauden weg, und zwar in einen kleinen Ort, an dem die Reisebusse vorbeifahren. Er heißt Hveragerði und ist berühmt dafür, dass dort besonders viel Erdwärme dicht unter der Erdoberfläche ist. So viel, dass er sich „Welthauptstadt der heißen Quellen“ nennt. Also ideal für die Zucht von Pflanzen in Gewächshäusern: das heiße Wasser heizt, das abgekühlte Wasser eignet sich zum Gießen. Wissenschaftler kamen, um den Anbau von Pflanzen unter diesen Bedingungen zu erforschen. Ihnen gaben die Bauern ihre Bananenstauden. Vielleicht würden die Forscher ja einen Weg finden, mehr aus ihnen rauszuholen. Fanden sie nicht. Das sagen die Forscher selbst, die heute an dem Ort arbeiten. Sie gehören zur landwirtschaftlichen Universität von Island. In den Gewächshäusern lernen Studenten, Pflanzen anzubauen. Das Gewächshaus mit den Bananen steht unter der Aufsicht eines freundlichen Mannes, er heißt Elías Óskarsson. Schon sein Großvater arbeitete in den Gewächshäusern hier, er leitete in den 1950er Jahren die Versuche mit Bananen. Aber sie führten nicht zu den erträumten Ergebnissen. Die Bananen waren und blieben zu exotisch für Island. Trotzdem sind sie geblieben. Elías bietet Besuchern der Hochschule gerne eine Banane an. Das macht Eindruck. Die isländischen Bananen machen ihre Seltenheit durch einen überaus süßen und sehr intensiven Geschmack wett. Vielleicht ist es auch bloß der normale Geschmack einer frisch gepflückten Banane. Aber wann pflückt man schon mal Bananen.

Es sind nicht jederzeit Bananen reif. Glückssache. Mal trägt eine Staude, mal eine andere. Wie viele es überhaupt sind, weiß Elías nicht genau. Ein paar Dutzend. Es sind auch längst nicht mehr die alten Stauden, die sein Großvater noch bearbeitete. Die Hochschule importiert Pflanzen. Heikle Sache; es gelten strenge Auflagen, weil keine Schädlinge eingeschleppt werden sollen. Die Forscher tricksen: Einer von ihnen kennt einen Piloten der Iceland Air. Der schmuggelt ihnen hin und wieder Pflanzen ins Land. Die kommen dann an der Uni ein halbes Jahr in Quarantäne. Und danach zu den anderen ins Gewächshaus.

Da steht nun Elías zwischen seinen Bananen, kontrolliert per App, dass es nie kälter als zwölf Grad wird, dass die Luft schön feucht ist, dass keines der Rohre leckt, durch die heißes Wasser fließt; das passiert manchmal, dann steht das gesamte Gewächshaus unter heißem Dampf. Elías ist so etwas wie ein Wärter im Museum für den Traum von den

Bananen. Er passt auf, dass wenigstens die Erinnerung bleibt, und man aus der vielleicht sogar noch etwas lernt. Manche Besucher verstehen das allerdings falsch. Elías erzählt von einem deutschen Fernsehteam, das erst ihn filmte und dann Bananen in einem isländischen Supermarkt; es musste so aussehen, als ob seine Bananen tatsächlich dort verkauft würden. Werden sie aber nicht. Es sind zu wenige. Eigentlich tragisch. Nicht nur wegen des Geschmacks. Elías berichtet, dass mal ein Bananenspezialist aus Ecuador zu Besuch war. Der sagte: „Das sind die schönsten Bananen der Welt." Fast alle, die er kenne, hätten die Panamakrankheit; ein Pilz befällt die Bananenstaude, dann welken die Blätter, sie tragen keine Früchte mehr. Solche Probleme hat Elías nicht. Sein Gewächshaus ist eine sehr kleine, aber dafür auch sehr heile Welt.

Und sie dreht sich nicht nur um die Vergangenheit, sondern vor allem um die Zukunft. Die Universität arbeitet eng mit isländischen Bauern zusammen. Die richten Fragen an die Forscher, und die gehen der Sache nach. Eine Wissenschaftlerin erforscht zum Beispiel gerade, welches künstliche Licht Erdbeeren der Sorte Sonata am liebsten haben, um schnell zu wachsen. Das soll dazu beitragen, dass isländische Züchter erfolgreicher werden. Und dann auch verkaufen. Island hat jetzt schon eigene Erdbeeren, importiert aber viel mehr. Die Früchte werden als Delikatesse genossen, die Isländer essen sie eher einzeln, wie Pralinen, als schüsselweise.

Immerhin leiden die Isländer nicht darunter, dass ihr großer Traum sich bisher nicht erfüllt hat. Was sie dringend brauchen, importieren sie; und die Bananen schmecken auch nicht schlechter als in Supermärkten überall auf der Welt. Und was sie nicht so dringend brauchen, vermissen sie nicht. Die Erdbeer-Forscherin erzählt, dass die Isländer schwer für Neues zu gewinnen sind. Ein Ökobauer im Osten züchtet jetzt Gerste. Die Forscherin sagt, dass er jetzt ganz schön Überzeugungsarbeit leisten müsse. Er vermarktet sein Getreide als „isländischen Reis".

Leuchtende Kreislaufwirtschaft

Auf Island wachsen Bananen, und in Holland die Papaya. Jenseits der Südfrucht-Symbolik haben die Niederlande mit ihren gesamten Ernährungssystemen Großes vor: Als erstes Land der Welt machen sie die Kreislaufwirtschaft zum Staatsziel. Das heißt aber auch, dass Gemüse, Obst und Tiere immer mehr vom Acker in kontrollierte Inhouse-Farmen müssen, erzählt *Klara Keutel* von ihrer Recherche in Holland. Ach was, dass sie dort großteils schon sind. Inklusive Erdwärme, Wasser- und Nährstoff-Wiederverwertgung, komplizierten Datenauswertungen und pinkem Kunstlicht.

Ein Treibhaus ist eine Welt für sich. Das eine warm und feucht, das nächste erfrischend kühl. Das Winterlicht-Gewächshaus ist heller als die anderen, seine besonders großen milchigen Glasscheiben zerstreuen das einfallende Sonnenlicht effektiver. In einem anderen wachsen die Pflanzen unter pinkfarbenem LED-Licht. Tomaten, Gurken, Paprika, Salat, selbst Papaya und seit ein paar Jahren sogar Vanille werden an der Universität Wageningen zu Forschungszwecken angebaut.

Hummeln fliegen eifrig um die Pflanzen, an den Stämmen hängen kleine Beutel mit Insekten, die Schädlinge auf natürliche Art bekämpfen sollen. „Eine stehende Armee", nennt sie Caroline van der Salm. Sie ist Teamleiterin der Forschungsgruppe Plant Health, Soil and Water und führt uns durch die Anlagen. „Hier experimentieren wir mit dem Geschmack der Tomaten", erklärt sie im Vorbeilaufen. „Und hier", sie zeigt in ein Gewächshaus mit kranken Pflanzen, „testen wir neue Pflanzenschutzmittel".

In Bleiswijk reiht sich ein Gewächshaus an das andere. Aus der Luft betrachtet gleicht das Ganze einem Meer aus Glas. Die kleine Gemeinde ist eines der Ballungszentren für Gemüse- und Blumenanbau im Westen der Niederlande, nur zwanzig Kilometer entfernt von Rotterdam und Den Haag. Saatgutproduzenten, Gemüse-, Obst- und Blumenzüchter, Forscher und Logistikunternehmen arbeiten hier auf engstem Raum zusammen. Auch die Abteilung Gartenbauforschung der Universität Wageningen ist hier angesiedelt. Mehr als achtzig Wissenschaftler beschäftigen sich mit neuen Anbautechniken, Pflanzengesundheit, Qualität und Nachhaltigkeit. Kaum irgendwo sonst sind so viele Experten an einem Ort versammelt.

Indoor-Salatfarm in Bleiswijk (Klara Keutel)

Die braucht es auch. Denn es bleibt eine große Frage, wie mit möglichst geringem Ressourceneinsatz und minimalen negativen Auswirkungen auf die Umwelt ausreichend Nahrung produziert werden kann. „Landwirtschaft ist nicht natürlich", betont van der Salm. Über Jahrtausende hinweg gezüchtete und optimierte Nutzpflanzen, großflächiger Anbau in Monokulturen – das alles hinterlässt deutliche Spuren. Kontaminiertes Grundwasser, degradierte Anbauflächen, hoher Verbrauch fossiler Energieträger, Abholzung der Regenwälder und Insektensterben sind die Folge. Die Niederländer könnten einen Teil der Antwort bereits gefunden haben. Zumindest für bestimmte Produkte wie frisches Gemüse. Im Jahr 2017 veröffentlichte der Gartenbauverband LTO Glaskracht Nederland das Buch „Vorwärts Mars(ch)". Dort ist beschrieben, was als Inspiration für den Gartenbau der Zukunft dienen soll: das Kreislaufgewächshaus. Ein Gewächshaus, das ein gesundes, wenn auch künstliches Ökosystem darstellt, das die Umwelt so wenig wie möglich belastet. Wasser, Nährstoffe, Energie und Kohlendioxid werden mit höchster Effizienz eingesetzt, Stoffkreisläufe möglichst geschlossen. Das Kreislaufgewächshaus soll erneuerbare Energien nutzen, selbst zum Energieproduzenten werden und als integraler Teil des städtischen Metabolismus funktionieren. Der sprachliche Bezug zum Mars ist kein Zufall: Er ruft in Erinnerung, dass die Menschheit nicht nur im Weltraum mit limitierten Ressourcen operiert (siehe auch das folgende Kapitel).

Der holländische Tomatenzüchter Peter Duijvestijn hat die Pflanzen in seinem Familienbetrieb einmal mit Profisportlern verglichen. Auch sie können nur unter perfekten Bedingungen zu Bestform auflaufen. Wasser, Nährstoffe, Kohlendioxid, Wärmeenergie und Licht müssen in exakt der richtigen Menge und Zusammensetzung vorhanden sein. „Die Anbauer wollen genau verstehen, was die Pflanze benötigt. Und die Variablen im Gewächshaus entsprechend anpassen“, sagt Maren Schoormans, Manager für Gartenbau bei Priva, dem Marktführer im Bereich intelligenter Gewächshaustechnik. Priva stattet Gewächshäuser mit Sensoren aus, misst alles, von Temperatur, Sonneneinstrahlung, Lichtmenge und Luftfeuchtigkeit bis hin zu Nährstoffkonzentration und Wasseraufnahme. Das erlaubt die genaue Abstimmung Zigtausender Parameter auf das Pflanzenwohl. Und es hilft, Ressourcen wie Wasser und Nährstoffe präzise zu dosieren und zurückzugewinnen. Techniken wie diese haben dazu beigetragen, dass der Energieverbrauch pro Quadratmeter Gemüseanbaufläche in den vergangenen Jahren deutlich gesunken ist. „Für die Tomatenzucht werden nur noch 15 Kubikmeter Gas pro Quadratmeter und Jahr verwendet“, sagt van der Salm. Es waren einmal 60. Gleichzeitig sei die Produktion von 55 Kilogramm pro Quadratmeter auf 70 Kilogramm angestiegen, sogar 100 Kilogramm seien vereinzelt erzielt worden. Zum Vergleich: In Spanien werden durchschnittlich 20 Kilogramm pro Quadratmeter geerntet. Auch der Wasserverbrauch konnte deutlich verringert werden. „95 Prozent des Wassers werden bereits im Gewächshaus wiederverwendet“, sagt van der Salm. In einer der Forschungsparzellen in Bleiswijk wird bereits die gesamte Wassermenge recycelt.

Noch vor ein paar Jahren war es gang und gäbe, dass Gewächshäuser ihr Abwasser ins Oberflächenwasser entsorgten. In Gegenden mit intensivem Gartenbau enthielt es dann deutlich mehr Stickstoff, Phosphor und chemische Pestizide als zugelassen. „Seit diesem Jahr ist Abwasserreinigung verpflichtend, von 2027 an dürfen keinerlei Schadstoffe mehr abgeführt werden“, sagt van der Salm.

Ebenso wichtig ist, dass die Pflanze gesund bleibt. Tomaten, Paprika und Gurken werden mittlerweile fast ausschließlich in Substrat angebaut. Am häufigsten wird Steinwolle verwendet, aber auch Kokostorf und Perlite kommen zum Einsatz. Substrat hat den Vorteil, dass es steriler ist als klassischer Nährboden. Schädlinge und andere Plagen finden so seltener Einzug ins Gewächshaus. Auch kann es einfacher desinfiziert und der Wasser- und Nährstoffgehalt genauer überwacht werden. Saatgutunternehmen forschen zudem an immer resistenteren Samen. Chemische Pestizide werden zunehmend als Ultima Ratio gesehen. „Ich könnte mir vorstellen, dass man sie künftig nur noch auf Rezept bekommt, wenn eine akute Plage nicht anders unter Kontrolle gebracht werden kann“, sagt van der Salm. Zu siebzig Prozent kommen schon heute biologische Schädlingsbekämpfer zum Einsatz. Die werden seit den 1960er Jahren von der Firma Koppert Biological Systems produziert. Im Gewächshaus der Universität Wageningen, aber auch bei dem Produzenten Duijvestijn Tomaten sieht man kleine Tütchen an den Pflanzen hängen. Nach und nach schlüpfen daraus Wespen, Fliegen, Milben und Käfer und machen sich über Schädlinge her. Hier und da steht außerdem eine Hummel- oder Bienenkiste. Natürliche Bestäubung im Gewächshaus wird von vielen Betreibern bevorzugt. Der Ertrag ist besser, und es schwirren weniger Pollen durch die Luft, die das Klima in den Treibhäusern verderben könnten.

Für Rob Baan ist eine gesunde Pflanze noch mehr. Mit seinem Unternehmen Koppert Cress baut er auf mehr als zehn Hektar in modernsten Gewächshäusern Kresse an. Gartenkresse, Brokkolikresse, Daikonkresse, mehr als dreißig verschiedene Sorten sind im Angebot. Das Mikrogemüse ist nicht nur schmackhaft und dekorativ, sondern soll auch besonders gesund sein. „Bestimmte Nährstoffe kommen in den jungen Blättern in viel größerer Konzentration vor als in der ausgewachsenen Pflanze“, erklärt Baan. Brokkolikresse enthält beispielsweise neunzig Mal mehr von dem Antioxidans Sulforaphan als gewöhnlicher Brokkoli. Unter Sterneköchen sind die Kressen sehr beliebt, 70 000 Restaurants beliefert der Hobbykoch Baan jedes Jahr. Er spricht gerne über die Ernährungsrevolution, die er vorantreiben will. Mehr Gemüse, weniger Fleisch, stärkerer Fokus auf gutes, nährstoffreiches Essen. Baan ist außerdem Vorreiter in der Anwendung innovativer Technologien. Seine Gewächshäuser sind wahre Hightech-Konstrukte. Eine LED-Beleuchtung taucht die Anbauflächen in strahlendes Pink. Er war einer der Ersten, die mit diesem Licht experimentierten. Rotes Licht ist gut für die Nährstoffbildung, blaues Licht hält die Pflanzen klein und kompakt. Bei Kresse ist das gewünscht. Zudem sind LED-Lichter effizienter und produzieren weniger Abwärme. Auch Maren Schoormans ist begeistert von der Technologie. „Pflanzen verwenden eigentlich nur ein Prozent des Sonnenlichts. Wenn man genau weiß, welche Wellenlängen und Lichtintensität die Pflanzen in welchem Stadium brauchen, kann man Licht viel effizienter und zielgerichteter einsetzen.“ Die auf derartige Lichtanwendungen spezialisierte Firma Hortilux hat LED-Lichtapparaturen für Gartenbauer seit 2008 im Sortiment. „Damit waren wir die Ersten“, sagt der Manager Ronald Monster. Und obwohl diese Art der Beleuchtung noch deutlich teurer ist als traditionelle Natriumdampflampen, wird schon ausgiebig experimentiert.

Das perfekte Lichtrezept ist der neue heilige Gral der Gemüsezucht. Welche Mischung bewirkt die gewünschte Blattgröße, Wuchsgeschwindigkeit, Wurzelentwicklung, den Nährstoffgehalt und Geschmack? Gemeinsam mit Green Simplicity hat Hortilux für diese Experimente eine Klimazelle entwickelt. Ein geschlossenes Anbausystem in einem handlichen Container von 15 bis 20 Quadratmetern kostet rund 80 000 Euro. Alle Anbauparameter können genau eingestellt und konstant gehalten werden. Die Zellen sind mit LED-Lichtern in Rot, Dunkelrot, Weiß und Blau ausgestattet. Im World Horti Center, einem kürzlich eröffneten Innovationszentrum für Gartenbau, wächst über mehrere Etagen verteilt Basilikum jeweils unter einer anderen Lichtmischung. Ob man den Unterschied schmeckt? „Absolut!“, sagt Ronald

Monster. „Der hier“, er zeigt ins oberste Regal, „schmeckt scheußlich. Die anderen sind besser.“ Unterschiedlich groß sind die Pflanzen auch.

Solche Klimazellen sind auch aus anderer Sicht interessant: Sie lösen in einem logisch nächsten Schritt das Hightech-Gewächshaus ab und treiben die technischen Eingriffsmöglichkeiten und die Kontrolle über die Stoffströme auf die Spitze. „Das ist die Zukunft des Gartenbaus“, sagt auch Maren Schoormans. Nichts kann mehr entweichen; Wasser, Nährstoffe und Kohlendioxid können praktisch komplett zirkulieren und wiederverwendet werden. Der Anbau ist Tag und Nacht und zu jeder Jahreszeit möglich. Pestizide werden nicht mehr benötigt, denn halbwegs steril ist der Container auch. Zuletzt ist es sogar gelungen, Hummeln in einem solchen Container zu kultivieren. Bisher hatte der Mangel an UV-Licht zum Orientierungsverlust der Insekten geführt. Doch das Problem sei jetzt gelöst. „Der Energieverbrauch ist derzeit allerdings noch ein Problem“, gibt er zu. „Wir verwenden ausschließlich künstliches Licht, der Container muss auf konstanter Temperatur gehalten und entfeuchtet werden.“ Dann hinge es davon ab, wie die Energie produziert wird. „Wenn wir zukünftig wie geplant unsere Energie aus erneuerbaren Quellen beziehen, steht dem Indoor-Gewächshaus nichts mehr im Wege.“ Außer vielleicht der Preis, denn der beträgt laut Schoormans noch das Zehnfache von einem modernen Gewächshaus: etwa 25 Millionen Euro pro Hektar.

Auch die traditionellen niederländischen Gewächshäuser sind große Energiefresser. Im Sommer müssen sie gekühlt werden, im Winter geheizt. Zudem wird immer häufiger künstlich beleuchtet. Erdgas ist nach wie vor die gängige Heizquelle. Das wird derzeit rund um Groningen gefördert und ist vergleichsweise preiswert. Nachhaltige Energiequellen dagegen decken nur etwa sechs Prozent der nationalen Energieversorgung in Holland. Der Gartenbausektor liegt sogar noch darunter. Damit stehen die Niederländer auf dem vorletzten Platz in Europa. Deswegen – und auch, weil Groningen immer wieder von Erdbeben heimgesucht wird – beschloss die niederländische Regierung den Gasausstieg. Ende März 2018 bestätigte Ministerpräsident Rutte in einer Pressekonferenz: Von 2030 an soll in der Provinz Groningen kein Erdgas mehr gefördert werden, bis 2050 der Umstieg auf hundert

Prozent erneuerbare Energien vollzogen sein. Die Gewächshausindustrie gibt sich selbst noch ambitionierter: Bis 2040 sollen die Gewächshäuser klimaneutral und nur noch mit erneuerbaren Energien versorgt werden. Wie das gelingen könnte, haben Rob Baan und Duijvestijn bereits vorgemacht: Beide heizen schon jetzt nur noch in Ausnahmesituationen mit Gas. Die Duijvestijns begannen 2010 mit den ersten Erdwärmebohrungen. Seitdem nutzen sie das warme Wasser, das aus zweitausend Meter Tiefe hochgepumpt wird. „Das war unser größter Schritt in Richtung nachhaltige Produktion", sagt Ted Duijvestijn, einer der Vorstände des Familienbetriebs. Pro Jahr würden so zirka 4,5 Millionen Kubikmeter Erdgas eingespart. Das entspricht dem Gasverbrauch von ungefähr viertausend Haushalten. Duijvestijns Gewächshäuser gehören außerdem zu denen, die Rest-Kohlendioxid aus der Industrie beziehen. Damit wird die Gewächshausluft angereichert, um das Pflanzenwachstum zu befördern. OCAP, eine eigenständige Tochterunternehmung von Linde Gas Benelux und Volker Wessels, nutzt seit dem Jahr 2005 eine brachliegende Ölpipeline, um jährlich 500 000 Tonnen Kohlenstoffdioxid aus einer Shell-Raffinerie und einer Bioethanolanlage abzufangen und zu den Gewächshäusern zwischen Rotterdam und Amsterdam zu liefern. Das bringt gleich doppelt Vorteile. Denn alternativ müssten die Gemüsezüchter selbst Kohlendioxid herstellen, indem Erdgas verbrannt wird. In Zukunft soll das System noch ausgebaut werden, denn die Nachfrage nach Rest-Kohlendioxid steigt. Auch Rob Baan macht sich den Untergrund zunutze. In wasserführenden Gesteinsschichten 175 Meter unter der Erde speichert er im Sommer warmes Wasser, das im Winter zum Heizen verwendet werden kann, und im Winter kaltes Wasser, das im Sommer zum Kühlen genutzt wird. So entsteht ein thermischer Kreislauf. Benötigt werden dafür zwei unterirdische Speicher, Wärmetauscher und Wärmepumpen sowie ein Heizsystem, das mit niedrigen Temperaturen arbeiten kann. „Jedes Jahr sparen wir auf diese Weise mehr als 550 000 Kubikmeter Gas", erklärt Baan.

Im Gewächshaus weist Baan auf die weißen Schächte zwischen den Pflanztischen. „Die saugen die warme Luft ein, die wiederum ihre Wärme an das Wasser abgibt. Das wird abgeführt und gespeichert. Die abgekühlte Luft wird am Boden des Gewächshauses wieder ausgeblasen." Das verbessert die Luftzirkulation, und es muss weniger gelüftet werden. Das wiederum sorgt dafür, dass das für die Pflanzen so wichtige Kohlendioxid im Gewächshaus bleibt. Selbst die geringe Abwärme der LED-Beleuchtung wird im Wasser aufgefangen. Die Sonnenkollektoren auf dem Dach erwärmen es zusätzlich auf bis zu 45 Grad, bevor es unter Tage gespeichert wird. Die Energiesysteme von Koppert Cress und Duijvestijn Tomaten sind ein Beispiel für die energetische Zukunft, wie sie sich der Gartenbauverband LTO Glaskracht Nederland vorstellt. Der Geothermie wird allgemein ein großes Potential zugesprochen. Zwar teuer und nicht ohne jedes Risiko, aber eine nachhaltige Energiequelle, die über lokale Wärmenetze auch ganze Gewächshauskolonien sowie anliegende Wohngebiete, Schwimmbäder und Unternehmen versorgen kann. Sechzehn Erdwärmequellen sind im Gartenbausektor bereits in Betrieb genommen worden. Das spart 75 Millionen Kubikmeter Gas und entspricht 3 Prozent der gesamten Wärmenutzung. Bis 2040 sollte sich die Anzahl auf 65 erhöhen und damit mehr als die Hälfte der nachgefragten Wärme liefern. Restwärme aus den benachbarten Industriegebieten und aus Rechenzentren gilt als weitere Option.

Auch unterirdische Energiespeicher könnten in Zukunft mehr Anwendung finden und sogar weitere Gebäude mit Wärme und Kühlung versorgen. Zudem könnten Gewächshäuser eine größere Rolle in der regionalen Wasserbewirtschaftung spielen. Die enormen Wasserspeicher der Gewächshäuser könnten bei Überlastung einen Puffer bilden. Dahinter steht die Idee eines nachhaltigen urbanen Deltas in der Rheinmündung. Denn Tausende Hektar holländischer Gewächshäuser liegen praktisch am Rande großer Städte, in direkter Nachbarschaft zu anderen Großindustrien und inmitten zivilen Lebens. Restströme von anderen Nutzern können verwertet, die eigenen Abfälle anderen zur Weiterverarbeitung angeboten werden. In Zukunft könnte die holländische Gewächshausindustrie sogar weniger auf den Anbau und Export von Tomaten setzen, sondern auf den Export von geballtem Wissen und Technologie. Weltweit werden 490 000 Hektar Gewächshäuser unterhalten. Erst etwa vier Prozent davon sind bislang nach Hightech-Maßstäben ausgestattet.

Gemüse fürs Weltall

Und warum nicht gleich auf dem Mars produzieren? Die Forscher denken schon daran und experimentieren in der Antarktis. Dabei denken sie schon an kommende Mars-Missionen. Ich habe mit Wissenschaftlern in Bremen und in ihren Laboren in Erlangen gesprochen.

Im Februar des Jahres 2018 säte Paul Zabel, ein deutscher Antarktisforscher, die ersten Zwergtomaten am Südpol. Draußen schien die Sonne 24 Stunden lang. Ein Expeditionsschiff hatte zuvor den Pflanzen-Container mit Substraten, Nährlösungen und Samen angeliefert. Dann wurde es Winter und kaum noch hell am Südpol. Dafür gab es nun Farben im Gewächshaus: rote Tomaten und Radieschen, das Grün der Salate, Minze, Gurken und Kohlrabipflanzen. „Mehr als erfolgreich" verlief der erste arktische Winter, in dem sich Forscher des Deutschen Zentrums für Luft- und Raumfahrt (DLR) als Gärtner betätigten, wie die Verantwortlichen ein halbes Jahr nach der Aussaat berichteten. Draußen war es im antarktischen Winter zwar kalt, bis zu minus 42 Grad, doch im Container, der mit zehn Zentimeter dicken Wänden ausgestattet ist, reiften die Vitamine für die Crew, die Dosenkost gewohnt war. „Es gibt fast täglich Salat in der Station", berichtete Projektleiter Daniel Schubert. Und so viele Gurken, dass den Eisforschern der Gurkensalat schon sprichtwörtlich zum Hals herraushing. Geerntet wurden seit Februar immerhin 183 Kilogramm Frischgemüse, großteils Gurken und Tomaten.

Der Versuch war Teil von etwas Größerem: In einigen Jahrzehnten, so wird erwartet, sollen die ersten Menschen zum Mars fliegen. Wegen der Bedingungen für eine solche Reise müssten die Astronauten nicht nur zweimal sieben Monate fliegen, sondern auch eineinhalb Jahre auf dem Mars selbst bleiben. Für diese Zeit müssten sie ihr eigenes Obst und Gemüse anbauen, um nicht wegen Mangelerscheinungen zu erkranken. Für diesen fernen Marsflug war das deutsche Südpolprojekt mit dem Namen „Eden-ISS" ein früher Testlauf. Aber auch für die Landwirtschaft der Zukunft könnte das Projekt ein Vorbild sein. So sieht es Projektleiter Schubert, der Ingenieur ist und sich seit vielen Jahren mit der Pflanzenzucht in geschlossenen Anlagen befasst. Er glaubt, dass global ein wachsender Teil der Gemüse- und Salatproduktion in vertikale Farmen abwandern wird. In Berlin soll bald die erste eröffnen, in Asien und den Vereinigten Staaten gibt es schon einige. „Man könnte so den ökologischen Fußabdruck einer Stadt optimieren", sagt er. Zum Beispiel: die Abwässer einer Kläranlage aufbereiten und mit ihnen dann das Gemüse düngen. Oder die kohlendioxidhaltige Abluft aus öffentlichen Schulgebäuden in Gewächshäuser leiten, wo die Pflanzen es zur Photosynthese nutzen. „Wir haben das Forschungsprojekt nicht gemacht, um den Welthunger zu beseitigen", sagt Schubert. „Aber geschlossene Produktionssysteme werden einen wachsenden Beitrag leisten. Es wird in den nächsten Jahren ein Umdenken und eine große Bewegung geben."

Ein Beispiel: Gemüseanbau in der Wüste. Das DLR kooperiert diesbezüglich mit Marokko und Ägypten. Hier sollen in Containern, gespeist mit dem Strom von Solarzellen, Salate und Tomaten mit geringem Wasserbedarf reifen; das Bundesministerium für Forschung fördert das. „Solche Container sollten in entlegenen Dörfern und in unterentwickelten Gegenden der Erde aufgestellt werden", sagt Schubert. (Das kommende Kapitel nimmt die Wüsten-Gewächshäuser genauer in den Blick.)

Noch gibt es, was die Autarkieträume vom Weltraum angeht, technische Mängel. Das Antarktis-Projekt konnte noch nicht die nötige Energie selbst produzieren; das wäre im arktischen Winter mit Solarzellen schwierig. Erdwärme lässt sich hier kaum erschließen, der Boden ist tiefgefroren. Und während Rucola oder Kohlrabi unter LED-Licht und dauernd zirkulierender Luft, in Steinwolle und unter ständiger Nährstoffzufuhr prächtig gediehen, taten sich Paprika und Erdbeeren schwer. Von Schimmel immerhin war nichts zu sehen; Schädlinge gibt es in der Antarktis nicht. Mit Blick auf kommende bemannte Marsexpeditionen startete zudem und etwa zeitgleich ein weiterer Anbauversuch unter deutscher Beteiligung – nicht in der Antarktis, sondern im Weltraum selbst. In eine Umlaufbahn von 600 Kilometern über der Erde schicken das DLR und Wissenschaftler der Universität Erlangen dann einen kleinen Satelliten, in dessen dunklem Herzen Tomaten wachsen sollen. Auch in der Gemüsezucht im Weltall geht es – noch konsequenter als in der Antarktis – nicht nur um die Schwerkraft, sondern auch um möglichst geschlossene Stoffkreisläufe.

Man kann das Innere der Kapsel schon heute in Erlangen sehen. In einem Kasten, nicht viel größer als ein Schuhkarton, sollen die Pflanzen wachsen – nicht in Erde, sondern in Substrat und einer Nährlösung. Der Dünger, den sie brauchen, ist der Urin der Astronauten (über den Urin der Menschheit als Dünger schreibt Maja Brankovic ein späteres Kapitel). Aber einfach auf die Tomaten zu pinkeln, das wäre für die Astronauten keine gute Idee. Dann entstünde der stinkende Giftstoff Ammoniak, erklärt Forschungsleiter Michael Lebert. Also rieselt der Urin zunächst durch einen kleinen Glaskasten, der mit Lavagestein gefüllt ist und mit Bakterien, die Ammoniak abbauen oder umwandeln. Am Ende bleiben den Tomaten Stickstoff und andere Pflanzennährstoffe.

Neues Leben in die Wüste

Ob Weltraum, Island oder Wüste, eigentlich ist die Geschichte immer ähnlich: In lebensfeindlicher Umgebung lässt sich in geschlossenen Anlagen Essbares anbauen. Doch die Wüste bietet auch an der freien Luft Möglichkeiten dazu. Es ist wichtig, dass die Menschen diese immer mehr und besser nutzen, denn durch den Klimawandel wächst die Wüste. Und davon gibt es sowieso schon reichlich. Die Wasserreserven aber werden - so es sie gibt - knapp. Also muss man sparsamer bewässern oder genügsame Palmen anbauen. Ich habe in Israel und Jordanien nach dem Potenzial der Wüsten-Landwirtschaft gesucht. Die braucht Entsalzungsanlagen für Meerwasser, Pipelines und Abwasser-Wiederverwertung - und auch einige salzresistente Früchte wie Quinoa, süße Tomaten oder Wassermelonen

Da wachsen Ölbäume, wo ringsum nichts ist außer Sand und Steine und Wind. Eine Jojoba-Plantage in der Wüste Negev. Fünfhundert Hektar Bäume, ein Fünftel der Weltproduktion von Jojobaöl auf kleinem Raum. Wie diese Plantage ist auch Israel: klein, aber leistet Großes. Israel ist der globale Hotspot der aufkommenden Wüstenlandwirtschaft. So wie hier, in der Jojoba-Plantage von Hatzerim, so grünt es an immer mehr Orten in dem zwar heiligen, aber ausnehmend lebensfeindlichen Landstrich – bis hinunter an die Küste des Roten Meeres, wo der Sinai beginnt und Arabien am Abendhorizont leuchtet.

Hatzerim – für Bewohner des israelischen Kibbutzes ist dies auch ein politisch symbolischer Ort. „Das ist der Zionismus", sagt der Geschäftsführer der Plantage „Jojoba Desert", Jonathan Regev: „Ja, wir machen die Wüste grün." Die ersten jüdischen Siedler gründeten diesen Kibbutz im Jahr 1946. Jetzt sitzt hier der Weltmarktführer für Tröpfchenbewässerung, Netafim – fünftausend Mitarbeiter, zwölf Werke rund um den Globus. Eine Jahresproduktion von Wasserschläuchen, die zusammengenommen angeblich einhundertzwanzig Mal um die Erde reichen würden. Und dank dieser Schläuche gibt es hier eben auch „Jojoba Desert", den Weltmarktführer auf dem Zwergenmarkt für kosmetisch verwendetes Jojobaöl. Kosmetikkonzerne wie L'Oreal mischen Tröpfchen davon in ihre teuersten Cremes. Das trägt zwar nicht zur Welternährung bei, aber an anderen Orten gibt es auch Datteln und andere Früchte. Von hier bis zur Südgrenze Israels, auf diesem gut zweihundert Kilometer langen, nach Süden hin immer schmaler werdenden Wüstenstreifen, stechen auch grüne Dattelpalmen und Mandelbäume heraus. Es reift sogar Wein dort, wo die Böden Salzkrusten tragen, der Wind unerbittlich weht, wo weit und breit das einzige sichtbare Wasser dasjenige des Toten Meeres ist. Dieses Wasser aber ist so salzig, dass es widerlich schmeckt und zu nichts taugt, außer zur Heilung von schweren Hautkrankheiten.

Aber selbst südlich dieses heilvollen Meeres wächst jetzt Obst. Jedenfalls in vereinzelten, künstlich geschaffenen Oasen. Die Datteln der Plantagen, die sich entlang der Grenze bis nach Jordanien hinziehen, versorgen auch die arabischen Nachbarländer; notfalls wohl über Drittländer, wenn offiziell Handelsboykotte bestehen. „Hier ist ein Traum wahr geworden", sagt Jonathan Regev, der Geschäftsführer der Jojobaöl-Plantage. Für ihn ist es wie die Einlösung eines politischen

Heilsversprechens. So habe es David Ben-Gurion vorhergesagt, der Staatsgründer Israels, als in den späten 1940er Jahren jüdische Siedler hier beinahe schon wieder entmutigt aufgeben und weiterziehen wollten in den Norden Israels, weil es dort Wasser gab. Bleibt hier, meinte Ben-Gurion, und überlegt euch, wie die Wüste grün werden kann. Bald wurde dann die erste, vierzig Kilometer lange Bewässerungs-Pipeline gebaut. Ohne diese Pipelines grünte es in der Wüste keinesfalls, bis heute nicht.

Und in Zukunft? Das entscheidet sich auch in der Pflanzenzucht. Ein Besuch in einer der führenden Universitäten für Pflanzenbau, in den Gewächshäusern der Hebräischen Universität Jerusalem in Rehovot im Süden von Tel Aviv. Professor Menachem Moshelion experimentiert hier mit genverändertem Gemüse. In Gewächshäusern variiert er die Anteile an Rot-, Blau- und Gelblicht, und er simuliert Trockenstress. Eine seiner Ideen, die einen Durchbruch für die Wüstenlandwirtschaft bringen könnte, lautet: „Wir wollen die Wurzeln so verändern, dass sie das Wasser schneller leiten." Klingt gut, gibt es aber noch nicht. Doch den Professor leiten solche Ideen an, die er der Mechanik entnimmt. Im Englischen, sagt Moshelion, sei das Wort „plant" für Pflanze schließlich gleichbedeutend mit „Fabrik". Und so sehe er eben auch die Pflanzen: als kleine Energiefabriken. Das Gefäßsystem der Pflanzen will er optimieren, und überhaupt: „Wir wollen das Verhalten der Pflanzen verändern." Solche Pflanzen müssten ja nicht einmal in freier Natur überlebensfähig sein, wendet er ein, sondern bloß unter kontrollierten Bedingungen – im Gewächshaus etwa oder unter kontinuierlicher Tröpfchenbewässerung. Allerdings gibt Moshelion zu, das sei sehr kompliziert. Sein Team habe bis heute keine Pflanze gefunden, die trockenresistent sei oder Wasser schneller leite und die auch kommerziell einsetzbar wäre. Das gelte auch für die Forschungen der globalen Zuchtkonzerne wie Bayer oder Syngenta: Resistenzen gegen Trockenheit, Hitze und Salz ließen sich eben viel schwieriger finden, als die Optimisten noch vor Jahren meinten.

Moshelion lächelt über den Hochmut der früheren Jahre: „Vor 20 Jahren wurde das menschliche Genom entschlüsselt, und damals dachten wir: ‚Toll, wir können bald alle Krankheiten heilen!' Und jetzt sehen wir, es gibt immer noch Krebs und Herzinfarkte. Und was die Pflanzen angeht, da gibt es immer noch keine trockentoleranten Sorten. Ich glaube auch, es ist unmöglich, sie zu züchten. Es ist unmöglich, aus Wüsten blühende Landschaften zu machen. Wir sind heute sehr viel bescheidener, als vor zwanzig Jahren." Aber salziges Wasser, das lässt sich durchaus verwerten. Die Israelis bauen einige Feldfrüchte an, die damit zurechtkommen: neuerdings Quinoa, einige süße Tomatensorten und Wassermelonen.

Jojobaöl ist nicht essbar. Aber Jojobabäume sind anspruchslos und hitzebeständig. Der Wind macht ihnen wenig aus, auch die Kälte der Wüstennächte nicht. Aber ohne das Wasser aus den Plastikschläuchen von Netafim wüchse im Kibbutz Hatzerim kein einziger Jojoba-Baum und auch nichts Essbares. Alles basiert auf dem Wasser, das durch kilometerlange Schlauchnetze von Norden aus durchs Land geleitet wird. Israel ist, bezogen auf die Ernährungslage, wie ein Mikrokosmos der Welt. Im Norden hat es fruchtbare Böden und ausreichend Niederschlag, im Süden die Wüste. Die Bevölkerung wächst stark. Neun Millionen Einwohner sind es derzeit, bis 2050 sollen es 15 Millionen Israelis werden. Das Land ist etwa so groß wie Hessen. Aber Hessen hat nur sechs Millionen Einwohner. Und Hessen hat Regen und, im geographischen Sinne, keine Wüste.

Ernährung, meint man, hängt von Bäumen, Pflanzen, Dünger ab. Aber in der Wüste kommt es auf etwas anderes an: Rohre, Leitungen, Schläuche. Um Wasser gibt es immer wieder Konflikte mit den autonomen Palästinensergebieten in der Westbank. Der Norden Israels verfügt über Grundwasser-Reservoirs. Doch immer mehr Wasser kommt aus den Meerwasser-Entsalzungsanlagen an der Küste. Allerdings ist es nicht einfach, mit entsalztem Meerwasser Landwirtschaft zu betreiben, ohne dabei Verluste zu erwirtschaften. Denn die Anlagen brauchen viel Energie und das entsalzte Wasser ist teuer. Es kostet etwa 1,5 Schekel pro Kubikmeter, zu viel für eine profitable Gemüsezucht. Also geht es zunächst an die Millionen Haushalte zwischen Tel Aviv, Haifa im

Norden und Jerusalem. Der Landwirtschaft bleibt das Schmutzwasser. Im Norden nützt aber auch das nichts, denn Bewässerung mit dem immer noch phosphor- und kalihaltigen, aufbereiteten Abwasser würde dort das Grundwasser verdrecken. Anders in der Wüste: Hier findet das geklärte Schmutzwasser seinen Einsatz. Etwa dreißig Anlagen, in denen Schmutzwasser aufbereitet wird, stehen in Israel. Zum Beispiel wird schon die Hälfte des Abwassers der Stadt Jerusalem gefiltert und geklärt. Dieses Wasser fließt dann zum Kibbutz Tzora. Wie Adern ziehen sich Kanäle und Leitungen weiter in den Süden. Israel gilt als das Land, das weltweit den größten Anteil an Abwasser wiederverwertet. Rund 90 Prozent sind es hier nach Angaben der Behörden; nur rund 20 Prozent in Spanien, ein Prozent in den Vereinigten Staaten.

Und trotz aller Fortschritte hängt Israel – nicht weniger als Nachbarländer wie Ägypten oder Jordanien – am Import von Getreide. Es sind die Vereinigten Staaten, Russland und die EU, die den Wüsten-Anrainer-Staat versorgen. Zwar exportiert insbesondere Israel wertvolles Obst wie Datteln und Kakhi oder Avocados ins Ausland – so wie auch Ägypten, das reich an Nilwasser ist. Aber Getreideanbau in der Wüste gelingt kaum. Etwa 90 Prozent des Getreides muss Israel importieren, 50 Prozent an Ölen und Fetten. Nur Milch und Geflügel kann es ausreichend produzieren.

Also bleibt Ben-Gurions Wort wie eine Losung für weitere Jahrzehnte: Lasst euch was einfallen!

So, wie im Kibbutz Hatzerim vor mehr als 60 Jahren. Die Erfindung des Tröpfchenschlauchs war eine wenig beachtete technische Revolution. Er besteht zu 98 Prozent aus Plastik, zu 2 Prozent aus Ruß, und ist 20 oder 30 Jahre haltbar – wenn nicht Spechte kommen und drauflospicken. Tröpfchenbewässerung nützt nicht nur den relativ reichen Israelis, sondern auch Afrikas Kleinbauern. Netafim vertreibt in den ärmsten Ländern der Welt ein kleines, angepasstes System. Es ist, sagen sie hier, eine Erfolgsgeschichte. „Die Kosten werden meist nach zwei Jahren zurückbezahlt", erzählt ein Mitarbeiter von Netafim. Denn die Erntefortschritte seien sehr groß: Auf 1000 Quadratmetern mit Sprinklerbewässerung erziele ein Bauer vier Tonnen Tomatenernte, mit Tröpfchenbewässerung hingegen zwanzig.

In Hatzerim fing alles an. Die Geschichte dieses Kibbutzes und der Bewässerungsfirma Netafim ist eine des Neuanfangs nach der Katastrophe des Zweiten Weltkrieges. Danny Retter, Jahrgang 1942 und einer der Gründer von Netafim, lebt schon seit Jahrzehnten hier und arbeitet bis heute als Ingenieur für Netafim. Er führt die deutschen Gäste durch die Produktion. Sein Deutsch ist perfekt. „Wenn ich muss, spreche ich noch Deutsch", sagt er und lächelt gequält. Seine deutsche Geschichte liegt ewig zurück. Ein Teil von Dannys Familie kam aus Wien, Deutsch ist seine Muttersprache, er kam in der Bukowina zur Welt. Der Familie gelang die Flucht vor den Nationalsozialisten. Einige der Gründer von Hatzerim waren 1946 Flüchtlinge, die als Kinder den Nazis aus dem östlichen Europa über Teheran nach Palästina entkamen. In der Wüste kamen sie also an. Anfang der Sechziger Jahre war Danny Retter immer noch jung, suchte Arbeit und fand den Kibbutz. Er hat als Ingenieur später die Tröpfchensysteme immer weiter verbessert. Mit ihm begann in Hatzerim die Geschichte der Bewässerung mit Schläuchen, die gezielt Tröpfchen über die Wurzeln absondern, statt ganze Flächen zu bewässern. So verdunstet das Wasser nicht großflächig, sondern kommt sprichwörtlich jeder Tropfen gezielt dort an, wo er von der Pflanze aufgesaugt werden kann. Danny Retter erklärt: „Einer der Hauptvorteile der Tröpfchenbewässerung ist neben den Wassereinsparnissen, dass die Pflanze keine Energie braucht, um das Wasser suchen zu müssen." Sie bekommt es an die Wurzel geliefert. Und das regelmäßige Tröpfeln spült das Salz aus den Böden – an der kleinen, entscheidenden Stelle, an der die Wurzeln sind.

Bis heute leben sie hier im Kibbutz in sozialistischer Gütergemeinschaft; das Einkommen geht an die Gemeinschaft, daraus bezahlen sie die Verpflegung, Ärzte, Wäscherei, Schulen, Kindergärten und den Hausbau für die jungen Familien. Zwanzig Prozent hält diese Gemeinschaft am Netafim-Konzern, die übrigen achtzig Prozent kaufte im vergangenen Jahr der mexikanische Chemiekonzern Mexchem für 1,5 Milliarden Dollar vom Finanzinvestor Permira. Die Tröpfchenschläuche bewässern Felder in China und Südamerika, im Nahen Osten und selbst in Skandinavien. Eines der größten Werke steht im Kibbutz sieben Millionen Tropfer am Tag verlassen die Plastik-Presswerke. Viele der Bewohner arbeiten im Werk. Zum Beispiel auch der Sohn des Ingenieurs Danny, der kein Deutsch spricht – „noch nicht", sagt er.

Oasen sind auch in Israels Wüsten-Nachbarland Jordanien zu finden. Auch in diesem Land, in dem sich die Bevölkerungszahl seit 1990 auf gut neun Millionen etwa verdreifacht hat, fruchtet die Bewässerung. Kreisrunde Getreidefelder werden in der Wüste Wadi Rum großzügig mit Sprinklern begossen, am Rande einer malerischen Landschaft von bizarren roten Felsen. Hier wurden große Filme gedreht wie „Laurence von Arabien" und „Der Marsianer". In dieser Marslandschaft aber droht das Grundwasser knapp zu werden. Das Wasser der Felder kommt seit etwa dreißig Jahren aus der Tiefe, es ist rein und vortrefflich, aber der Pegel sinkt. Die Ressourcen sind Zehntausende Jahre alt und nicht erneuerbar. Sie reichen angeblich noch für fünfzig Jahre. Aber auch in Jordanien wachsen die Früchte der Zukunft. Sie haben einen vertrauten Namen: Gurken. Der Ort, an dem die ersten Gurken der Zukunft wachsen, ist ein Gewächshaus nahe dem Grenzstreifen zu Israel, einige hundert Meter vom Grenzzaun entfernt. Der Name des Unterfangens: „Sahara Forest Project". Das Ziel: Mit weniger Wasser auskommen, mit Meerwasser, und nur mit Sonnenstrom. Norweger haben es initiiert. Neben der norwegischen Stiftung Grieg Foundation gehören zu den Partnern des Projekts auch die amerikanische Hilfsorganisation US Aid, der norwegische Dünger-Hersteller Yara und der norwegische Finanzinvestor Sundt AS.

Auch die Gurke, die man hier wachsen sieht, ist keine, die es in Jordanien vor fünf Jahren schon gegeben hätte. Es sind Gurken mit dem profanen Namen Snack-Gurke; sie kommen aus den Niederlanden und sind erntereif mit neun Zentimetern. Man wollte die lokalen Märkte nicht stören; die Bauern im fruchtbaren Norden Jordaniens ernten größere Freilandgurken. Die ersten Ernten im Gewächshaus sind eingefahren. Siebzig bis hundert Kilo ernten sie hier am Tag mit drei Mitarbeitern; verkauft werden die Gurken auf dem Markt in der nahen Stadt Aqaba. Die Gurken sind mit einem Kilopreis von umge-

Anbau in der Wüste bei Aqaba (Jan Grossarth)

rechnet etwa 1,50 Euro auch eher eine Angelegenheit für die jordanischen Mittel- und Oberschichten, nicht für die armen Massen. Aber immerhin, die Gurken reifen. Doch es muss schneller vorangehen. In Jordanien leben weit mehr als eine Million Flüchtlinge aus Syrien neben staatenlosen Palästinensern und deren Nachkommen, die Israel verlassen mussten.

So wie hier stellt sich das Konsortium um die Grieg Foundation die Zukunft der Wüstenlandwirtschaft vor. Die Gurken wachsen tatsächlich gut und schnell. Vier Wochen nach der Keimung sind die ersten erntereif. Auch die meisten Schädlinge haben sie im Griff; sie werden mit Insekten bekämpft, die Schädlinge fressen, nicht mit chemischen Insektiziden. Sonne ist genug da – mehr als genug. „Gurken brauchen Ruhepausen, wie Menschen, und hier ist im Sommer eigentlich zu viel Licht“, sagt Frank Utsola, ein Norweger, der führende Ingenieur des Gurkenprojekts. Doch nicht das Zuviel bereitet große Sorgen. Das Zuwenig ist das größere Problem. Zum Beispiel mangelt es in Jordanien an den Säcken aus Kokos-Substrat, in denen das Gemüse wächst, an den Gurkensamen, an den Nützlingseiern, an Materialien für moderne Gewächshäuser. All dies muss kostspielig aus Belgien, Holland oder Asien eingeführt werden. Die langen Bearbeitungszeiten am Zoll verzögern den Anbau – mehr noch als die Versandzeit via Schiff oder Flugzeug, ist zu hören. Aber das noch viel größere Problem dieser jordanischen Wüsten-Utopie ist: Immer noch gibt es nicht die erhoffte Pipeline, die Meerwasser zu den Gewächshäusern bringen soll. Das Wasser kommt weiterhin mit Diesel-Tanklastern. Das entspricht nicht der Vision von Nachhaltigkeit, die mit dem Projekt verbunden ist. Woran scheitert es? Am Geld, auch. Und sonst? Der Schriftverkehr mit den Behörden ist zäh. Westliche Stiftungen zahlen kein Bestechungsgeld.

Zurück in Israel. Dank der Tröpfchenbewässerung wurde es hier sogar möglich, Weinberge am Rand der Wüste anzulegen. Yatir heißt der Weinproduzent, der am weitesten nach Süden vorgedrungen ist. Etwa dreißig Kilometer östlich von der Wüstenstadt Be'er Schewa, auf halber Strecke zum Toten Meer. Der stärker privatwirtschaftlich organisierte Kibbutz exportiert Weine auch in die Vereinigten Staaten, nach Großbritannien und China. Der Wein wächst in einem Tal des Nichts. Die Reben verlieren schon ihre Blätter, es ist später Herbst, in den Nächten wird es kalt. Die meisten Reben stehen einige Kilometer weiter, erhöht auf einem nahen Berg, umgeben von einem kleinen Wald, der die natürliche Grenze zur Wüste markiert. Hier ist die Luft tagsüber so heiß und trocken, dass die Winzer – anders als in Westeuropa – kaum chemische Fungizide brauchen. Und die besten Lagen sind die Nordhänge, weil hier nicht zu viel Licht einfällt. Der Winzer Yaacov Ben Dor arbeitete einmal als Ingenieur im Flugzeugbau, doch vor dreißig Jahren zog es ihn hinaus in die Wüste. Er schwärmt von dieser Rückkehr ins biblische Land. Schon lange vor der Eroberung durch die Muslime sei hier Wein angebaut worden, erzählt Yaacov Ben Dor. Viele Zeugnisse dafür gebe es in der Bibel. Jetzt sei der Wein zurück, ein Wunder, nach Jahrhunderten des jüdischen Exils. „In der Wüste musst du exzellent sein oder das Gelände verlassen", sagt Ben Dor. Seine Vorfahren lebten bis zur inquisitorischen Vertreibung 1496 in Portugal. Sie hießen dort Negro. Sie flüchteten nach Österreich und hießen Schwarz. Irgendwann hießen sie dann Blau. Als seine Eltern nach Israel emigrierten und der Staatspräsident Ben-Gurion verlangte, dass die Emigranten hebräische Namen annehmen, nannten sie sich Ben Dor.

Der Wein ist zurück. Aber Jaacov Ben Dor will nicht zurück, sondern vorwärts. „Der Weinbau ist für uns eine Reise ins Ungewisse“, sagt er. „Wir führen hier keine Tradition weiter, wir versuchen nicht zurückzugehen. Als ich ankam, hatte ich nicht an Wein gedacht.“ Immer noch experimentiert er mit neuen Rebsorten und Sortenmischungen. Immer öfter, sagt er, bekomme er auch Besuch von deutschen Winzern. Sie wollten sich im Eindruck der zuletzt trockenen heimischen Sommer ansehen, wie die Tröpfchenbewässerung funktioniert. „Wir sind unserer Zeit voraus“, sagt Yaacov Ben Dor.

Karotten und Mais oder Karottenmais?

Als *Christopher Piltz* fernab von Israel - in Sambia - der Frage nachging, was die Gentechnik den Menschen bringt, stieß er auch auf die überraschende Erkenntnis, dass die Diskussionen über dieses strittige Thema dort ganz ähnlich verlaufen, wie in Europa, Nordamerika oder Israel. Es gibt starke Befürworter, denen Kritiker gegenüberstehen, die das nachvollziehbare Argument bemühen, statt Vitamin A in den Mais zu züchten, könnte man auch einfach Karotten anbauen.

David Samazakas Hoffnung wächst an grünen Halmen, mannshoch, GV671A heißt sie, GV672A und GV673A. Codes für eine bessere Zukunft. Was hier wächst, eine Autostunde nördlich von Sambias Hauptstadt Lusaka, auf Feld 16 des Golden Valley Research Center, das soll Großes bewirken. Das Leben Hunderttausender Kinder retten. Millionen Kindern die Sehkraft bewahren. Sie gegenüber Infektionen stärken, gegen Masern oder Durchfall. Doch an diesem Morgen wirkt das Wundermittel ziemlich unscheinbar: Mais.

Erbarmungslos strahlt die Sonne auf Maispflanzen, vor denen David Samazaka steht. Es ist noch einige Wochen vor Beginn der Ernte. In den vergangenen Tagen setzte der Regen aus; gerade zu dem Zeitpunkt, als er so nötig war. Samazaka tritt näher an die Halme heran, ergreift schmale Blütenstengel. Er kontrolliert, ob die künstliche Bewässerung die Pflanzen auch ausreichend mit Nährstoffen versorgt. „Sieht gut aus“, sagt er zu einer Kollegin und macht sich Notizen. Bald werden hier Maiskolben geerntet, bis zu 25 Zentimeter lang, 250 Gramm schwer und vor allem: Sie werden bei der Ernte orangefarben leuchten. Das ist ihre erste Besonderheit.

Normalerweise pflanzen die Bauern in der Region Maissorten, die weiße Kolben tragen. Gekocht schmecken sie fad und trocken. Sie werden meist zu Maismehl verarbeitet, aus dem ein fester Brei gekocht wird. Nshima heißt er in Sambia, Ugali in Tansania, Pap in Südafrika. Er wird auch in Malawi und Botswana gegessen, in Zimbabwe und Nigeria. Was in Asien der Reis, ist in weiten Teilen Afrikas der weiße Maisbrei – die Grundlage aller Mahlzeiten. Und das wird zu einem Problem. Die sambische Regierung subventioniert seit Jahren die Maisproduktion, ein Abkauf wird zu einem Festpreis garantiert. So möchten die Politiker die Bauern im Land motivieren, Mais anzubauen, und somit Hungersnöte vermeiden. Fährt man durch Sambia, sieht man deshalb meilenweit meist nur noch eine Pflanze auf den Äckern: Mais. Eine fatale Entwicklung, eine gefährliche, die zu viel drängenderen Fragen führt: Wer in den kommenden Jahrzehnten bestimmt, was auf den Feldern angebaut wird, und wer am Ende davon profitiert.

In Sambia gilt jedes zweite Kind unter fünf Jahren nach Schätzungen der Weltgesundheitsorganisation als mangelernährt. Es leidet damit meist keinen Hunger, doch ihm fehlen lebenswichtige Nährstoffe: Eisen, Zink, vor allem Vitamin A. Experten sprechen vom „hidden hunger", dem versteckten Hunger. Körper stoppen wegen des Mangels früher das Wachstum, Gehirne entwickeln sich langsamer. Die Menschen spüren ihr Leben lang die Folgen, sind anfälliger für Infektionen, können sich schlechter konzentrieren. Einige sterben schon im Kindesalter. Sambia liegt auf einem der letzten Plätze Afrikas, wenn es um eine ausgewogene Ernährung für Kinder geht. Nur Malawi, Äthiopien und Kongo kommen auf schlechtere Werte. Dabei boomt Sambias Landwirtschaft; seit 2011 wird die südafrikanische Nation zudem von der Weltbank in der Gruppe der Länder mit einem niedrigen mittleren Einkommen aufgeführt, wie etwa Ghana, Marokko oder die Ukraine. Hier leben nicht die Ärmsten. Trotzdem scheint es nicht zu reichen.

Eine Schande sei das, sagt David Samazaka. Und während er das sagt, beginnt er zu schreien, als müsse er eine Menschenmasse unterhalten. Dabei stehen nur drei Menschen auf dem Feld. „Dieser Boden! Diese Regenfälle! Diese Sonne! Sambia könnte ein Füllhorn des Lebens sein. Die Menschen leben im Paradies, aber sie spüren davon nichts." Das will er ändern. Samazaka, 51, ist Biologe und Pflanzenzuchtexperte. Er arbeitet für die amerikanische Hilfsorganisation Harvest Plus. Ihr Ziel: besonders nährstoffreiche Pflanzen zu züchten. „Biofortified" heißt diese Methode, bioverstärkt. Weltweit initiiert Harvest Plus Projekte, um nahrhaftere Lebensmittel auf den Speiseplan der Menschen zu bringen.

In Bangladesch stellen sie Bauern Reissaatgut zur Verfügung, das besonders reich an Zink ist. In Ruanda werden Bohnen mit hohen Eisenwerten angebaut. In Sambia haben sie sich auf Mais spezialisiert, der einen hohen Anteil Betacarotin in sich trägt, einen Stoff, der im Körper später zu Vitamin A umgewandelt wird. Dafür haben sie europäische mit südafrikanischen, mit südamerikanischen und mit ostafrikanischen Maispflanzen gekreuzt, immer und immer wieder. Generation für Generation stieg der Anteil an Beta-Carotin. Stieg die Dürreresistenz. Die Widerstandsfähigkeit gegen Insekten. Das kostete Millionen. Als das erste Saatgut auf den Markt kam, vor sechs Jahren, sprachen einige Landwirte vom „Golden Maize"-Zeitalter. Geht es nach Samazaka, ist die Frucht mehr wert als Gold. Der Kampf gegen Vitamin-A-Mangel in Sambia ist ein langer. Die Regierung ließ vor einigen Jahren Zucker künstlich mit Vitamin anreichern. Die Weltgesundheitsorganisation verteilt zweimal im Jahr Vitaminkapseln an Familien. Der Anteil der Mangelernährten sinkt – aber zu langsam. „Nichts hilft so gut wie der Mais", sagt Samazaka. Fast jeder Sambier isst täglich Mais. Direkter als über eine Anreicherung des Maises mit Nährstoffen lässt sich nicht in den Essalltag der Menschen eindringen. 250 000 Landwirte würden inzwischen den orangefarbenen Mais anbauen; in der Hälfte aller Distrikte werde inzwischen das Saatgut verkauft. „Der Mais wird eine Erfolgsgeschichte", sagt Samazaka.

Der Mais sei kein Erfolg, sondern Teil des Problems, sagt Emanuel Damba. Er sitzt nur wenige Autominuten entfernt von dem Versuchsfeld, auf dem Samazaka sein Loblied auf den Mais sang. Eine Lodge am Rande eines Highways, angeschlossen an eine Biofarm. Hinter den Gebäuden öffnet sich Weideland, Rinder grasen, Truthähne picken – Bauernhofidylle. Damba veranstaltet hier eine Tagung mit sambischen Landwirtschaftsaktivisten, ihr Thema: die nationale Saatgutpolitik. Damba kennt die Argumente von Harvest Plus. Für ihn klingt das alles nach billiger Werbung. Er ist Vorsitzender der Allianz für Agrarökologie und Biodiversität Sambias. Er kämpft für eine ökologische Landwirtschaft, für eine Natur, frei von Pestiziden und künstlichen Düngern. Sein Hauptgegner: die großen Agrarkonzerne, die mit ihrem Saatgut, ihren Düngemitteln und ihren Pflanzenschutzmitteln den Markt beherrschen. Und genau diese profitierten vom Vitamin-A-Mais, sagt Damba. Da es sich bei der Züchtung um eine Hybridart handelt, können die Bauern nicht selbst Samen ziehen, haben sie einmal die Pflanzen angebaut. Hybridpflanzen erhalten nur für eine Generation ihre besonderen Eigenschaften, ab der zweiten Generation gehen diese verloren. Die Landwirte müssen deshalb Saison für Saison neues Saatgut kaufen. Zudem brauchen Hybridpflanzen mehr Dünger.

Die Lizenzen für das Saatgut der Vitamin-A-Maissorten in Sambia besitzen drei der größten Agrarkonzerne, die im Land aktiv sind: Seedco, Zamseed und Kamano Seeds. David Samazaka von Harvest Plus stört das nicht; er sagt, es sei nachhaltiger, Unternehmen die Lizenzen zu überlassen als Hilfsorganisationen – schließlich seien die oft nur für wenige Jahre aktiv. Unternehmen würden langfristiger denken. Emanuel Damba sagt, der Vitamin-A-Mais zwinge gerade Kleinbauern in neue Abhängigkeiten. Er sei Teil einer industriellen Landwirtschaft, die die Böden auslauge, die Kleinbauern verdränge und die vor allem eines verstärke: die Monokulturen auf dem Feld.

Früher, als er noch ein Kind war, erinnert sich Damba, da glichen die Sommerferien einer Reise ins Schlaraffenland. Jedes Jahr fuhr er zu seinen Verwandten aufs Land, und auf ihren Feldern wuchs Mais neben Süßkartoffeln, neben Kürbissen, neben Erdnüssen, neben Augenbohnen, neben Kichererbsen. Jeden Sommer nahm er einige Kilo zu und kehrte gut genährt zurück zur Schule. Mangel kannte damals keiner. Heute, sagte Damba, müsse er Lebensmittel mitbringen, wenn er seine Verwandten im Dorf besucht. Die meisten würden nur noch Mais anbauen. Neulich habe er sogar von einer neuen Bohnensorte gehört, die zwar mehr Früchte tragen soll, aber deren Blätter nicht mehr essbar seien. „Natürlich eine Hybridart", sagt Damba. Früher konnten sie die ganzen Pflanzen verwerten. Neue Kreuzungen ließen das nicht mehr zu. Für Damba sind die Millionen, die in die Züchtung des orangefarbenen Maises investiert wurden, also verschwendete Millionen. Er sagt, er kenne eine deutlich einfachere Lösung, eine günstigere: der Anbau von Karotten.

Der Kontrast zwischen Samazaka und Damba könnte kaum größer sein. Der eine träumt von der grünen Revolution, preist die Fortschritte der Forschung. Der andere sehnt sich nach einem naturnahen Anbau, verherrlicht die Vergangenheit. (Die Argumente beider Seiten erinnern an die Typen des Romantikers und Technik-Gläubigen, die Thomas Daum und Regina Birner anfangs beschrieben haben.)

Es ist ein unerbittlicher Kampf, der da ausgetragen wird, seit Jahren schon. Das bekannteste Opfer: der „Goldene Reis". Er wurde in den 1990er Jahren von Forschern in der Schweiz entwickelt, und auch er barg mehr Nährstoffe in sich als herkömmliche Reissorten, vor allem mehr Beta-Carotin. Das Problem: Die Forscher brachten diese Wundersorte nicht durch gezielte Züchtung hervor, also auf natürlichem Wege, sondern durch eine Veränderung im Erbgut der Pflanze. Durch Gentechnik. Weltweit sorgte der „Goldene Reis" damals für Aufmerksamkeit. Bill Clinton lobte ihn, der Papst segnete ihn, das Time-Magazin zeigte ihn auf dem Titel. Er galt als Wundermittel für den Kampf gegen Hunger. Doch es regte sich bitterer Widerstand. Allen voran wetterte Greenpeace gegen den „Goldenen Reis", startete Kampagne auf Kampagne. Mit Wirkung – bis heute hat kein Land ihn zugelassen.

Robert Mwanga hat diesen Kampf über die Jahre mit Sorge verfolgt. Er hatte Angst, dass ihm Ähnliches widerfährt. Dass er jahrelang forscht und am Ende bekämpft wird. Mwanga ist Pflanzenzüchter in Uganda, er arbeitet für das International Potato Center. Seit dreißig Jahren beschäftigt er sich durchweg mit einer Pflanze: der Süßkartoffel. Durch jahrelange Züchtung hat er eine Sorte entwickelt, die einen hohen Vitamin-A-Anteil hat. Anfangs hatte er Probleme, die ugandischen Landwirte von seiner Süßkartoffel zu überzeugen. Aber über Jahre ließen er und seine Kollegen Werbung in Radiosendern schalten, kamen zu Live-Interviews ins Studio, fuhren in die Dörfer. Heute isst jeder zehnte Haushalt in Uganda diese Süßkartoffelart, sagt Mwanga. In seiner Stimme klingt Stolz, während er das erzählt.

„Natürlich ist die Süßkartoffel nicht die perfekte Lösung, um die Mangelernährung zu bekämpfen. Aber immerhin ist es eine Lösung!“, sagt Mwanga. Täglich würden Menschen sterben, weil ihnen Nährstoffe fehlten. Der Reis könnte da auch helfen, würde er nur zugelassen werden. In den kommenden Jahren möchte Mwanga noch mehr seiner Mitbürger erreichen, die Vitamin-A-Süßkartoffel populärer machen; 20 Millionen sind sein Ziel für 2020. Das wäre jeder zweite Ugander. Einen Erfolg hat Mwanga schon erzielt, im Jahr 2016 war das. Damals bekam er den „World Food Prize“ verliehen, eine Art Nobelpreis für Forscher im Bereich Ernährung und Landwirtschaft. Mwanga sagt, er habe sich gefreut, dass die Welt endlich vom Kampf gegen die Mangelernährung erfährt. Dass Menschen ihre Arbeit wertschätzen und sie nicht immer nur kritisieren. Damals, auf der Bühne im Iowa State Capitol Building in Des Moines, Iowa, wurden noch drei weitere Forscher ausgezeichnet. Einer von ihnen war Howarth Bouis. Er gründete vor 25 Jahren die sambische Hilfsorganisation Harvest Plus.

Algen aus dem Gewächshaus

Vom karotinen Hybridmais zurück zu den Algen. Die müssen nicht, wie in Kapitel 3 beschrieben, unbedingt aus den Weltmeeren gefischt werden. Denn auch Algen lassen sich in geschlossenen Anlagen anbauen. Das sind Mikroalgen, die viele Mikronährstoffe enthalten. *Ulrich Schaper* hat sich angesehen, welche Beiträge geschlossene Algenfarmen leisten, und er hat erfahren, dass sie schon heute gut achtmal so viel Biomasse pro Hektar bringen wie ein Kornfeld.

Das Sachsen-Anhalt-Lied gibt kleine Hinweise, womit der Besucher zu rechnen hat, wenn er sich auf die Reise in das von der Landwirtschaft flächenmäßig dominierte Bundesland begibt. Die fruchtbare Börde, die Saale-Kirschen wie auch der Wein aus dem Unstruttal finden allesamt Erwähnung. Konsequent verschwiegen werden die in Klötze kultivierten Algen. In dem 10 000-Seelen-Dorf, rund 150 Kilometer Luftlinie von der Küstenlinie entfernt, steht eine der weltweit größten Algenfarmen. In einem System aus 500 Kilometer langen Glasröhren werden dort Mikroalgen angebaut, die für die Kosmetik- und Nahrungsmittelindustrie geerntet und aufbereitet werden. Jörg Ullmann ist Biologe und Geschäftsführer der Algenfarm in der Altmark. Der 44-Jährige weiß, dass Algen in der allgemeinen Wahrnehmung grün und glitschig sind und in erster Linie im Verdacht stehen, Strandgästen den Aufenthalt zu verderben. Für ihn sind Algen weitaus mehr. Für ihn sind sie die Zukunft. „Als wir hier vor 15 Jahren angefangen haben, kannte das in Europa niemand. Es gab nur ein paar Gesundheitsfanatiker, die hatten Algen bereits auf dem Schirm."

Um die erste Blockade im Kopf seiner Gäste zu lösen, hat Ullmann ein paar Zutaten bereitgestellt: Bananen, Kokosmilch, Wasser, blaues Pulver, das aus Spirulina-Algen gewonnen wurde. All das kommt mit Augenmaß dosiert in einen Standmixer. Tatsächlich schmeckt der blaue Smoothie, den er anrührt, gut – ob trotz oder wegen der Algen, man weiß es nicht. „Die Landwirtschaft, wie wir sie kennen, hat eine Kulturgeschichte. Vor mehr als zehntausend Jahren hat sie begonnen – das Ergebnis ist das, was wir heute sehen", sagt Ullmann. „Algen werden erst seit rund 60 Jahren erforscht. Wir stehen in der Entwicklung noch ganz am Anfang." Die konventionelle Landwirtschaft hat mit vielen Problemen zu kämpfen, und es stellt sich kaum mehr die Frage, ob, sondern wie lange die Landwirtschaft die Menschheit ernähren kann. „Die Meere spielen bei der Suche nach Antworten eine immer größere Rolle", sagt der Biologe.

Meeresalgen gelten als eine der ältesten Lebensformen der Erde. Wie sie zunehmend genutzt werden, hat Peter Hermes in seinem Beitrag ausführlich beschrieben. Dadurch, dass sie Photosynthese betreiben und Kohlendioxid verarbeiten, sind sie nicht nur ein wichtiger Kohlenstoffspeicher und dämpfen damit die globale Erwärmung, sie sorgen seit etwa zweieinhalb Milliarden Jahren auch dafür, dass Sauerstoff in unsere Atmosphäre gelangt. Eine herausragende Bedeutung haben sie zudem für das Leben in den Ozeanen: In der Nahrungskette aller Wasserlebewesen stehen sie an erster Stelle. Plankton, Krebse, Fische und Wale – sie alle sind auf die Proteine, Kohlenhydrate und mehrfach ungesättigten Fettsäuren, die Algen liefern, angewiesen. Schätzungsweise 400 000 Algenarten existieren auf unserem Planeten, höchstens ein Zehntel davon ist wissenschaftlich beschrieben – und gut 200 werden in Lebensmitteln, Kosmetika und Medikamenten verarbeitet. Ohne es zu wissen, nehmen die meisten von uns tagtäglich Algenprodukte zu sich. „Schätzungsweise in 70 Prozent aller industriell verarbeiteten Lebensmittel sind Algen bereits in irgendeiner Form enthalten“, sagt der Biologe. Beispielsweise in Form von Carrageen (E 407), das aus Rotalgen extrahiert wird und als Gelier- und Verdickungsmittel in Puddings oder Joghurts eingesetzt wird. Alginate (E 401 bis E 405), die aus Braunalgen gewonnen werden, dienen unter anderem als Emulgatoren und Stabilisatoren in Zahnpasta und anderen Produkten. Und aus den Spirulina-Algen lässt sich der blaue Farbstoff produzieren, mit dem Gummibärchen, Smarties oder Getränke eingefärbt werden. Ullmann legt ein rund vierzig Zentimeter langes getrocknetes Etwas auf den Tisch, dunkel und leicht fischig riechend. „Das ist eine Kombu-Alge aus Japan. Die werden dort gehandelt wie bei uns in Europa Wein. Nach Anbauregion und Jahrgang. Diese hier kostet etwa vierzig Euro.“ Algen lassen sich der Größe nach grob einteilen in mikroskopisch kleine Mikroalgen und Makroalgen, die eine Länge von bis zu sechzig Metern erreichen können. Letztere werden von Köchen als Salat, als Suppenbestandteil oder Gemüse serviert. Bekannte Sorten sind Nori (Sushi), Wakame (Miso-Suppe), Kombu (Umami-Geschmack) und Ulva (Meeressalat). Gezogen werden diese meist in Küstenregionen aus dem Meer oder in Offshore-Anlagen.

Mikroalgen hingegen gibt es prinzipiell überall dort, wo es Wasser gibt, in kleinen Tümpeln, Pfützen, in Seen und eben im Meer. Industriell genutzte Mikroalgen werden meist in Fermentern oder wie im Dorf Klötze in Photobioreaktoren gezogen. Dominiert wird der Markt von den beiden Sorten Spirulina und Chlorella. „Das hat rein praktische Gründe", erklärt Ullmann. „Schon Urvölker in Asien, Südamerika und Afrika haben den Nutzen dieser Algen erkannt." Chlorella und Spirulina sind zudem wissenschaftlich intensiv erforscht und als Lebensmittel zugelassen. Wer hingegen neue Algen in den Markt bringen möchte, muss sehr viel Zeit und Geld investieren. Ullmann sagt, „Der Markt ist durch europäisches und nationales Recht stark reglementiert."

Rund fünfzig Glasgefäße, mit einem korkenähnlichen Verschluss und mit handgeschriebener Kennzeichnung, stehen im gekühlten Labor des Gebäudes. „Das ist unsere Schatzkammer", sagt der Biologe. Algenstämme aus aller Welt. Hier ist der Ort, an dem in Klötze die Arbeit mit Algen beginnt. Kleine grüne Krümel befinden sich in den Behältern. Mit Wasser versetzt, werden diese in Schläuche gefüllt, die dann aussehen wie überdimensionierte Blutkonserven. Stickstoff, Kalium, Phosphor, Kohlendioxid und Licht – Algen brauchen im Grunde nichts anderes, was jede andere Pflanze nicht auch braucht. Schritt für Schritt werden die Algen im Labor angereichert. Hat die Kultur ausreichend an Masse gewonnen, wird sie in die Gewächshäuser verbracht.

Auf der 1,2 Hektar messenden Grundfläche stehen insgesamt zwanzig Teilgewächshäuser. Jedes von ihnen ist ein eigenes, in sich geschlossenes System aus Glasröhren. 32 000 Liter Wasser fließen durch jedes dieser Aquarien, wie Ullmann die Kreisläufe nennt. Die Sonne strahlt an diesem Tag im April mit Kraft durch das Dach. „Das mögen die Algen, man kann von Tag zu Tag sehen, wie sie sich vermehren." Die optimale Temperatur liegt zwischen 25 und 28 Grad Celsius. Bei höheren oder niedrigeren Temperaturen verringern die Mikroalgen das Wachstum. Einmal am Tag teilt sich die Chlorella in zwei bis sechzehn Tochterzellen; während das Medium anfangs lediglich trüb ist, nimmt es von Tag zu Tag eine kräftigere Grünfärbung an. „Wenn alles glattläuft, verzehnfacht sich die Algenmenge innerhalb einer Woche. Das Wasser ist dann schwarzgrün. Dann wird geerntet." Rund die Hälfte des Algenbreis wird dann entnommen, der Rest darf weiterwachsen. Die geerntete Biomasse wird per Zentrifuge vom Wasser getrennt. Heraus kommt dabei ein matschiger Brei, der wie Spinat aussieht. Dieser wird entweder direkt eingefroren und abverkauft oder getrocknet und zu Pulver verarbeitet. „Die Vorteile solcher Bioreaktoren liegen auf der Hand. Wir sind völlig unabhängig vom Meer, können überall produzieren. Wir benötigen keine wertvolle Agrarfläche. Das Verhältnis von eingesetzter Energie und Wasser ist äußerst günstig. Und im Vergleich mit der herkömmlichen Landwirtschaft haben wir einen viel größeren Output pro Hektar: Wir produzieren zwischen dreißig und fünfzig Tonnen Biomasse pro Jahr. Auf dem Weizenfeld nebenan sind es jährlich zwischen sieben und acht Tonnen."

Längst sind auch die Vereinten Nationen auf die Algen aufmerksam geworden und haben Programme aufgelegt, in denen versucht wird, Mangelernährung mit Hilfe der Algen zu bekämpfen. Ullmann selbst betreut seit 2015 ein Projekt in Kolumbien. Die Produktion dort findet in einfachen Becken statt. Die Ernte erfolgt über feinmaschige Netze und wird anschließend in Trocknungsöfen getrocknet. Rund dreißig Kinder nahmen am Pilotprojekt teil, verabreicht wurden die Algen in Form von Müsliflocken. Innerhalb kürzester Zeit ließ sich beobachten, wie sich Allgemeinzustand, Blutwerte, Aussehen von Haut und Haaren deutlich verbesserten. „Wir versuchen jetzt, lokale Rezepte mit den Algen anzureichern, um die Akzeptanz zu erhöhen."

Während Algen in anderen Kulturkreisen bereits fester Bestandteil des Ernährungsmixes sind, stehen die Europäer in der Hinsicht am Anfang. „Ballaststoffe, Kohlenhydrate, Vitamine, Mineralien, hochwertige Proteine sowie eine günstige Zusammensetzung von Fettsäuren", zählt Karlis Briviba vom Max-Rubner-Institut für Ernährungs- und Lebensmittelforschung in Karlsruhe auf. Gleichwohl warnt der Biomediziner vor unkontrolliertem Verzehr. „Algen können aufgrund ihres hohen Mineralstoffgehalts einen Beitrag zur Deckung des täglichen Bedarfs leisten. Für Verbraucher ist es aber praktisch nicht möglich, ihre Nährstoffaufnahme mit Algen exakt abzuschätzen." Insbesondere im Fall der Makroalgen verweist er auf den enorm hohen Jodgehalt und die mögliche Kontamination mit Schwermetallen wie Cadmium,

Blei, Quecksilber und Arsen. Mikroalgen hingegen seien in der Regel jodarm und nicht mit Schwermetallen belastet, da sie kontrolliert und im Süßwasser gezogen werden. „Dadurch kann man die Algenqualität wesentlich besser überwachen." Auch er räumt den Mikroalgen das Potential ein, als Lebensmittel künftig eine große Rolle zu spielen – allerdings derzeit beschränkt auf den Bereich der Nahrungsergänzungsmittel. „Sie können unseren Speiseplan in jedem Fall bereichern", glaubt Briviba.

Jörg Ullmann wirft einen flüchtigen Blick auf die Computerbildschirme. In einem zentralen Raum, vollgepackt mit modernster Technik, werden alle Vitalparameter der Gewächshäuser rund um die Uhr bewacht: pH-Wert, CO_2-Sättigung, Temperatur. „Es ist im Gang", sagt er, während er auf die Werte blickt. Auf der Weltausstellung in Mailand 2015 und auf der Grünen Woche in Berlin im Jahr 2018 hat er das Thema Algen bereits vorgestellt. Das Interesse wächst. Das Verständnis dafür auch. „Man muss sich nur umschauen: In der Wüste Negev in Israel gibt es eine riesige Mikroalgenfarm. Und im Landeanflug auf China sieht man vor den Küsten kilometerlange kombinierte Aquakulturen. Dort werden Fische, Pflanzen und Algen gezüchtet, die Synergien bilden und untereinander Nährstoffe austauschen." Er zitiert Jacques Cousteau, den französischen Pionier der Meeresforschung, der schon 1973 sagte: „Wenn wir die Menschen satt kriegen wollen, müssen wir uns dem Meer zuwenden. Wir müssen es bewirtschaften, wie wir zuvor das Land bewirtschaftet haben."

Schnecken für die Welt?

Insekten werden zunehmend zur menschlichen Ernährung beitragen, wie auch im Kapitel 6 stehen wird. Aber warum nicht auch Schnecken? Sie sind wunderbare Resteverwerter - aber derzeit ein Luxusprodukt, hat *Eva Konzett* in Wien erfahren. Sie erinnert daran, dass die Schnecke einst durch die Milch auf dem Speiseplan ersetzt wurde, und stellt fest, dass sie gegenüber Schwein und Huhn einen Vorteil hat: Massenhaltung stört das Tierwohl nicht.

Der Nachwuchs kann stündlich kommen. Hierher an den Rand Wiens, wo die letzten Kleingartensiedlungen in die Felder der Bauern ausfransen und wo die Stadt schon ausschaut wie das Land. Rothneusiedl heißt dieser Teil des Grüngürtels. Wegen der roten Ziegel, die man einst aus dem Lehm formte, der die Erde bis heute fruchtbar macht, weil er die Nährstoffe nicht durchsickern lässt. Bauer Andreas Gugumuck steht auf seinem Acker. Ein Mann in T-Shirt und Markenjeans, mit einer Schieberkappe auf dem Kopf und einem schnellen „Du“ auf den Lippen. Unter seinen Füßen wächst der Mangold spärlich und das Unkraut kniehoch. Der Acker sieht ein bisschen aus wie ein verwildertes Urban-Gardening-Projekt. Schnurgerade ziehen sich Reihen umgedrehter Gemüsekisten übers Feld. Dazwischen verlaufen Trampelpfade, ausgetreten von vielen Schritten, wie im Zoo, wo der Panther seine Runden dreht.

Eigenhändig hat Gugumuck vor zehn Jahren vier Pflöcke in den Boden gerammt, um das Feld abzustecken, auf dem er, der IT-Manager, sich als Bauer versuchen wollte. Nicht als Ackerbauer, nicht in der Viehwirtschaft. Nein, Gugumuck, dessen Familie diesen Flecken Erde seit 1720 bewirtschaftet, hatte anderes im Sinn. „Schau her“, sagt der Mann und nimmt eine zeitungsgroße Holzplatte auf, dreht sie um und zieht eine Weinbergschnecke davon ab. „Das ist eine Petit Gris.“ Zwischen Gugumucks Fingern dreht sich die Schnecke aus ihrem gesprenkelten Gehäuse heraus und hinterlässt eine saftige Schleimspur auf der Hand.

Gugumuck ist Schneckenzüchter in erster Generation. Der einzige in Österreich. Drei Rassen züchtet er im Vollerwerb: Helix Aspersa Maxima, Helix Pomatia und Petit Gris. 300 000 Stück kultiviert Gugumuck jedes Jahr auf dem nur 2000 Quadratmeter großen Acker, in Gewicht gerechnet produziert er eine Tonne Schneckenfleisch. Alles in allem keine Goldgrube, aber er und seine Familie können davon leben. Und nur ums Geld geht es ja nicht. Gugumuck arbeitet mit seinen Schneckenpopulationen an der künftigen Eiweißversorgung der Großstadtmenschen, zumindest sieht er das so. Superfood, Future Farm, Ressourcenschonung, das sind die theoretischen Begriffe, mit denen er hantiert. Auch die 100 000 nur millimetergroßen Babyschnecken, geliefert aus Polen nach Deutschland, werden nach ihrer Ankunft für die spätere Verwendung herangezogen – wie alle Generationen vor ihnen. Das heißt vorerst, sich durch das Unkraut und den Mangold zu fressen und durch alles andere – Küchenabfälle, Pastinaken, Suppengrün –, was Gugumuck ihnen sonst noch ins Gehege wirft. Sie verwerten Abfälle, schließen die Nahrungskette, so wie die Insekten, von denen alle Welt spricht, wenn es um die Zukunft der Welternährung geht.

Gugumuck setzt die Schnecke zurück unter die Holzplatte und putzt sich die Hände an der Hose ab. Dieses Tier hat noch einmal Glück gehabt. In den Tagen zuvor hatte Gugumuck einen Teil ihrer Artgenossen eingesammelt, um sie für ihren letzten Weg in den menschlichen Rachen vorzubereiten. Zwei Wochen lang verbringen die Tiere zunächst in einem dunklen, trockenen Raum, um Diät zu halten, den Darm zu entleeren und in den Tiefschlaf zu kommen. Dieser Prozess imitiert einen natürlichen Vorgang, den die Schnecke durchmacht, um in die Winterstarre zu fallen. „Jedes Tier lebt, bevor ich es schlachte. Die Schnecke wird im Tiefschlaf getötet. Die kannst du kitzeln, die wacht nicht auf", sagt er. Im kochenden Wasser finden die Schnecken ihr Ende, werden dann entschleimt und abermals gekocht, der Eingeweidesack wird abgetrennt, bis man fünf Gramm Muskelfleisch vor sich hat. Sechseinhalb Gramm sind es, wenn man die gekringelte Leber mitrechnet. Dass an den Schnecken, die gerade in Plastikkisten für das anstehende Hoffest diätieren, ausnahmsweise alles dranbleiben wird, liegt an der sommerlichen Jahreszeit. Sie werden auf dem Grill brutzeln, mit Mangalitza-Speck, Butter und Weinlaub für den Geschmack. Traditionell wird die Schnecke aber in der Eisengusspfanne zubereitet.

Weinbergschnecken, das ist doch eigentlich Paris. Ein Bistro mit rot-weiß karierter Decke und viel Wein. Schnecken, das war zumindest lange aber auch Wien. Über Jahrhunderte haben die Wiener vor allem in der Fastenzeit zum Kriechtier gegriffen, da das Kirchenrecht die Kaltblüter nicht als Tiere erfasste und sie deshalb mit dem Segen von oben gegessen werden durften. Überhaupt erst der Wiener Kongress habe auch den adeligen Franzosen und in Folge den gemeinen Franzosen die Molluske schmackhaft gemacht, so erzählt man es sich in Wien.

Dass der Mensch Schnecken seit Jahrtausenden verspeist, ist durchaus wissenschaftlich verbrieft. Schon die Römer schätzten das Tier, bevor es die christlichen Mönche im Mittelmeerraum zur Fastenspeise auserkoren, weil sie zwar fasten, aber nicht darben wollten. Aus den Klöstern wanderte die Speise auf die Teller ganz Europas bis in den Norden Deutschlands, und erst die Reformation setzte dem kulinarischen Treiben dort ein Ende. In der Kaiserstadt Wien aber, die ohne den Katholizismus nicht zu denken wäre, hielt sich die Schnecke als Delikatesse auf dem Fastenteller der Adeligen, in den Häusern des Bürgertums und ebenso im Straßenverkauf in gezuckertem Essigwasser für den kleinen Hunger zwischendurch. Bei der barocken Peterskirche, der ältesten Pfarre der Stadt, boten im Schatten der Kuppel die „Schneckenweiber" auf einem eigenen Markt ihre Ware feil. Im Wirtshaus „Zur Schnecke" gegenüber sollen die somnambulen Schriftsteller und Musiker verkehrt haben. Dort nämlich durften sie Pfeife rauchen, und dazu wurden Bier und Schnecken serviert.

Das Wirtshaus, in einer der heutigen Prachtstraße Graben vorgelagerten Häuserzeile existiert nicht mehr, ebenso wie der Schneckenmarkt. Wo früher die Schneckenfrauen mit ihren Jutesäcken standen, wo die Franz Schuberts und Grillparzers sich mutmaßlich die Kante gaben, zwängen sich heute die Touristenströme durch die Straßen, befinden sich hier in Sichtweite des Stephansdoms mittlerweile die teuersten Adressen der Stadt.

Ein Tier, das hierzulande als Schädling gilt, braucht offenbar ein bisschen Unterstützung, um als Delikatesse durchzugehen. Er habe, so erzählt Gugumuck, nie an den Export gedacht. Schnecken in großen Stückzahlen als Tiefkühlware für französische Supermärkte zu produzieren, das wollte er nicht. Seine Schnecken aus der „Wiener Schneckenmanufaktur" sollten eben die Wiener Tradition wiederbeleben, sollten die Rezepte einer Katharina Prato, der Doyenne der österreichischen Kochkunst, evozieren: Schnecken im eisernen Reindl, Schnecken gesotten, Schnecken gefüllt oder als Schneckenhaschee. Bevor er selbst mit der Schneckenproduktion begann, hatte Gugumuck die Tiere dreimal in seinem Leben – und keines davon in Österreich – gegessen. 2007 aber stieß er auf einen Zeitungsartikel, in dem ein Wiener Haubenkoch das Weichtier in den Himmel lobte. Nur wenige Monate später rammte Gugumuck die Pfeiler in den alten großmütterlichen Gemüseacker und begann selbst mit der Schneckenzucht. Als in der Wirtschaftskrise die Unternehmen an alles, nur nicht an kostspielige neue IT-Systeme dachten, wagte der IT-Fachmann den Schritt vom landwirtschaftlichen Zeitvertreib in den Vollerwerb. Seine Abnehmer? Vor allem die experimentierfreudige Spitzengastronomie. Ins Wirtshaus, in die Heimat der Prato, hat er es aber noch nicht geschafft, dort werden weiterhin Schnitzel und Blunzengröstl serviert.

Und was bleibt von der Molluske, wenn man sie auf ihre Breitenwirksamkeit untersucht? Er sehe die Sache mit der Schnecke eher skeptisch, sagt der deutsche Wirtschaftshistoriker Uwe Spiekermann von der Universität Göttingen. Die Schneckenproduktion sei wasserintensiv, von Geschmack und Textur spreche er erst gar nicht. Neue Lebensmittel erfänden Experten oft am „grünen Tisch", aber die Ernährung sei ein kulturell geprägtes und gewachsenes System. Die kulturell gelernte Ablehnung des Menschen ist die eine Sache, die andere ist die Produktion. Um auf ihr Schlachtgewicht von 17 Gramm – das Häuschen inklusive – zu kommen, muss auch die Schnecke erst ordentlich zuschlagen. Studenten der Universität für Bodenkultur Wien haben die Weinbergschnecke auf ihre Futterverwertung hin untersucht. Diese besagt grob, wie viel Kilogramm Futtermittel der Bauer einsetzen muss, um ein Kilogramm Muskelfleisch zu erhalten. Beim Schwein beträgt dieser Wert 3:1, beim Masthuhn 1,4:1. Die Schnecke kommt bei der Futterverwertung an das Huhn heran, allerdings nur, wenn sie in der Intensivhaltung mit einem hochangereicherten Futterfertigmix aus Soja, Mais und Mehl gefüttert wird. Das Gugumucksche System auf freiem Acker, mit Weidepflanzen, mit den Gräsern und Mangold und all den Küchenabfällen, schafft diesen Wert nicht, man liege aber bei weniger als zwei Kilo, sagt Gugumuck – also irgendwo zwischen Huhn und Schwein. Nur beim Rind liegt das Verhältnis noch höher, wobei dieses Tier Grünzeug zu fleischlichem Eiweiß umwandelt, das der Mensch im Original nicht verdauen könnte. „Alle diese Modeerscheinungen, von der Schnecke hin zu den Insekten, können vielleicht einen Beitrag leisten", sagt Professor Werner Zollitsch, der sich am Institut für Nutztierwissenschaften in Wien mit nachhaltigen Agrarsystemen beschäftigt. Den Planeten retten, könne aber nur eine drastische Reduktion des Fleischkonsums. Einen großen Vorteil hat die Schnecke trotzdem. Obwohl sie die Erde seit 530 Millionen Jahren bevölkert, hat sie in all der Zeit im Vergleich zu den Wirbeltieren kein besonders komplexes Nervensystem entwickelt, sie ist in Bedürfnis und Empfinden anspruchslos. Die Weinbergschnecke mutiliert im Zuchtgehege weder sich noch andere, beißt der Nachbarin nicht den Schwanz ab oder pickt auf ihr herum. Sie entwickelt keine Verhaltensauffälligkeiten bei industrieller Nutzung und übersteht auch lange Transportstrecken ohne Probleme. In der Tierwohldebatte zieht die Schnecke an den konventionellen Nutztieren vorbei.

Warum aber hat sie sich nicht längst durchgesetzt? Dass die Schnecke gegen Ende des 19. Jahrhunderts weitestgehend von den Fastentellern und aus den Gassen verschwand, hat zumindest in Wien mit einer Verknappung der Produktion und sinkender Nachfrage zu tun. Durch die „Grundentlastung der Bauern" 1848, die sie zum Herrn über die Böden machte, wurde der Zugang zum Rohstoff Schnecke zusehends versperrt. Hatten die Menschen bis dahin in den Wäldern und Wiesen Weinbergschnecken einfach gesammelt und dann in größeren Stückzahlen an Mäster weiterverkauft, „wurde die Allmende nun aufgehoben, Boden wurde nun konzentriert und kapitalistisch bearbeitet", sagt der Historiker Spiekermann. Gleichzeitig ermöglichte die beginnende Globalisierung der Handelsströme eine bessere Warenversorgung und die Professionalisierung der Milchwirtschaft, die sich in fettreicherer Milch und in höherer Leistung niederschlugen, und verdrängte die Schnecken vom Fastentisch. Als man den Menschen eiweißreiche Alternativen anbot, ließen sie vom Weichtier ab. Weltweit werden heute nur noch 17 000 Tonnen Schnecken geerntet.

5 Bilder von Nkolemfumu

In Sambia hat *Frank Röth* den Alltag des Bauern Felix Kangwa mit seiner Leica beobachtet. Und in Bildern eindrucksvoll dokumentiert, wie sich Kangwas Dorf Nkolemfumu versorgt, und wie Händler und Kleinbauern ihre Ernten entlang der wenigen Straßen verkaufen. Es folgt eine Auswahl seiner Bilder.

SEED CO
SEED CO
SC
SAFARI

FORESTCOL
NPK 10-20-10+6S

MILLING
SUPER WHITE

6 Maschinen, Algorithmen und die Neuerfindung des Fleisches

Wie kommt der Traktor nach Afrika?

Auf dem ganzen afrikanischen Kontinent gibt es nicht viel mehr Traktoren als in Bayern oder Niedersachsen. Es ist nicht einfach, das zu ändern, solange es den Bauern dort an Geld fehlt, hat *Christopher Piltz* auf seiner Rechercherelse nach Sambia erfahren. Und wenn doch einmal ein Traktor den Weg auf sambische Felder findet, mangelt es manchmal an einer Tankstelle, die ihn zum Laufen bringt, oder einer Reparaturwerkstatt. Jetzt sollen Lohnunternehmer, die Traktoren gegen Gebühren an Bauern vermieten, die mechanische Revolution bringen.

Manchmal hoffst du ein ganzes Leben, und dann überrascht dich das Schicksal, wenn du deinen Traum eigentlich schon aufgeben wolltest. Sagt Nora Himoonga, fünfundsiebzig Jahre alt, pensionierte Lehrerin, jetzt Farmerin im Dorf Dumba, Südsambia. Sie hatte sich schon damit abgefunden, ihre sechs Hektar Acker weiterhin mit bloßen Händen zu bewirtschaften. Maissamen säen, Unkraut jäten, ernten. Ein tausendfaches Bücken, wie sie das seit knapp dreißig Jahren macht. Das spürt sie im Rücken, der schmerzt. In den Armen, die zwicken. In den Beinen, die ermüden. Nur zum Pflügen bekommt sie Hilfe: Ein Ochsengespann treibt die Pflugschar über den Boden. Doch dann, vergangenen Sommer, kam ihr Nachbar und machte ihr ein Angebot. Er habe einen Traktor, mit dem könne er ihr Feld pflügen. Sie gingen zu seinem Hof, und da sah sie ihn neben dem Haus stehen: einen Massey Ferguson, Modell 4708, fünfundachtzig PS.

Der rote Lack funkelte in der Sonne. Irgendwie wirkte der Traktor fehlplaziert in dieser Landschaft zwischen den trockenen Äckern und den Mangobäumen, zwischen den einfachen Lehmhäusern mit Wellblechdächern. Wer hier im Dorf Geld hat, könnte sich ein Motorrad leisten oder eine kleine Solarzelle auf dem Dach. Vielleicht einen Fernseher mit Satellitenschüssel.

Einen Traktor besaß niemand.

Von dem Tag an begann Nora Himoonga wieder zu träumen. Ein Traktor, auf ihrem Acker. Ein Ende der Schufterei.

In den vergangenen Jahren haben Agrarkonzerne und Hilfsorganisationen eine Klientel entdeckt, die wichtig für sie ist und schwierig zugleich: Kleinbauern. Farmer, die meist nur wenige Hektar Ackerland bewirtschaften. Mehr als fünfhundert Millionen Menschen weltweit leben allein von der eigenen Scholle. Einige von ihnen verkaufen einen Teil der Ernte auf dem Markt. Die meisten bauen gerade genug an, um sich und ihre Familien versorgen zu können. Allein in Afrika und Asien produzieren Kleinbauern mehr als 80 Prozent der Lebensmittel.

Doch sie sind eine schwierige Klientel, da sie meist kaum Geld haben.

Um alle Menschen in Zukunft ernähren zu können, müssen die Welternten in den kommenden drei Jahrzehnten um fast die Hälfte steigen. Landwirtschaftliche Großbetriebe können das nicht ausschließlich stemmen. Und so verschiebt sich die Aufmerksamkeit immer stärker in Richtung der Kleinbauern. Sie bilden den idealen Startpunkt im Kampf gegen globalen Hunger. Schon 2010 sagte der damalige UN-Sonderberichterstatter für das Recht auf Nahrung, Olivier De Schutter: „Kleinbauern müssen im Zentrum der nächsten Grünen Revolution stehen." Seit 2012 arbeitet zudem der Menschenrechtsrat der Vereinten Nationen an einer Erklärung für die Rechte von Kleinbauern. Doch der große Wandel blieb bislang aus. Den meisten Regierungen, gerade in Afrika, fehlt das Geld, ihre Landbevölkerung zu unterstützen. So warnte 2013 der Schweizer Soziologe Jean Ziegler: „Auf dem ganzen afrikanischen Kontinent gibt es lediglich 85 000 Traktoren und 250 000 Zugtiere – in Deutschland waren es 2011 knapp zwei Millionen Traktoren und mehr als zwölf Millionen Rinder." Und so können Kleinbauern bis heute nur mühsam ihre Erträge steigern. In Sambia startete dabei schon 2001 das „Farmer Input Support Program“ (FISP), eine Regierungsinitiative für Subventionen. Farmer kommen dank FISP leichter an Dünger und Saatgut, sie können sich günstiger Pestizide und Herbizide kaufen. Doch mechanisch-technische Unterstützung für die Feldarbeit sieht das Programm nicht vor.

Dabei wäre diese so wichtig. Um das Drei- bis Fünffache steigt die Ernte, wenn ein Traktor anstatt eines Ochsengespanns den Boden umpflügt, sagen Agrarwissenschaftler. Manche schätzen sogar, die Ernte kann sich verzehnfachen. Immer mehr Hersteller von Landmaschinen entwickeln deshalb Konzepte für Kleinbauern. Das amerikanische Unternehmen Agco etwa, einer der größten Landmaschinenbauer der Welt. In einhundertvierzig Länder verkauft Agco Traktoren, Anhänger, Mähdrescher. Vor einigen Jahren entwickelte der Konzern für brasilianische Kleinbauern einen sogenannten Volkstraktor. Fünfunddreißig PS, ohne Kabine, ohne GPS, ohne Schnickschnack. Kaufpreis: etwa zehntausend Euro. Mehr als fünfzigtausend Traktoren verkaufte Agco innerhalb weniger Jahre in Brasilien – ein Erfolgsmodell. Auch in Afrika versucht das Unternehmen, Kleinbauern zu überzeugen. Doch ohne Erfolg – der Traktor war für die meisten Landwirte immer noch zu teuer. Agco verkaufte nur wenige Modelle. Der Traum vom Traktor für ganz Afrika, er schien gescheitert.

Die Sonne flimmert unerbittlich am Himmel, als George Barlow über Nora Himoongas Acker geht. Himoonga hat sich im vergangenen Sommer, als ihr Nachbar ihr das Angebot machte, entschieden, einen ihrer insgesamt sechs Hektar pflügen zu lassen. Vierhundert Kwacha zahlte sie dafür, etwa achtunddreißig Euro. Mehr konnte sie nicht ausgeben. Barlow wühlt in der Erde. Die Wurzeln reichen tief. „Auf diesem Feld wächst der Mais viel besser als auf den anderen“, sagt Nora Himoonga. Wind weht durch die Halme, schulterhoch stehen sie. Auf dieser Fläche pflügte der Traktor; im Gegensatz zum Ochsengespann lockerte er nicht nur die Erde auf, sondern wälzte den Boden um. Armtiefe Rillen grub er in den Boden. Dort unten, dutzende Zentimeter unter der Oberfläche, waren die Samen vor der Dürre besser geschützt, die Erde feuchter. Nora Himoonga geht einige Meter weiter aufs Nachbarfeld. Die Pflanzen reichen hier gerade einmal bis zu den Fußknöcheln, einige liegen vertrocknet auf der Erde. „Und hier habe ich mit dem Ochsen gepflügt. Ich hoffe, die Pflanzen kommen durch.“ Barlow macht sich Notizen.

„Finden Sie vierhundert Kwacha pro Hektar angemessen?“, fragt er.

„Es ist gerade an der Grenze“, sagt Nora Himoonga. „Mehr könnte ich nicht zahlen.“

George Barlow ist auf der Suche nach einer Antwort auf die Frage: Was für ein Modell braucht es, damit afrikanischen Kleinbauern sich einen Traktor leisten können? Zwei Stunden südlich der Hauptstadt Lusaka, im Dorf Dumba, der Heimat Nora Himoongas, lässt der Konzern Agco ein Pilotprojekt durchführen. Die Idee: Nicht mehr einzelne Bauern sollen Traktoren kaufen, sondern ein Händler im Dorf. Der soll anschließend gegen eine Gebühr die Äcker seiner Nachbarn pflügen und auch die Samen säen. Die Bauern bekommen akkurat bestellte Felder, der Händler kann den Kredit zurückzahlen, und in einer ganzen Region steigt die Ernte. So der Plan. Sollte er aufgehen, würde sich für Agco ein Markt mit Millionen neuer Kunden öffnen.

George Barlow, 49 Jahre alt, soll überprüfen, wie das Modell funktionieren kann. Barlow arbeitet seit dreizehn Jahren als Agrarökonom in Sambia. Ein Mann, der das Leben der Kleinbauern kennt. Zwei Jahre leitete er ein Baumwoll-Großprojekt mit mehr als zwölftausend Kleinbauern. Von den prognostizierten achttausend Tonnen fuhren sie nach der Ernte nur dreitausend Tonnen ein – dabei gab es keine Dürre, keine Plagen auf dem Feld. Die Bindung zu den Kleinbauern war schlicht nicht eng genug, das Netzwerk funktionierte nicht. Fehler, die Agco vermeiden will. Deshalb reist George Barlow alle paar Wochen in die zwei Bezirke, in denen die Traktoren-Pilotprojekte laufen, und befragt die Bauern.

Wenige Stunden später sitzt er bei Kelvin Mweeka auf dem Hof. Mweeka ist der lokale Zwischenhändler für Agrarprodukte, er verkauft Saatgut und Düngemittel an die Bauern. Und seit dieser Saison bietet er auch an, ihre Äcker zu pflügen. Mweeka lebt mit seiner Frau und seinen sechs Kindern in einem kleinen Backsteinhaus mit Wellblechdach. Er hat fünf Ziegen und einen Taubenschlag, Hühner picken auf dem Hof, ein Motorrad steht im Schatten eines Baumes. Auf dem Boden vor dem Haus liegt eine kleine Solarzelle, an der sich Handys aufladen lassen. Zeichen bescheidenen Wohlstands. „Bei wie vielen Bauern hast du den Acker gepflügt?", fragt Barlow. Etwa achtzig Familien waren es, sagt Mweeka. Auf Mais- und Sojafelder fuhr er, auch zu Baumwollbauern. „Haben alle gezahlt?", Mweeka nickt.

Er sagt, die Gebühr sei auch gar nicht das Problem. Das Problem sei der Diesel. Zweihundertfünfzig Liter verbraucht der Traktor pro Woche; wenn der Diesel ausgeht, muss Mweeka auf einen Pick-up warten, der ihn und ein leeres Fass mit in die Stadt nimmt. Einen ganzen Tag sei er dafür unterwegs. „Wir brauchen eine Tankstelle in der Nähe", sagt Mweeka. Barlow notiert.

Schon heute weiß George Barlow: Nicht der Kauf eines Traktors ist für viele Gemeinschaften das Problem, sondern der Erhalt. Was sollen die Landwirte machen, wenn der Motor streikt, wenn ein Reifen kaputtgeht? Agco versucht deshalb, die Bauern zu schulen, damit sie selbst die Maschinen reparieren können. Vor drei Jahren eröffnete das Unternehmen die „Future Farm", einen Demonstrationsbetrieb am Rande Lusakas, hundertfünfzig Hektar groß. Landwirte aus Kenia, Äthiopien, Simbabwe lernen hier, wie sie einen Traktor steuern und wie ein Motor aufgebaut ist. Auch Kelvin Mweeka besuchte einen Workshop. Vier Tage dauerte der Kurs. Viel zu kurz, sagt er. Man bräuchte eigentlich Wochen, um die ganze Technik zu verstehen. Es sei doch auch für ihn eine Premiere: mit einem Traktor pflügen.

In Uganda träumen sie ebenfalls von der technischen Revolution auf dem Feld. Ihr Hoffnungsträger ist Noble Banadda. Banadda ist Professor für Landwirtschaft und Biosystemtechnik an der Makerere University in Kampala. Er promovierte in Belgien und arbeitete danach am Massachusetts Institute of Technology in den Vereinigten Staaten. Er gilt als einer der talentiertesten Wissenschaftler Afrikas. Vor zwei Jahren entwickelte Banadda ein Gefährt mit dem Namen „MV Mulimi". Manche Leute nannten es eine Wundermaschine. Einen dreirädrigen Traktor, der nicht nur pflügen konnte, sondern auch Wasser

Selten in Sambia: ein neuer Traktor (Christopher Piltz)

Auch selten in Sambia: ein alter Traktor (Thomas Daum)

pumpen, Handys aufladen, Ware bis zu 700 Kilogramm transportieren. Eine Maschine, geschaffen für die Bedürfnisse ugandischer Kleinbauern. Er war günstiger als alles, was vorher auf dem Markt war, umgerechnet 3800 Euro kostet Banaddas Traktor. Aber vor allem, darin gründet der Stolz auf dieses Gefährt, war er ein Produkt Ugandas. Alle Metallleisten, Achsen und Reifen kamen aus Uganda. Banadda wollte keinen Traktor, für den Ersatzteile aus Südafrika oder Europa eingeflogen werden müssen. Er wollte ein Fahrzeug, das ein Farmer auf dem Land sofort selbst reparieren kann.

„Wir brauchen schnell eine Lösung", sagt der Wissenschaftler. Immer weniger junge Leute würden auf dem Land leben wollen. Sie ziehen in die Städte, studieren in Nachbarländern. Farmer wollen nur wenige werden. Dabei wächst die Bevölkerung Ugandas rasant: Über vierundvierzig Millionen Menschen leben in dem ostafrikanischen Land – im Jahr 2000 waren es noch vierundzwanzig Millionen. „Um sie alle zu ernähren, müssen wir Landwirtschaft wieder attraktiv machen", sagt Banadda. Bislang hat er erst drei Fahrzeuge des Modells „MV Mulimi" gebaut. Er sucht noch einen Investor. Wenn das Fahrzeug einmal in Serie ginge, würde der Preis weiter sinken. Zweitausend Dollar seien möglich, vielleicht sogar weniger, schätzt Banadda. Eine Summe, die Kleinbauern wieder träumen lässt – vom eigenen Traktor.

Familie Ngosa und das Smartphone

Plötzlich liegt das Wissen der Welt in jeder Hand. Millionen Afrikaner hatten niemals einen Computer und plötzlich besitzen sie ein Smartphone. Nicht zuletzt das machte es möglich, dass Daniel Ngosa im Ruhestand eine Farm gründen konnte. Jetzt bildet er andere Bauern aus und sie ernten immer mehr. Ich bin ihm und seiner Tochter auf deren Land in Sambia begegnet. Dort war (schon mehr als in Nkolemfumu) zu sehen, wie auch die kleinteilige Landwirtschaft langsam rationalisierter wird. Und wie globale Agrarkonzerne dabei auch im Kleinen mitmischen. Und dass das Wort Burnout so auch in entlegenen Bauernschaften wie Mutundu angekommen ist.

Fünfzehn Hektar Land im nördlichen Sambia. Mutundu heißt dieser dünn besiedelte Landstrich, dicht an der Grenze zu Kongo. Umgeben von dünnem Wald gibt es hier ein Kohlfeld, ein Tomatenfeld, Hühner und ein Gewächshaus. Es ist die Farm von Daniel Ngosa. Er war früher Ingenieur in der Bergbauindustrie. Die meisten Ingenieure in den vielen Bergwerken des sogenannten Kupfergürtels kommen aus dem Ausland, weil es zu wenige sambische Ingenieure gibt. Sie kommen aus Südafrika, Indien, China oder Europa. Aber Daniel Ngosa ist ein sambischer Ingenieur; er verdiente also viel mehr Geld als die unzähligen einfachen Minenarbeiter, die unter Tage Kupfererz abbauen. Herr Ngosa bekam, als er vor wenigen Jahren in den Ruhestand ging, eine Abfindung. Er kaufte sich von dem Geld Land. Erst drei Hektar, dann einige mehr. 16 000 Kwacha oder umgerechnet 1200 Euro kostete ihn das.

„Heute könnte ich mir das Land nicht mehr leisten", sagt er, „es würde eine Million Kwacha kosten." Die Land- und Hauspreise in Sambia sind schwindelerregend angestiegen. Was ist geschehen? Warum ist das Land plötzlich so wertvoll? Das Internet ist angekommen – und damit das Wissen. Das Wissen über die Knappheit von Land – nicht in Sambia, das dünn besiedelt ist, aber in den Nachbarländern wie Namibia, Tansania, vor allem in Südafrika. Das Wissen, dass die Weltbevölkerung und vor allem die Bevölkerung Afrikas wächst und wächst, das Land aber nicht. Ngosa sitzt mit seinem Smartphone da. Er sagt: „Früher hätten wir nicht gewusst, was abgeht in der Welt. Heute wissen wir es. Überall auf der Welt wird Land knapp. Bauern werden vertrieben, Investoren wollen Land kaufen. Wir wissen jetzt, was unser Land in Sambia wert ist." Dann zeigt der Bauer Ngosa, 52 Jahre alt, einige Filme auf einer Facebook-Seite von seiner Farm und der Genossenschaft „Premier Green View Farm". Wie er die Bauern der umliegenden Dörfer schult. Wie sie lernen, mit Hybridsaatgut, Dünger und Fungiziden mehr zu ernten. Wie sie etwas über Tierkrankheiten und Hühnerhaltung lernen.

Am Beispiel dieses Hofs sieht man, wie der Wissenshunger Zehntausender afrikanischer Kleinbauern plötzlich auf neuem Weg gestillt wird. Ein Smartphone in einer Gemeinde genügt. Das Smartphone ist aber in den meisten Dörfern Sambias, wo viele Millionen Kleinbauern leben, noch nicht angekommen. Auch nicht in Nkolemfumu, dem Dorf, in dem der Kleinbauer Felix Kangwa lebt, den wir ein Jahr begleitet haben. Aber das ist nur eine Frage der Zeit. Hier in Mutundu kann man sehen, was es Neues bringt. Es macht das Wissen über produktivere Landwirtschaftsmethoden jedem zugänglich, der lesen kann und will.

Nicht selten sind das Rückkehrer aus den Städten, die Wohlstand mit in ihre Heimatdörfer bringen – oder es ist ein rückkehrender Bergbauingenieur wie Ngosa. Er arbeitete unter Tage, in der Dunkelheit und Hitze der Erde. „Manchmal", sagt er im Ernst, „vermisse ich den Lärm der Maschinen."

Von Landwirtschaft – einer Armeleutearbeit in Sambia – verstand Ngosa anfangs nichts, als er das Land kaufte. Er lernte die Landwirtschaft nicht vom Staat oder von westlichen Entwicklungshelfern. Er lernte sie in Schulungen vom chinesisch-schweizerischen Agrarchemiekonzern Syngenta. Das war in Lusaka, der Hauptstadt. Da lernten auch sonst nicht nur Bauern etwas über Landwirtschaft – es waren frühere Ingenieure wie Ngosa, ältere Lehrer, pensionierte Krankenschwestern. Es gibt, spürte man dort, eine neue Lust aufs Land. Ausgerechnet bei denen, die nicht als Kleinbauern groß wurden. Und die Industrie weiß, diese Landlust zu nutzen. Syngenta baut in Afrika, mit Hilfe von Alt- und Neu-Bauern wie Daniel Ngosa, Schulungsnetzwerke auf. So erzählt es Ngosa: Anfangs bekam er ein dreiwöchiges Landwirtschaftstraining und weil er das Wissen nun an Kleinbauern weiterträgt, erhält seine Farm auch Unterstützung von dem Konzern wie auch von der amerikanischen Behörde für Entwicklungszusammenarbeit USAID. Und ein kleines Motorrad, mit dem Aufdruck Syngenta, das steht auch auf der „Premier Green View Farm" und bezeugt, dass es hier einen starken Finanzier gibt.

So erschließt sich die Agrarindustrie der entwickelten Welt Afrikas Kleinbauernwelt. Das Wissen der Bauern allein nützt noch wenig. Sie brauchen schnell wachsende, ertragreiche Hybridsaaten. Die müssen Mal für Mal nachgekauft werden. Sie brauchen, damit die Vorteile fruchten, Kunstdünger und chemische Pflanzenschutzmittel. Dafür erhalten sie über Daniel – und dieser über seine Finanziers – Kredite. „Es läuft gut, sie zahlen das schnell zurück", sagt er. Die Farm läuft so gut, dass sogar Daniels Tochter Rachel eingestiegen ist. Sie lebte zuvor in der Hunderte Kilometer entfernten Hauptstadt. Sie studierte BWL. Aber die Mieten in der Stadt sind hoch und Landwirtschaft hat Zukunft, dachte sie, also ging sie zurück aufs Land. Sie macht die Buchhaltung, überprüft, ob Kredite zurückgezahlt wurden. Ihr Mann und ihr Sohn leben die meiste Zeit aber noch in der fernen Hauptstadt. „Vor einigen Jahren kamen fast alle frischen Lebensmittel in den Supermärkten aus dem Ausland, jetzt kommen sie aus Sambia", sagt Rachel. „Wir wollen aber unser Essen selbst erzeugen. Das motiviert mich." Und sie will es exportieren – in die Nachbarländer, die mit weniger Land und Wasser auskommen müssen: „Nach Angola, Kongo, Namibia", sagt sie. Das sagte auch Felix Kangwa in Nkolemfumu.

Wie genau kann die Produktivität steigen? Was sind die Risiken? Bewässerung ist wichtig, hier funktioniert sie einfach mittels zweier großer Plastik-Sammelbecken, die auf einem Hügel stehen. Die wichtigste neue Idee aber lautet: Arbeitsteilung. Daniel verkauft überwiegend Setzlinge: mehrere Tage oder Wochen altes Junggemüse. Andere Bauern kaufen sie und versorgen sie bis zur Ernte. Daniel hat spezielle Setzlingserde; er zieht die Jungpflanzen in Styroporpaletten im geschützten Gewächshaus. Wenn die Junggemüse so gute Startbedingungen haben, wachsen sie auch später schneller und es gibt größere und frühere Ernten.

Aber es gibt Nachteile, vor allem die Abhängigkeit von Saatgut und Dünger, ohne die es keinen Fortschritt gibt. Die schnellwachsenden Samen brauchen viel Dünger. „Und sie sind empfindlicher als die alten Sorten, das merkt man", sagt Daniel. Die Folge, in dieser im Spätherbst schwülwarmen Gegend: Oft müssen sie Chemikalien gegen Pilzbefall und Schädlinge spritzen, „ehrlich gesagt, einmal in der Woche".

Der Hof, der so idyllisch und nach einem europäischen Bauernhof aus dem Ende des 18. Jahrhunderts, ist ein wachsender, durchkalkulierter Betrieb. Sie bauen Gemüse an, weil das die höheren Renditen bringt. Ein Betonbecken steht neu da, hier sollen bald Zuchtfische aufgezogen werden. Sie verkaufen Setzlinge auf Facebook, auch Hühner. Die Küken werden in einer Brutanlage groß, die Daniel selbst gebastelt hat, aus einem alten Kühlschrank. Immer mehr Kleinbauern nehmen die Setzlinge und Küken von dieser Farm ab. „Wir werden in den nächsten Jahren auf 400 Bauern wachsen“, sagt der Gründer, „jetzt sind es 30.“

Als er hört, dass der deutsche Bauer Axel Dettweiler, nach vielen Jahren erfolgreicher Hochleistungslandwirtschaft an einer Depression litt, und dass es wohl vielen in Europa so gehe, da lächelt Daniel Ngosa. „Wir haben hier in Sambia keine mentalen Erkrankungen, das kommt aber langsam.“ Seiner Tochter Rachel war das Stadtleben in jedem Fall zu teuer und zu hektisch. „Ich glaube, das Leben hier ist besser.“ Auch sie leidet noch nicht an Burnout.

Elementarteilchen

In Tansania sah sich *Niklas Zaboji* gemeinsam mit Wissenschaftlern der Universität Zürich an, mit wie kleinen Dingen das Leben der Bauern stark verbessert werden kann. Manchmal genügt dafür schon ein Plastiksack. Am Ende des Textes ergänze ich, welche anderen Mini-Erfindungen armen Bauern erstaunlich großen Nutzen brachten.

Das abgebrochene Horn ist sein Todesurteil. Die letzten Stunden des schwer verwundeten Bullen haben geschlagen. Glasig trüb ist sein Blick, träge sein Schritt, nur noch mühsam wehrt er sich gegen Fliegen, die sich an der Wunde laben. Das Duell mit dem anderen Bullen war sein letztes. Morgen geht es zum Schlachter. In so einem Bullen stecken Tausende Kilo Futter, gewissermaßen Zehntausende Stunden bäuerliche Handarbeit für die Ernte. Ein Moment der Unachtsamkeit – und der Schaden ist riesig. Mehr als siebenhunderttausend tansanische Schilling wird Aisha für das kranke Tier nicht erhalten, umgerechnet rund zweihundertsechzig Euro; das ist gerade mal die Hälfte seines normalen Verkaufswerts. Und was bekommt man dafür? Vielleicht acht Säcke Mais je einhundert Kilo, mehr nicht.

Die Bäuerin nennt einige wenige Hektar Land ihr Eigen, wo sie neben Mais auch Hirse anbaut. Die Märzwochen waren stürmisch und die Überschwemmungen verheerend, ein beträchtlicher Teil der Ernte ging verloren. Und jetzt auch noch die Sache mit dem Bullen. All das hat Aishas Haushaltsplan über den Haufen geworfen. Damit ihre vier Kinder nicht hungrig in die Schule müssen, muss sie nun Lebensmittel am lokalen Markt dazukaufen.

Wie Aisha geht es vielen in Mnenya. Dreieinhalbtausend Bewohner zählt das Dorf, der Anteil an Bauern liegt irgendwo zwischen neunzig und hundert Prozent. Der stete Kampf um die Vorräte bestimmt ihr Leben. Dass die Unwetter ausgerechnet im März die Ernte vernichtet haben, hat sie schwer getroffen. Er war der letzte von vier Hungermonaten, ehe die Früherernte beginnt, die Lagerbestände sind knapp. Familien mit Überschuss erzielen jetzt hohe Verkaufspreise. Doch wer das Geld nicht aufbringen kann, muss in diesem Zeitraum hungern. In ganz Tansania ist das nach Zahlen der Vereinten Nationen jeder Dritte.

Die Verletzung eines Bullen lässt sich vielleicht nicht vermeiden. Aber Verluste von Grundnahrungsmitteln wie Mais durchaus. Bis zu vierzig Prozent gehen den Bauern in Afrika nach der Ernte verloren; das Thema ist auch in Tansania ein Politikum. An diesem Vormittag ist die Stimmung in Mnenya allerdings auffallend heiter. Auf dem Dorfplatz, einige Meter von Aisha und ihrem Bullen entfernt, steigt eine Feier. Die Bewohner sind in Scharen gekommen. Veranstalter ist die Bezirksregierung. Man sei froh, am heutigen Schulungstag, der im Zeichen von verbesserter Erntelagerung stehe, viele Gäste in Mnenya begrüßen zu dürfen, ruft der Regierungsvertreter ins Mikro. Ihm zur Seite stehen zwei Forscher von der ETH und der Universität Zürich, die zur Lebensmittelsicherheit forschen und hierher geladen haben. Die Erntezeit habe begonnen und dafür sei es wichtig, die neuen Erntesäcke und Metallsilos zur Maislagerung zu kennen.

Ein Mann mit Cap, dunkler Sonnenbrille und lässigem Hawaiihemd, der auch gut Autohändler in einem amerikanischen Vorstadtkrimi sein könnte, ist der Agrohändler Mringko. Wenn es um die neuen

Technologien geht, steht er im Mittelpunkt. Er ist Motivator, Organisator und großer Profiteur der Aufklärungskampagne. Denn er verkauft, was alle wollen: Silos und luftdichte Säcke. Letztere je fünftausend Schilling das Stück, das sind knapp zwei Euro bei einer Lebensdauer von bis zu drei Saisons. Bei den Bauern kommt das gut an. Mariamu, eine Bäuerin, hat nicht viel Kraft. So begeistert sie eben noch von der Idee war, die neugierigen Gäste die Dorfstraße aufwärts zu ihrem Haus zu führen, so verlassen sie, gerade angekommen, jäh die Kräfte. Nur mit Mühe hält sich Mariamu noch auf den Beinen, als sie vor ihrer Lehmhütte steht, in der ihre Ernte lagert: Mais, Maniok und Hirse, daneben einige Haufen Sonnenblumen, aus denen sie Öl macht. Erntesäcke hat sich Mariamu im vergangenen Jahr auch schon zugelegt, erklärt sie, auf der schattigen Türschwelle sitzend. So hätte sie viel Zeit und Geld gespart. Der Mais sei zuvor in den alten Säcken und Plastikkanistern immer feucht geworden. Auch Insekten hätten sich darin breitgemacht. Die neuen Säcke mit der Ernte vom letzten August seien hingegen unbeschädigt, ja staubtrocken gewesen, berichtet Mariamu mit großen Augen, fast ungläubig. Das sei eine tolle Sache und befreie sie von der Abhängigkeit vom Markt. So wollen ihr Mann und sie bald schon einen Mikrokredit dafür nutzen, ihren Landbesitz von zwei auf fünf Hektar zu vergrößern, auch wenn die freien Grundstücke jenseits des Flusses am Dorfrand, der den Bewohnern als Wasserquelle dient, in immer größere Entfernung rückten.

In der Nähe befindet sich Salums Grundstück, das größer ist als das der anderen im Dorf. Er hat einen Innenhof, in dem einige Bäume Schatten spenden. Der Boden ist gekehrt, das Mauerwerk verputzt. Strammen Schrittes geht der Bauer, der Jeans und ein langärmliges Hemd mit blau-weißem Karomuster trägt, vom Innenhof ins Lager. Darin thront ein großes Silo, daneben, auf einer Holzpalette, liegen ein konventioneller Plastiksack und ein neuer, luftdichter Erntesack mit zweifacher Kunststoffschicht. Darin lagere noch heute die Ernte von 2016, erklärt er stolz – unbeschadet. Wie der Agrodealer ist auch Salum bestens imstande, einen Vortrag über die Vorzüge der neuen Technologie abzuspulen. Vorbei sei die Zeit, den Mais alle drei Monate aus dem Sack nehmen und reinigen zu müssen. Für ihn, der nach der Ernte rund zwei Drittel des Maises einlagert und erst peu à peu verkauft oder selbst konsumiert, eine große Sache. Früher hat Salum immer Pestizide in die Säcke gekippt. Das habe den Geschmack des Maises verändert und auch der Geruch sei penetrant gewesen, erinnert er sich naserümpfend. Und seitdem die Regierung vor drei Jahren endlich Stromleitungen hierher verlegte, brauche es auch die Dieselgeneratoren privater Händler nicht mehr, um den Mais zu mahlen. Seine Familie benötige für den Eigenkonsum über die Saison hinweg acht Säcke Mais, die restlichen zwanzig könne er normalerweise auf dem Markt verkaufen. Nur im letzten Jahr sei die Ernte so furchtbar schlecht ausgefallen, da habe es keinen Überschuss gegeben. Daran hätten auch die Säcke nichts geändert.

Die Forscher aus Zürich sitzen zusammen mit einigen Dorfbewohnern im Kreis. Für sie war heute ein gelungener Tag. Bauern wie Mariamu und Salum gehören wie tausend weitere Haushalte in der Region zu ihrer Studiengruppe, mit der sie seit vergangenem September die Auswirkung der neuen Säcke auf Ernährung und Marktpreise testen. Die eine Hälfte haben sie dafür mit fünf Säcken ausgestattet, die Kontrollgruppe nicht; wöchentlich antworten die Bauern auf SMS, wofür sie ein kleines Prepaidguthaben als Bonus erhalten. Für vollständige Ergebnisse sei es noch zu früh, sagt der Projektleiter Matthias Huss, der sich mit seinem Kollegen Michael Brander heute wieder einmal einen Überblick vor Ort verschafft hat. Aber alles deute darauf hin, dass sich die Situation in der Hungerphase verbessert habe: Die Maisvorräte waren üppiger, weil weniger verrottet ist, zugleich gab es nur noch geringe Preisschwankungen. Auf Teilnehmerseite gaben im Vergleich zur Kontrollgruppe rund dreißig Prozent weniger Bauern an, Ernährungsprobleme zu haben.

Bäuerin Aisha gehört nicht zu den Teilnehmern, und den Platz vor ihrem Haus hat sie längst geräumt. Die Veranstaltung würde sie bewusst meiden, hatte sie noch am Vormittag gesagt, aber weniger aus Mangel an Interesse denn an Kräften. Ihr Bulle steht jetzt allein auf der Wiese. Die Büschel Grünzeug, die ihm Aisha hingeworfen hatte, hat er kaum angerührt. Der Hunger scheint ihn verlassen zu haben.

Auch andere, zunächst unscheinbare Erfindungen können Bauern in den am wenigsten entwickelten Ländern der Welt sehr nützen. Denn rund ein Viertel bis ein Drittel der Ernte auf den Feldern oder im Lager verschimmelt oder verrottet – vom Mais in Subsahara-Afrika zum Beispiel sind das laut der Universität Zürich rund 25,5 Prozent. Gegen Schimmelbildung und Insektenbefall während der Lagerung – Hauptgründe für die Verluste – hilft der vakuumierte Plastiksack. Mit einem Plastiksack, aus dessen Seitenöffnungen Gemüse wächst, forscht hingegen die Universität Hohenheim. In trockenen Regionen wird dadurch erst Gemüseanbau möglich, da der Sack das Wasser lange in der Erde hält. Dazu, dass die Ernteverluste in Afrika verringert werden können, tragen seit etwa zwanzig Jahren auch sonnenbetriebene Trocknungsanlagen bei.

Konservierung ohne Strom: Tunneltrockner (Jan Grossarth)

Sie sind bis zu vierzig Meter lang. Ein solarbetriebener Ventilator führt Luft durch den Tunnel, in dem sich die Luft auf etwa siebzig Grad erhitzt. Mit diesem Tunneltrockner können die Bauern selbst Fleisch und Fisch haltbar machen. Nach Schätzungen stehen mittlerweile mehrere tausend dieser Anlagen in Afrika. Sie wurden von der Universität Hohenheim entwickelt und werden oft von Entwicklungsorganisationen finanziert. Die Universität Kassel-Witzenhausen hat verbesserte Erntetrocknungshäuschen entwickelt – kleine, für das südliche Afrika typische Strohhütten, die um einen belüfteten Unterraum ergänzt wurden. Die Belüftung mit warmer Luft führt dazu, dass weniger Mais am Boden schimmelt.

Solarbetriebene Kochstellen kommen ohne elektrischen Strom aus, der in Zehntausenden Dörfern fehlt.

Die Welternährungswissenschaft

Ich habe mich auf zweiwöchige Rechercheреise zu einigen der renommiertesten landwirtschaftlichen Universitäten gemacht. Mit Wissenschaftlern sprach ich über Soldatenfliegen, sonnenbetriebene Trocknungsanlagen, um Ketchup aus überreifen Banenen und Tomaten zu produzieren und über Roboter, die säen und Unkraut verbrennen. Schon am ersten Nachmittag in Wageningen ist es mir angesichts der Fülle an Informationen erstmals schwindlig geworden. Dieser Text kommt deshalb als Reportage-Essay mit einigem „Ich" daher, damit Sie, liebe Leser, mit mir leiden und lernen.

Wenn die Welternährung ein Elefant wäre, dann könnte man über die Wissenschaftler sagen: die einen versuchen, den Rüssel zu verbessern, die anderen arbeiten am Schwanz, andere an der Haut, andere am Herzen und andere an der Größe und Schnelligkeit. Wenn Wissenschaftler den Fokus ihres jeweils sehr speziellen Forschungsthemas – zum Beispiel: wie züchtet man Fliegenlarven auf Abfällen, um daraus Bratöl zu machen? – erweitern, wird ihre Erkenntnis immer unschärfer. Insofern war es völlig normal, dass mich all die Wissenschaft verwirrte. Man muss die Puzzleteile selbst zusammenstecken.

In Wageningen in den Niederlanden beginnt die Reise. Hier, nahe dem Ufer des Waals, landeten die Fallschirmspringer der Alliierten kurz vor Kriegsende, um Deutschland zu befreien. Schon seit gut dreißig Jahren züchteten zu dieser Zeit Wissenschaftler in Wageningen zu Forschungszwecken Getreide – man kannte damals auch schon moderne Verfahren wie die Mutagenese, eine durch Bestrahlung stimulierte *Genveränderung*. Hier in Wageningen züchteten sie aber längst mit anderen Mitteln: computerbasierte Genomanalyse, Genschere „CRISPR/Cas9". Der Pflanzengenetiker René Smulders erzählt von Projekten, die Allergikern zugutekämen wie sporenlose Austernpilze, den hypoallergenen Apfel, glutenfreies Getreide. Und: Wie schnell das heute alles geht. Mit Genome Editing im Labor lassen sich Eigenschaften der Pflanzen scannen, man muss nicht mehr warten, bis die Früchte zu sehen sind. „Früher hätte man fünfzig Jahre Zucht für einen hypoallergenen Apfel benötigt, man hätte allein bei jedem Baum vier Jahre bis zur Blüte warten müssen, und heute geht die ganze Zucht in wenigen Jahren", sagt Smulders. Ein weiteres Projekt, und wichtiger für Welternährungsfragen, sei der genveränderte Apfel, der gegen den Apfelschorf resistent ist. „Früher hat man den Apfel zwanzig Mal im Jahr dagegen gespritzt", sagt Smulders.

Das hilft, chemische Pestizide einzusparen. Das ist nötig, denn die können im Grunde nicht im energetischen Kreislauf geführt werden. Sie verbleiben zunächst im Boden. Es sind meist Kohlenstoffverbindungen, von denen manche Wochen, andere Jahre dort verbleiben; manche zerfallen, manche werden von Bakterien verarbeitet und umgewandelt. Von den Chemikalien gibt es von heute auf morgen keinen Weg zurück; es geht um viele Einsparungen in vielen Schritten. Gut, wenn die Pflanzenzucht dazu beiträgt. Und die sogenannten Genscheren? Das wird man noch sehen, was sie bringen. Jedenfalls, genveränderte Fische, die im Dunkeln leuchten, oder bunte Schweinenasen sind weder sinnvolle, noch notwendige Bestandteile der Kreislaufwirtschaft. Dafür muss man nicht an der DNS herumschnippeln, wie die Chinesen es in ihrer Fortschrittssucht tun.

Die Universität Wageningen führt heute die globalen Rankings der Agraruniversitäten an. Sie genießt ein größeres Renommee als die University of California in Davis, der Mutteruniversität Monsantos. Als ich dort in Davis einmal vor wenigen Jahren war, nahm ich als Eindruck allerdings eher die aggressive Abwehrhaltung der Wissenschaftler gegen die europäische Skepsis gegenüber der transgenen Pflanzenveränderung wahr. Eduardo Blumwald, Professor für Zellbiologie, sagte provozierend: „Es wurde jetzt eine Generation mit GVO ernährt. Wie viele wurden davon krank? Nicht einer. Ihr Europäer glaubt, ihr seid schlauer. Ja, ja, die dummen Amerikaner! Ach was, eure Chemieindustrie ist mächtig. Die will keine GVO, denn die schadet dem Geschäft." So viel Sarkasmus, dachte ich – ein Zeichen für Unsicherheit? So auch Alan Bennett, Professor für Pflanzenforschung, der damals sagte: „Ihr Europäer belehrt uns immer bezüglich des Klimawandels: Amerikaner, hört endlich auf die Wissenschaft! Und wenn es um GVO geht, hört ihr selbst nicht auf die Wissenschaft. Ich kenne keinen Wissenschaftler, der nicht für die Gentechnik wäre. Außer einem in Berkeley. Aber der ist kein Wissenschaftler."

Tatsächlich haben kurz danach rund einhundert Nobelpreisträger einen Brief unterschrieben, in dem sie sich für eine größere politische Akzeptanz der Gentechniken einsetzen. Es mag gut sein, dass sie nicht schädlich sind für die Menschen. Aber andererseits haben sie bislang auch nicht den großen Sprung gebracht, der oft versprochen wurde: hitzeresistente Pflanzen etwa, die dringend nötig wären. Das habe ich in Israel bestätigt bekommen (vgl. Kapitel 4), von dem Pflanzenzüchter Menachem Moshelion.

Auf dem weitläufigen Campus in Wageningen wiederum sieht es so aus wie auf der Weltmesse Expo. Nach Optimismus, nicht nach Zwangsneurosen. Jedes Gebäude unterscheidet sich vom anderen. Es gibt Fahrradschnellwege und verrückte Brücken. Das Hauptgebäude heißt Forum es ist aus rotem Backstein; am Schwarzen Brett darin haben Studenten Nachrichten auf grüne Pappwolken geschrieben. Es ist auf gewisse Weise beruhigend, dass ihre Ideen auch an einem so futuristischen Ort an die Utopien des Weniger aus den Achtzigerjahren erinnern: „Weniger heizen! Nutzt Wolle!“, „Weniger Licht tagsüber“, „Vegane Ernährung“, „Alles nur noch vegan!“, „Insekten in den Kantinen“, „Hunde in die Bilderbücher“, „Sauerteigbrot“.

Vom Sauerteigbrot ist es nicht weit zum nächsten Forscher: Toine Timmermans. Aus ihm sprudeln die Worte wie Wasser aus dem Springbrunnen draußen. Der Ingenieur ist ein wichtiger Mann der praxisnahen Forschung; er arbeitet im Verbund mit Konzernen wie McDonald's, Google, mit kleinen Food Techs, dem Lebensmittelkonzern Unilever oder der Rabobank, die manche den größten Landwirt Europas nennen. Sie arbeiten daran, dass endlich *weniger Lebensmittel weggeworfen werden* – woran die Konzerne kein wirtschaftliches Interesse haben dürften. Aber anscheinend spüren sie das, was Politikbürokraten „Handlungsdruck“ nennen: Gut ein Drittel der Nahrung geht auf der Welt als Abfall oder schon nach der Ernte verloren – mindestens. Timmermans leitet zwei globale Großprojekte der EU, die zur Verringerung der Lebensmittelabfälle beitragen sollen. Sie klingen erquickend: „Refresh“ und „Fusions“.

Da bin ich nun also im akademischen Herzen der Kreislaufwirtschaft. Timmermans weiß für diese Sache zu provozieren. Er sagt: „Die Menschen müssen doch überhaupt nicht mehr ernten, um die Weltbevölkerung der Zukunft zu ernähren. Schon heute gibt es genügend Essen für mehr als 10 Milliarden Menschen. Es geht nur darum, weniger zu verschwenden.“ Aber das ist leicht gesagt (ein Teil der Verschwendung ist natürlich, dass es immer mehr Übergewichtige geben wird). Timmermans hat konkrete Beispiele auf dem Schreibtisch liegen. Rotes Pulver: getrocknete Paprika aus Afrika, wo eine neue, das heißt günstigere, Trocknungtechnik hilft, Paprika vor dem Verderben zu bewahren. Tomatensuppe: hergestellt von einem Startup aus Holland, aus überreifen Tomaten, Supermarktabfällen, konserviert mit einer neuen Technik. Oder: eine Packung Eier, Handelsmarke „Oer Eieren“, seit wenigen Wochen in den Niederlanden im Handel. Das Besondere daran: Die Hennen, die sie legten, fraßen lebende Insekten. Und diese fressen Lebensmittelabfälle. „Und die Hennen sind gesünder, sie sind aktiver“, sagt Timmermans. „All diese Veränderungen“, betont er, „kommen von landwirtschaftlichen Quereinsteigern. Sie legen Wert drauf, dass sie nichts mit den Bauernverbänden zu tun haben. Aber das Überraschendste für mich ist, dass mittlerweile auch die Banken und Konzerne verstanden haben, dass das auf Wachstum angelegte Landwirtschaftssystem keine Lösung bietet. Sie sagen es nur nicht offen, das können sie ja nicht.“

Timmermans weiß, was er will, und was die Food-Konzerne zu wollen haben: Kreislaufwirtschaft. Er formuliert die Agenda, Abfälle erstens zu vermeiden und zweitens möglichst sinnvoll zu nutzen. Er orientiert sich an einer Pyramide, die er aus einem alten Lehrbuch rauskopiert hat: „Moerman Food Use Hierarchy“. Priorität hat darin, Abfälle zu vermeiden. Zweitbeste Lösung: Menschen davon ernähren, Tiere davon ernähren. Noch mehr Energie ginge verloren, wenn aus Abfällen Biomaterialen gemacht würde, und noch verschwenderischer ist es, wenn – wie in Deutschland praktiziert – aus Abfall Kompost wird. Noch weniger sinnvoll ist es, was derzeit auch mit einem Großteil des Biomülls passiert: organische Abfälle werden einfach verbrannt.

Wageningen, ein Mosaik aus Zukunftsteilchen. In der modernen Kantine gibt es eine Speise mit Fleischbällchen, im Vorraum spielt ein Pianist, aus Pflanzregalen wachsen Pflanzen. Ein anderer Professor erzählt dann, wie seine Forschung dazu beiträgt, Asphalt aus einem Abfallprodukt der Sägewerke zu machen, dem pflanzlichen Lignin. Er zeigt einen entsprechenden Radweg. Man kann ihn kaum vom konventionellen Teerweg unterscheiden. Der Pressesprecher fährt mich zur Präsidentin. Louise Fresco ist in den Niederlanden weltberühmt; eine strenge Frau, die Bücher schrieb und in der Welternährungsorganisation FAO den Völkern der Welt diente. Ich frage sie, was sie von der These ihres Mitarbeiters Toine Timmermans hält, die Ernten müssten in Zukunft gar nicht mehr steigen. Sie reagiert ausnehmend gereizt: „Ich antworte nicht auf die Thesen von Abwesenden.“ Sie wünscht mir noch viel Glück. Warum so gereizt? Vermutlich deshalb: Louise Fresco steht für eine vergangene Ära der FAO-Politik, die auf eine rasante globale Ausbreitung der „Grünen Industriellen Revolution" setzte. Timmermans Ideen sind demgegenüber zwar nicht revolutionär anders, aber gründlicher und tiefgreifender.

Weiter draußen, am Feldrand, im „Algae Parc", verlaufen entlang verschiedener Betonpfeiler Hunderte von Plexiglasröhren, welche jeweils mit einer grünen Algenbrühe gefüllt sind; drinnen im Labor experimentieren asiatische Doktoranden. „Ich versuche, essbare Algen zu finden, die Temperaturen von mehr als 39 Grad überstehen", sagt einer. Das könnte der Ernährungslage in seinem Heimatland nützen. *Algen* sind ein unverzichtbarer Teil der kommenden Welternährungswirtschaft. Das wissen die Leserinnen und Leser dieses Bandes aber bereits.

Auch forscht die Universität Wageningen am *fleischlosen Fleisch*. Man kann sich die Büros des entsprechenden Gebäudes vorstellen wie ein schönes altes Zuchthaus. Treppen im Mitteltrakt führen hinauf zu drei Etagen, an der linken Gebäudeseite liegen die kleinen Zellen. Ein wacher, schmaler Mann mit dem Namen Atze Jan von der Goot – was auf Englisch klingen müsste wie „von der Ziege" – führt uns hinauf ins Fleischlabor. Unappetitlich liegen die Fleischersatzstücke – sein Lebenswerk – im Kühlfach. Sie wurden aus Getreide gemacht, man kennt sowas ja aus den Nachrichten und aus der Pfanne. Durch ein verbessertes Design soll der Absatz weiter steigen. „Wir arbeiten noch daran, die Faserung zu optimieren", sagt der leitende Professor Atze Jan van der Goot. Das könne Jahre dauern, bis man so weit sei. Das Analogfleisch bräuchte eine Querfaserung, die den Kauenden wirklich das Gefühl vermittle, so etwas wie ein Steak zu essen, sonst würden sie es nicht essen wollen. Je weniger Fleisch die Menschen essen, desto besser für die Umwelt, und desto günstiger bliebe das Getreide für die Ärmsten.

Durch Landkarten aus allen Ländern klickt sich – es wird schon Abend – an seinem Computer der Agrarökonom Martin van Ittersum. Er ist ein väterlicher Mann mit Halbglatze und Wollpullover. Sein Projekt befasst sich mit dem „Yield Gap", also der Differenz zwischen bestmöglicher und tatsächlicher Ernte in afrikanischen Ländern – das heißt, das theoretische Optimum mit modernem Saatgut, Bewässerung,

Fleischersatz in van der Goots Händen (Jan Grossarth)

Düngung und Pestiziden. Der Yield Gap ist in Sambia sehr groß; dort ernten die Bauern rund zwei Tonnen Mais je Hektar, sie könnten aber bis zu zehn Tonnen ernten, entnimmt Ittersum seinem Computer.

Die Universität Bonn mutet kurfürstlich und bundesrepublikanisch an, die Zukunft steckt hier im Inneren. Das Zentrum für Entwicklungsforschung (ZEF), im Zweckbau, ist auf Entwicklungsländer fokussiert. Mehrere Doktoranden halten kurze Vorträge. Ich sehe auf einem Laptop Fotos von der Schwarzen Soldatenfliege, von Maden in faulen Melonen. Die „Black Soldier Fly" ist recht keimresistent und eignet sich für die Müllverarbeitung. Marva Shumo, eine Doktorandin aus Oman, forscht darüber. Denn sie sieht in automatisierten Produktionsanlagen auch eine Lösung der kommenden Versorgungsnöte ihres Wüstenstaats. „Es war für uns ja bislang günstiger, importierte Soja an die Tiere zu verfüttern", sagt sie, „aber nun wird es technisch möglich, aus Insekten Futter zu machen, es ist günstiger und auch nachhaltiger."

Ihr Wunsch ist es, in Oman eine *Aquaponic-Farm* zu eröffnen, wo mit Insektenmehl gefütterte Fische leben, deren Abwasser als Dünger für Pfirsich- und Erdbeerkübel nützlich ist – und die Reste werden wieder zu Soldatenfliegenmaden, und die zu Futter, und immer so weiter.

Der Institutsdirektor Christian Borgemeister hat viele Jahre in Entwicklungsländern verbracht. Er leitete eines der bekanntesten Insektenforschungsinstitute der Welt in Kenia. Er betont, es gebe einen weltweiten Proteinmangel. Und dieser korreliere eng mit der langfristigen Entwicklung der Volkswirtschaften, denn die Entwicklung des Hirns und des körperlichen Wachstums werde in den ersten tausend Lebenstagen – inklusive Schwangerschaft – determiniert; Mangel an Zink, Eisen und Magnesium in dieser Phase des Lebens wirkten sich lebenslänglich aus. Leider sei es schwierig, die Politik dafür zu sensibilisieren. Kriege, akute Hungerkatastrophen stehen im Fokus. Ein Herumreparieren an Symptomen. Die Politik handele gegenwartsorientiert. Und was können die betreffenden Staaten selbst gegen die Mangelernährung tun? Borgemeister sagt, es müssten erst die „niedrig hängenden Früchte" geerntet werden; *Ernteverluste verringern*, die Berater müssten die Bauern daran erinnern, dass Maisbrei keineswegs nährstoffreich sei, und auch nicht einmal eine traditionelle afrikanische Kost, sondern „dass er bestenfalls seit 80, 90 Jahren dort existiert." Großteile Afrikas ernähren sich von Mais. Und das ist nicht nur eine Erfolgsgeschichte.

Die Universität Bonn verfügt, nahe dem Schloss, über ein wunderschönes Gewächshaus. Auch hier lagern grüne Schätze, hier wachsen die Früchte der kommenden Kreislaufwirtschaft. Maximilian Weigend ist nicht nur Professor und Leiter des Nees-Instituts für Biodiversität der Pflanzen, sondern auch der Direktor der Botanischen Gärten. Er führt durch das Tropenhaus und weiß, zwischen Kakaobaum und Bananenstaude, Geschichten zu erzählen von *Pflanzengemeinschaften und Symbiosen*. Von denen also, die durch den intensiven Ackerbau zerstört werden. Der Biologe ist kein Freund der Agrochemie. Er meint, „dass die Natur für alle Bereiche, für die wir technisch sehr problematische Lösungen entwickeln, selbst schon Lösungen hat." Im Keller seines Instituts gibt es ein Beispiel zu sehen. Hier forschen Doktoranden mit dem Elektronenmikroskop an Blättern. Nur in der Vergrößerung zeigt sich eine stachelige, dornige Beschaffenheit der Blattstruktur. Mit den Haken und Spitzen wehrt sich die Pflanze – hier eine chilenische Blumennessel – gegen Schädlinge. Mehr Pflanzen, die derartige Abwehrkräfte haben, zukünftig in der Pflanzenzucht einsetzen zu können, das ist das Anliegen Weigends.

Wiederum andersartig als ein Biologe blicken Roboteringenieure auf die Welternährungsfrage. Aber eines eint auch diese beiden Gruppen: dass sie an zukünftigen Lebensmittelsystemen ohne Chemie arbeiten. Draußen auf dem Feld, auf dem Campus Klein-Altendorf, sprechen die Professoren Cyrill Stachniss und Heiner Kuhlmann über „Pheno-Rob“, ihr schönes neues Großprojekt mit *autonomen Robotern im Feld.* Infrarotdetektoren oder andere Sensoren messen das Pflanzenwachstum, die Zeitintervalle des Wachstums, aber auch Faktoren wie die Blattausrichtung. So können sie, schneller als der Mensch, Nährstoffmangel, Krankheiten oder das Ausmaß des Schädlingsbefalls erkennen. Indirekt geht es hier darum, die Abhängigkeit von der Chemie zu verringern. Professor Stachniss ist Roboteringenieur, Professor Kuhlmann studierte Geodäsie. Viele Disziplinen arbeiten an unserer Ernährung von übermorgen. Das Projekt sieht sich als „Zusammenschluss aus Robotik, Geodäsie, Informatik, Nutzpflanzenwissenschaften, Agrarökonomie und Nachhaltigkeitsforschung“. Und dann ist es doch verblüffend, wie klobig und hölzern diese Roboter im Jahr 2018 noch aussehen. Einer fährt über die jungen Zuckerrüben, stoppt, erkennt Unkraut, verbrennt es mit einem Laser, zuckelt weiter. Das braucht Strom, aber nicht viel. Diese Roboter lernen autonom, Unkraut von den Nutzpflanzen zu unterscheiden. Die bildliche Mustererkennung funktioniere schon gut, sagt Stachniss – aber nur, wenn das Feld fast frei ist. Der Roboter lernt und lernt. Die vielen Daten, die er erhebt, sollen zu immer schnelleren Lernprozessen führen.

Dann finde ich mich in Apfel- und Kirschplantagen wieder. Der Wind bläst heftig durch das Haar. Der Zusammenhang von Apfelblüte,

Frost und Insektensterben ist von Interesse für die Welternährung. Eike Lüdeling weiß das – und auch, dass die Menschheit über die Einflussfaktoren auf den Blühzeitpunkt fast noch nichts weiß. Aber das wäre wichtig für die Zucht und Ernten. Die *Obstblüte* bleibe in Mittelmeerländern immer öfter aus, denn die „Erfahrung von Kälte", ein Kältereiz im Winter, sei wohl wichtig für die spätere Blüte. „Schleichend werden die Bedingungen im Mittelmeerraum schlechter", sagt Lüdeling, „die Bauern denken dann, wir hatten Pech, nächstes Jahr wird es besser. Aber es wird nicht besser." Dann braucht der Mittelmeerraum vielleicht mehr Gewächshäuser, wo man die Bedingungen steuern kann.

Thorsten Kraska, der nächste Forscher, simuliert seinerseits im Gewächshaus das Pflanzenwachstum unter unterschiedlichen Kohlendioxid-Konzentrationen. Unter Glas forscht er, wie gut Tomaten und Erdbeeren auf Substraten gedeihen, die aus *nachwachsenden Rohstoffen* wie Kokos gemacht sind. Die muss man nicht entsorgen, wie die gängige Steinwolle.

Michael Hesse war gerade am Vortag aus Afrika zurückgekommen, er hat unseren Termin fast vergessen. Ein Typ in Lederweste mit Aschenbecher auf dem Schreibtisch. Die kleine Universität Witzenhausen, wo er arbeitet, liegt verschlafen zwischen ostniedersächsischen Hügeln an den Ufern der Werra. Sie war die erste Universität für Biolandwirtschaft in Europa, ja wohl der Welt. Und auch Michael Hesse hat seine Geschichte. Er ist eine Ausnahmegestalt im Wissenschaftsbetrieb, in dem Karrieren extrem geradlinig zu verlaufen haben, und anhand seiner Biographie erkennt man, dass Deutschlands erste und einzige Öko-Agraruniversität Kassel-Witzenhausen anders ist. Er arbeitete früher beim Zirkus Roncalli, er war Landschaftsgärtner, studierte sehr spät und wurde mit mehr als fünfzig Jahren Agraringenieur. Heute leitet er in Kenia und Uganda und anderen Ländern einen Teil des großen Forschungsprojekts „Reload" zur *Lebensmittelkonservierung.* Es geht darum, Ernteverluste zu verringern. Das ist sein neuer Zirkus. Manchmal verzweifelt Hesse an Afrika. Die Mentalität in den von ihm bereisten Ländern sei wohl nicht so, wie unsere; viele Bauern lebten irgendwie in den Tag hinein, es müsse am Klima liegen und daran, dass immer etwas Essbares wächst. Man müsse also oft hinfliegen, damit die Projekte nicht einfach einschliefen, sagt er. Vielleicht, weil es dort keinen Winter gibt und immer einfach etwas wächst; vielleicht als psychische Spätfolge der Kolonialgeschichte. Wer weiß. Er und viele andere europäische und afrikanische Forscher testen jedenfalls mit den Bauern und einer Universität in Nairobi derzeit neue Rezepturen für Ketchup. Es besteht aus Tomaten und Bananen, die es reichlich gibt und die zu zig Tonnen auf den Feldern verrotten. In der Kantine in Witzenhausen probieren wir das Ketchup. „Es ist besser geworden, als beim letzten Mal“, sagt Hesse. „Es war zu sauer, aber der Essiganteil wurde reduziert.“ Aber er ist immer noch irritierend sauer.

In Witzenhausen, draußen an einem Hügel, gibt es interessante Gebäudekonstruktionen aus Holz zu sehen, die Afrikas Kleinbauern schon gegenwärtig sehr nützen. Tausende davon sind schon installiert. Witzenhausen, wo viele Doktoranden über diese Konstrukte geforscht haben, unterhält ein Versuchsgelände für Solar- und Bewässerungstechnik. Hier steht auch eine lange, tunnelähnliche, sonnenbetriebene Trocknungsanlage. In ihr dörren einige Maiskolben und Apfelringe in der erhitzten Luft vor sich hin. „Der Hohenheimer Tunneltrockner“, sagt Michael Hesse, „das ist der Hohenheimer Tunneltrockner. Ich habe in meinem Leben viele Trockner gesehen, aber dieser, der bringt es.“ Die Luft wird im Hohenheimer Tunneltrockner ganz ohne Strom bis zu 70 Grad warm. Kleinbauern können damit Obst vor dem Verderben bewahren und haltbar machen. Natürlich könnte das auch der nordamerikanische oder deutsche Gärtner, damit er nicht mehr so oft zum Walmart oder Lidl muss. Trocknen lässt sich vieles. Einige Doktoranden aus Witzenhausen sind gerade in Kenia und untersuchen die optimale Dicke von Fleischscheiben zum Trocknen. Auch das lässt sich mit dem Hohenheimer Tunneltrockner schaffen. Ein Solarkocher, der aussieht wie ein Weltraumteleskop, steht ebenfalls auf der Wiese. Und auch ein großes Solargerät, das eine Wasserpumpe antreibt. Und einige Erntetrocknungshäuschen für Afrika, die hinsichtlich Schimmelbildung verbessert wurden im Vergleich zu afrikanischen Modellen. Hesse sagt, er selbst habe auch schon Pfeffer in Indien getrocknet.

Was in Bonn das größte war, ist hier in Witzenhausen das kleinste Deutschlands: das Tropengewächshaus. Witzenhausens Tradition geht auf das koloniale Afrikainteresse des Kaiserreichs zurück. Heute forscht man, ökologisch gewendet, am Bananensaatgut. „Natürliche Abwehr von Schaderregern bei Bananen aus Wüstenoasen im Oman", war ein Projekt. Auch hier ist die Idee: weniger Chemie – mehr Natur, ein Beitrag zur Kreislaufwirtschaft. Andere forschen hier an biologischer Schädlingsbekämpfung, mit *Nützlingen* wie der Gallmückenlarve, dem Blattlauslöwen, dem Australischen Marienkäfer, der Raubmilbe, der Schlupfwespe. Auch hier sieht es nicht gut aus für die Chemie.

Und kann derartige verbesserte Ökolandwirtschaft die bald neun Milliarden Menschen ernähren? Jürgen Heß, der Präsident der Hochschule, hält schon die Frage für fragwürdig. Er fragt klug zurück: Könne Intensivlandwirtschaft denn heute die Welt ernähren? Schließlich hungern 900 Millionen Menschen, diese Zahl ist seit Jahrzehnten relativ konstant. Könne Landwirtschaft das überhaupt – die Welt ernähren – oder liege nicht der Hunger immer auch in politischen Konflikten begründet? Für Afrika bedeutete jedenfalls schon professioneller Ökolandbau eine Intensivierung mit deutlichen Ertragssteigerungen, sagt Heß. Doch auch der erfordere viel Wissen. Deswegen sind auch regelmäßig afrikanische junge Forscher hier zum Austausch. Heß' Konzept ist diese Floskel: „Hilfe zur Selbsthilfe". Und: Global weniger Fleisch essen. „Das darf man ja heute sagen; vor zwanzig Jahren wäre man noch in die Klapsmühle gekommen." Am Ende des Gesprächs empfiehlt der Präsident von Deutschlands erster Öko-Agraruniveristät als aktuelle Lektüre: „Neben uns die Sintflut – Die Externalisierungsgesellschaft und ihr Preis" von Stephan Lessenich.

Nun in der durch Heinrich Heine berühmt gewordenen Stadt Göttingen, der schrieb, Göttingen sei für seine Würste bekannt und am schönsten, wenn man mit dem Rücken zu ihr stehe, spreche ich mit

Matin Qaim. Der Agrarökonom widerspricht sogleich Toine Timmermans These, es müsse gar nicht mehr geerntet werden. Doch, es müsse, stellt Qaim seine Sichtweise klar. Und nicht nur das. Zwei Milliarden Menschen auf der Welt litten an Eisenmangel, besonders oft mangelernährt seien Kleinbauern. Sie hätten oft genügend Kalorien, aber zu wenig Nährstoffe. Seine Antwort: *Märkte, Märkte, Märkte.* Straßenbau und Marktzugang wären hilfreich – noch mehr Eigenanbau von noch mehr Gemüsesorten hingegen nicht, stattdessen: Spezialisierung, Marktzugang und Kommerzialisierung. In meinen Worten: Gegen Mangelernährung hilft, über das ganze Jahr betrachtet, vor allem der Zugang zu einem Supermarktregal. Subsistenzbauern leiden irgendwann im Jahr immer Mangel, denn genügend Gemüse, Getreide, Fleisch oder Eier können sie gar nicht produzieren und lagern. Andererseits braucht es auch mehr als Brot und Brei, um gesund zu bleiben. Gerade in Afrika leben viele Millionen zu sehr von Mais, haben zu wenig Vitamine und Spurenelemente. Das hat Gründe. „Es gab lange einen politischen Bias auf Kalorien, Reis in Asien, Mais in Afrika", sagt Qaim. Und was sagt er zu Heß' These, dass innovativer Biolandbau die Probleme schon lösen könnte, soweit Landbau allein das überhaupt kann? „Ich stimme Herrn Heß zu: Durch optimierten Bioanbau können Sie die Erträge ohne weiteres verdoppeln; aber mit moderater Düngung und Pestiziden können Sie sie auch vervielfachen."

Bald darauf sitze ich in Göttingen mit einer Reihe von Professoren und Doktoranden in einem Raum. Sie forschen am Zusammenhang von Kohlendioxid-Konzentration, Photosynthese und Wasseraufnahme bei Pflanzen, an Interaktionen von Fledermäusen, Macadamianüssen, Eulen, Ratten, Erdnüssen, Wanzen und allerhand mehr. Hier herrscht Selbstkritik. „Wir haben in den vergangenen Jahrzehnten zu wenig den Ökosystemansatz verfolgt", sagt die Pflanzenphysiologin Christa Hoffmann, „wir hatten eine Obsession auf Zucht." Und trotz aller ökosystemischen Intelligenz, welche die Zukunft versprechen mag: Ein Weniger, vor allem an Fleisch, sei doch lebenswichtig. „Wenn die ganze Menschheit sich so ernährt wie wir, dann explodiert der Planet; da können wir Wissenschaftler machen, was wir wollen", sagt der Pflanzenbauexperte Dr. Stefan Siebert.

Siebert, der früher in Bonn gelehrt hatte, stellt die Frage, ob nicht die „moderne Pflanzenzucht" ohnehin ein Mythos sei. Im Bonner Langzeitversuch hätten sie mit alten Weizensorten von 1904 Erträge von acht Tonnen je Hektar erzielt – etwa der heutige Stand. Das, was er da sagt, ist allerhand. Die ganze, so oft und auch eingangs von Marcus Jauer erzählte Erfolgsgeschichte, die Pflanzenzucht habe die Menschheit satt gemacht – ein Mythos? Insofern ja, wenn man sie verkürzt erzählt: Denn alles Wachstum liegt am Dünger. Somit schlussfolgere ich: Nicht Pflanzenzucht, sondern ein *Erhalt der Nährstoffe im Kreislauf* hat die höchste Priorität.

Auch die ETH Zürich – zweite Woche, fünfter Reisetag – ist beeindruckend. Die Agrarwissenschaften sind hier traditionell bedeutsam. Ein grummeliger Professor, den ich am Ende inmitten von Glasvitrinen voller Tierpräparate und Attrappen fotografiere („Skelett eines Huhnes mit der äußeren Körperumgrenzung"), berichtet mir von Fütterungsversuchen mit Hühnern. Der Tierernährungsforscher Michael Kreuzer sagt: Die Schweizer wollen *bessere Hühner* essen, nicht nur Broiler, und nicht nur aus Brasilien (das gequälte deutsche Masttier gelte hier als geradezu indiskutabel, erfahre ich später). Aber die gesunden Hühner brauchen eben mehr Futter, um zuzunehmen. Kreuzer ist auch Experte für die Rinderernährung. Und die Rinderzucht ist nicht gut für die Armen der Welt. „Wenn jemand sagte, Wiederkäuer vernichten die Welternährung, dann würde ich sagen: ja." Nochmal zum Nachdenken: Wieder-käuer ver-nichten die Welt-er-nährung. Der Grund ist nachvollziehbar: Das Kraftfutter, das sie erhalten, könnte sinnvoller verwendet werden; besonders viel werde in den Vereinigten Staaten verfüttert, viel aber auch in Deutschland. Und vom vielen Sojafutter für Tiere rät er ebenso ab: „Soja ist eigentlich ein tolles Futter, es war aber mal als Nebenprodukt gedacht. Jetzt hat es solche Dimensionen angenommen, dass es höchstproblematisch ist."

Im nächsten Gebäude, immer noch ETH Zürich, geht es wieder um essbare Maden und *proteinreiches Insektengetier*. Der junge Professor

Alexander Mathys hat auf seinem Tisch einige Insektenfette, Insektenöle, getrocknete Soldatenfliegen, „Deli Bugs Buffalo's Mehlwürmersnack", britische Grashüpfer (48 Prozent Protein), Bratlinge mit Mehlwurm und Kokosriegel mit Mehlwurm ausgelegt. Mathys redet unablässig und schnell, er ist begeistert von der Relevanz seines Forschungsfelds. Sein derzeitiges Hauptmotiv: dass Fischmehl als Fischfutter mehr durch Insekten ersetzt werde. Schont die Meere, macht Müll verwertbar – mit Larven der Schwarzen Soldatenfliege. Der Lebensmittelingenieur fliegt ständig um die Welt, um sich mit Insektenforschern und Startups auszutauschen. „Europa ist gut in der Forschung", sagt er, „aber die Asiaten sind weiter in der industriellen Umsetzung." Mit einem in Israel entwickelten Fruchtfliegenfett könne man schon Palmöl zum Braten oder Autofahren ersetzen. „Ich persönlich esse Grashüpfer sehr gern", sagt Mathys.

Dann werde ich ein weiters Mal durch Labore geführt, in denen Algen von Robotern im Kunstlicht geschüttelt werden wie Cocktails in der Bar. Also auch hier in Zürich gibt es die Feldroboter. Robotertechnik und Künstliche Intelligenz stehen – wie in Bonn – im Fokus des Projekts „CroPyDB – a Crop Phenotyping Database". Der Agronom Achim Walter berichtet von ersten kleinen *Robotern, die zur Einzelaussaat von Körnern eingesetzt würden* – vielleicht bald erschwinglich für afrikanische Kleinbauern. In Walters interdisziplinärem Sechzehn-Mann-Projekt erheben die Forscher vor allem sehr viele Faktoren, um deren Auswirkungen auf das Pflanzenwachstum herauszufinden. Das geschieht mit vielen Daten, die Sensoren im Boden oder optische Sensoren aus der Luft erheben – etwa über das Höhenwachstum, das Wetter, über Blattkrankheiten wie Septoria. Hier ist Walter weniger optimistisch, als sein Bonner Kollege Cyrill Stachnis. Die Sensoren seien noch lange nicht ausgereift, etwa, wenn Schattenwürfe ins Spiel kämen, oder wenn auf dem Boden sehr viele unterschiedliche Unkräuter wüchsen. Dass dem elektronisierten Acker die Zukunft gehört, daran hat Walter aber natürlich keinen Zweifel: der Schweizer Gemüsebauernverband müsse schon elektronisch hacken statt chemisch das Unkraut zu bekämpfen, da es zunehmende Chemieresistenzen gebe, und schon würden Schlupfwespen als Nützlinge mit Hilfe von Drohnen ausgebracht.

Die bäuerliche Basis der Welternährung gerät schließlich am Abend in den Fokus. Bei Johan Six gibt es stilles Wasser. Der Belgier ist Professor für nachhaltigen Landbau, er wuchs in Kongo auf, und bis heute forscht er in dieser Region. Es geht ihm um nachhaltige Agrarsysteme. Er propagiert für Kongo *Wald-Acker-Systeme* mit 30 Prozent Schatten; jede Region brauche aber ihre eigene Lösung. Die Bäume erhöhten jedenfalls in Kongo die Bodenfurchtbarkeit und Biodiversität. In Südafrika hingegen erfuhr sein Team, dass die Bauern und ihre Nachbarn *menschlichen Urin* dann als Dünger akzeptieren, wenn er maschinell nitriert worden sei: also verarbeitet und geruchlos. Menschlicher Urin müsste in der nachhaltigen Landwirtschaft – auch weltweit – wieder genutzt werden, meint Johan Six. Schließlich enthält er den wertvollen Harnstoff, der sonst chemisch synthetisiert werden muss (vgl. Kapitel 9).

Auch die Universität Hohenheim in Schwaben gilt als eine der besten für Landwirtschaft in Deutschland. Hier in Hohenheim lehrte einst Hans Ruthenberg. Er war ein berühmter Tropen-Agrar-Wissenschaftler und sein Werk steht bis heute für einen agrarsystemischen Ansatz – ein Gegenmodell zur brachialen chemischen Intensivierung. Heute ist ein Institut nach ihm benannt. Regina Birner (auch Autorin in diesem Band) leitet es, sie ist seine Nachnachfolgerin. Sie reist seit Jahren mit vielen ihrer Doktoranden nach Afrika; sie kann stundenlang wie aus einem Abenteuerbuch erzählen. Sie und auch ihr Doktorand Thomas Daum zeigen, wie fantasievoll agrarökonomische Forschung sein kann. Daum war Monate in sambischen Dörfern; er erprobte dort Apps, mit denen Wissenschaftler nun Zeitersparnisse von Kleinbauern messen können, etwa wenn diese einen Traktor einsetzen würden. Er hat auch herausgefunden, dass modernes europäisches Saatgut für Afrika nur bedingt von Nutzen ist. „Lange hatte man nicht verstanden, welche große Rolle das Risiko für Kleinbauern spielt", sagt er. „Nun weiß man, dass viele Kleinbauern nicht die ertragreichsten, sondern die sichersten Sorten wollen." Lieber ernten sie immer wenig, als in einem Jahr gar nicht – etwa wegen eines Ernteausfalls infolge von Trockenheit. Seine Gastfamilie in Sambia hatte den jungen Wissenschaftler so gern, dass sie ihn darum bat, einen Namen für ihren Sohn auszuwählen. Er nahm den seines Vaters: Lothar. Nun lebt in einem sambischen Dorf der kleine Lothar Phiri.

Schlussfolgerung dieser eindrucksvollen Reisegeschichte: Wie tausend Handwerker, die – jeder für sich – an einem schönen Mosaiksteinchen schleifen und feilen und malen, so arbeitet die Wissenschaft an der Kreislaufwirtschaft. Roboter, Pflanzenzucht, Insekten, Fleischersatz, Algen oder Trenntoiletten sind ihre Bestandteile; auch Trocknungsanlagen und neue handwerkliche oder industrielle Konservierungstechniken. Sie tragen dazu bei, dass weniger Energie verbraucht bzw. Energie zurückgewonnen wird, dass weniger weggeworfen und mehr konserviert wird.

7 Land und Stadt

Kleinbauern der Städte

Auch der Gartenbau auf kleinsten Flächen in den Städten kann in Zukunft noch viel mehr zur Welternährung beitragen, als gegenwärtig. Eine Ausweitung der globalen Gemüseernten um 10 Prozent erscheint möglich. Gerade für die Megacitys der armen Welt ist „Urban Farming" existenziell. Städtische Landwirtschaft entwickelt sich auf zwei Ebenen: Internationale Investoren finanzieren Technik- und Forschungsprojekte, die eine moderne Gewächshausproduktion ermöglichen. Andererseits können in Megacitys der Entwicklungsländer Millionen Arme an Vitamine kommen, indem sie selbst Gemüse anbauen. *Linda Tutmann* hat sich in einem Township bei Kapstadt angesehen, wie das geht, und wie die Menschen hier lernen, wieder Bauer zu werden.

Es ist kurz nach acht, als Sheila Nglukumeshe ihren Kontrollgang beginnt. Sie schreitet an den Beeten entlang, von der Haustür bis zum Tor, aufrecht wie ein Soldat, die Brust raus, die Schultern zurück. Dies ist einer der ersten warmen Tage im Jahr, Anfang Oktober. In Südafrika beginnt der Frühling, morgens ist es noch frisch. Nglukumeshe hat sich ein Kopftuch um die kurzen krausen Haare gebunden, einen Wollpullover über die Bluse gestreift und einen Rock bis zu den Waden übergezogen. Sie zählt die Salatköpfe, die Spinatbüschel und die Frühlingszwiebeln. Ihr Blick gleitet zum Beet mit der Petersilie und zum Kohl. Wie an einer Schnur aufgezogen, reihen sich die Köpfe aneinander. „Alles da", sagt sie.

Letzte Woche hatte sie am Morgen ihre Beete kaum wiedererkannt, die Erde war aufgewühlt und dort, wo einst die Wurzeln im Lehm verschwanden, klafften Löcher. 36 Kohlköpfe fehlten, dazu Frühlingszwiebeln und unzählige Spinatköpfe. Sie beugt sich über den Spinat, streicht sanft über die wildwuchernden Blätter, sie sind groß genug, sie wird sie heute Mittag essen können. Nglukumeshe ist nicht mehr die Jüngste. Ihr Gesicht erzählt davon, die Falten um die Augen, auch wenn es nicht viele sind für ihre siebzig Jahre. Nglukumeshe hat immer gesund gelebt, nicht geraucht oder getrunken wie einige ihrer Nachbarn in Nyanga, einem Township vor den Toren Kapstadts.

„Vielleicht hatten sie Hunger", sagt Nglukumeshe. Anders kann sie es sich nicht erklären, dass jemand nachts über ihre Mauer klettert und Spinat aus der Erde reißt. In Nyanga ist alles möglich. „The murder capital" nennen die Boulevardzeitungen das Viertel, Hauptstadt des Mords, nirgendwo sonst in Südafrika werden so viele Menschen umgebracht wie in dieser Gegend. Sie gehört zu den ärmsten in Kapstadt. Nur ein paar Kilometer vom Capetown International Airport entfernt liegt das Township. 56 Prozent haben hier keine Arbeit. Man sieht sie am Straßenrand stehen, ohne einen Plan für den Tag und ohne eine Perspektive für das Leben. Sie träumen vom schnellen Geld, welches sich nur als Mitglied in einer Gang und im brutalen Drogengeschäft machen lässt. Die meisten, die hier wohnen, leben am Existenzminimum, viele leiden Hunger. Auch Nglukumeshe und ihr Mann Hitla würden ohne ihren Garten nicht oft Gemüse auf den Teller bekommen.

Vor mehr als zehn Jahren verlor Hitla seinen Job in der Stadt. Er arbeitete auf einer Baustelle, schichtete Ziegel übereinander, rührte den Zement an. Als das Haus fertig war, entließ ihn die Baufirma. Eigentlich wäre es Zeit für die Rente, aber das, was der Staat ihm, einem ungelernten, schwarzen Tagelöhner, an Rente zahlt, ist nicht viel, knapp 2000 Rand oder 120 Euro im Monat. Wie soll er davon leben, wie seine Frau ernähren?

Hitla merkte bald, dass am Ende des Monats kein Geld mehr blieb, um wenigstens ein Bündel Karotten zu kaufen oder einen Kohl. Nur für ein paar Beutel Mais vom Pick and Pay, dem Supermarkt ein paar Straßen weiter, reichte es immer. Pap, wie der feste Brei aus gestampftem Mais in Südafrika heißt, die Speise der Armen, die die klebrige Masse oft dreimal am Tag essen, konnten sie sich daraus machen. Baut doch euer Gemüse selber an, sagte seine Schwägerin damals zu ihm. Versuchen können wir es ja, dachte er, mehr als Scheitern kann uns ja nicht passieren. Wo früher Gras wuchs, gruben sie die Erde um, säten die Samen und pflanzten Kartoffelsetzlinge ein.

Urban Gardening oder Urban Farming kennt man in Deutschland oder Westeuropa von hippen Großstädtern, die auf ihren Dachterrassen Tomaten oder Minze züchten. In Entwicklungsländern oder Schwellenländern geht es um sehr viel mehr: Hier soll das Urban Farming eines der zentralen Probleme der Zukunft lösen: Im Jahr 2030 dürften sieben von zehn Menschen auf der Welt in Städten leben. Wie können diese Menschen ernährt werden? Gerade in Schwellen- und Entwicklungsländern, in Städten wie Nairobi, Addis Abeba oder Rio de Janeiro, wo sie in Wellblechhütten in den Townships und den informellen Siedlungen dicht an dicht leben? Die Vision: Wenn jeder sein kleines Stück Land nutzte, um selbst Gemüse anzubauen, würde dies schon helfen, den Hunger zu lindern.

Nglukumeshe zieht den Gartenschlauch hinter sich her, es ist früh genug, die Sonne steht noch nicht hoch, aber sie muss sich beeilen. Der Spinat, die Rote Beete und die Karotten brauchen Wasser, der Lehm ist bröckelig, zu trocken. Gießt sie die Pflanzen zu spät, verdunstet alles oder das Wasser wirkt wie ein Brennglas. Damals, vor mehr als zehn Jahren, als sie hier begann, wusste Sheila Nglukumeshe nicht viel darüber, wie man Gemüse anbaut, wann man wässert, wie viel Platz welche Wurzeln brauchen und mit welchem Abstand die Setzlinge in die Erde gepflanzt werden müssen. Heute erkennt sie sofort, welche Sorten Starkzehrer, Mittelzehrer oder Schwachzehrer sind, wie die Kategorien heißen, in die die Pflanzen je nach Düngebedarf eingeordnet werden. Sie zeigt auf das Beet mit den Tomaten: „Mittelzehrer“, sagt sie. „Ich hatte das alles vergessen“, sie lässt sich jetzt auf einen umgekehrten Eimer fallen und streckt die Beine aus. Das Wässern ist anstrengend. Ihre Knochen werden schnell müde. „Ich wusste nichts mehr.“

Dabei kommt sie eigentlich aus einer Bauernfamilie. Nglukumeshe wurde 1948 in Hout Bay geboren, einem Vorort an der Küste Kapstadts. Als die weißen Nationalisten in dieser Zeit die Rassentrennung und den Apartheidstaat errichteten, gehörte Hout Bay zu den Gebieten, in denen nur Weiße leben durften. Als Nglukumeshe vier Jahre alt war, verjagten die Nationalisten die Familie und brachte sie nach Nyanga.

Diese Vertreibungen der schwarzen Bevölkerung wirken bis heute nach: Über 70 Prozent der landwirtschaftlich genutzten Flächen werden immer noch von Weißen bestellt. Seit 2018 plant der Präsident Cyril Ramaphosa eine radikale Landreform: Er möchte die Verfassung ändern und das Land ohne Kompensation an die schwarzen ehemaligen Besitzer zurückgeben. Es gibt wenige Themen, die so sensibel sind, wie das Durchsetzen einer solchen Landreform.

Nglukumeshe deutet auf den flachen Bau, in dem sie seit der Umsiedlung nach Nyanga lebt. Zwei Zimmer, das Toilettenhaus im Garten, immerhin, mit fließendem Wasser. Ihr Vater war Farmer, er baute auf ihrem Grundstück in Hout Bay Gemüse an, Bohnen, Kürbis, Mais und Melonen. Auch Tiere besaß die Familie: Hunde, Kühe, Hühner und Ziegen. Sie waren nicht wohlhabend, aber es war genug für alle da. „Ich war gewohnt, dass das Essen aus unserem Garten kam", sagt Nglukumeshe. Abends ging sie in diesen glücklichen Zeiten mit ihrem Vater die Ziegen melken. Boki nannte sie die Mutterziege, ihre Milch bekam sie vor dem Schlafen zum Trinken. Das Leben während der Apartheid war hart. Ihr Vater fuhr jeden Morgen auf einem Pick-up mit anderen Schwarzen in die Innenstadt. Dort arbeitete er mal hier, mal dort, als Putzmann oder Gärtner. In Nyanga gab es nichts, keine Jobs, nicht mal einen kleinen Laden, keinen Supermarkt. Nglukumeshes Familie hatte Probleme, überhaupt an Essen zu kommen. In Athlone gab es den nächsten Markt, dort kauften sie den Mais – zehn Kilometer liefen sie zu Fuß dorthin und zehn zurück.

Auch nach dem Ende der Apartheid wurde es nicht viel besser, Nglukumeshe deutet auf das Tor und die Mauer, die Hitla um ihr Grundstück gebaut hat. Es ist unsicher hier in Nyanga.

Südafrika litt 2017 an der schlimmsten Dürre seit Jahrzehnten, es gab Wochen, da verbot die Stadt den Bürgern, Pflanzen überhaupt zu wässern. „Es ist nicht einfach", sagt Nglukumeshe. Sie stößt mit ihrer Fußspitze in die Erde. Staub wirbelt auf. Strandsand, sagt sie und zuckt mit den Schultern, was so viel heißt wie: Was soll man machen? Strandsand ist schön, wenn man im Meer schwimmt. Er verfügt aber über kaum eigene Nährstoffe und der Wind trägt ihn davon. In Nyanga spannen sie nun als Schutz gegen die trocknenden Sonnenstrahlen Netze über die Beete. „Das hilft“, sagt Nglukumeshe.

In einem Gartencenter gibt es Unterricht für die neuen, bitterarmen Stadtgärtner. Liziwe Stofile ist die Lehrerin. „Für den Großteil der Bewohner in den Townships ist das Gärtnern ein Rückschritt“, sagt sie. Denn viele Bewohner wollten eigentlich den Feldern des Eastern Cape entfliehen, dem rauen und armen Leben im Osten des Landes, um in Kapstadt, dem wohlhabenden Westen, richtig Geld zu verdienen, in einem Büro oder mit dem eigenen kleinen Unternehmen. Und um nicht wie ihre Großeltern auf den Feldern zu ackern und trotzdem nur von der Hand in den Mund zu leben: „Gärtnern ist nicht gerade das, was hier cool ist“, sagt Stofile. Stofile steht an diesem Mittwochmorgen in einem schattigen kleinen Raum des Abalimi Gartencenters in Khayelitsha, einer der größten Townships am Stadtrand von Kapstadt; die Township Nyanga ist ganz nah. Stofile trägt Leggings, ein weites Hemd drüber und Sneaker. Sie weiß, wer im Garten arbeitet, wer im Dreck kniet, braucht unkomplizierte Kleidung. Neben ihr steht eine Tafel, auf der sie mit einem Filzstift einen ersten Punkt notiert hat – das Thema für die nächste Stunde: Welche Arten von Erde gibt es? Abalimi Bezekhaya, was so viel heißt wie Zu-Hause-Bauern, ist eine Organisation, die in den Township-Gebieten in Kapstadt das städtische Gärtnern vorantreiben möchte und die Menschen wie Sheila hilft, wenn sie Fragen zu ihrem Garten haben: wenn Pflanzen eingehen, nicht wachsen oder die Schnecken alles auffressen.

Vor Stofile sitzen sechs Teilnehmer. Sie kommen aus den umliegenden Townships, aus Langa, Nyanga oder Khayelitsha selbst. Und sie alle träumen davon, in ihren kleinen Gärten oder manchmal auch nur in ihren sandigen Hinterhöfen etwas Gemüse anzubauen. Da ist Anele, 37, ein athletischer junger Mann, der sich und seine fünfköpfige Familie als Sicherheitsmann am Flughafen durchbringt. Da ist Asakhe, 35, deren Ehemann vor ein paar Monaten gestorben ist, die nun allein für ihre beiden Söhne aufkommen muss. Die nun hofft, dass ihr Garten das Wichtigste erledigt: ihre Kinder satt zu bekommen. Oder die

50-jährige Nonkosi, die vor kurzem ihre Stelle verloren hat und vor ein paar Wochen das erste Mal Zwiebeln in die Erde gesetzt hat.

Sie alle stehen um ein Beet herum – oder um das, was sie eigenhändig in eines verwandeln möchten: einen trockenen Streifen sandiger Erde. Anele karrt eine Schubkarre mit geschnittenem Gras herbei. „Am Tag vorher müsst ihr die Erde wässern, sodass sie am nächsten Tag noch feucht ist“, sagt Stofile. Sie unterteilt den Streifen in drei Beete. Nonkosi bringt Pappe, sticht mit einer Schere Löcher hinein und legt sie auf den Sand. Anele kippt das getrocknete Gras auf die Pappe. Wie eine Matratze, dirigiert Stofile. Für Anele ist es das erste Mal, dass er gärtnert: „Ich dachte immer, dafür bräuchte man einen richtigen Bauernhof mit Äckern.“ Die Township Nyanga ist gerade mal drei Quadratkilometer groß, aber knapp 60 000 Menschen leben hier. Anele deutet auf einen Reifen eines Lkw, in dem ein früherer Kurs Gemüse gepflanzt hat und in dem jetzt ein paar Büschel Spinat wachsen. „So kann man es auch machen“, sagt er. Der Mangel macht nicht nur in Südafrika erfinderisch. In anderen Städten werden Garagendächer bepflanzt, vertikale Beete angelegt oder Dachterrassen begrünt. In Kibera, der größten Township in Kenias Hauptstadt Nairobi, begann ein Bewohner Setzlinge in Säcke zu pflanzen, die er an einen Baum hing. Anele weiß, dass es noch Zeit brauchen wird, bis er die ersten Kartoffeln und Spinat aus seinem Hinterhof ernten kann. Aber: „Es gibt mir Sicherheit und etwas Unabhängigkeit von den Supermärkten“, sagt er.

Dem Urban Farming messen Experten Bedeutung bei, wenn es um die Ernährung der wachsenden Weltbevölkerung geht. Die Food and Agriculture Organization (FAO) der Vereinten Nationen schätzt, dass rund 800 Millionen Menschen weltweit in die städtische Landwirtschaft involviert sind und rund 10 bis 15 Prozent der weltweiten Nahrungsmittel produzieren. Besonders ausgeprägt ist dieses Phänomen in Schwellen- und Entwicklungsländern. In manchen Ländern, wie etwa Malawi, betreiben fast 70 Prozent der unteren Schichten „Urban Farming“. Diese Haushalte konsumieren laut der FAO größere Mengen an Nahrungsmitteln als andere, manchmal bis zu 30 Prozent zusätzlich. Im Jahr 2018 veröffentlichten Forscher der Universität in Arizona, der Tsinghua Universität in Peking, der Berkeley Universität in Kalifornien und der Universität von Hawaii eine groß angelegte Studie, die das erste Mal Auskunft über das Potential von Urban Farming für die Bekämpfung des Welthungers gibt. Sie berechneten unter anderem mittels der „Google Earth Engine Software", die den Wissenschaftlern Zugriff auf unterschiedliche globale Datenbanken verschafft, dass in dem Fall, wenn alle verfügbaren städtischen Flächen genutzt würden, jedes Jahr bis zu 180 Millionen Tonnen mehr Gemüse produziert werden könnten. Das wären mehr als 10 Prozent der Weltproduktion.

Salat aus dem Keller

Wenn die Flächen knapp werden, können selbst Hausfassaden, Dächer oder Keller zum Anbaugebiet von Lebensmitteln werden.
Birgit Ochs hat ihr Glück mit dem Salatanbau versucht und gefunden. Aber zu einem hohen Preis. Und am Auberginenanbau im Dunklen scheiterte sie später, wegen kleiner Schadfliegen, die sie versehentlich mitzüchtete und gegen die sie kein Mittel hatte.

Seit Dienstag sind sie umgetopft: Dreizehn Salatpflänzchen der Sorte Lollo Bionda beziehungsweise Lollo Rosso und fünf noch hauchzarte Senfkohlsetzlinge sind in der Erde. Und weder ein jäher Temperatursturz, tagelange Sonnenabstinenz noch fiese Schädlinge können dem Blattgemüse etwas anhaben.

Zwar unwahrscheinlich, aber ein ernsthaftes Problem wäre dagegen ein längerer Stromausfall. Denn die Pflanzen wachsen nicht im Freien, sondern gut geschützt in einem Spezialzelt im Keller eines Frankfurter Mehrfamilienhauses – unter dem violetten Licht einer Pflanzenleuchte, deren winzige LEDs per Zeitschaltuhr das junge Gemüse täglich zwölf Stunden lang bescheinen und wärmen.

Und wenn wir das Gießen nicht vergessen, ist die Ernte sicher, hat Nils Andreas, Chef des Gartenfachgeschäfts Samen Andreas in Frankfurt versprochen. Doch ob die Zucht von Kellergemüse sich auch lohnt? Das wollen wir herausfinden.

In den Zukunftsszenarien spielt dabei die Stadt als Anbaugebiet für Obst und Gemüse eine wichtige Rolle, auch weil man damit rechnet, dass dann gut zwei Drittel der Weltbevölkerung in Städten leben. Schon heute gibt es Projekte, die beweisen, dass unter Einsatz der entsprechenden Technik das Reservoir der Städte in dieser Hinsicht gewaltig ist – und bisher noch weitgehend ungenutzt. Das fängt ganz simpel beim Gärtnern auf Brachen und Parkplätzen an, die Aktivisten der Urban-Gardening-Szene machen es vor, und hört bei der Mobilisierung von Dächern zur Bienenhaltung und Champignonzucht nicht auf. Was uns interessiert, ist, inwieweit sich die Städter selbst versorgen können, wenn sie keinen Garten besitzen, ja vielleicht nicht einmal einen Balkon. Ein kleines Kellerabteil aber hat (beinahe) jeder.

Unseres misst gut vier Quadratmeter – allerdings mit Schräge, da es in einem Gewölbe unter einem typischen Gründerzeitaltbau liegt –, ist gut belegt und dürfte damit ziemlich typisch sein. Was kann man damit anfangen? Drei, maximal vier Rabatte bepflanzen und mit verschiedenen LED-Leuchten bestrahlen? Die allererste Idee ist schnell verworfen. Zu unsicher, denn Mäuse und Ratten könnten sich über den Salat hermachen, und zu ineffizient, weil die leistungsstarken Hightech-Leuchten von 300 Watt und mehr gleich den ganzen Keller illuminieren. Dazu kommt noch die niedrige Temperatur im Gewölbe. Anbaufachmann Nils Andreas bringt deshalb ein Spezialzelt, auch Growzelt oder Growbox genannt, ins Spiel. Das hat sich im illegalen Cannabisanbau bewährt und diese Erfahrung machen sich nun die Indoor-Gärtner ob im kleinen oder großen Stil zunutze. „So wie das Internet für die Pornographie erfunden wurde, kommen die technische Ausrüstung und das Wissen über die Pflanzenzucht in geschlossenen Räumen aus dem Drogenanbau“, sagt Andreas.

Der Weg führt daher zunächst vom in fünfter Generation geführten Samenhandel mit 150-jähriger Tradition ein paar Straßen weiter in einen sogenannten Headshop, der Adresse für Zubehör rund um den Genuss der berauschenden Heilpflanze und deren Anbau. Das so freundliche wie kundige Personal empfiehlt Leuchttypen und hat auch diverse Zelte parat. Doch die sind zu groß. „Hat aber Standard-Kleiderschrankformat", werden wir belehrt mit einem Lächeln, das besagt: „Erzähl mir nix von Salat, Mutter!" Der Samenfachhändler bestellt schließlich für uns im Internet ein Zelt mit den passenden Maßen: 120 (Breite) mal 60 (Tiefe) mal 150 (Höhe) Zentimeter. Mit dieser geringen Höhe können wir den Anbau von normalen Tomaten schon mal vergessen, erklärt uns Pflanzenexperte Nils Andreas. Das Teil sieht aus wie einer dieser provisorischen Kleiderschränke. Das zerlegbare Metallgestänge ist mit einem schwarzen, sehr festen Polyesterstoff überzogen und lässt sich mit einem Doppelreißverschluss schließen. Innen ist es mit einer silbrigen, reflektierenden Folie ausgekleidet. Dazu kommt eine nach Herstellerangaben 300 Watt starke LED-Pflanzenleuchte plus Aufhänger. Außerdem zwingend notwendig ist eine Lüftungsanlage. Die gibt es im Set mit einem Aktivkohlefilter, der für die Cannabis-Züchter unverzichtbar ist, weil er den Geruch mindert. Auch uns wird er nützen. Kohl riecht schließlich ziemlich streng. Als die Ausrüstung da ist, geht alles ganz schnell. Im entrümpelten Keller ist das Zelt zu zweit mit wenigen Handgriffen aufgebaut. Halterungen befestigen, die Lampe mittig einhängen, die Lüftungsanlage oben am Gestänge anbringen und den Schlauch mit dem Ventilator durch die dafür vorgesehene Öffnung führen. Das ist kein Hexenwerk.

Die Setzlinge kommen in ein Gemisch aus Blumenerde und einem Zusatz namens Perlit, der die Feuchtigkeit im Topf regulieren soll. Zudem rät der Gartenexperte zu einem Wachstumspusher aus Pilzgranulat. Das grauschwarze Pulver kommt ebenfalls in die Erde. Die Pilze werden sich mit den Wurzeln des Gemüses verbinden und so das unterirdische Geflecht vergrößern. „Die Pflanzen können so besser Nahrung aufnehmen und haben mehr Widerstand", erläutert Nils Andreas. Die Profianbauer, die Salatköpfe unter ähnlichen Bedingungen im großen Stil ziehen, verwenden gar keine Erde mehr. Als die achtzehn Töpfe auf dem Zeltboden plaziert sind, bleibt nicht mehr viel zu tun: Wässern, Reißverschluss zu, Licht und Lüftung an. Die Zeitschaltuhr wird so eingestellt, dass der Salat täglich von acht bis zwanzig Uhr im rosaroten Schein der LED-Lampe badet. Außerdem misst ein Stromzähler den tatsächlichen Energieverbrauch bis zur Ernte. Rund 300 Euro hat die Grundausstattung inklusive Töpfe und Erde gekostet. Es wird eine ganze Reihe von Pflanzdurchgängen mit Kohl und Co. nötig sein, bis sich allein dieser Betrag amortisiert. Am Tag der Ernte jedenfalls lässt sich beziffern, wie groß der Energiebedarf je Salatkopf war. Dann klären wir auch die alles andere als unwichtige Frage: Schmeckt das Kellergemüse?

Zwei Monate später. Im hellen Licht des Tages wirken die sattgrünen und dunkelroten Blätter wie gemalt. Nein, diesem Salat sieht man nicht an, dass er ein Kellergewächs ist, in einem kleinen Spezialzelt gezogen, wie es im Cannabis-Anbau verwendet wird. Nie hat er die Sonne gesehen. Nur die LED-Leuchte, täglich zwölf Stunden lang. Anfangs wurden die dreizehn Setzlinge der Sorten Lollo Rosso und Lollo Biondo, zu denen sich noch fünf Senfkohlpflänzchen gesellten, kaum merklich größer. Erst nach einigen Tagen hatten sich die Kellerzöglinge akklimatisiert, wie von Nils Andreas prophezeit. Die beiden von ihm spendierten Dünger haben wir, gärtnerische Dilettanten durch und durch, so eingesetzt: die herkömmliche Nährstoffmischung für den von Anfang an kräftigeren Lollo Rosso, das Bio-Gemisch für den Senfkohl und den mickrigen Lollo Biondo. Prompt sieht es am Tag der Ernte im Zelt so aus: Der Salat mit den rötlich eingefärbten Blättern strotzt geradezu im Topf, während sein grüner Verwandter zwar ebenfalls zugelegt hat, bei weitem aber nicht so üppig ist. Keine Schnecke hat sich am Salat gelabt. Wir pflücken unversehrtes, staubfreies Gemüse, das schmeckt, wie es schmecken soll: knackig, frisch, mild. Weder Dauerregen noch Kälte haben uns gärtnerisch gefordert und den Erfolg gefährdet. Unter gleichbleibenden Bedingungen ist der Salat vor sich hingewachsen. Anders als erwartet brauchte er auch nicht alle vier bis fünf Tage Wasser, sondern kommt – gut gewässert – locker acht Tage aus, ohne schlappzumachen. Der Wasserverbrauch in unserem Growzelt ist so minimal, dass in den acht Wochen, großzügig überschlagen, 3 Cent dafür anfallen.

Und die übrigen Kosten, jenseits der Anschaffung? Kann sich der Anbau im Keller lohnen? Teurer ist schon der Stromverbrauch. Das

Messgerät zeigt für LED-Leuchte und die notwendige Lüftungsanlage insgesamt rund 123 Kilowattstunden an. Wir beziehen Ökostrom zu einem Tarif von 28 Cent die Kilowattstunde. Umgerechnet auf die achtzehn Zöglinge, hat jeder bis zum Ablesetag Strom für 1,90 Euro verbraucht. Das klingt nach einem Salatpreis wie aus dem Handel, wo Blattgemüse ungefähr zwischen knapp 1 Euro und 2,30 Euro kostet – je nach Sorte, Saison und Discounter oder Bioladen. Nur ist darin dann schon anteilig alles eingepreist – von den Investitionskosten über den Transport bis hin zur Gewinnmarge der Händler. In unserem Fall haben Zelt, LED-Leuchte, Erde, Töpfe und Dünger zusammen 300 Euro gekostet. Günstigster Posten sind die Setzlinge für 21 Cent das Stück. Würde der Versuch am Tag der Ernte enden, kostete jeder Salatkopf überschlagen 18,50 Euro.

Ist der Indoor-Anbau also doch nur eine Spieler- oder gar Spinnerei der Großstadt-Hipster? Anruf bei Heike Mempel, Professorin an der Hochschule Weihenstephan-Triesdorf und Spezialistin für Gewächshaustechnik. „Keineswegs“, sagt sie. Konzepte zum Anbau von Gemüse und Obst unter LED-Licht in der Großstadt können durchaus sinnvoll und auch wirtschaftlich sein. Nicht von ungefähr entstehen solche Projekte vor allem im Zusammenhang mit einem bestimmten gastronomischen Angebot, das auf regionale Vermarktung setzt, unabhängig von der Jahreszeit. Zudem: Was die Inhaltsstoffe angeht, ist unter LED-Licht gezogenes Gemüse gleichwertig, wenn nicht besser als herkömmlich produziertes. Es sei der große Vorzug dieser Technik, dass man mit ihrer Hilfe bestimmte Inhaltsstoffe einer Pflanze ganz gezielt fördern oder auch reduzieren könne, erläutert die Professorin. Gewusst wie, können sich das Küchenchefs, die Pharma- oder Lebensmittelindustrie zu Nutze machen. Durch die Möglichkeit, das Spektrum gezielt zu beeinflussen, sind Leuchtdioden in diesem Punkt den in Gewächshäusern üblichen Natriumdampflampen, aber auch dem Sonnenlicht überlegen, sagt Heike Mempel und ergänzt: „Das Potential der LED-Technik ist da in vielerlei Hinsicht längst noch nicht ausgereizt.“ Deren

Bedeutung wird daher künftig noch zunehmen, ist sich die Professorin sicher. Zum Beispiel in der Jungpflanzenproduktion. Oder auch in Gegenden der Welt, wo man wegen der klimatischen Gegebenheiten fast alle Nahrungsmittel importieren müsse und sich so ein Stück unabhängiger machen könne. Zum Beispiel in Island.

Wochen später. In unserem Keller geht es trotzdem weiter. Dort ist der Lollo mittlerweile ordentlich nachgewachsen. Und als Nächstes hatten wir uns dann an ein Gemüse gewagt, das auf dem Nordbalkon garantiert nicht wachsen würde: Auberginen. Ach, wären wir doch nur beim Salat geblieben! Doch wir hatten groß getönt und Nils Andreas, Chef des Samenladens „Samen Andreas“, der unser Experiment mitgeplant und eingerichtet hatte, nahm uns beim Wort. Ende April hält er je zwei Zwergtomaten- und zwei Auberginen-Setzlinge bereit. „Alles wie gehabt“, verspricht er. „Allerdings müsst ihr jetzt Bienchen spielen“. Das heißt, wenn die Tomaten blühen, müssen wir mit Hilfe eines kleinen Pinsels die Blüten bestäuben. „Denn auf Insekten könnt ihr im Zelt nicht zählen.“ Wenn der wüsste! Denn es kam so: Im Zelt ist es mit Salat, Eierpflanzen und Tomaten so eng, dass das Gießen nicht leicht ist. Schnell herrscht eine muffig-feuchte Atmosphäre. Die Blätter der Tomatenpflanzen sehen verdächtig ungesund aus, später werden sie matschig. Doch weil sich erste Blüten zeigen, sorgen wir uns zunächst nicht und gehen mit dem Pinsel ans Werk. Zwei Tage später allerdings sehen sie trotz Blütenpracht noch kränker aus – und im Zelt haben sich ungebetene Gäste eingenistet. Als wir es öffnen, flattern drinnen kleine Motten und Mückchen. Wo um alles in der Welt kommen die nur her? Wir beschließen, Platz zu schaffen und den Salat ins Freie umzusiedeln. So fallen auch die Pfützen auf dem Zeltboden auf. Obwohl wir sie trockenlegen, geht es mit Tomaten und Auberginen rasant bergab. Nach der Rückkehr aus einem verlängerten Wochenende sieht eine Tomatenpflanze elend aus, die andere ist so gut wie verfault. Für sie gibt es nur einen Ausweg: Gemüse, zur Sonne, zur Freiheit! Draußen zeigt das Thermometer an die 30 Grad. Im Keller wird der Stecker gezogen.

Nico Domurath lacht, als wir von unserem gärtnerischen Misserfolg erzählen. „Die Fehler, die der Mensch macht, sind eine Sache, die andere sind Krankheiten und Schädlinge. Die sind omnipräsent, die können Sie nie ganz fernhalten", sagt der Chef der Gartenbauabteilung von Infarm. Das Berliner Start-up zählt in Deutschland zu den Pionieren des Indoor-Farming. Das Unternehmen hat sich auf den Anbau von Blattgemüse und Kräutern in Wachstumsschränken unter LED-Licht spezialisiert, die in Restaurantküchen, Supermärkten und Lagerhallen stehen. Domurath räumt auf mit der Vorstellung von der heilen Welt im Indoor-Garten. Auch wenn die Pflanzen in Containern, Glasboxen oder Growzelten unter kontrollierten Bedingungen wachsen und weder Starkregen noch Dürre ihnen etwas anhaben können, bleibt das Risiko von Krankheit und Schädlingsbefall. Manche Plage schleppt der Mensch ein, andere steckt im Saatgut – oder in der Erde, wenn welche verwendet wird. Laien sehen die Symptome spät. Profis analysieren gleich zu Anfang das Risiko. Wie im Garten gehören Mehltau und Läuse zu häufigen Plagen. Mit Pflanzenschutzmitteln gegen sie vorzugehen, ist den Produzenten nicht erlaubt. Zur Unternehmensphilosophie von Infarm würde der Gifteinsatz ohnehin nicht passen. Taucht Mehltau auf, wird zum Beispiel die Luftfeuchtigkeit gesenkt. „Das muss man austarieren, denn für die Pflanzen muss es auch passen", erläutert der Gartenbau-Fachmann. Schädlingen machen er und seine Kollegen das Leben schwer, indem sie das Klima und die Tageslänge verändern. „Unsere besten Mitarbeiter aber sind Nützlinge wie Schlupfwespen", sagt Domurath. Der Indoor-Gemüseanbau ist nichts für Dilettanten.

Stadthuhn, Landhuhn, Häuptling

Diesen sonderbaren Text habe ich aus Sambia mitgebracht, er spielt in Kasama und Nkolemfumu. Er erzählt zum einen die Geschichte von der Wahl zwischen zweierlei Hühnern, die selbst für einen armen afrikanischen Kleinbauern eine Gewissensfrage ist: Industriebroiler oder glückliches Huhn? Zum anderen deutet die Anekdote ein unterschätztes Problem des ruralen Afrika an: das vom übermächtigen Häuptling.

In Sambia gibt es also zwei Arten von Huhn. Die eine heißt hier „Broiler“, die andere „Village Chicken“. Broiler sind die Hühner, die schnell den Hunger der Menschen stillen, und der Hunger in Sambia ist groß. Village Chicken hingegen sind die Hühner, mit denen die Menschen ihre Dörfer, ihre Gärten, ihr Leben teilen. Sie laufen frei herum und leben meist ein, zwei Jahre, ehe sie in der Suppe enden.

Broiler sind mattweiß, fett und etwas träge. Die Federn der echten Hühner glänzen bunt. Broiler watscheln satt und dumm durch die Gegend, die echten Hühner springen freudig herum und sind schlank. Wer das nicht glaubt, muss auf den Markt der Provinzstadt Kasama fahren, im Nordosten von Sambia.

In unserem Fall war es so: Wir waren als Reporter unterwegs zum Bauern Kangwa. Es war wichtig, dass wir mit dem Häuptling sprechen konnten. Deshalb informierten wir uns über ihn. Er sei ein mächtiger Mann, sagten die Leute am Marktplatz. Er heiße Nkolem, das Dorf sei nach ihm benannt, Nkolemfumu, ach was, die ganze Provinz: „Chiefdom of Nkolemfumu“. Er sei ein mächtiger, großer Landwirt. Er herrsche über ein Gebiet von gut einhundert Kilometern im Durchmesser. Der Häuptling ist der formale Eigentümer des Landes. Er teilt es den Bauern zu oder nimmt es ihnen. Der Häuptling steht auch dem Dorfgericht vor, das über Fälle von Scheidung, Diebstahl und Hexerei urteilt. Dieses mit dem staatlichen Rechtswesen komplex verknüpfte System hat lange Tradition und lebt in Sambia und anderen Staaten Afrikas in ländlichen Gegenden fort. In der Hauptstadt Lusaka gibt es sogar ein Abgeordnetenhaus, in dem die größten Chiefs Sambias sitzen.

In der Bar am Marktplatz des Dorfes trafen wir am Nachmittag einen jungen Mann. Er trug ein violettes Seidenhemd, er war besser gekleidet als die anderen Menschen im Dorf. Er trank schon die erste Flasche Bier („Mosi – vitalisierend wie die Viktoriafälle"). Denn es war Ostern. Und der junge, wohlgekleidete Mann hatte zwei weitere Flaschen Mosi Lager zum Mitnehmen in eine Plastiktüte gesteckt. Er wurde uns als der Neffe des Häuptlings vorgestellt. Er erzählte uns Folgendes: Um einen Termin beim Häuptling zu erhalten, sollte man ihm als Geschenk zwei Hühner bringen, einen Sack Weizenmehl, zweieinhalb Kilo Bratöl.

Die Hühner zu beschaffen war die schwierigste Aufgabe, denn der Häuptling wünschte sich nicht Dorfhühner, die es hier überall gab. Er wünschte sich Broiler, zwei lebende Broiler. Bevor wir zurück in die Stadt fuhren, in unser Hotel, bevor wir Bratöl und Weizen kauften, baten wir den Neffen um Anmeldung unseres Besuchs beim Häuptling am kommenden Tag um elf Uhr. Er versprach, dies auszurichten.

Morgens war der Markt von Kasama erst von wenigen besucht. Es roch nach Fett, Fischen und Urin vom Vortag; nächtlicher Regen hatte Pfützen und Schlamm hinterlassen und brachte die Gerüche in den Gassen zum Schwingen. Die ersten Elektronikhändler drehten die Boxen auf, Gemischtwarenhändler kramten chinesische Gartengeräte vor ihre Läden. An einem Platz wurden die lebendigen Tiere verkauft, die wir begehrten. Wir wurden schnell bei Joseph Muma fündig. Er ist 45 Jahre alt, gebürtig aus dem Kupfergürtel in Nordsambia, Vater von sieben Kindern, christlich. Er verkauft auf dem Markt morgens die Hühner, die er in einem kleinen, selbstgebauten Stall züchtet. Ein Dutzend Hühner bietet er an, Broiler, mattweiß und zumeist karg befedert. Vital sahen sie schon hier auf dem Markt nicht aus, es waren ja eben auch Broiler: Nackte Stellen im Federkleid, wohl vom gegenseitigen Federpicken. Manisch nervöse Kreaturen, hässlich und herrschsüchtig. Sie watscheln rastlos durch ihre Käfige: Holzkonstruktionen auf Stelzen, hüfthoch und von Drahtzaun umspannt. Wir wurden handelseinig. Dann wählten wir die Hühner, die am wenigsten demoliert aussahen. 45 Kwacha oder etwa 3,80 Euro kostet ein Broiler, wir kauften zwei. Muma packte sie beim linken Flügel, schnürte ihre Krallen eng zusammen, steckte sie in eine schuhkartongroße Pappschachtel, in die er zwei Löcher gerissen hatte, aus denen die blauäugigen Tiere ihre Hälse streckten und mit ihren Schnäbeln erbarmungswürdig nach Luft schnappten.

Muma erzählte vom Geschäft mit dem Huhn. Es ist gar nicht so anders als in Westeuropas Massenhühnerindustrie: sehr arbeitsteilig. Die Küken für seine Broiler kommen mit einem Lastwagen, sie haben zehn Stunden Fahrt hinter sich, wenn sie in Kasama ankommen. Hier kauft der Züchter ein Eintagsküken für 6 Kwacha. „In Lusaka, wo die Brütereifabrik ist, ist es billiger, da kosten sie 4 Kwacha." Das weiß er, weil er eine Hotline für Farmer angerufen hat, die aktuelle Preise für Eintagsküken, Kraftfutter und lebende Broiler durchsagt. Manchmal lohnt es sich, in die nächste Stadt zu fahren und dort Küken einzukaufen.

Die eintägigen Broilerchen kommen vom Konzern Zambeef, es sind Hybridküken, die extrem schnell wachsen. Der Bauer kauft von Zambeef auch das Kraftfutter: „Starter" für die ersten Tage, „Grower" für das schnelle Wachstum, „Finishing" für die letzten Tage vor der Schlachtung. Vermutlich sei darin weniger Chemie, meint der Bauer, ohne diesen Gedanken näher zu erklären. Sein unternehmerisches Kalkül ist wie folgt: Alles in allem mästet er in seiner kleinen Massentierhaltung 150 Broiler, mit jedem verdient er umgerechnet 50 Cent. An guten Tagen verkauft er zwanzig, dreißig am Tag; an schlechten fünf, dann, wenn die Leute am Monatsende ihr Gehalt aufgebraucht haben.

Mit den „Village Chicken" ist es völlig anders als mit den Broilern. Sie kommen aus den Dörfern. Hier gibt es keine Lieferkette und keine Industrie. Die Küken schlüpfen im Dorf, die Hühner leben ein Jahr oder zwei im Dorf, sie sind wie eine natürliche Geldanlage der vielen Millionen Kleinbauern. Nur wenn sie Geld brauchen, zum Beispiel für die Schulen ihrer Kinder, verkaufen sie einige „Village Chicken" an einen Händler. Das erzählt ein anderer Verkäufer, zwei Stände von Muma entfernt. Er verkauft „Village Chicken". Ihre Federn glänzen in der Morgensonne. Der Mann mästet die Tiere nicht selbst, sondern kauft sie vom Händler. Er zahlt für ein Huhn 80 Kwacha und verkauft es für 85 Kwacha weiter. Wir nehmen eines, das uns der Mann in einem kleinen Pappkarton aushändigt.

Dann fuhren wir zum Häuptling.

Auf halber Strecke ins Dorf befreiten sich die Hühner, deren Transportbehältnisse im Kofferraum lagen. Zum Glück wusste unser Übersetzer, wie man mit Hühnern umgeht; er packte kräftig zu, es gab kurzes, übelriechendes Gezappel; schließlich war der Karton, der auf einigen Stangen Zuckerrohr lag, mit zwei Gummistiefeln fixiert.

Dann erreichten wir Nkolemfumu. Nun würde sich der Häuptling sehr freuen müssen. Aber es kam anders.

Leute am Marktplatz informierten einander, dass wir zum Chief wollten, und so geriet die Information auch an Ignatius Warlya. Er trug Lederschlapphut und ein weißes Shirt. Ernst trat er auf uns zu und gab uns die Hand. Er wurde uns vorgestellt als Minister des Häuptlings. Ignatius Warlya erzählte, er arbeite seit achtzehn Jahren für den Häuptling und sei einer von zwanzig Ministern. Der Häuptling habe auch mehrere sogenannte Indunas, Berater. Außerdem zählten zwei staatlich geprüfte Hexenermittler zu seinem Fachpersonal.

Der Häuptling verlangt von den Bauern keine Abgaben für das Land. Es ist aber üblich, freiwillig etwas zu geben, erzählten die Leute im Dorf: Hühner in der Regel. Ich fragte mich, was der Häuptling mit all den Hühnern macht. Es gibt in seinem Herrschaftsbereich ja Zehntausende Bauern. Aber der Häuptling hat auch mit mächtigeren Interessengruppen zu verhandeln; zum Beispiel hat er zu entscheiden, ob Investoren Land bekommen: saudische Agrarinvestoren, chinesische Baufirmen. Oder ob westliche Hilfsorganisationen ins Land dürfen. All das steht in der Macht des Häuptlings von Nkolemfumu, der sich von uns zwei Broiler wünschte. Der Minister wies uns an, einige hundert Meter weiterzufahren; vor einer Schranke hielten wir. Das sei das Haus des Häuptlings. Wir hätten zu warten.

Nun, während die Hühner hinten röchelten und es nach Soja, Federstaub und Kot stank, schien die Zeit still zu stehen. Nichts passierte. Es gab Probleme. Schließlich kam der Minister auf das Auto zu und blickte auf den staubigen Boden. Er öffnete die Tür, sagte, der Häuptling sei nicht da. Seine Frau sei zwar im Haus. Aber sie verwehre uns den Eintritt, weil sie nicht informiert worden sei. Sie habe von unserem Anliegen aus anderen Quellen gehört, habe aber persönlich informiert werden wollen. Sie sei beleidigt. Keine gute Situation. Der Minister ging.

Und die Hühner?

Die Broiler brachten wir schließlich zu einem Kleinbauern, einem armen Mann mit vielen Kindern und harter Arbeit. Der packte sie aus und setzte sie behutsam auf schattigen Grund. Sie wirkten sehr verstört und blieben im Sand sitzen. Dort tranken sie manchmal aus einer Schüssel, die ihnen der mitfühlende Bauer vor ihre Schnäbel gestellt hatte. Über Stunden beobachtete ich sie: Sie röchelten, und wenn sie versuchten aufzustehen, knickten sie schnell wieder zusammen. Der Körper war zu schwer. Oder die Beine waren zu dünn. Irgendetwas passte nicht.

„Ja, so sind die Broiler", sagte der Kleinbauer mitleidvoll.

Und er sagte: „Ich halte sie immer eine Woche, bevor ich sie schlachte. Wegen der Gesundheit. Sie sind voller chemischer Wachstumsförderer, die müssen sie erst herausschwitzen." Es sei interessant, wie sich das Verhalten der nur an relative Dunkelheit und Kraftfutter gewöhnten Tiere verändere in der Woche. Sie verhielten sich, sagte der Bauer, am Ende fast wie normale Hühner. Sie begännen, selbst Futter zu suchen, sie pickten nach Käfern, sie spielten.

Sie brauchen, wenn sie einmal frei sind, gar nicht mehr gefüttert werden, sondern fressen, was sie finden. Sie fressen Würmer. Und ihre Federn, die werden schneeweiß und beginnen zu glänzen. Und gerade dann, wenn sie richtige, integrierte Hühner sind, werden sie geschlachtet. Denn, ja, das war ihr Zweck und der Zweck der Wochenkur: die Entgiftung. Es ist, mit anderen Worten, gar nicht eine Frage der Genetik, sondern vor allem der Kultur. Es geht nicht um die Herkunft, sondern um die Position in der Nahrungskette. Genauer darum, ob das Huhn ein Teil der Nahrungskette ist oder ob es außerhalb lebt.

Plötzlich, für einen Augenblick, sahen wir am Nachmittag den Häuptling, als wir vom Fluss Lukulu zu den Maisfeldern draußen in den Sümpfen spazierten. Über eine Staubpiste, die durch das Dorf Nkolemfumu führt, rollte ein silbergrauer, ziemlich neuer Toyota-Jeep. Darin saßen junge Frauen und ein Mann. Sein Gesicht konnten wir nicht erkennen. „Das war der Häuptling", sagte unser Übersetzer.

Der Kleinbauer hat uns fest versprochen, alles dem Häuptling zu überreichen: den Sack Weizen, das Bratöl und die erbarmungswürdigen Hühner. Ich weiß, dass der Bauer, ein strenggläubiger Christ, nicht lügt.

8 Klimawandel und Ökologie

Global Warming und die Ernten

Wie sehr werden die Ernten zurückgehen, wenn die globale Temperatur um zwei oder mehr Grad im Mittel steigt? Oder wächst nicht sogar mehr, wenn es wärmer wird? *Ulrich Schaper* sprach mit Wissenschaftlern und erwartet eher Rückgänge. Pauschale Antworten gibt es nicht, sondern nur solche für jede Pflanzenart und jede Anbauregion, sagt er. Rückgänge dürfte es weniger in den gemäßigten Breiten geben, dafür mehr in Afrika und Asien.

Gut 821 000 000 – das ist die Zahl der Menschen, die im Jahr 2019 weltweit an chronischer Unterernährung und Hunger leiden. Erstmals seit einer Dekade kontinuierlichen Rückgangs stieg diese Zahl 2017. Ein Faktor, der in Bezug auf die Ernährungssicherheit immer größeren Einfluss gewinnt, sind die Folgen der globalen Erwärmung. Ob Südostasien oder die Länder Subsahara-Afrikas – es ist auffällig, dass die Not insbesondere dort größer wird, wo die Zahl wetterbedingter Katastrophen, wie Dürren, Stürme und Überschwemmungen, zunimmt. Studien wie die von Joachim von Braun, Direktor am Zentrum für Entwicklungsforschung in Bonn, und seinen Kollegen prognostizieren für den Zeitraum bis 2030 globale Ertragsverluste von durchschnittlich neun Prozent – bis 2050 sogar von 23 Prozent. Berücksichtigt wurden bei der Untersuchung Grundnahrungsmittel wie Soja, Reis, Mais und Weizen, die weltweit gegenwärtig zwei Drittel der menschlichen Nahrungsenergie zur Verfügung stellen. Das International Food Policy Research Institut (IFPRI) geht davon aus, dass, gemessen an einem Basisszenario ohne die Wirkung des Klimawandels, die Erträge insbesondere in Afrika klimabedingt zwischen durchschnittlich 14 (bei Reis) und 22 Prozent (bei Weizen) niedriger ausfallen. Asien trifft es noch härter, dort dürften die Verluste mit durchschnittlich minus 50 (bei Weizen) und 17 Prozent (bei Reis) noch höher liegen.

Ausgerechnet also in den Regionen der Erde, die in ihrem Bevölkerungswachstum längst noch nicht stagnieren, in denen die Landwirtschaft wesentlich zum Bruttoinlandsprodukt beiträgt und in denen schon heute viele Menschen unterernährt sind, werden die Erträge unter den veränderten Bedingungen des Klimawandels stark beeinträchtigt werden. Dabei sind das Ernährungssystem und die globale Erwärmung eng aneinander gekoppelt: Der Agrarsektor trägt mit seinen Emissionen und der Landnutzung in erheblichem Maße zum Klimawandel bei. Gleichzeitig leidet er unter steigenden Temperaturen, zunehmender Trockenheit, veränderten Niederschlagsmustern, Bodendegradation und erhöhtem Schädlingsdruck. Zu Problemen führt das überall auf der Welt, speziell aber dort, wo die Menschen sich Nahrung aufgrund von Armut nicht beschaffen können, leidet die Bevölkerung Hunger. „Für zukünftig neun Milliarden Menschen würden die heutigen Ernten keinesfalls ausreichen“, sagt Joachim von Braun. Schlechte Ernten führen zu steigenden Preisen. „Abgesehen von der reinen Menge, die produziert wird, muss man berücksichtigen, dass Nahrungsmittel durch Märkte verteilt werden. Schon heute können sich die ärmeren 50 Prozent der Bevölkerung aufgrund der Preisentwicklung keine gesunde Ernährung leisten“, sagt von Braun. Theoretisch würde zwar die Menge der produzierten Nahrung gegenwärtig reichen – sie komme aber nicht dort an, wo sie benötigt werde. „Das Verteilungsproblem wird in der Zukunft eher noch zunehmen.“ Auch werde die Qualität der Grundnahrungsmittel unter Hitzestress abnehmen, sie enthalten dann mutmaßlich weniger Nährstoffe wie Eisen und Vitamine.

Ein Wettlauf mit der Zeit – es gibt kaum einen Erdteil, der nicht mit den veränderten Bedingungen des Klimawandels und den damit zusammenhängenden Unwägbarkeiten konfrontiert wird. Die Bandbreite der Herausforderungen für den Agrarsektor ist groß: Einerseits kämpfen die Landwirte wie Axel Dettweiler mit Hitze und damit einhergehender Trockenheit. Dann wiederum setzen kurze und heftige Starkregenereignisse den Ernten zu; für Bauern sind diese Veränderungen kaum mehr plan- und noch weniger beherrschbar. Vor allem nicht in Erdteilen, in denen kein Zugriff auf hochtechnisierte Produktionsverfahren besteht. Insbesondere Länder mit Monokulturen geraten durch die veränderten Umweltbedingungen unter Anpassungsdruck. Beispielsweise in Afrika hat sich der Mais nahezu flächendeckend ausgedehnt, hat in den vergangenen 200 Jahren viele heimische Arten wie Hirse oder Süßkartoffeln von den Feldern verdrängt. Schnelles Wachstum, unkomplizierter Anbau und gute Lagerqualität haben ihn zum Grundnahrungsmittel Nummer eins gemacht. Zum Wachstum aber braucht er Wasser. Das wird vielerorts zusehends knapp. Zuletzt 2016 litt Afrika unter den Auswirkungen eines ungewöhnlich starken El-Niño-Wetterphänomens. Während vielerorts die Pflanzen aufgrund ausbleibender Niederschläge verdorrten, wurden die Felder anderswo durch Extremregenfälle überschwemmt.

Die Beziehung zwischen Wetter und Ertrag ist oftmals nur pflanzen- und regionenspezifisch zu beurteilen. Pauschale Aussagen lassen sich hinsichtlich der Zukunftsplanung daher kaum treffen. Physiologische Schlüsselprozesse spielen für die Prognosen eine große Rolle. Bekannt ist etwa, dass sich bei steigender Durchschnittstemperatur die Reifezeit einer Pflanze verringert und die Korngröße – und somit der Ertrag – abnimmt. Große Unsicherheiten hingegen bestehen bezüglich der Auswirkungen langanhaltender Hitze, von Temperaturen also, die jenseits des Pflanzen-Optimums liegen. Um valide Aussagen über die Entwicklung der Nahrungsmittelproduktion treffen zu können, müssen darüber hinaus Faktoren wie Landmanagement, Boden sowie Dauer und Zeitpunkt der Pflanzenexposition gegenüber verschiedenen Wetterbedingungen berücksichtigt werden. Dass Anbauregionen für bestimmte Pflanzen unbrauchbar werden, gilt als ziemlich gesichert. Dass dadurch Nutzpflanzenarten gänzlich verschwinden, ist jedoch unwahrscheinlich.

„Global gesehen, haben wir Kulturpflanzen für kühle Standorte, für gemäßigte Standorte sowie für warme und sehr warme Standorte", sagt Remy Manderscheid, stellvertretender Leiter des Thünen-Instituts für Biodiversität und Leiter der Arbeitsgruppe Klimafolgen und Klimaanpassung. „Das gesamte Spektrum wird sich im Verlauf der Jahre vermutlich weiter nach Norden verschieben, wo die Temperaturen tendenziell eher ansteigen.“ Während die Zahl der Anbauoptionen in der Nordhemisphäre also eher größer wird, schafft das in den Ländern des Südens, wie etwa Sambia, eine heikle Situation: „Für diese Regionen gibt es bisher keine Kulturpflanzen, die nachrücken.“ Nicht zuletzt aufgrund der zunehmend schlechten Ertragslage haben die Lebensmittelimporte in Afrika kontinuierlich zugenommen. Ein Trend, der sich nach ernstzunehmenden Prognosen fortsetzen wird. „Die globale Versorgungsbilanz zeigt, dass die Welt immer stärker von den Exporten Süd- und Nordamerikas abhängig ist“, sagt Joachim von Braun. „Dass allerdings zum Beispiel Afrika zunehmend in der Lage ist, die entsprechenden Importe zu betreiben, ist kein schlechtes Zeichen. Afrikas Wirtschaftskraft hat in den vergangenen zehn Jahren erheblich zugenommen.“

Spezifische Kenntnisse über einzelne Nutzpflanzen gewinnen immer mehr an Bedeutung, um Problemen wie Hitze- und Trockenstress zu begegnen. „Die Genome vieler Kulturpflanzen sind uns heute bekannt“, sagt Frank Ordon, Präsident des Julius-Kühn-Instituts, des Bundesforschungsinstituts für Kulturpflanzen in Quedlinburg. Man versuche nun, dieses genetische Wissen in der Pflanzenzüchtung nutzbar zu machen, um das Ertragspotential und die Widerstandsfähigkeit gegen Krankheiten und Schädlinge züchterisch zu verbessern sowie die Hitze- und Trockenstresstoleranz zu erhöhen. „Es sind viele Gene, die bei komplexen Merkmalen wie der Trockenstresstoleranz eine Rolle spielen. Oft kann man den Einfluss einzelner Faktoren wie zum Beispiel Hitze und Trockenheit nur schwer voneinander trennen. Komplexe Merkmale wie die Trockenstresstoleranz hängen von verschiedenen Eigenschaften ab: Wie tief ist das Wurzelwerk? Wie gut kann die Wurzel Wasser aufnehmen? Wann schließt die Pflanze ihre Stomata? Wie gut kann das Wasser in der Zelle gehalten werden?“ Es sei ein züchterisch schwierig zu bearbeitendes Merkmal, bei dem detaillierte Kenntnisse über Gene beziehungsweise genetische Netzwerke helfen könnten.

Aber es gibt bezüglich der Temperaturen Schwellenwerte, die dauerhaft nicht überschritten werden dürfen. Beim Weizen beispielsweise liegen diese bei etwa 32 Grad Celsius. „Es gibt Prognosen, die besagen, dass bis zum Jahr 2050 unter den vorhergesagten Klimaszenarien in einigen Teilen der Erde die Weizenerträge im Vergleich zum Jahr 2000 um 27 Prozent sinken – das wäre fatal", sagt Ordon.

Es gibt hinsichtlich der globalen Erträge allerdings auch Grund zur Zuversicht, denn das Kohlendioxid, das neben seiner Funktion als Treibhausgas gleichzeitig Grundstoff für die Prozesse der pflanzlichen Photosynthese ist, könnte auch positive Effekte haben. „Es gibt Hinweise, dass der Kohlendioxidanstieg den Trockenstress etwas kompensieren kann", sagt Remy Manderscheid. Die erhöhte Kohlendioxidkonzentration sorgt erst einmal für eine erhöhte Photosynthese-Aktivität der Pflanzen, sie sorgt aber auch dafür, dass die Pflanzen weniger Wasser verbrauchen. Das hieße, dass dort, wo es weniger Niederschläge gibt. Der Wassermangel durch die erhöhte Kohlendioxidkonzentration abgemildert würde.

Problematisch ist die Vorhersagbarkeit der regionalen Veränderungen. Das wird am Beispiel Deutschlands deutlich: Die Niederschläge und die Hitze sind nicht beständig – weder in der Gegenwart und wahrscheinlich noch weniger in der Zukunft. Während ein schwächelnder Golfstrom für kühle Temperaturen in Europa sorgen würde, könnte eine Abnahme der Höhenwinde im Norden für beständige Hochdruckgebiete und damit anhaltende Trockenheit sorgen.

Die Lösungsansätze sind daher sowohl regional als auch global zu suchen. Hermann Lotze-Campen, der am Potsdam-Institut für Klimafolgenforschung den Arbeitsbereich Klimawirkung und Vulnerabilität leitet, sagt: „Landwirtschaftliche Nutzflächen können nicht unendlich ausgedehnt werden, wir müssen also künftig auf gleicher Fläche mehr Ertrag zu erreichen versuchen. Dazu braucht es nachhaltige Landnutzungskonzepte, vielfältige, angepasste Fruchtfolgen sowie ein ausgeklügeltes Wassermanagement – eine große Herausforderung für die Landwirtschaft." Bis zum Jahr 2050 werden die Weltmarktpreise für Agrargüter nach Expertenmeinung klimabedingt wohl um zehn bis dreißig Prozent steigen – Schäden durch häufigere oder intensivere Wetterextreme durch den Klimawandel sind hier noch nicht mal mit eingerechnet. Eine Lösung könne daher neben der Stärkung regionaler Produktion auch eine Liberalisierung und Diversifizierung des Agrarhandels sein. „Viel hängt neben dem bloßen Bevölkerungswachstum aber auch vom veränderten Konsumverhalten ab“, räumt Lotze-Campen ein. Mit wachsendem Einkommen würden auch in den Schwellen- und Entwicklungsländern zunehmend tierische Produkte wie Fleisch und Milch konsumiert. Dies wiederum ziehe einen steigenden Bedarf an Energie und Futtermitteln und damit weitere Emissionen nach sich – ein Teufelskreis. Die Folgen des Klimawandels werden vor diesem Hintergrund weiteren Druck auf die globale Nahrungsmittelproduktion ausüben und wohl auch den Kampf gegen Hunger weiter erschweren. „Wenn wir ehrlich sind, haben wir bislang lediglich einen Vorgeschmack der Folgen der globalen Erwärmung erlebt. Machen wir weiter wie bisher und halten die Pariser Klimaziele nicht ein, werden die Folgen wahrscheinlich unbeherrschbar“, sagt Lotze-Campen.

Der Saatgutschatz in der Arktis

Der Klimawandel stellt die Pflanzenzucht vor Herausforderungen. Wie bei Ulrich Schaper zu lesen war, werden sich die Anbaugrenzen für Arten und Sorten von Süd nach Nord verschieben, und für wüstennahe Regionen und Savannen sind ganz neue Züchtungen von Nöten, die mit weniger Wasser und höheren Temperaturen leben können. Wo finden Züchter die Sorten, die sie dafür zu neuen Sorten kreuzen können? In Spitzbergen. Hier recherchierte *Tirza Meyer* und näherte sich dem globalen Saatgutschatz an, der in Zukunft noch viele Leben retten könnte. Zunächst aber muss er selbst bewahrt werden.

Im Nordpolarmeer liegt eine Inselgruppe mit steilen Berghängen im ewigen Eis. Dort, im Inneren eines Berges, schlafen Samen. Zu Tausenden ruhen sie in Päckchen, in Röhrchen und Ampullen und warten darauf, geweckt zu werden. Der Ort mit den schlafenden Samen heißt Spitzbergen. Die Inselgruppe liegt wie ein kristallenes Monument im Eismeer, zwischen dem norwegischen Festland und dem Nordpol. Dort steht der Saatguttresor der Welt. Auf der Inselgruppe leben nur 2310 Menschen – zusammen mit, geschätzt, dreitausend Eisbären, die zwischen Packeis und Festland hin- und herpendeln. Das arktische Klima duldet weder Bäume noch Büsche. Durch den Tresor wurde einer der unwirtlichsten Orte des Planeten zum Hüter aller Saatgutpflanzen und damit zum Bewahrer einer grünen, fruchtbaren Welt.

Man sieht dort vom Saatguttresor nur den Eingangstunnel. Er ist nicht mehr, als eine scharfe Kante, die aus dem Felsen ragt. Im Inneren des Berges, am Ende des 130 Meter langen Ganges, ruhen die Samen bei minus achtzehn Grad. Ihr Genmaterial ist für die Zukunft erstarrt. Zum Leben erweckt, können die Samen die Welt ernähren, sie vielleicht sogar retten. Im Tresor ist Platz für 1,4 Millionen Saatgutsammlungen.

Die Anlage wird vom norwegischen Staat, der staatlich finanzierten Organisation Nordgen und dem Welttreuhandfonds für Kulturpflanzenvielfalt verwaltet und ist ein Angebot für die mehr als 1700 Genbanken auf der Welt. Als die Anlage 2008 eingeweiht wurde, hieß es, das Konstrukt werde mindestens zweihundert Jahre lang, unbeeindruckt von Wind und Wetter, die Samen im Inneren des Berges schützen. Der Tresor wurde extra in den Permafrostboden gefräst, der niemals tauen soll. Nicht einmal im arktischen Sommer. Für Genbanken ist das praktisch, weil keine Energie für die Kühlung der Saatgutsammlung aufgebracht werden muss.

Gleich nach seiner Eröffnung wurde der Tresor als Doomsday Vault, also als Gewölbe für den Weltuntergang, bekannt. Ein schlafender Riese, der auf die Apokalypse wartet, um die Menschheit zu retten. Doch als 2016 klar wurde, dass Tauwasser in den Eingangstunnel sickert, unkte man, dass der Tresor nun selbst Teil des Weltuntergangs durch den Klimawandel werde. Seit Frühjahr 2018 ist der Eingangsbereich nun eine Baustelle. Zutritt verboten. Der Permafrostboden braucht Frosthilfe. Mit speziellen Kühlmatten und Kühlungsleitungen in den Wänden soll das Gestein um den Eingang tiefgefroren werden, damit kein Tauwasser mehr in den Tunnel eindringt. Permafrostboden, der auftaut und matschig bleibt, ist ein neues Phänomen auf Spitzbergen. Das könnte in der Arktis in Zukunft ein großes Problem werden. Forscher des norwegischen Polarinstituts, das einen kleinen Außenposten auf Spitzbergen hat, haben herausgefunden, dass die Durchschnittstemperatur in der Gegend alle zehn Jahre um ein Viertel Grad Celsius steigt. Jahr für Jahr geht das Packeis zurück. Könnte der Klimawandel die Samen im Tresor antauen und unbrauchbar machen? Der Mitbegründer des Saatguttresors und ehemalige Geschäftsführer des Welttreuhandfonds für Kulturpflanzenvielfalt, Cary Fowler, lässt sich von den feuchten Tauszenarien nicht aus der Ruhe bringen: „Der Saatguttresor ist vom Klimawandel so wenig berührt, wie unsere Kühlschränke von Temperaturschwankungen in der Küche."

Auch wenn das Saatgut in seinem Inneren ruht, der Tresor selbst pulsiert und hält am Leben, was lange vor Armageddon nicht verlorengehen darf: die biologische Vielfalt unserer Nutzpflanzen. „Aussterben beginnt, wenn Vielfalt verschwindet", sagt Fowler. Deswegen lagert nicht jeweils nur ein Korn oder ein Samen einer Nutzpflanzenart im Saatguttresor, sondern viele verschiedene Samen der jeweiligen Art. Das hat einen einfachen Grund. Es reicht nicht, ein Maiskorn zu lagern und dann zu behaupten, Mais sei für alle Zeiten gesichert. Denn Mais, der im fruchtbaren Kongo-Delta wächst, hat andere genetische Eigenschaften als Mais, den Bauern in der ägyptischen Wüste auf kargen Ackerböden ziehen. Mais für die Welt kann es nur dann zuverlässig geben, wenn die Pflanze widerstandsfähig ist. Deswegen sammeln Genbanken Samen, die bei unterschiedlichen Temperaturen und Bodenarten gedeihen. Sollte sich das Klima tatsächlich drastisch ändern, hätte der Saatguttresor immer noch ein Samenkorn in petto, das bei glühender Hitze oder großer Kälte wachsen und – über einige Jahre vervielfältigt – die Menschheit ernähren könnte.

Der Tresor muss nicht auf Armageddon warten. Er macht seinen Job längst, und er macht ihn gut, trotz Tauwasser im Eingangsbereich. Seit seiner Eröffnung 2008 wurde die Tresorkammer 232 Mal geöffnet, um neues Saatgut einzulagern. Das kommt in Kisten und Päckchen an, die Black Boxes genannt werden. Nur die Genbank, der das Saatgut gehört, weiß, was darin ist. Nur die Absendergenbank darf sich ihre versiegelte Box zurückschicken lassen.

Eine solche Rücksendung geschah zuletzt im Jahr 2016, um die Genbank des Zentrums für landwirtschaftliche Forschung in Trockenregionen in Beirut neu aufzubauen. 2012 war der Hauptsitz in Aleppo von Rebellen besetzt und schließlich geräumt worden. Zum Glück hatte das Zentrum vorgesorgt. Mehr als hunderttausend ihrer verschiedensten Saatgutvariationen lagerten im Tresor auf Spitzbergen. Nur deswegen konnte die gesamte Sammlung gerettet werden. Ähnliche kriegsbedingte Schicksale könnten anderen Genbanken drohen.

Regionale Genbanken sind teilweise abenteuerlich. Das zeigt ein Experiment, das – nur wenige hundert Meter vom Saatguttresor entfernt – in einer stillgelegten Kohlegrube schlummert. Denn schon lange bevor Fowler und seine Leute den Saatguttresor in den Berg bohrten, stellte die Nordische Genbank einen Container mit Samenproben ans Ende eines stillgelegten Kohleschachts. Solche Schächte gibt es auf Spitzbergen viele. Die Berge dort sind von Kohleadern durchzogen, deren Gruben und Gänge ins Herz der Felsen führen. Die Kohlevorkommen auf der Inselgruppe sind der Grund dafür, dass dort überhaupt Menschen leben. Heute sind die Gruben aber fast alle stillgelegt.

Der alte Container steht heute noch in Grube drei. Um dorthin zu gelangen, muss man einen unsicheren Tunnel hinuntersteigen. Kohlestücke liegen auf dem Boden, und man braucht ein Gerät, das den Sauerstoffgehalt in der Luft misst. Ein schlichtes Schild an einer alten Holzpforte kündigt Frøyhall an, die Saatgutkammer. Nordgen testet hin und wieder die Qualität der Samen. Das Experiment soll noch siebzig Jahre laufen. Man möchte herausfinden, wie lange sich das Saatgut in dem Container hält. Die Verhältnisse in der Grube sind einfach. Nicht einmal die Tür zur Kammer ist verriegelt, die Wände sind nackt, und nichts wurde verändert oder gar ausgebessert, bevor der Container dort abgestellt wurde. Eine billige Lösung, aber ist sie sicher? Nordgen lagert seine Rücklagen mittlerweile im Tresor. Aber bevor der moderne Saatguttresor gebaut wurde, überlegten Cary Fowler und seine Kollegen, den existierenden Kohleschacht auszubauen. Ein Grubenarbeiter riet ab. Brände, Einsturzgefahr und sogar Explosionen können in Kohlegruben plötzlich entstehen. Kein guter Ort für schlafende Samen. Die Arbeiter frästen einen neuen Schacht und hielten sich von den Kohleadern fern. Aber auch ohne das Explosionsrisiko waren die Bauarbeiten am Saatguttresor abenteuerlich. Dreimal wurde die Baustelle von neugierigen Eisbären besucht. Wer zum Tresor wandern möchte, muss sich bewaffnen. Das ist auf Spitzbergen Vorschrift. Die Bären und der Tresor teilen sich nicht nur die rauen Berghänge der Insel, sie haben noch ganz andere Gemeinsamkeiten. Fowler erklärt das so: „Für Eisbären und Weizen stellt sich dieselbe Frage: Ist die Spezies in der Lage, den Klimawandel zu überstehen?"

Jeder kennt die Bilder von verzweifelten Bären, die sich an schrumpfende Eisschollen klammern. Eine vertrocknete Maispflanze auf einem kargen Acker hat nicht denselben Knalleffekt. Aber auch Saatgutpflanzen sind im täglichen Überlebenskampf. Dass das Überleben der Bären mit dem Überleben der Nutzpflanzensamen zusammenhängt, daran

Kurz vor dem Eingang zum Tresor (Tirza Meyer)

denken wenige. „Globale Hungerkrisen sind erfahrungsgemäß schlechte Zeiten für Naturschutz", sagt Fowler.

Wer Eisbären, Panda und Co. schützen will, tut also gut daran, auch Nutzpflanzen zu schützen. Dort wo Armut und Chaos herrschen, werden Eisbären im schlimmsten Fall überm Feuer gebraten. Wenn die Menschen keine Not leiden, können sie sich um andere Lebewesen kümmern. Deswegen ist der Saatguttresor wichtig und auch die Genbanken, die ihn nutzen. Die Leute, die in den Genbanken arbeiten, immer neues Saatgut ziehen, Tests machen, die Lager erneuern und aufstocken, die Saatgut hin- und hersenden, diese Leute nennt Fowler „echte Helden". Sie retten die Welt, lange vor Armageddon, mit Glasampullen, Muttererde und schlummernden Samen in Tiefkühlbehältern.

Teufelskreis der Stickstoffdüngung

Die gegenwärtige Welternährung ist nicht ohne Folgeschäden. Die Emissionen von Klimagasen sind nur ein Besipiel. Chemische Pestizide sind ein anderes. Und auch Stickstoffdünger kann zum Gift für die Umwelt werden. *Christian Schwägerl* lenkt im Folgenden den Blick auf ein Phänomen, das kaum bekannt ist: Die gravierende Verarmung der natürlichen Vielfalt und die hohen externen Kosten für Umwelt und Gesundheit, die der Stickstoff vor allem in Teilen Nordamerikas und Europas verursacht. Auch das ist ein Welternährungsdrama: Was den einen mangelt, erstickt in den Ländern der anderen die Umwelt. Die gute Nachricht: Sie erholt sich, wenn die Dosis sinkt.

Uwe Bartels hat ein Problem, das zum Himmel stinkt. Millionen Tonnen stickstoffhaltige Gülle und Gärreste fallen in seiner Heimat, dem Oldenburger Münsterland, pro Jahr an. Die Abfälle entstehen vor allem bei der Schweine- und Geflügelhaltung, für die Bartels' Wohnort Vechta deutschlandweit zum Symbol geworden ist. In riesigen Anlagen wachsen die Tiere zum Schlachtvieh heran. Der Stickstoff ist von Natur aus im Futter enthalten, zu einem guten Teil kommt er mit südamerikanischem Soja nach Deutschland. Bevor die Tiere als Fleischprodukte in Europa und Asien verkauft werden, erzeugen sie Fäkalien in rauen Mengen.

Bartels war früher Landwirtschaftsminister von Niedersachsen, dann Bürgermeister von Vechta. Jetzt, mit Anfang 70, will er als Chef des „Agrar- und Ernährungsforums Oldenburger Münsterland", dafür sorgen, dass die Gülleflut kleiner wird. „Die Wirtschaft hat erkannt, dass wir in eine Sackgasse laufen, wenn wir nicht handeln", sagt er, „denn die Verbraucher werden uns das Vertrauen entziehen, wenn es so weitergeht."

Drei Millionen Tonnen Gülle und Gärreste lassen die Landwirte und Tierfabrikanten des Oldenburger Münsterlands pro Jahr bereits in andere Gebiete bringen, vor allem Ackerbaugebiete in Ostdeutschland, die Dünger benötigen. „Doch nach neuen Berechnungen müssen noch bis zu 1,4 Millionen Tonnen aus der Region verbracht werden", sagt Bartels. In ganz Niedersachsen gebe es 320 000 Hektar Land zu wenig, um den Stickstoffüberschuss zu entsorgen.

Ein paar tausend Kilometer weiter südlich haben Millionen Landwirte das umgekehrte Problem: In vielen Ländern Afrikas ist der Stickstoff, den deutsche Viehzüchter verzweifelt loswerden wollen, Mangelware. Bauern wie Teo und Silver Kataratambi aus dem südwestlichen Uganda berichten Medien wie dem Guardian, wie ihre Bananenernten immer schmaler werden, weil nicht genügend organischer Dünger vorhanden ist und weil sie sich den teuren, künstlich hergestellten Mineraldünger schlichtweg nicht leisten können. Dieses Schicksal teilen viele Kleinbauern in Afrika und in ärmeren Ländern weltweit – sie leiden unter akutem Stickstoffmangel. „Nährstoffarme Böden und fehlender Dünger sind eine wichtige Ursache für ein niedriges Level der Lebensmittelproduktion in Afrika", sagt Ronald Vargas, Fachmann der Welternährungsorganisation FAO.

Hier zu viel, dort zu wenig – Stickstoff ist das Element, um das die globale Nahrungsversorgung kreist. Ohne dieses chemische Element können Pflanzen und Tiere nicht die Eiweiße bilden, aus denen ihre Körper bestehen. Im Idealfall gelingt es Landwirten, auf ihren Höfen einen geschlossenen Nährstoffkreislauf in Gang zu halten. Was die Pflanzen zum Wachstum brauchen, bekommen sie durch den Dung der Tiere, was die Tiere brauchen, bekommen sie durch Futterpflanzen. Abgehende Nährstoffe werden durch eine geschickte Fruchtfolge ersetzt, bei der auch Leguminosen zum Einsatz kommen, die Stickstoff aus der Luft binden können. Diesen Idealfall verfolgen Bauern, die nach den Prinzipien biologischer Landwirtschaft wirtschaften. Doch in den allermeisten Fällen sind Bauernhöfe heute vom Ideal des Nährstoffkreislaufs meilenweit entfernt.

Schon Justus von Liebig warnte, dass es zu Mangel kommen könnte und schon das Fehlen nur eines essentiellen Stoffs das ganze Wachstum von Organismen bremsen kann. Im 19. Jahrhundert war auch die Landwirtschaft in Europa eine Stickstoff-Mangelwirtschaft. Gülle und Mist reichten nicht mehr, die Böden fruchtbar zu halten. Die Angst vor einer Welthungerkatastrophe ging um. Dann entwickelten die Chemiker Carl Bosch und Fritz Haber 1913 ein Verfahren, mit dem sich der reaktionsträge Stickstoff, der einen Großteil unserer Atemluft ausmacht, in reaktionsfreudigen Ammoniak verwandeln lässt. Das Resultat: Es gab „Brot aus der Luft“, weil Kunstdünger die Ernten ankurbelte. Ein guter Teil der Menschen, die heute am Leben sind, verdanken ihre Existenz dem künstlichen Stickstoff, den das neue Verfahren in Umlauf brachte. Zugleich begann eine der größten Veränderungen im Stoffwechsel der Erde, die es je gegeben hat. Die Menschheit holt heute 120 Millionen Tonnen Stickstoff pro Jahr aus der Luft – das ist doppelt so viel wie durch Blitze, Bakterien und andere natürliche Prozesse in die Böden gelangt.

Die Stickstoffmenge, die in der Umwelt zirkuliert, hat sich durch Kunstdünger und durch Stickoxide, die beim Verbrennen von Kohle, Erdöl und Erdgas frei werden, über die letzten hundert Jahre verdoppelt. Stickstoff hat ein doppeltes Gesicht: Gibt es zu wenig davon, droht Hunger. Gibt es zu viel, drohen massive Umweltschäden und in Form von verschmutztem Trinkwasser auch Gefahren für den Menschen. Doch während in der Weltpolitik viel über Kohlendioxid diskutiert wird, kommt die zentrale Rolle des Stickstoffs für die Menschheit nur selten zur Sprache.

Dabei gibt es bereits heute eine ganze Reihe von gravierenden Problemen: So bilden sich im Golf von Mexiko und in vielen anderen Meeresregionen der Welt, wie auch in Seen, sogenannte „Todeszonen". Sie entstehen, wenn zu viel Dünger aus Agrargebieten ins Wasser kommt und dort das Algenwachstum befeuert. Der Sauerstoffgehalt des Wassers kann dabei so drastisch sinken, dass Lebewesen in großem Stil absterben. Wissenschaftler der amerikanischen Ozeanbehörde NOAA maßen 2017 einen Rekordwert für den Golf von Mexiko: 23 000 Quadratkilometer war die Todeszone groß, das entspricht einer Fläche von 150 mal 150 Kilometer Ausdehnung. Weltweit zählten Forscher 2018 rund 500 solcher lebensarmen Gebiete, zehnmal mehr als noch 1950. Eine zweite gravierende Folge von zu viel Stickstoff in der Umwelt ist in der Öffentlichkeit kaum bekannt. Menschen sind weltweit besorgt, dass die Zahl und Vielfalt der Insekten schrumpft, dass Schmetterlinge, Wildbienen und andere Bestäuber weniger werden. Die meisten denken an Pestizide als Hauptursache. Ein wesentlicher, kaum bekannter Grund dafür ist indes die Anreicherung von Stickstoff in der Umwelt. „Wenn sich in einem artenreichen Ökosystem immer mehr Stickstoff anreichert, profitieren davon nur einige wenige Arten, während die Mehrzahl zu den Verlierern zählt", sagt Moritz Nabel, Experte beim Bundesamt für Naturschutz. Die Devise „Viel hilft viel" stimmt nämlich auch in der Ökologie nicht, im Gegenteil: die Pflanzenwelt ist dort am vielfältigsten, wo Nährstoffe knapp sind und Arten um knappe Nährstoffe konkurrieren müssen. Dann bekommt jede Art ein was bisschen ab. Deshalb gehören zum Beispiel Magerrasen zu den Hotspots der Pflanzenvielfalt in Europa und bringen überdurchschnittlich viele Orchideen hervor.

Wenn aber Stickstoff im Übermaß zur Verfügung steht, setzen sich einige wenige Gräser- und Strächerarten aufgrund physiologischer Vorteile durch. „Deshalb gibt es kaum noch echte vielfarbige Blumenwiesen mit einer Vielzahl verschiedener Pflanzen", sagt Nabel. Das Problem, warnt er, zieht sich über die ganze Pflanzen- und Nahrungskette hinweg. Zuerst verwandeln sich Heiden in monotones Grasland und Blumenwiesen in reine Grünflächen. Das schadet zuerst den Bestäuberinsekten, die keine Nahrung mehr finden, und dann den Vögeln und Kleinsäugern. „Die Stickstoffdeposition ist eine der bedeutendsten Triebkräfte für den Rückgang der biologischen Vielfalt in Deutschland“, warnt auch das Umweltbundesamt.

Die Homogenisierung der Natur durch Stickstoff geschieht weltweit, warnt Roland Bobbink von der Radboud-Universität Nijmegen. Während es in Mitteleuropa bereits Problembewusstsein gebe, seien weite Teile Asiens, Kaliforniens und Südeuropas immer noch dabei, biologisch zu verarmen. Je mehr Stickstoff in die Umwelt gelangt, desto höher sind die Kosten von Gegenmaßnahmen. Einer Studie des britischen Natural Environment Research Council zufolge verursacht überschüssiger Stickstoff in der EU einen Schaden von 70 bis 320 Milliarden Euro jährlich – dadurch, dass belastete Luft und belastetes Wasser Menschen krank macht und dass verarmte Ökosysteme ihre Dienstleistungen zum Wohl des Menschen schlechter erfüllen können. Die Kosten übermäßigen Stickstoffeinsatzes überwiegen die ökonomischen Vorteile, urteilten die Autoren dieses „European Nitrogen Assessment“.

Die dritte Folge der Stickstoff-Revolution in der Landwirtschaft betrifft Wasser, Luft und Klima. Beispiel Deutschland: Zwar hat sich der gesamte Stickstoffeintrag in die Umwelt seit den 1980er Jahren etwa halbiert, doch zugleich reichern sich Nitrate und andere Stoffe an. Allein 600 000 Tonnen Ammoniak landen immer noch jährlich aus der Landwirtschaft in der Umwelt. Einer Studie der Universität Kiel von 2018 zufolge trägt die neue Düngeverordnung kaum etwas dazu bei, das Problem zu verringern. Der Bundesverband der Energie- und Wasserwirtschaft (BDEW) warnt, dass in vielen Regionen künftig Trinkwasser teurer werden muss, weil die technische Entfernung von Nitrat sehr aufwendig sei. „Seit den 1970er Jahren wird in einigen Regionen systematisch überdüngt“, sagt Martin Wayand vom BDEW. „Die Folgen bekommen wir jetzt zu spüren – die Böden sind überlastet und können kaum noch Nitrat abbauen." Zugleich sind Stickoxide, die vom Acker entweichen, potente Treibhausgase. Aus den 1,6 Millionen Tonnen Stickstoff, von deutschen Landwirten ausgebracht, entstehen mehr als 100 000 Tonnen Lachgas. Weil Lachgas 300 Mal effektiver Wärme in der Atmosphäre einfängt als Kohlendioxid und zudem hundert Jahre zirkuliert, ist die Landwirtschaft nach Kraftwerken und Verkehr mit rund 7 Prozent die drittgrößte Quelle für Treibhausgase.

Im globalen Maßstab sind die Probleme noch viel größer. Der Schwerpunkt des weltweiten Stickstoffeinsatzes hat sich nach Ostasien verlagert, heißt es in einer Studie von amerikanischen und chinesischen Wissenschaftlern aus dem Jahr 2017. Der Stickstoffeinsatz in der Landwirtschaft ist der Untersuchung zufolge insgesamt von 11 Millionen Tonnen im Jahr 1961 auf 108 Millionen Tonnen im Jahr 2013 gestiegen und von knapp einem Gramm pro Quadratmeter Anbaufläche auf 7,4 Gramm. Zusammen mit Indien, den Vereinigten Staaten, Brasilien und Pakistan zählt China zu den Topverbrauchern von Kunstdünger. China allein steht gemäß der Studie für 31 Prozent des globalen Stickstoffeinsatzes, mit einem jährlichen Zuwachs von 700 000 Tonnen.

Der afrikanische Kontinent liegt im Vergleich dazu weit zurück: 1,5 Gramm Stickstoff pro Quadratmeter Anbaufläche, das ist ein Fünftel des weltweiten Durchschnitts, können afrikanische Bauern durchschnittlich an Kunstdünger einsetzen. Das Industrieprodukt ist für die Bauern zu teuer, schlecht verfügbar oder unzuverlässig in der Qualität. Unabhängige Agrarberater, um den Bedarf zu ermitteln und einen effizienten Einsatz zu planen, gibt es kaum. Die Landwirte sind auf Zwischenhändler angewiesen, die sie nicht selten übers Ohr hauen wollen. Viele Bauern sind deshalb skeptisch gegenüber Mineraldünger eingestellt. Dabei wäre Handeln dringend nötig, denn weite Teile Afrikas sind von Natur aus nicht mit nährstoffreichen Böden gesegnet. „Ein erheblicher Anteil von Böden in Afrika ist wenig fruchtbar und eher im sauren Bereich, so dass zu wenige Nährstoffe zur Verfügung stehen und Dünger nur schwer aufgenommen werden kann", sagt Ronald Vargas von der FAO. Hinzu kommt, dass 40 Prozent der Böden unter Erosion und Wüstenbildung leiden.

Um dem Stickstoffmangel entgegenzuwirken, beschlossen Staats- und Regierungschefs im Juni 2006 bei einem Sondergipfel der Afrikanischen Union das Ziel, den Düngereinsatz bis 2015 auf 50 Kilogramm pro Hektar zu versechsfachen. Doch das Ziel wurde nicht erreicht – und auch Experten, die sich grundsätzlich für deutlich mehr Kunstdüngereinsatz aussprechen, sehen die wahren Probleme inzwischen woanders. „Kunstdünger ist auf jeden Fall der schnellste Weg, etwas zu ändern, aber wahrscheinlich nicht der beste“, sagt Vargas. Er plädiert für eine Strategie des „integrierten Bodenmanagements“. Vargas sieht den Mangel an Bodenfruchtbarkeit als Teil einer größeren Kette von Problemen im Agrarbereich, zu denen schlechte Infrastruktur, fehlender Zugang zu innovativen Technologien und schlecht funktionierende öffentliche Institutionen gehören – an jedem dieser Punkte müsse man ansetzen. Auch der Agrarforscher Ken Giller von der Universität Wageningen nennt auf die Frage nach den drängendsten Maßnahmen: nicht ein Mehr an Kunstdünger. „Es muss zunächst garantiert sein, dass Landwirte für ihre Produkte einen angemessenen Preis erzielen können, damit es für sie ökonomisch attraktiv ist, ihren Anbau zu intensivieren und den Input von Nährstoffen zu vergrößern“, sagt Giller. Der Wissenschaftler fordert, auf eine Balance zwischen organischem Dünger und künstlichem Mineraldünger zu achten – und vor allem auf den Anbau von Pflanzen zu setzen, die von Natur aus in der Lage sind, mit Hilfe von Bakterien in ihren Wurzelknöllchen Stickstoff aus der Luft zu binden. „Es ist dringend nötig, Monokulturen von Getreide oder Wurzelknollen durch den Anbau von Pflanzen wie Bohnen, Kuhbohnen, Erdnüsse, Sojabohnen, Kichererbsen und Strauchbohnen zu ergänzen“, sagt er.

Genau in diese Richtung geht das Programm „AfriSoils“, das die FAO 2018 vorgestellt hat und für das sie 50 Millionen Dollar mobilisieren will. Nicht mehr Kunstdüngereinsatz gilt als Priorität, sondern Maßnahmen, um den natürlichen Nährstoffgehalt des Bodens zu steigern sowie Erosion und Entwaldung zu stoppen. Zum Programm gehören auch „Boden-Doktoren", um die Landwirte zum natürlichen Nährstoffaufbau im Boden weiterzubilden und mit ihnen Lösungen zu entwickeln.

In Europa versuchen vielerorts Naturschützer, den Stickstoffgehalt zu reduzieren, indem etwa in Feuchtgebieten Weidetiere eingesetzt werden oder eine Mahd stattfindet, mit der Biomasse entfernt werden kann. Die niederländische Regierung hat sich zu einem drastischen Schritt entschieden. Seit 2016 gibt sie im Rahmen ihrer Strategie namens „Programmatische Aanpak Stikstif" viele Millionen Euro jährlich aus, um überschüssigen Stickstoff aus 116 Natura-Schutzgebieten des Landes herauszubekommen und geschädigte Ökosysteme zu regenerieren. Ziel ist es, den Eintrag bis 2030 real um zehn Prozent zu senken. Im Extremfall müssen die Bagger anrücken und die oberen Bodenschichten abtragen, damit die Ökosysteme anfangen zu regenerieren, sagt Imke Boerma von der Umweltorganisation Staatsbosbeheer, der das Projekt im Auftrag der Regierung umsetzt. Ältere Samen, die tiefer im Boden lagern, sind in der Regel in der Lage, nach solchen Maßnahmen wieder die ursprüngliche Vegetation auszubilden.

Dort, wo Landwirte den Stickstoffeintrag reduzieren, sind die Effekte schnell spürbar. Naturstyrelsen, die dänische Naturschutzbehörde, kann schon Erfolge vorweisen. Einige Jahre wurde dort eine aggressive Politik der Nährstoffminderung verfolgt. In den Küstengebieten kamen in früheren Todeszonen wieder die natürlich vorkommenden Zostera-Seegräser vor, die Vielfalt von Muscheln und anderer Bodenfauna nahm wieder zu. Solche Maßnahmen brauchen Zeit, aber die Naturschutzstrategen konnten sehr gut beobachten, dass die Lebensvielfalt zurückkommt, wenn der Stickstoff abnimmt. Auch die Süßwasserforscherin Claudia Wiedner konnte als Koordinatorin von „Nitrolimit", einem vom Bundesforschungsministerium geförderten Projekt, demonstrieren, dass sich in Seen das Leben erholt, wenn der Stickstoff weniger wird. „Weil die Nährstoffkonzentration sank, breiteten sich Armleuchteralgen wieder aus und mit ihnen viele andere selten gewordene Seebewohner", erzählt sie über den Scharmützelsee östlich von Berlin. Doch im gesamten Bundesgebiet sieht die Lage anders aus. Von 370 untersuchten norddeutschen Seen fanden die „Nitrolimit"-Wissenschaftler nur ein Viertel in jenem guten ökologischen Zustand vor, der laut EU-Richtlinie eigentlich schon 2015 hätte erreicht sein sollen. Für die Untere Havel bei Berlin haben die Forscher ermittelt, dass der jährliche Stickstoffeintrag von 6500 Tonnen auf 3500 Tonnen sinken müsste, um einen guten Status zu erreichen. Im Einzugsgebiet der Weser müsste laut Berechnungen des Thünen-Instituts der Stickstoff-Eintrag von heute 74 000 Tonnen auf 29 000 Tonnen pro Jahr sinken.

Permakultur ersetzt Stickstoff

Auch radikale Technik-Entsagung bringt noch Ernten und Einnahmen, wenn man es geschickt anstellt. Interessant ist der Blick auf konsequent ökologische Mikro-Anbausysteme, die auf ausgeklügelte Pflanzengemeinschaften setzen. Die kommen ohne chemische Dünge- und Pflanzenschutzmittel und selbst ohne Traktoren aus. *Christian Schubert* hat sich in Südfrankreich einen Hof angesehen, der die Idee wahr macht, das Land nicht mehr gegen die Natur zu bewirtschaften. Das Vorbild sind die Pariser Gemüsegärtner des 19. Jahrhunderts. Schubert macht nicht den für einen liberalen Wirtschaftsjournalisten naheliegenden Fehler, dies bloß als Träumerei, Romantik oder Luxusphänomen abzutun. Er erlebte Bec Hellouin als inspirierenden Ort, der zum Nachdenken über die Zukunft anregt.

Auf diesem Hof ist nichts, wie es der erste Blick vermuten lässt. Ein verblichenes, wackeliges Holztor verbarrikadiert den Eingang, doch nach Eingabe eines Sicherheitscodes an einer Tastatur öffnet es sich wie ein moderner Tresorschrank. Im Innern schaffen normannische Fachwerkhäuser die Stimmung alter Bauernidylle, dabei ist hier fast nichts älter als zweieinhalb Jahrzehnte. Die Grünanlagen wirken durcheinandergewürfelt ohne jede Ordnung. Doch der Ansatz von Kraut und Rüben hat hier Prinzip. Willkommen in einer der produktivsten Gemüseanbaustätten von Frankreich und darüber hinaus. Die „Ferme biologique du Bec Hellouin“ sieht aus wie von gestern, aber erhebt für sich den Anspruch, ein Modell für die

Landwirtschaft der Zukunft zu sein – im Norden wie im Süden der Welt. Ist das berechtigt?

Vor seinem reetgedeckten Wohnhaus mit hellblauen Fensterläden bittet Charles Hervé-Gruyer, am langen Holztisch Platz zu nehmen. Dass der 60 Jahre alte Franzose diesen persönlich zugesägt hat, versteht sich rasch von selbst. Der hochgewachsene Franzose mit schlohweißem Haar und drahtigem Körper ist ein Mehrfach-Aussteiger; einer, der sich über die Dinge in der Welt viele Gedanken macht, dabei aber auch gerne selbst anpackt. Seine Biografie zeugt davon und wirkt fast stereotyp: Gut zwei Jahrzehnte lang umsegelte er auf einem umgebauten Lastkahn die Welt, nahm im Rahmen eines Erziehungsprojektes Hunderte von Jugendlichen auf seinen Entdeckungen zu entlegenen Naturvölkern mit, schrieb Bücher und drehte Dokumentarfilme darüber.

Später lernte er Perrine kennen, eine ehemalige Basketballspielerin, fünfzehn Jahre jünger. Auch sie hatte die Welt bereist, vor allem den asiatischen Teil, doch als etablierte Wirtschaftsjuristin. Bald darauf begann ihre gemeinsame Reise in die Welt des Obst- und Gemüseanbaus. Sie wurden sesshaft. Anfangs, im Jahr 2004, wollte das Ehepaar einfach in der ländlichen Normandie leben und die Familie, die sich bald um zwei Töchter erweiterte, auf natürliche Art ernähren. Doch vieles ging daneben. „Wir hatten ja von nichts eine Ahnung, wir mussten alles lernen. Zu Beginn war es schwer“, erinnert sich Charles. Doch die beiden sind ehrgeizig, sie kämpften. Sie durchstöberte abends das Internet nach den neuesten Forschungsberichten, er fand Schriften über die Mikro-Landwirtschaft in Kalifornien oder die Pariser Gemüsegärtner des 19. Jahrhunderts.

Die Suche nach einer sinnvollen Gegenwart führte sie also auch in die Vergangenheit. Das alte Paris: Auf kleinen Flächen und mit viel Pferdemist ausgerüstet, ernährten die Gärtner die französische Hauptstadt und exportierten darüber hinaus in die Nachbarländer. Hohe Produktivität auf wenig Raum zu erzielen – diese Idee faszinierte Charles und

Perrine von Anfang an. Und so dauerte es nicht lange, bis sie auf das Konzept der Permakultur stießen.

Sie ist ein Gegenentwurf zur konventionellen Landwirtschaft, der noch mehr als der klassische Bioanbau die Bedürfnisse der Natur berücksichtigt. Tiere, Pflanzen und Menschen sollen in weitgehender Harmonie auf ihre Kosten kommen – selbstverständlich ohne chemische Pflanzenschutzmittel und sogar ohne Mechanisierung.

Für Charles gibt es in der Landwirtschaft von heute einen Bösewicht: den Traktor (welchen Christopher Piltz im Kapitel 6 als segensreich für afrikansiche Kleinbauern beschrieben hat). „Sobald du einen Traktor hast, um den Boden zu bearbeiten, entfernst du dich von der Natur. Du bist gezwungen, einen Betrieb zu haben, der überhaupt nicht mehr dem Ökosystem gleicht."

In Bec Hellouin zeigen sie, dass es anders geht. Das Prinzip ist: kleine Räume mit kurzen Wegen sowie unterschiedlich intensiv bewirtschaftete Zonen, von sehr intensiv bis sehr wild. Das Ziel ist eine große ökologische und biologische Vielfalt. Konkret heißt das: Den Pflug lassen Charles und Perrine ein Pferd ziehen, und beim Säen nutzen sie eine 80 Zentimeter breite Rolle an dessen Stab. „Damit kann ich zwölf Reihen von Gemüse eng nebeneinander auslegen, wo ein Traktor wegen seiner Größe nur drei schafft", berichtet Charles.

So sät er etwa zwölf Reihen Karotten neben zwölf Reihen Radieschen und noch mal zwei Reihen Rosenkohl. Auf engster Fläche sollen sich die samenfesten Arten, die selbst ihre Samen hervorbringen, gegenseitig befruchten und schützen.

Im „Mandala"-Garten sind die Beete, inspiriert von der Inka-Kultur, in Form eines vielblättrigen Kleeblattes aneinandergerückt. Gruppierungen werden vermieden, es ist ein Chaos mit System, das die Natur imitieren soll. So finden sich dort unter anderem Blattsalat, Sonnenblumen, Erbsen, Bohnen, Broccoli, Fenchel, Blumenkohl und andere Kohlsorten. Die Beete liegen auf langgezogenen Hügeln. „Das bringt 40 Prozent mehr Fläche", weiß Rose, Charles' 19-jährige Tochter aus erster Ehe, die Besucher durch die Gärten führt. Und Mischkulturen können auch Schädlinge fernhalten. Möhren verströmen beispielsweise Duftstoffe, die eine Zwiebelfliege verwirren; den Duft einer Zwiebel dagegen kann die Möhrenfliege nicht ausstehen.

„Schädlinge" wie auch „Unkraut" sind unter den Permakulturschaffenden überhaupt ungeliebte Wörter. Charles spricht statt von Unkraut lieber französisch von „adventices", was mit „zufälliger Begleitvegetation" übersetzt werden könnte. Er nennt das Unkraut auch gerne „furchtlose Pflanzen". Denn in seinem Garten hat alles seine Berechtigung, solange es natürlich ist.

Bec Hellouin – ein Zukunftsort? (Christian Schubert)

Die richtige Gestaltung ist das A und O eines Permakultur-Gartens. So können etwa im Idealfall Blühpflanzen, die rund um das Gemüse angesiedelt sind, Insekten anziehen, die Schädlinge wie Läuse und weiße Fliegen vertilgen. Kleine Biotope wie Laub-, Holz- und Steinhaufen bieten Igeln und Eidechsen Unterschlupf. Insektenhotels und Vogelnisthilfen sind ebenfalls beliebte Herbergen der tierischen Hilfskräfte. Laufenten nehmen sich gerne die Schnecken vor. Schafe räumen Flächen frei, die später für den Anbau genutzt werden können, und der Hühnerstall befindet sich im Gewächshaus, um dort für zusätzliche Wärme zu sorgen.

Im „Waldgarten“ der Hervé-Gruyers gilt das Prinzip, dass sich alle Etagen nützlich machen: Am Fuß eines Tomatenstocks wachsen Basilikum und darüber Weintrauben. Der Geruch des Basilikums hält Ungeziefer auf Abstand, und die Weintrauben schützen vor zu viel Sonne. Ungewohnte Regeln gelten auch für die Erdbearbeitung. Sie soll sehr behutsam sein. So wird nicht umgegraben, sondern gemulcht. Für die Erdlockerung sorgen die Würmer. Die Erde bleibt dabei abgedeckt. Das Jäten wird dadurch minimiert. Und wenn doch mal Unkraut herausgerissen werden muss, wird es wieder aufs Beet gelegt. Die dem Boden entnommenen Nährstoffe kommen so wieder zurück in die Erde.

„Wir haben die Permakultur 2008 kennengelernt, daraus wurde dann unser Schmelztiegel, den wir biointensive Mikroagrikultur nennen“, sagt Charles. Zu dem Permakultur-Konzept, das von den Australiern Bill Mollison und David Holmgren Mitte der siebziger Jahre entwickelt wurde, kamen Einflüsse aus Japan und Südkorea hinzu, wo Perrine früher arbeitete, sowie Anstöße aus Lateinamerika und den Vereinigten Staaten. „Auf die Hügelbeete zum Beispiel setzt man seit tausend Jahren in Afrika, Amerika und Indonesien – doch überhaupt nicht in Europa“, wundert sich Charles.

Die Idylle in Bec Hellouin ist gleichermaßen erholsam wie inspirierend. Doch kann man davon leben? Um das zu beweisen, haben die Hervé-Gruyers schon bald eng mit Wissenschaftlern zusammengearbeitet. Ein Forscherteam der Pariser Universität Agro-Paris-Tech beobachtete die Farm drei Jahre lang aus nächster Nähe. Die Wissenschaftler bestätigten, dass die Produktivität und damit die Einnahmen auf einer Fläche von bloß eintausend Quadratmetern stiegen – im dritten Jahr (2015) auf mehr als 55 000 Euro. Die Summe liegt deutlich über dem Durchschnitt traditioneller Gemüse- und Obstbauern. Die Studie wurde zwar angegriffen, weil sich die Forscher den produktivsten Teil der zwanzig Hektar großen Farm herauspickten; sie machten auch keine Mengen-, sondern nur Umsatzangaben. Der Forschungsleiter, der promovierte Agronom François Léger, betont, er habe schon viele Betriebe untersucht und bleibe bei seinem Ergebnis: „Die Farm von Bec Hellouin hat gezeigt, dass man von einer kleinen Fläche ohne Mechanisierung und mit biointensiven Methoden nicht reich werden kann, doch man kann angemessen davon leben."

Charles Hervé-Gruyer geht sogar weiter. Er sieht die biointensive Mikroagrikultur als globalen Zukunftsentwurf. Weil sie mit kleinen Flächen auskomme, könne sie der Natur und damit der Biodiversität viel Raum zurückgeben. Weil sie arbeitsintensiv sei, mindere sie das Problem der Arbeitslosigkeit. Gleichzeitig saniere sie die Böden, die dadurch mehr Kohlendioxid aufnehmen können, und senke die Abhängigkeit von fossilen Brennstoffen, die heute in Form von Kraftstoff und zur Kunstdüngerproduktion nötig seien.

Vor allem aber sei sie für die Bauern der Entwicklungsländer eine Alternative: Die Mikroagrikultur kommt ohne viel Kapital aus, weil sie auf Handarbeit und einfache Geräte setzt. Er selbst hat mit einem befreundeten Unternehmer ein einfaches Rollgerät zur Auflockerung des Bodens entwickelt, das sie für 195 Euro verkaufen. Gleichzeitig importierte er aus Indien einen manuellen Häcksler. Dabei könne die Landwirtschaft der Zukunft durchaus auf den bestehenden Strukturen aufbauen, findet Charles. Er macht diese Rechnung auf: „Es gibt rund 1,3 Milliarden Bauern auf der Welt. Davon haben 28 Millionen einen Traktor und 300 Millionen setzen auf die Zugkraft der Tiere. Somit arbeiten heute noch 1 Milliarde Bauern allein mit der Hand. 90 Prozent von ihnen haben übrigens eine Fläche von weniger als zwei Hektar." Allerdings müssten die Bauern noch viel mehr auf die Natur hören und sich in diesem Sinne fortentwickeln – anstatt sich einfach in die Abhängigkeit von Düngerkonzernen und Maschinenherstellern zu begeben. Dazu sei viel aktuelles Wissen und Erfahrungsaustausch erforderlich. „Die traditionelle Landwirtschaft basiert heute noch weitgehend auf den Erkenntnissen der unmittelbaren Nachkriegszeit", bedauert Charles.

Ist die Farm von Bec Hellouin somit ein Wegweiser? Der Pariser Universitäts-Agronom Léger will nicht behaupten, dass der Betrieb leicht imitiert werden könne. „Die Hervé-Gruyers setzten fast einen sportlichen Ehrgeiz in die Demonstration ihrer Ergebnisse", berichtet er. Umsatzfördernd war auch, dass sie ihre Waren nicht nur im hofeigenen Bioladen verkauften, sondern zu guten Preisen an eine Reihe feiner Restaurants mit Michelin-Sternen. Diese wollen vor allem viele Minigemüse, die mehrmals im Jahr geerntet werden können.

Heute hat sich das Geschäftsmodell der Hervé-Gruyers etwas gewandelt. Die Belieferung der Spitzenrestaurants ist weitgehend eingestellt. „Diese Kunden sind kompliziert, die Logistik ist aufwendig", berichtet Charles. Auch die Zahl ihrer einst dreizehn Mitarbeiter fuhren sie herunter. Heute gibt es im Wesentlichen noch einen Koch für die Obst- und Gemüsezubereitung, eine administrative Kraft sowie einige Praktikanten. Um die Gemüsegärten kümmert sich weitgehend Perrine. „Wir haben nicht die Seele von Unternehmern, das war nie unser Ziel", sagt ihr Mann. Am liebsten würde er alles im eigenen Bioladen verkaufen, der jeweils am Freitag geöffnet ist. Doch ohne Großhändler für die Bioläden kommt er nicht aus.

„Die Farm von Bec Hellouin kann man heute nicht mehr zu hundert Prozent als landwirtschaftlichen Betrieb bezeichnen", sagt der Forscher Léger. Sie ist Freiluftlabor, Nahrungslieferant, Schulbetrieb und Touristenmagnet in einem. Journalisten, Wissenschaftler und Besuchergruppen gehen ein und aus. Als Teil des „Aussäens" bezeichnen die Hervé-Gruyers diese Verbreitung ihrer Erfahrungen und verheimlichen nicht, dass ihnen die Anfragen manchmal zu viel sind. Ein umfangreiches Ausbildungsprogramm mit wöchentlichen Kursen, einschließlich Übernachtung auf der Farm oder einem nahe gelegenen Campingplatz, kommt hinzu. Die Einnahmen können sie brauchen, ein vierzigstündiger Wochenkurs kostet 1400 Euro. Das Interesse ist groß; die Besucherzeiten mussten die Hervé-Gruyers auf einen Tag pro Woche einschränken. Pro Person kostet die Besichtigung zehn Euro, bei geführten Besuchen 15 Euro. Charles schreibt gleichzeitig an seinem zweiten Buch. Sein erstes Werk über den Hof wurde in acht Sprachen übersetzt.

Die beiden Gärtner wollen den Eindruck vermeiden, dass ihr Weg ein leichter sei. Ein Arbeitstag kann gerade für Perrine so aussehen: morgens um 5 Uhr aufstehen, Arbeit an den Beeten, dazwischen mit einem Fernsehteam den nächsten Drehtermin vereinbaren oder mit dem landwirtschaftlichen Berater des französischen Präsidenten telefonieren, am Nachmittag eine Besuchergruppe durch den Betrieb führen und am Abend E-Mails bearbeiten und das Internet nach neuen Forschungsergebnissen absuchen.

Die Hervé-Gruyers freuen sich, dass nach einer Auswertung des französischen Landwirtschaftsministeriums achtzig Prozent der Neugründungen im Gemüse- und Obstanbau heute von der Mikroagrikultur mit Elementen der Permakultur geprägt sind. Doch die Hürden sind hoch. Forscher Léger hat schon etliche Einsteiger scheitern sehen. Wichtig sei es, in ein nachbarliches Umfeld eingebettet zu sein, das auch mal aushelfe, zur Not auch mit dem eigentlich verschmähten Traktor. Erst klein anzufangen, mit einem anderen Einkommen nebenbei, und dann die Verkäufe über die Nachbarn hinaus auszuweiten sei ratsam. Zusammen mit den Hervé-Gruyers besteht der Agrarexperte aber darauf: Wenn man es richtig anstellt, kann man von der Permakultur leben. Zwei Personen seien in der Lage, auf einer Fläche von 2000 Quadratmetern bei einer Wochenarbeitszeit von etwa 50 Stunden ein Nettoeinkommen von jeweils ungefähr 1200 Euro zu erzielen. Das ist für ein Dorf in der Normandie hinreichend.

Lachs lässt das Meer kotzen

Nach der Geschichte eines Ausstiegs aus intensiver Lebensmittelproduktion folgt hier - beispielhaft für viele - ein noch weitgehend unbekanntes Beispiel, das die ökologischen Folgeschäden intensiver Tiermast aufzeigt. Und zwar für die Meere. Die Intensivierung der Tierzucht hinterlässt auch dort, jenseits der von Christian Schwägerl geschilderten Nitrat-Problematik, eine besorgniserregende Spur. *Tirza Meyer* hat sich in Norwegen angesehen, wie unfreiwillig mitgezüchtete Lachsläuse und das Pestizid-Bad, das sie dezimieren soll, dort auf das Ökosystem wirken; und sie erzählt darüber in treffenden Bildern.

Das Meer schluckt seit Jahrhunderten jeden Dreck. Das Zeug geht unter, wird verdaut und irgendwann wieder hochgewürgt. Manches landet als Müllhaufen oder stinkende Giftmischung an der Küste. Dann kommt die Wissenschaft, Proben werden in Röhrchen gefüllt und in Labore gebracht. Man untersucht, forscht, zieht Schlüsse, verwirft sie wieder und fragt, warum das Meer sich den Magen verdorben hat.

In Norwegen ist ein Streit darüber ausgebrochen, wie viel man dem Meer noch in den Rachen kippen darf. Das Meer schluckt, der Mensch schluckt, und was er schluckt, kommt immer öfter aus dem Meer. Vieles davon aus Aquakulturen, die seit den 1970er Jahren in den norwegischen Fjorden dümpeln.

Aquakulturanlagen sind runde Netzgehege, die im Wasser schwimmen. Vom Land aus sieht man nur Ringe, die nebeneinander auf der Wasseroberfläche liegen. Darunter gärt und brodelt eine Suppe. Da ist Leben. Da wird vor allem Lachs gezüchtet. Keiner weiß, was die Aquakulturen mit den Fjorden anstellen. Trotzdem hat die Regierung sie zum industriellen Hoffnungsträger erklärt. Die Produktion soll bis 2050 verfünffacht werden. Doch was muss man eigentlich in die Gehege werfen, damit daraus das feine Filet wird, das später als Sashimi auf dem Reiskissen landet? Die Hauptzutat in der Aufzuchtsuppe ist der Raubfisch. In der Werbung für Zuchtlachs wird der Fisch manchmal beworben wie ein schnittiges Auto. Dramatische Musik, die Kamera filmt einen glasklaren Flusslauf. Ein Wasserfall wird angezoomt. Da, der König der Fische. In Zeitlupe bricht er durch die Wasseroberfläche. Glänzende Schuppen im Sonnenlicht. Die Schwanzflosse schlägt. Ein Muskelpaket im gigantischen Sprung. Gegen die Schwerkraft den Wasserfall hinauf.

Was hat der Lachs im Aufzuchtbecken mit dem schnittigen Gefährt in der Stromschnelle gemein? Er ist ein Lachs.

Anders als die Kraftmaschine im Wasserfall hat der Aufzuchtlachs in den großmaschigen Gehegen viele Nachbarn und weniger Strömung. Bis zu 200 000 Lachse dürfen in einem Netzgehege gehalten werden. Dazu kommen Putzerfische, die die Lachse von Parasiten befreien sollen, und der Parasit: die Lachslaus.

Die Lachslaus ist ein glitschig-braunes Krebstier. Es saugt sich an After und Kiemen der Fische fest und weidet die Schleimhäute ab. Die Laus ist die Fliege in der Aufzuchtsuppe. Leider lässt sie sich nicht so einfach herausfischen. Im besten Fall sollen die Putzerfische die Laus vom Lachs picken. Damit der Lachs die Putzer nicht frisst, werden Futterkügelchen aus riesigen Rohren in die Becken gepumpt. Hochautomatisch und effizient. Putzerfische, Futterpellets und die Laus, das sind die Nebenzutaten der Aufzuchtsuppe. Die Suppe brodelt und verkauft sich. Die Einnahmen steigen. Norwegen möchte wirtschaftlich nicht mehr nur vom Öl abhängen. Immer mehr Meeresgründe entlang der Küste werden für Aquakulturen freigegeben. In glänzenden Broschüren wirbt die Industrie damit, den Hunger der Welt zu stillen, oder jedenfalls der japanischen Mittelschicht. Das klingt gut. Wäre da nicht die Laus in der Suppe.

Die Laus muss geknackt werden. Die Putzerfische können die Läusezahlen zwar verringern, wirklich beheben kann man das Läuseproblem aber nur mit Chemikalien. Pestizide zur Schädlingsbekämpfung. Genau wie in der traditionellen Landwirtschaft. Die Gifte sind tödlich, nicht nur für die Laus. Es gibt verschiedene Methoden: Man kann die Pestizide verfüttern oder den Lachs in Läusemitteln baden. Zum Baden werden die Lachse auf ein Boot gepumpt, durch eine Giftmischung geschickt und wieder zurück in die Gehege entlassen. Jeder Lachs, der zurück ins Wasser flutscht, trägt ein wenig Läusemittel ins Meer. Manchmal werden die Fische direkt im Gehege behandelt. Mit einer Plastikplane trennt man Meer- von Giftwasser, bis die Behandlung fertig ist. Giftreste, die an der Plane kleben, werden vom Meer geschluckt.

Das Gift, das dann im Wasser rumschwimmt, kann dem Meer Bauchschmerzen bereiten. Es ist schon vorgekommen, dass das Meer Schwärme von totem Krill an die norwegische Küste gekotzt hat. Fischer klagen, dass es weniger Garnelen an den Küsten gibt und der Dorsch nicht mehr in die Fjorde schwimmt. Mit der Läusebekämpfung kommt das Gift ins Meer und mit dem Gift die Frage, wie viel Schaden es anrichtet. Keiner weiß das genau. Doch alle wollen mitreden: die Aufzuchtfirmen, die in Ruhe ihre Suppe kochen wollen, die Küstenfischer, die sich aus ihren Jagdgründen vertrieben fühlen, und die Wissenschaftler, die an Universitäten und Forschungsinstituten in die Suppe tauchen und Proben entnehmen.

Die Aufsicht über die Suppenküche hat die Regierung, allen voran das Fischereiministerium. Da wird der Deckel gehoben und geschnuppert. Den Firmen wird erklärt, wie sie die Suppe kochen sollen, Wissenschaftler werden ausgefragt und Fischer besänftigt, die sich an den Rand gedrängt fühlen. Wer anderen in die Suppe guckt, kann schon mal einen Deckel auf den Kopf kriegen. Deswegen liegt das Fischereiministerium mit allen ein wenig im Clinch. Der Krach ging richtig los, als eine Masterstudentin der Universität Bergen 2015 eine besondere Art von Läusebekämpfung untersuchte. Eine Methode, bei der zwei verschiedene Läusemittel gemischt werden. Das nennt man „Off-label"-Benutzung. „Off-label" bedeutet, dass man sich nicht an die Packungsbeilage hält. Darin steht, dass man die Mittel nicht mischen sollte. Verboten war es aber nicht. Obwohl die Züchter das schon länger so machten, hatte noch niemand untersucht, was mit Garnelen passiert, die in die Giftmischung geraten. Ergebnis der Masterarbeit: ziemlich giftig, Krebstier tot. Unter Umständen im Umkreis von mehreren Kilometern um die Anlage.

Ein Ruck ging durch die Suppenküche. Das Fischereiministerium schlug vor, den Giftcocktail zu verbieten, bis man mehr darüber wisse. Das war Ende 2015. Die Küstenfischer freuten sich. Sie sagten schon länger, dass im Meer was nicht in Ordnung wäre. Die Aufzuchtfirmen freuten sich nicht.

Läuse sind zäh und wie alles Ungeziefer wunderbar anpassungsfähig. Da der Mensch der Laus in diesem Bereich in nichts nachsteht, ist die Läusebekämpfung ein Wettlauf zwischen menschlicher Hartnäckigkeit und lausiger Widerstandskraft. Das letzte chemische Mittel, das gegen die Läuseplage wirkte, war die Kombinationsmethode. Die Industrie machte der Regierung klar, dass sie darauf nicht verzichten könne. Das Fischereiministerium steckte in der Klemme. Wer die Aquakultur zum Hoffnungsträger des Landes erklärt hat, kann nicht zulassen, dass Horden fresswütiger Läuse ungeniert die Lachse anzapfen. Denn dann müssten sämtliche Lachse geschlachtet werden. Aus. Kein Lachs für die Welt.

Statt die Läusemittel ganz zu verbieten, wurde die Gesundheitsbehörde eingeschaltet. Man schickte Boote zu den Anlagen raus und kontrollierte, wie viel Läusemittel wo benutzt wurde. Unangemeldet schaute man in die Aufzuchtsuppe. Wo der Deckel gehoben wurde, stellte man fest, was alle wussten: Es war gang und gäbe, die Mittel „Off-label“ zu benutzen. Die Aufzuchtfirmen fühlten sich gegängelt. Die Küstenfischer, die auf ein konkretes Verbot gehofft hatten, ärgerten sich darüber, dass davon keine Rede mehr war. Dann ging auch noch der Krach mit den Wissenschaftlern los.

Bei einer Veranstaltung 2016 sagte der Fischereiminister, dass es „Kräfte“ an Universitäten und Forschungsinstitutionen gebe, die das Wachstum der Aquakulturanlagen verhindern wollten. Die Wissenschaftler, die sich angesprochen fühlten, beschwerten sich. Der Minister nahm seine

Aussage zurück. Doch hat man erst mal in die Suppe gespuckt, bleibt immer ein Rest Speichel zurück. Der Fischereiminister hatte den Eindruck erweckt, dass es zwei Sorten von Wissenschaftlern gebe. Solche, die Hoffnungsträger und Zukunftsvisionäre sind. Solche, die neue, umweltfreundliche Läusemittel erfinden und bessere Anlagen entwerfen, in denen die Suppe weniger schnell überkocht. Und solche, die mit hochgekrempelten Ärmeln im Dreck wühlen, wenn sich das Meer mal wieder den Magen verdorben hat. Die nachschauen wollen, was unter den Anlagen los ist und was mit den Meeresbewohnern passiert, wenn sie von der Aufzuchtsuppe trinken. Das sind die, die mit unangenehmen Funden auftauchen, die das Wachstum bremsen.

Wir brauchen mehr Wissen, sagt das Fischereiministerium, sagen die Aquakulturbetreiber und die Fischer. Gleichzeitig werfen die Aufzuchtfirmen in rasender Geschwindigkeit neue Zutaten in die Brühe und eröffnen weiter Anlagen. Stetig wächst der Berg, den die Wissenschaftler durchwühlen müssen. Wie soll man herausfinden, wie viel man dem Meer noch in den Rachen werfen darf, wenn man nicht weiß, was es schon alles schlucken musste?

Vor Kurzem hat das Meer wieder an die norwegische Küste gekotzt: toten Krill, massenweise. Von weitem sieht das schön rosa aus. Aber es stinkt zum Himmel. Zufällig wurden zur gleichen Zeit in der Nachbarschaft Aufzuchtlachse entlaust. Mit dem Giftcocktail, der schon 2015 als gefährlich galt.

9 Energie und Ressourcen

Am Tropf von Öl, Gas und Phosphor

Von der Gegenwart der Welternährung in die Zukunft muss das Kunststück gelingen, mit weniger Ressourceneinsatz mehr zu ernten. Die problematische Abhängigkeit von endlichen Energieträgern und Mineralstoffen lässt sich auf zwei Weisen schildern und begreifen: Anhand ihrer Schadwirkungen in Ökosystemen, wie im Kapitel 8 ausgeführt. Oder eben als Schilderungen der Abhängigkeiten. In besonders hohem Maß hingen die historischen Erntezuwächse am Stickstoffdünger. Auf seine Spuren, von Russland bis Antwerpen, habe ich mich begeben. Und sie dann von der Fabrik bis zum deutschen und sambischen Bauern verfolgt, die der Leser kennt: Kangwa und Dettweiler. Über den globalen Stickstofffluss von der Fabrik aufs Feld, entlang von Rhein und Lukulu.

Eiswind zieht über die nackten Felder, die Windräder drehen auf Turbo. Auch der Traktor von Axel Dettweiler, Landwirt in Rheinhessen, ist in Fahrt. Seit fünf Uhr morgens gleitet er – wie eine Eismaschine in der Schlittschuhhalle – in geraden Bahnen über die Äcker. Aus dem Anhänger spucken ausladende Metallarme Kügelchen mit Ammonsulfatsalpeter aus. Was jetzt Dünger ist, wird bis Herbst Bestandteil des Korns werden. Kein Meter Boden bleibt unversorgt. Der Nachbaracker bekommt nichts ab von den Kügelchen, so präzise spuckt die Maschine. Die Landschaft ist aufgeräumt, es steht kaum ein Busch im Weg. Weit hinten glotzen Rehe ins Nichts.

Der Bauer Axel Dettweiler telefoniert und spricht sich mit einem Freund fürs Skiwochenende in Österreich ab. Das GPS-System steuert zentimetergenau. Es kennt Felder, Grenzen, Wege. Moderne Traktoren haben sogar Sensoren, die im Frühjahr am Blattgrün erkennen, ob die Pflanzen gut mit Nährstoffen versorgt sind. Sie melden die Daten von

Düngung, Ernte und Blattgrün dem Computer – die Nährstoffgabe wird dann für jeden Meter individualisiert berechnet und somit effizienter. Dettweiler will das zwar nicht, er findet es „technisch irgendwie zu abgespaced“, wie er sagt. Aber er meint trotzdem, in spätestens zehn Jahren werde es sich durchgesetzt haben.

Morgens um 9 Uhr ist die Arbeit getan. Dann sind 30 Hektar Ackerland – 30 von Dettweilers 300 Hektar – vorerst mit Stickstoff versorgt, den der Winterweizen bald aufsaugen wird, der jetzt noch knöchelhoch und dünn auf den Feldern steht.

In Sambia sind es im Februar 23 Grad. Hier regnet es seit Wochen, fast ohne Unterbrechung. „Der Mais wächst gut“, sagt Felix Kangwa, der Kleinbauer aus dem Dorf Nkolemfumu im Nordwesten Sambias. Selbst für eine sambische Regenzeit gab es in diesem Frühjahr sehr viel Niederschlag, mehr als tausend Millimeter in den ersten drei Monaten des Jahres – also mehr als das Doppelte des Regenwassers, das Dettweiler für seine Pflanzen in Rheinhessen im ganzen Jahr hat. Das Wasser lässt Mais, Soja und Gemüse in Nkolemfumu schnell wachsen und ist gut für die Bauern. Auch Kangwa düngt jetzt. Ein Nachteil des vielen Regens ist, dass dieser den für ihn sehr kostbaren Dünger schneller aus den oberen Bodenschichten spült. Dann geht er ins Grundwasser und ist für den Mais verloren. „Die Auswaschung von Dünger ist in diesem Frühjahr sehr hoch“, sagt Kangwa. So geht der kostbare Stickstoffdünger als Nitrat oder Nitrit ins Grundwasser oder in den nahen Fluss Lukulu. Aus dem Fluss trinken Kangwa und die anderen Kleinbauern der Provinz, sie waschen sich hier und ihre Kleider, sie fischen und essen die Fische.

Wenn Felix Kangwa seine 3,75 Hektar Land düngt, dann braucht er dafür nicht nur ein paar Minuten, wie der traktorisierte Bauer in Deutschland. Er braucht Tage. Er und seine Kinder, die ihm helfen, machen das in Handarbeit. Gedüngt wird vor allem der Mais, der viel Stickstoff benötigt – und dem Bauern Geld bringt. 7000 Kwacha oder umgerechnet knapp 600 Euro verdient Kangwa, Vater von neun

Kindern, im Jahr mit seiner Landwirtschaft. 200 Euro gibt er für den Dünger aus, knapp 400 Euro für die Schulgebühren seiner Kinder. Fürs Essen und Trinken braucht er kaum Geld, außer mal für einige Würstchen oder Hähnchen aus dem Supermarkt in der Stadt. Einige Kwacha verdient er als Händler mit seinem kleinen Trinkwasser-Kiosk. Er selbst trinkt aber Flusswasser, kein abgefülltes Wasser aus Plastikflaschen. Und sein Essen, das wächst ja auf dem Feld.

Dünger ist wertvoll. Er ist der Dreh- und Angelpunkt der global-agrarischen Produktivität. Wenn deutsche Landwirte mehr ernten als afrikanische, liegt das zu einem großen Teil daran, dass sie mehr Dünger haben und ihn schneller aufs Feld geben – dank der Maschinen. Kangwa kauft den Dünger in 50-Kilo-Säcken in der Provinzstadt Kasama, wohin er sich zweimal in der Woche von Nachbarn mit dem Auto mitnehmen lässt. Axel Dettweiler holt seinen Dünger mit dem Trecker vom Rheinhafen Worms ab. Er kauft viele Tonnen, unverpackt. Dettweiler zahlt 180 Euro für eine Tonne Dünger, weniger als sein Kollege Kangwa.

Stickstoff ernährt die Menschheit. „Ohne Stickstoffdünger würde jeder Zweite von uns heute nicht auf der Erde leben“, sagt Filip Dejongh. Der Mann ist Chemieingenieur und seit 30 Jahren im Dienst der globalisierten Düngerindustrie. Wir sind nun bei ihm in Belgien, nahe der Nordseeküste – Blick auf den Hafen, einfahrende Seeschiffe, der Neubau eines Ammoniaklagers auf der anderen Seite des Hafenbeckens. Hier im Hafen von Antwerpen steht eine der größten Fabriken für Dünger. Über Silos und Schlote und Erdgasrohre dampft es im Werk des russischen Konzerns Eurochem. Ringsum stehen die Chemieanlagen des deutschen Chemiekonzerns BASF. Vom Hafen Antwerpens aus, bekommen auch Zehntausende Bauern in Deutschland den Stickstoff für ihre Pflanzen. Und vielleicht selbst Felix Kangwa – denn einige wenige Prozent der Produktion gehen auch nach Afrika. Kangwa düngt mit „Compound D“, einer Mischung aus Stickstoff, Phosphor und Kali des sambischen Importeurs Nyiombo Investments Ltd. Und dieser kauft den Dünger von „Produzenten aus der EU“. Eurochem ist einer der größten.

In Antwerpen sieht man, was genau es ist, was Dettweiler und Kangwa ihrem Mais zum Wachsen geben. Man sieht, was das Getreide verzehrt, welches die 7,5 Milliarden Menschen auf der Welt verzehren. Über lange Förderbänder, durch schwere Trockentrommeln, in atemberaubend großen Lagerhallen fließen, schweben und liegen sie: kleine weiße oder grün gefärbte Kügelchen, die hier auf die globale Verschiffung warten. Es ist entweder reiner Stickstoffdünger oder NPK-Dünger – Stickstoff, Phosphor und Kali. Wenn einer der Stoffe Stickstoff, Phosphor oder Kali fehlt, ist die Ernte mager. Die in den 1960er Jahren erbaute Fabrik ist längst keine Hochtechnologie mehr, sondern basiert im Wesentlichen auf Erfindungen der 1910er Jahre. Seitdem ist es möglich, große Mengen Stickstoff aus der Luft zu extrahieren. Für die Synthese braucht man sehr viel Energie, die in den ersten Jahrzehnten aus Kohle gewonnen wurde – und heute aus Erdgas.

Die Rohstoffe kommen über Pipelines aus Russland (Erdgas) oder mit Schiffen. Filip Dejongh, der Chemiker, führt durch die Rohstofflager. Darin lagern etwa Berge aus marokkanischem Phosphatgestein. „Das sind versteinerte Mammuts, sage ich immer, manchmal finden die Arbeiter darin noch versteinerte Fischzähne." Das ist aber nur das fossile Phosphat. Der Nachteil ist, dass dieses Phosphat endlich ist – die Schätzungen variieren zwischen dreißig und einigen hundert Jahren – und dass es das Schwermetall Cadmium enthält, das schließlich auch auf den Äckern verbleibt und auf dem Teller ankommt. Deswegen mischen es Düngerkonzerne wie Eurochem mit mineralischem Phosphat, das aus Steinbrüchen in Südafrika, China oder Russland stammt. Das lagert in der Halle nebenan, grau wie Granit, fein wie Feinstaub, ganz ohne Fischzähne. In Trommeln von der Größe eines Zugwaggons wird dieser Feinstaub später mit Kalisalz und Stickstoffen zu Kügelchen verklebt, getrocknet, gelagert, auf Schiffe gepumpt, die nach Brasilien, Frankreich, Australien und China, nach Marokko oder nach Worms am Rhein fahren. Auch in Worms gibt es davon genug. Der Preis ist niedrig, er lag schon einmal fast doppelt so hoch.

Am Ende des Winters päppelt der Bauer die müden Böden auf, in Deutschland wie in Sambia. In Wintersheim, wo Dettweiler im vergangenen Jahr neun Tonnen Mais je Hektar Land geerntet hat, fehlt sonst eine Menge Nährstoff für die nächste Ernte. Der Stickstoff kommt verlässlich am Hafen an, Dettweiler hat kein eigenes Lager.

Nicht der ganze Ackerbau basiert auf Mineraldünger aus der Fabrik. Auch organischer Dünger spielt eine Rolle. „Feldbearbeitung" nennt Dettweiler das: Hinter dem Traktor schleppt er eines sehr frühen Februarmorgens eine Scheibenegge über die Felder und gräbt sogenannte Zwischenfrüchte ein. Sie haben Nährstoffe aus dem Boden und Stickstoff aus der Luft gebunden; sie ermöglichen, dass sich neuer Humus bildet. Und sie sollen im Winter verhindern, dass der Wind kostbare Erde davonträgt. Die Egge zerhäckselt jetzt die Pflanzen und arbeitet sie in den Boden ein. Dettweiler setzt damit „Greening"-Vorgaben der EU um.

Man muss nicht düngen, um zu ernten, aber man muss düngen, um viel zu ernten. Dass Dünger, wie wohl die meisten Rohstoffe, aus russischer Hand kommt, hat Vorteile: Der Werksleiter Filip Dejongh nennt es „integrierte Wertschöpfung". Diese Entwicklung ist paradigmatisch für die globale Düngerindustrie. Forschungsstarke Konzerne wie die BASF verlieren das Interesse an dem Standardgut. Die Produktion übernehmen Konzerne oder Staatskonzerne aus den Ländern, welche die Rohstoffquellen besitzen: Saudi-Arabien, das über Erdgas verfügt (Aramco); Marokko, der größte Besitzer von Phosphorminen (OCP); Norwegen, das Erdöl und Erdgas besitzt (Yara); die Vereinigten Staaten, die Gas wie Phosphat haben; Kanada und Deutschland für Kali. Und Russland – das hat von allem reichlich, was Axel Dettweilers und Felix Kangwas Pflanzen wachsen lässt: Erdgas, Phosphor, Kali.

Mehrmals in der Woche kommen in Antwerpen Schiffe aus Russland an, die all das bringen. Erst kürzlich eröffnete Eurochem in Russland zwei neue Kali-Minen – 2018 in Usolskij im Ural. Die Eurochem ist ein Konzern, der seine Arbeitskraft zwischen Russland und der EU ungleich verteilt: 100 Angestellte sitzen in der Schweiz im Hauptquartier, mehrere hundert arbeiten in der Fabrik in Antwerpen und am deutschen Sitz in Mannheim. In Russland, in Minen und Fabriken, beschäftigt Eurochem 24 000 Menschen. Der Eigentümer Andrey Melnichenko lebt auf einer Yacht. Noch Anfang der 1980er Jahre versorgte ein Oligopol aus drei deutschen Konzernen – BASF, Hoechst und Ruhrgas – den deutschen Markt. Keiner dieser drei oder ihrer Nachfolger produziert heute noch nennenswerte Mengen Dünger. Aber es gibt auch im östlichen Europa viele Hersteller, die sich mit russischem Erdgas versorgen und Stickstoffdünger in alle Welt liefern: in Tschechien, Polen und in Ungarn. Und es gibt in Deutschland eine Fabrik: Yara in Rostock. Vor Jahrzehnten gab es Dutzende. „Die Bauern wurden im Umkreis von 200 Kilometern beliefert“, erinnert sich der Geschäftsführer von Eurochem, Rudolf Graf von Plettenberg. Die Stürme der Globalisierung ließen kaum einen Schornstein stehen.

Axel Dettweiler düngt auch mit deutschem Grünabfallkompost, allerdings trägt der einen Nährstoffanteil lediglich im Promillebereich bei. Auch der Kompost enthält die Wundermittel N, P, K. Dettweiler lässt auch das Erbsenstroh vom Vorjahr, ebenfalls ein guter Dünger, auf den Feldern. Auch Felix Kangwa lässt Mais-, Soja- und Erdnussstoppeln auf den Feldern liegen und hackt das Stroh im Herbst mit Holzhacken in den Boden ein.

Zum Megathema der Düngung gehört ein drittes: die Fäkalien von Mensch und Tier. Menschlicher Kot gilt mit gutem Grund in fast allen Kulturen der Welt als unrein. In Kangwas Dorf Nkolemfumu hat jeder der wenigen hundert Einwohner eine Sickergrube. Urin enthält Harnstoff – auch ein Stickstoffdünger. Aber Kangwa düngt damit nicht, er gibt seinem Gemüse – Lauch, Zwiebeln, Tomaten, Zuckermais – allerdings den Kot seiner Ziegen und Hühner, den er am Boden ihrer Ställe und Schlafplätze sammelt.

Axel Dettweiler bekäme den tierischen Dünger in Massen fast umsonst, aber er will ihn kaum mehr haben. Bis zum vergangenen Jahr holte er große Mengen Hühnerdung, getrocknet, von einem großen Hühnerstall, der nur wenige Kilometer von Wintersheim entfernt liegt. Hier werden viele zehntausend Eier am Tag gelegt; die Pharmaindustrie macht daraus Arzneien. Das Jahr 2018 brachte für Wintersheim eine stille Revolution. Von jetzt an ist der tierische Dung nahezu Geschichte. Damit ist es nach Jahrhunderten, in denen Bauern wie Axel Dettweilers

Vorfahren tierische Exkremente auf die Felder brachten, vorbei. Die Ernte ist jetzt vom Mineraldünger abhängig. Ein Grund ist die Düngeverordnung. Sie verpflichtet Dettweiler nicht mehr nur – wie seit etwa 20 Jahren – Buch darüber zu führen, wie viel Dünger er verbraucht und wie groß seine Ernten dem entgegenstehen. Nun gelten auch strengere Regeln für die Lagerung. Bis zum vergangenen Jahr deponierte er den trockenen Hühnermist am Wegesrand. Nun ist das verboten. Dem Hühnerhof fehlt es am Willen, ein Lager zu bauen, Dettweiler ebenso. Jetzt landet der Dünger über Biogasanlagen in den Verbrennungswerken für Gärreste. Das ist das Gegenteil der politisch erwünschten Kreislaufwirtschaft. Und in Nkolemfumu? Da gibt es keine solche Düngeverordnung.

Tiermist als Dünger ist dabei mittlerweile fast umsonst zu haben. „Früher war er etwa so teuer wie der Mineraldünger“, sagt Dettweiler. Doch mit den wachsenden Tierbeständen gibt es mehr und mehr Mist. In Schiffen reist der Dünger nun Hunderte Kilometer weit nach Osten, wo die Äcker noch Dünger aufnehmen können. Und andererseits zahlen russische Oligarchen Hunderte Millionen Euro, um Mineraldüngerfabriken zu kaufen. Wie passt das zusammen? Der Oligarch hat auf künftige Knappheiten spekuliert.

Wintersheim, Nkolemfumu und die Chemie

Und auch das ist Teil des Puzzles: In welchem Maß auch chemischer Pflanzenschutz die Weltbevölkerung gegenwärtig sättigt. In Wintersheim sah ich auch, wie Agrartechnik durchaus zur Verringerung der Abhängigkeit beiträgt; in Nkolemfumu noch nicht.

Und wie wichtig sind die chemischen Pestizide auf dem Feld, in Wintersheim und Nkolemfumu? Im Frühjahr wusste man dort noch nicht, dass die Ernte mager ausfallen würde. Die Bauern hofften auf Regen und moderate Wärme im Sommer. Aber die chemischen Grundlagen für die Ernte legte der Bauer Axel Dettweiler schon im Mai. Ein Drittel seiner Arbeitszeit etwa verbringen er und sein Kompagnon im Mai auf dem Schlepper, dessen Anhänger weite Metallarme ausgefahren hat. Daraus versprüht Dettweiler Fungizide: Azole, damit der Pflanzenpilz Septoria vom Weizenblatt verschwindet, gegen die Netzflecken und den Mehltau der Gerste. Und auch Insektizide, etwa Pyrethroide gegen die Grüne Pfirsichblattlaus und die Bohnenlaus. Gegen die Larven des Rothalsigen Getreidehähnchens aber – das sind von einer schwarzen Schleimschicht überzogene, nacktschneckenartige Kreaturen – spritzt er in diesem Mai nichts. Denn die Befalldichte betrug weniger als 1,2 Exemplare je Weizengras, und der wissenschaftsbasierte Ackerbau sieht unterhalb dieser Schadschwelle nicht vor, dass ein Bauer Chemikalien gegen die Larven des Rothalsigen Getreidehähnchens einsetzt. „Viel hilft viel" ist nicht mehr die Richtlinie.

Der Fachmann spricht hier vom „Schadschwellenprinzip", und es ist Axel Dettweiler sehr daran gelegen, mitzuteilen, dass ein mitteleuropäischer Bauer nicht einfach blindwütig Chemie aufs Feld kippt. „Irgendwie stehen wir trotzdem am Pranger der Gesellschaft", meint er. Dabei hatte er sich schon vor dem Spritzen viele Gedanken und viel Arbeit gemacht. Er ging auf die Felder und begutachtete die Halme, zählte Läuse und Getreidehähnchen, erhob Art und Ausmaß des Pilzbefalls, um zu entscheiden, welches Präparat nötig ist, welches nicht.

Mit dem Ende des Frostes begann für Dettweiler auch wieder der hochtechnisierte Kampf gegen allerhand Schädlinge und Pilze, auf den Pflanzen, im Boden. Im Mai bilden das Kerrygold-Grün der Gerste, das dunkle Grün des Weizens, der kniehoch wächst und schon die Ähren ausgebildet hat, die austreibenden Reben einen großflächigen Flickenteppich. Die Landschaft rund um Wintersheim ist von Hecken und Bäumen ziemlich leergeräumt, der Wind geht schneidend übers Land, die Windräder rattern, kaum eine Biene summt; in den pittoresken Bauerngärten aber, etwa dem von Axel Dettweiler, quaken die Frösche im Tümpel, da summen die Insekten und springen die blonden Kinder auf dem Trampolin.

Draußen auf dem Feld ist viel zu spritzen: Herbizid für Winterweizen und Sommerbraugerste im April, Metamitron gegen den

Weißen Gänsefuß, Ethofumesat. Allerhand Fungizide im Mai, Insektizid für die Erbsen, drei-, viermal Herbizid für die Rüben. Wenn im kommenden Jahr die Neonikotinoide verboten sein werden, erwartet Dettweiler „eine Katastrophe“ für den Rübenanbau. Statt Saatgutbeizung mit minimalen Dosen müsse er dann wieder zwei-, dreimal zusätzlich spritzen. „Dann wird es umwelttechnisch viel schlimmer“, sagt er. Jeweils im Juni, Juli, August: Rübeninsektizide; im Oktober die letzte Behandlung gegen Läuse für die Gerste.

Es gibt, andererseits, allerhand Umweltauflagen. Abstand zum Gewässer, Feldrand, Fahrgeschwindigkeit, Tageszeit. „Das übersteigt das, was ein normaler Mensch leisten kann“, sagt Dettweiler. Viele Seiten dicke Broschüren über die Mittel und ihre Nebenwirkungen, die Dettweiler an den Abenden studiert. Der Ackerbau ist überhaupt perfekt berechnet. Der Weizen ist dicht gesät: zweihundertachtzig Körner je Quadratmeter. Ein Biobauer würde nur zweihundert säen, erklärt Dettweiler. So sind die Ernten hier auf Dettweilers Acker größer, aber es bringt auch Probleme: Weil die Pflanzen dichter gedrängt stehen, geht weniger Wind durch die Reihen, es ist ein feuchteres Mikroklima, die Blätter reiben aneinander, und Blattpilze können leichter von einer auf die nächste Pflanze überspringen.

Ohne chemische Kontrolle geht es nicht, nicht bei einem so konzentrierten, produktiven Ackerbau, wie er die Menschen und das Nutzvieh in unseren Breiten sättigt. Die Besatzdichte ist das eine. Die Pflanzenzucht ist das andere. Die Halme sind kurz, ehe die Ähre sprießt. Mehr Kraft geht in die Frucht. Dieser Weizen wurde Jahrhundertelang gezüchtet, aus nicht viel mehr als einem Gras mit dürren Samen. Jetzt geht es viel schneller mit Genomselektion. Mehr Frucht, weniger Blatt und Halm. Wohl auch: größere Anfälligkeit für Pilze und Schädlinge.

Aber es mangelt ja nicht an Schutzmitteln. Die Azolmischung, die Dettweiler an einem Donnerstag im Mai versprüht, kostet ihn zwar rund 2000 Euro, etwa das Jahreseinkommen eines sambischen Kleinbauern. 40 von 300 Hektar sind damit versorgt. Das ist durchkalkuliert. „Ich erwarte mir davon einen Ertragsvorteil von 10 bis 15 Prozent“, sagt Dettweiler. Spritzt man die Erbsen nicht gegen Läuse, dann droht sogar ein Totalausfall der Ernte.

Es ist wichtig, mit dem Pflanzenschutz nicht zu lange zu warten. Auf die frühen Tage und Wochen kommt es an. Erstens sind da die Herbizide, also die Unkrautvernichtungsmittel. Gerade wenn die Pflanzen jung sprießen und mit Unkraut konkurrieren müssen, ist es wichtig, dieses zu vernichten. Sie konkurrieren um Nährstoffe und um Licht. Später im Hochsommer, wenn Mais und Weizen groß sind, haben sie das Sonnenlicht ohnehin erobert; dann brauchen die Bauern nicht mehr gegen Unkräuter zu spritzen. Aber eines Tages braucht man vielleicht keine Herbizide mehr: Auch vor dem Hintergrund der Beobachtungen über die Abhängigkeit von der Chemie wird deutlich, wie wichtig die in Kapitel 6 beschriebene Forschung an Robotern werden kann, die autonom Schädlinge dezimieren, aber auch pflanzenbauliche Innovationen im Sinne der Permakultur können wichtig werden.

Zweitens sind da bei Dettweiler die Mittel gegen Insekten. Die einen fressen die Blätter, die anderen die Früchte, wieder andere die Wurzeln der Pflanzen. Es gibt Mittel gegen Tausendfüßer, Drahtwürmer und Blattläuse; manche sind schon um die Saatkörner gehüllt, andere flüssig. Doch auch der intensive konventionelle Ackerbau bedient sich biologischer Lösungen. Im Juni, wenn der Maiszünsler auftritt, spritzt ihn Dettweiler nicht einfach tot. Er verteilt über viele Hektar Land sogenannte Trichogamma-Kapseln, aus denen Schlupfwespen kriechen. Diese fressen gern Maiszünsler. „Diese Methode wende ich seit sieben, acht Jahren an", sagt Dettweiler, der sich bemüht, so wenig Chemikalien wie nötig zu verwenden.

Auch Felix Kangwa, der Kleinbauer in Afrika, könnte ohne die Mittel wohl nicht mehr leben. Auch bei ihm ist es eine Frage des Geldes. Für den Mais, seine „Cashcow", bekommt er bares Geld; dafür nutzt er Insektizide und Herbizide, die er aus einem Plastikkanister versprüht, den er als Rucksack mit sich trägt.

Auch Axel Dettweiler kennt den. „Den benutzen wir auch noch, auf dem Blumenfeld", sagt er. Auf einigen Flächen baut er Schnittblumen an: Tulpen und Pfingstrosen zum Selberpflücken. Die Freilandtulpen sind frischer und langlebiger als die Holland-Blumen. Der Tulpenanbau war in diesem Jahr ein Reinfall. Wegen der plötzlichen Wärme im April wuchsen alle zugleich. So viele Blumen konnte er nicht verkaufen. Da ging es ihm wie Felix Kangwa in Sambia: Die schönen Früchte verderben einfach auf dem Feld.

Meerwasser entsalzen! Regen festhalten!

Chemie allein macht nicht satt. Noch grundlegender ist Wasser. Ohne Wasser wächst nicht mal ein Kaktus. *Lukas Weber* und *Georg Küffner* zeigen Wege auf, wie es endlich sparsamer genutzt werden kann, damit es auch für künftige Feldbewässerung reicht. Sie blicken skeptisch auf das Potenzial der Entsaltzung von Meerwasser, weil der Energiebedarf dafür noch zu hoch ist, aber verfolgen eine viel naheliegendere Idee: das Regenwasser müsse global in viel höherem Maß aufgefangen und gelagert werden. Regenwasser kann man bedenkenlos trinken und damit Felder bewässern.

Wasser bedeckt mehr als zwei Drittel der Erdoberfläche. Dennoch ist sauberes Trinkwasser rar und damit ein überaus kostbares Gut. Mehr als eine Milliarde Menschen haben keinen ausreichenden Zugang zum „Lebensmittel Nummer eins“. Und die Situation verschärft sich weiter. Dafür gibt es gleich mehrere Ursachen. So hat der Wasserkonsum in einigen der an Süßwasser armen Länder rund um den Persischen Golf mittlerweile ein Niveau erreicht, das deutlich über dem der Wohlstandsregionen in Europa und Amerika liegt. Der Wasserverbrauch der Bewohner Dubais liegt bei 500 Liter am Tag und nimmt damit einen Spitzenplatz ein. Dagegen nimmt sich der Verbrauch in Deutschland mit etwa 130 Liter je Person und Tag vergleichsweise bescheiden aus.

Der sorglose Umgang mit dem kostbaren Nass verschlimmert die Lage. Wasserleitungen sind oft porös; häufig wird aufwendig in Wasserwerken aufbereitetes Wasser beim Einsatz in industriellen Prozessen so stark verunreinigt, dass die natürlich gegebene Kreislauffunktion gestört wird; Quellen werden unbrauchbar und liefern nur noch ungenießbares Brackwasser. Ein weiterer wichtiger Grund für den sich verschärfenden Mangel ist der Klimawandel, der mit ausbleibenden Niederschlägen und sich ausbreitender Versteppung unübersehbare Zeichen setzt. Südafrika leidet momentan unter einer Dürreperiode. Die Trinkwasservorräte gehen zur Neige, in Kapstadt muss ein Teil der Bevölkerung schon mit Hilfe von Tanklastwagen versorgt werden.

Der Wasserverbrauch in der Welt wird weiter steigen, das World Resources Institute in Washington sagt für die nächsten Jahrzehnte eine wachsende Knappheit voraus. Ein Gegenmittel wäre ein sparsamerer Umgang mit Wasser, vor allem auch beim größten Verbraucher, der Landwirtschaft.

Ein weiteres Mittel wäre es, Meerwasser zu entsalzen, wie in der Reportage aus Israel in diesem Band beschrieben. Davon stehen schier unerschöpfliche Mengen zur Verfügung, bestehen doch etwa 98 Prozent der verfügbaren Reserven aus salzhaltigem Meerwasser. Schon heute arbeiten auf der Welt rund 19 000 Entsalzungsanlagen, darunter zahlreiche kleine, aber auch etwa 500 große mit Produktionsmengen von mehr als 50 000 Kubikmeter Trinkwasser am Tag. Deren Energiebedarf ist gewaltig. Die momentan größte Anlage steht in Dubai. Der Dschabal-Ali-Komplex produziert täglich 2,1 Millionen Kubikmeter Trinkwasser. Die benötigte Energie liefern ein Dutzend dicht zusammenstehende Gaskraftwerke mit einer Leistung von zusammen 7200 Megawatt. Insgesamt gewinnen die Golfstaaten täglich rund 20 Millionen Kubikmeter Trinkwasser aus dem Meer. Doch auch in anderen Ländern werden Entsalzungsanlagen immer wichtiger, so kommen etwa in Israel heute schon 75 Prozent des Leitungswassers aus dem Meer. In wenigen Jahren sollen es gar 100 Prozent sein.

Die Idee, Trinkwasser aus Meerwasser zu gewinnen, treibt die Menschen seit vielen Jahrhunderten um. Schon der griechische Philosoph und Wissenschaftler Aristoteles erwähnt in seinem Werk „Meteorologie" eine Lösung: Eine mit Harz beschmierte Membran, wohl eine Tierhaut, wird über die Öffnung eines Tongefäßes gespannt, das somit dicht verschlossene Gefäß tief im Meer versenkt. Der dort herrschende Druck treibt die Wassermoleküle durch die Membran, während das Salz zurückgehalten wird. Nach einigen Stunden befindet sich Süßwasser in dem Tongefäß. Grundsätzlich hat dieses Prinzip bis heute nichts an Faszination eingebüßt. Die ersten, den Durst von Seefahrern stillende Tropfen Trinkwasser hat man aus dem Meer durch Verdampfen und anschließendes Kondensieren des Wasserdampfs gewonnen. Man kopiert damit jenen Prozess, der fortwährend in der Natur abläuft und den globalen Wasserkreislauf in Gang hält.

Beim thermischen Entsalzen werden große Mengen Energie verbraucht. Die heute weitgehend ausgereizten Anlagen benötigen rund vier Kilowattstunden Strom und 90 Kilowatt Wärmeenergie für das Herstellen eines Kubikmeters Süßwasser. Rund die Hälfte der Produktionskosten entfallen damit auf den Energieverbrauch, sodass ein ansatzweise wirtschaftlicher Betrieb nur möglich ist, wenn Abwärme eines stromerzeugenden Kraftwerks zur Verfügung steht. Dieses Manko hat das Gros der weltweit aufgestellten Anlagen nicht. Denn rund 80 Prozent aller Meerwasserentsalzungsanlagen arbeiten nach dem Prinzip der Umkehrosmose, wobei elektrisch betriebene Pumpen das salzhaltige Wasser durch hintereinandergeschaltete Kammern drücken, die jeweils durch eine semipermeable (halbdurchlässige) Membran in eine „salzige“ und eine „süße“ Seite getrennt sind. Dabei macht man sich den Größenunterschied zwischen den größeren Salz-Ionen und den kleineren Wassermolekülen zunutze, wobei nur Letztere durchrutschen. Mit deutlich weniger Energie, so hofft man, könnten Membranen aus dem Material Graphen helfen, Salzmoleküle aus dem Meerwasser zu filtern. Graphen, das ist eine extrem dünne Schicht, die aus einer einzigen Lage Kohlenstoffatomen besteht und so widerstandsfähig ist, dass sie dem hohen Druck in den Umkehrosmosezellen widersteht und, ganz entscheidend, größere Fließgeschwindigkeiten zulässt. Erste Versuche am Oak Ridge National Laboratory in Tennessee haben die grundsätzliche Eignung des Materials gezeigt. Doch bis größere Graphenflächen mit Löchern der geforderten Porengröße hergestellt und kommerziell eingesetzt werden können, werden noch Jahre vergehen. Doch bei allen Fortschritten, die großtechnische Entsalzungsverfahren vorweisen können, schlägt dieser Technik auch jede

Menge Kritik entgegen. Vor allem der Energiebedarf und das damit einhergehende Freisetzen großer Kohlendioxidmengen werden genannt. Regenerativ betriebene Anlagen spielen noch eine untergeordnete Rolle. Mit dem Meerwasser saugen Entsalzungsanlagen auch Meerestiere an, die in den Reinigungsstufen der Anlagen verenden. Zudem werden mit dem in die Meere zurückfließenden Salzkonzentrat einschließlich der für die „Wasserklärung" benötigten Chemikalien und durch Korrosion gelöste Metalle die ufernahen Ökosysteme gestört.

Bleibt die Frage: Geht Entsalzen auch anders? Mit geringerem Energieeinsatz und zudem ohne nennenswerte Auswirkungen auf die Umwelt? Claus Mertes von der Deutsche MeerwasserEntsalzung (DME) GmbH aus Duisburg, einem Beratungsunternehmen, das sich international um Entsalzungstechnologien kümmert, antwortet mit einem klaren „Ja" und verweist auf eine vergleichsweise neue Technik, die kapazitive Deionisation (CDI). Hier bahne sich ein Paradigmenwechsel in der Wasserentsalzung an. Das Verfahren gleiche einem Staubsauger, der ins zu entsalzende Meerwasser gehalten wird. Die Ionen werden auf die Oberfläche von elektrisch geladenen Elektroden adsorbiert, die meist aus hochporösen Kohlenstoffmaterialien oder plasmabehandelten Metallfolien bestehen und an denen eine elektrische Spannungsdifferenz angelegt wird. Von dieser Technik könnten viele Regionen auf der Welt profitieren. So herrscht etwa in Israel reges Interesse. Aber auch in Deutschland, weil hierzulande die Wasseraufbereitung eine immer größere Rolle spielen wird. Da die Landwirte die Felder immer stärker düngen, um die Erträge in der intensiven Landwirtschaft zu erhöhen, gelangt immer mehr Nitrat ins Grundwasser. Erste CDI-Demonstrationsanlagen existieren und haben den geringen Energiebedarf des Verfahrens bestätigt. Lediglich eine Kilowattstunde wird zum Entsalzen eines Kubikmeters Meerwassers benötigt, für Brackwasser entsprechend weniger. Wie mit einem Magnet, sagt Mertes, würden die Ionen aus dem Wasser gezogen. Mit diesem Verfahren biete sich zudem die Möglichkeit, im Salzwasser enthaltene Wertstoffe wie Magnesium, Kupfer oder Aluminium zu gewinnen. „Abfallprodukt" ist dann entsalztes Wasser.

Wasser kommt in unseren Breiten aus dem Hahn, sobald man ihn aufdreht – um alles Weitere muss man sich erst Gedanken machen, wenn der Versorger die Rechnung stellt. Dass es mal knapp werden könnte, hatten die jüngeren Generationen nicht im Visier, weil Notstandsverordnungen schon einige Jahrzehnte her sind – bis zu diesem Sommer, in dem viele Gemeinden ihren Bürgern mit dem Verbot, den Garten zu bewässern und das Schwimmbad zu befüllen, das Sparen verordnet haben. In solchen Zeiten wird die Erinnerung an Wasser wach, das vom Himmel fällt. Es einzufangen und am Ablaufen zu hindern, kann nicht dumm sein. Auch dieser Gedanke ist nicht neu. Schon im alten Rom wurde der Regen von den Dächern ins Atrium geleitet, und in vielen großen Städten wurde Wasser in unterirdischen Lagern gesammelt. Ein Becken mit der Fläche einer Sportarena und 80 000 Kubikmeter Fassungsvermögen gilt bis heute als größter unterirdischer Vorratsspeicher der Welt; es wurde im 6. Jahrhundert im damaligen Konstantinopel gebaut. Die Versorgung aus der Zisterne in Perioden der Knappheit ist freilich nur ein Aspekt; ebenso wichtig ist die Pufferfunktion, wenn es stark regnet, denn die Speicher entlasten die Kanalisation. Trotzdem wurden vor Jahrzehnten Initiativen, Regenwasser als Betriebswasser zu nutzen, hierzulande anfangs belächelt und später bekämpft – mit sonderbaren Argumenten bis hin zur offen geäußerten Sorge, die Toilettenspülung mit etwas anderem als Trinkwasser könne gesundheitsschädlich sein. Die Debatte ist zum Glück vorbei; heute gehört Deutschland in der Regenwassernutzung zu den führenden Nationen, und die hier gewonnenen Erkenntnisse über Speicher, Filter und Siebe sind auch andernorts gefragt. Die Vorreiterrolle sei auch eine Folge der Umweltbewegung in den siebziger Jahren gewesen, gekoppelt mit deutscher Perfektion, sagt Klaus König, der bisher einzige öffentlich bestellte und vereidigte Sachverständige für Regenwasserbewirtschaftung in Deutschland. Niederschlag wurde zum vielbeachteten Thema, und die praktischen Erfahrungen mit der zur Bewirtschaftung erforderlichen Technik sind in die DIN eingeflossen.

Die Erkenntnis, dass das Sammeln von Regenwasser eine einfache und kostengünstige Methode sein kann, die Versorgung mit Betriebswasser sicherzustellen, wächst inzwischen auch in den regenarmen Regionen der Welt. Denn Meerwasserentsalzung ist teuer und energieaufwendig. Manche Methoden wie das Einfangen von Nebel taugen nur für bestimme Regionen, und das Grundwasser ist, falls überhaupt vorhanden und zugänglich, oft versalzen oder anderweitig kontaminiert. Das gilt erst recht für Oberflächengewässer. Regen gibt es dagegen fast überall, nur ist er häufig auf kurze Perioden beschränkt und dann besonders heftig – mit der paradoxen Folge, dass in den Überschwemmungsgebieten sauberes Wasser knapp ist. Auch viele Inseln haben Probleme, da wundert es schon, dass das Sammeln des Regenwassers nicht weiter verbreitet ist. Er habe auf Mallorca gesehen, wie es direkt ins Meer abgeleitet worden sei, sagt König. Aber das Trinkwasser, das auch für die Sanitäreinrichtungen der Hotels, die Bewässerung der Felder und Golfplätze verwendet wurde, sei mit dem Schiff aus Spanien eingeführt worden. König hat schon vor einigen Jahren in seinem Handbuch der Regenwassertechnik Beispiele und Ideen aus aller Welt gesammelt – künstliche Gletscher in Indien, Schneespeicher in Afghanistan, Grüner Tee in Japan aus Regenwasser, das von den Stämmen der Bäume gesammelt wurde. In vielen großen Städten gibt es inzwischen Projekte zur großflächigen Bewirtschaftung des Niederschlagswassers. Der Rat von Wissenschaftlern und Praktikern aus Europa ist hochwillkommen.

„Das Interesse ist viel größer als noch vor zehn Jahren", sagt Hans Hartung. Der Ingenieur mit Schwerpunkt Pumpen und Turbinen war viele Jahre in der Entwicklunghilfe tätig und ist als Berater für die GIZ und andere Organisationen unterwegs. Hartung kennt den Bedarf in afrikanischen Ländern, wo die Menschen oft viele Kilometer zurücklegen, um Wasser nach Hause zu transportieren. Er habe kürzlich in China einen Vortrag vor Experten aus aller Welt über die Regenwasserbewirtschaftung in Deutschlands Städten gehalten, die Resonanz sei riesig gewesen.

Was als Material für die Zisternen verwendet wird, ist fast egal, es hat keinen entscheidenden Einfluss auf die Wasserqualität. In den

Entwicklungsländern wird gern das genommen, was in der Region vorhanden ist, falls nicht Kunststoffbehälter von Hilfsorganisationen zur Verfügung gestellt werden. In Guinea-Bissau zum Beispiel seien 10 000 Zisternen aus Lehmziegeln, Mörtel und Drahtgeflecht errichtet worden, erzählt Hartung. Und wo es Sand gebe, würden sie aus Beton gebaut. Am besten unter der Erde, also kühl, dunkel und vor Tieren geschützt. Bedenken, das Regenwasser sei vielleicht dreckig, sind unbegründet. Das bewiesen viele Untersuchungen, erklärt Reinhard Holländer, ehemaliger Direktor des Instituts für Hygiene am Klinikum Bremen und international anerkannter Fachmann für Wasserqualität. Marius Mohr, der Leiter der Gruppe Wassertechnologie am Fraunhofer IGB in Stuttgart, sieht das ebenso. Sein Institut unterstützt ein Projekt in Indien, dort soll in Modellstädten ein smartes Wassermanagement aufgebaut werden. Regen gibt es in zwei Monsunzeiten mehr als genug, und in den rasch wachsenden Städten sind auch dezentrale Speicher vorhanden, allerdings bisher nur für die Oberschicht. Seen und Grundwasser seien aber durch unkontrollierte Einleitung extrem verschmutzt, sagt Mohr. Erstes Ziel des Projektes ist es deshalb, eine Strategie zur Abwasserreinigung zu finden. Regenwasser, das dunkel und bei mäßigen Temperaturen gelagert wird, ist nach Aussage der Fachleute fast unbegrenzt haltbar. Grober Schmutz und organisches Material wie Blätter und Moos wird durch Gewebefilter aufgefangen. Schwere mineralische Teilchen, die durchschlüpfen, setzen sich am Boden als nicht störendes Sediment ab, leichte, wie Blütenpollen, schwimmen obenauf und können durch Speicherüberlauf weggeschwemmt werden. Wenn das Wasser zum Trinken genutzt werden soll, muss es entsprechend aufbereitet werden. Wasserwerke und im Katastrophenfall das Technische Hilfswerk verwenden dafür mehrstufige Filterverfahren bis hin zu Membranen und Keramikelementen. In einigen Gegenden Afrikas ist die Methode verbreitet, grob gefiltertes Wasser in PET-Flaschen in die Sonne zu stellen, die UV-Strahlung soll die Krankheitserreger abtöten.

Urin macht satt

Wenn die Stoffe knapp und teuer werden, muss man sie wiederverwerten. Warum nicht beim menschlichen Urin beginnen? *Maja Brankovic* erzählt, was das bringen würde.

Man muss nicht zwingend düngen, um zu ernten. Das sieht jeder, der in seiner Küche eine Basilikumpflanze beherbergt und ihr ab und zu ein paar Blättchen abzupft. Doch man muss düngen, um die Welt zu ernähren. Europäische Landwirte produzieren nicht vor allem deshalb mehr als afrikanische, weil sie bessere Bauern sind oder für die Arbeit bessere Maschinen zur Verfügung haben, sondern weil sie mehr Dünger einsetzen können. Es ist mehr als nur eine Binse: Ohne Stickstoff, Phosphor und Kali fällt die Ernte mager aus. Diese Stoffe aber können sich viele Bauern auf der Welt nur in kleinen Mengen leisten – zumal sie für die Bewohner in den ländlichen Teilen Afrikas auch logistisch oft nicht so einfach zu bekommen sind. Wie also kann man es schaffen, Landwirte in aller Welt mit mehr Dünger zu versorgen?

Die Antwort ist so einfach wie unglamourös: Das beste und kostengünstigste Düngemittel befindet sich überall schon vor Ort. Es ist der menschliche Urin. Dieser ist nicht nur reich an genau den drei Stoffen, die Pflanzen zum Wachstum brauchen und die auch die wesentlichen Bestandteile üblicher Kunstdünger sind. Er eignet sich genauso für den Einsatz in der Landwirtschaft wie die stofflichen Erntehelfer aus der Düngerfabrik: Versuche am Schweizer Wasserforschungsinstitut Eawag und der Eidgenössischen Technischen Hochschule in Zürich haben gezeigt, dass mit Urin gedüngte Pflanzen gleich gut gedeihen wie jene, die mit herkömmlichem Kunstdünger behandelt worden sind.

Auch in Stockholm ist man vom Wert des menschlichen Urins überzeugt. „Bei jedem Toilettengang des Menschen, ob er nun in der Spültoilette oder einer Sickergrube landet, werden im Prinzip Unmengen an wertvollen Rohstoffen vergeudet, mit denen man die Menschen auch in den ärmsten Regionen der Welt vom Hunger befreien könnte“, sagt Kim Andersson vom Stockholm Environment Institute (SEI). Als Leiter der Arbeitsgruppe nachhaltige Abwasserversorgung an dem bekannten Umweltinstitut hat er viel zu der Frage geforscht, wie man die wertvollen Rohstoffe zurückgewinnen kann. Technisch sei die Lösung denkbar banal, erklärt der Umweltingenieur. „Alles, was man dazu braucht, sind Trenntoiletten, die den Urin von den restlichen Ausscheidungen gleich an der Quelle trennen und in separaten Kanistern sammeln."

Um den Urin als Dünger einsetzen zu können, ist nicht einmal eine Weiterverarbeitung nötig. „Es reicht aus, ihn luftdicht zu lagern", erklärt er. Denn die chemischen Prozesse, die er in dieser Zeit durchläuft, reinigen ihn und machen ihn steril. Durch einen natürlichen Zersetzungsprozess wird dabei Ammonium frei. Der pH-Wert steigt an und tötet alle Bakterien ab, die zum Beispiel durch eine versehentliche Kontaminierung mit Kot in den Urinbehälter gelangt sind. „Schon nach einigen Monaten kann der Urin mit Wasser verdünnt als Dünger auf den Feldern verteilt werden", erklärt der Forscher. So weit die Theorie. Ob ihre Lösung aber auch praxistauglich ist? Das haben die Stockholmer in einem Langzeitprojekt im ländlichen Burkina Faso getestet, einer der ärmsten Regionen der Welt, wo nur sieben Prozent der Bevölkerung überhaupt Zugang zur verbesserten Sanitätsversorgung haben. In Zusammenarbeit mit der EU haben sie im Jahr 2002 für rund 10 000 Familien in 44 Gemeinden dafür Trenntoiletten errichtet.

Die Hoffnungen in das Projekt waren groß, würden sich doch im Idealfall die hygienischen Verhältnisse verbessern und zugleich der Ernteertrag steigen. Und das zu überschaubaren Kosten von 150 bis 200 Euro je Toilette. Eine wesentliche Aufgabe der Forscher bestand deshalb auch darin, die Bevölkerung über den Nutzen der Anlagen aufzuklären – und sie davon zu überzeugen, nur noch auf die neuen WCs zu gehen.

Als die Stockholmer Wissenschaftler nach zehn Jahren nun eine Bilanz zogen, waren sie von der Resonanz in der Bevölkerung verblüfft. Denn, mit der Betonung der hygienischen Vorzüge der neuen Toiletten hatten sie nicht allzu viel erreicht. Zwar brachte es einige Menschen dazu, die sanitären Anlagen in ihrem Alltag zu nutzen. Aber erstens blieb doch fast die Hälfte bei den Sickergruben, und zweitens wurden die Anlagen oft nicht ordnungsgemäß gewartet. Ganz anders sah es dagegen aus, wenn die Einheimischen den landwirtschaftlichen Nutzen der Systeme kannten. Nicht nur suchte die Bevölkerung die neuen stillen Örtchen danach deutlich öfter auf. Auch leerten sie die Anlagen öfter und setzten im Anschluss die gesammelten Nährstoffe auch häufiger in der Landwirtschaft ein. „Aufklärung ist daher entscheidend für den Erfolg der Technologie", meint Umweltingenieur Andersson.

Die Forscher glauben daran, dass sich Trenntoiletten gerade in Ländern wie Burkina Faso durchsetzen könnten. Zum einen sei das Bewusstsein in der Bevölkerung groß, dass etwas getan werden müsse, um den Ernteertrag nachhaltig zu erhöhen. Vor allem aber sei von Vorteil, dass sich die Menschen dort nicht von Toiletten mit Wasserspülung umgewöhnen müssten. „Haben sich die Menschen erst einmal an scheinbar hygienischere Spültoiletten mit Wasser gewöhnt, fällt die Umstellung auf das wasserlose System deutlich schwerer", sagt Andersson. Zumal es mit Blick auf Nachhaltigkeit unsinnig wäre, bestehende Infrastruktur herauszureißen und zu ersetzen. „Sinn macht es also gerade dort, wo man sowieso neu baut."

Und Felix Kangwa, der Kleinbauer aus Sambia, den die Frankfurter Allgemeine Zeitung ein Jahr lang in seiner Hoffnung auf wachsende Ernten begleitete? Er düngt nicht mit Urin. Die Fäkalien des gesamten Dorfes Nkolemfumu verschwinden ungenutzt in den Sickergruben.

10 Die kommende Kreislaufwirtschaft

Eine Kreislaufwirtschaft der Ernährung wird nötig sein um die wachsende Menschheit nachhaltig ernähren zu können. Ein resümierender Ausblick.

Das Themenfeld der Welternährung ist politisch und wird medial-öffentlich anhand politischer „Framings" diskutiert. Parteien, Regierungs- und Nichtregierungsorganisationen wie wirtschaftliche Interessengruppen haben das Thema mit jeweils eigener Agenda besetzt, setzen ihren eigenen Fokus. Sie über- oder unterbetonen Aspekte der Problemlösung. Die eine Gruppe sagt: „Lebensmittelabfälle global vermeiden", wieder eine andere: „Das Land den Kleinbauern", die andere „Gentechnik" oder das Gegenteil. Andere sagen: „gerechte Handelspolitik", „technische Quantensprünge", „Traktoren für Afrika", „globaler Fleischverzicht durch Verbote, Nudging, Ökoabgaben", oder „mehr Geld gegen den Hunger". Widersprechen sich die Forderungen, gibt es „Streit", und in Zeiten der Mediendemokratie verläuft der oft intellektuell unbefriedigend, nämlich argumentativ verkürzt, moralisch überladen, emotionale Betroffenheit schürend, auf Einzelfälle oder drastische Einzelschicksale fokussiert und dann wieder im Sande verlaufend. Die vielen ergebnisoffenen, lebensnahen „Feldbeobachtungen" in diesem Band haben diesbezüglich die wichtige Erkenntnis gebracht, dass solche politischen Narrationen fast alle zu kurz greifen, die allgemeingültige Antworten auf Fragen versprechen wie:

Gentechnik oder nicht?
Kleinbauer oder finanzstarker Investor?
Fleischexport nach Afrika oder nicht?

Die Antwort lautet, dass es für keine solcher medial willkommenen „Entweder-Oder-Fragen" eine sinnvolle Antwort gibt, die vom Kontext unabhängig wäre. Der Ansatz dieses Buches war daher: Erstens, eine Absage an Ideologien in diesem Sinne. Zweitens hat die Einordnung der Fragen in lokale, regionale und persönliche Kontexte gezeigt, dass es viele Antworten auf die Welternährungsfrage gibt – aber sie überzeugen oft nur, wenn die Frage auf einen konkreten Ort, ein konkretes Produkt, ein konkretes Saatgut etc. bezogen ist. Und das sollte sie sein, denn sonst bleibt sie eine abstrakte Überforderung und führt zu schlechten Ergebnissen.

Zwei Entwicklungslinien aber scheinen auf dem Weg in die Welternährung von übermorgen eindeutig sinnvoll. Sie könnten als globale Säulen die Welternährungspolitik tragen. Sie bildeten (ohne, dass es von Anfang an so intendiert war) auch den Roten Faden der vielen Interviews, Beobachtungen und Analysen: eine *Kreislaufwirtschaft der Nährstoffe* und die konsequente *Vermeidung von Lebensmittelabfällen* (letztlich von allen Abfällen bis hin zu Strom- und Wärmeverlusten).

Konkret bedeutet das: Zunächst muss Verschwendungslandwirtschaft immer weiter zu „Präzisionslandwirtschaft“ werden – mit sparsamer Wurzelbewässerung, datenbasierten Empfehlungen für Düngung und Pflanzenschutz, mit Robotern und Drohnen, die Pflanzenschutz übernehmen oder rationalisieren. Aber es bedeutet eben viel mehr als Präzision und Sparen. Kreislaufwirtschaft bedeutet eine historische agrartechnische Revolution: Der Anbau wandert vom Land zum Teil in die Stadt. Die Lebensmittelerzeugung in gläsernen Indoor-Farmen wird dramatisch an Bedeutung gewinnen. Dazu zählt die Versorgung mit Abwärme, Erdwärme und Strom aus erneuerbaren Energien. Die kommenden urbanen Farmen sind häufig gekoppelte Anlagen, in denen etwa Pflanzen, Insekten und Fische parallel und stofflich verbunden erzeugt werden (Kaskadennutzung), vielleicht auch angeschlossen an Klärwerke, von wo sie ihren (aufbereiteten) Dünger beziehen. An solchen Kreislaufsystemen arbeitet die Wissenschaft, etwa die Humboldt-Universität zu Berlin, die Technische Universität München oder das Forschungszentrum Jülich. Solche Techniken könnten künftig den globalen Lebensmittelhandel stark verändern. Prinzipiell wird es möglich werden, Vanille oder Bananen im globalen Norden zu ernten und Meeresfische in den Städten zu züchten, insofern genügend Energie vorhanden ist (frühere Projekte scheiterten oft an den hohen Kosten). Die Machbarkeit der Gewächshaus-Fantasien hängt am Preis des Stroms und damit an den Erfindungen und Fortschritten der Energietechnik, die noch niemand kennt. Mit anderen Worten: Energie ist Nahrung. Oder, wie etwa Michael Braungart in seinem Buch „Intelligent Verschwenden" bezogen auf Windkraftanlagen, die die LED-Lichter der Gewächshäuser mit elektrischem Strom speisen, schrieb: Wind ist Nahrung. Oder, frei nach Braungarts tragfähigen, erfrischenden Metaphern: Die Erde ist eine Batterie. Kohlenstoff in organisch angereicherten Böden ist eine Speichersubstanz. Photosnythese lädt die Batterie immer wieder auf, indem sie aus Kohlendioxid, Wasser und Licht energiereiche Kohlenhydrate macht. Windstromgetriebenes LED-Licht lädt die Erd-Batterie wieder auf, indem es Pflanzen wachsen lässt.

Auch dieses Buch möchte zunächst überhaupt ein Bewusstsein für die Verschwendung schaffen, die sich die Welt gegenwärtig leistet. Der Ansatz war, das globale Versorgungssystem immer wieder auch als System von Energieströmen zu begreifen, also vor allem in seiner Abhängigkeit vom endlichen Erdgas, Erdöl, Kali oder Phosphor (in der Tradition von Autoren wie Michael Braungart, dem jungen Rolf Peter Sieferle, Vera Winiwarter oder Paul Hawken).

Zur unternehmerischen und politischen Leitperspektive würde in diesem Sinne die Erhaltung und Wiederverwertung von Energie. Mit Bezug auf das Thema des Buches steht neben Wärme und elektrischem Strom vor allem die Wiederverwertung von Nährstoffen im Fokus, etwa von Abfällen. Das heißt nicht: politisch erzwungener Verzicht. Solchen nennt Michael Braungart „Ökologismus", denn oft beschränkt er sich auf symbolische, medienwirksame Bereiche. Wenn die Energie – etwa organische Biomasse – im Kreislauf geführt würde, müsste der Verbrauch nicht sinken. Braungart nennt das treffende Beispiel vom Regenwurm. Er fresse täglich das Mehrfache seines Körpergewichts und sei der Erde sehr nützlich, weil seine Ausscheidungen wieder Grundlage für pflanzliches Wachstum sind.

Abfallarme Kreislaufwirtschaft gelingt künftig auch, indem die Produktion von Insekten und Algen in die Stoffkreisläufe konsequent integriert wird. Insekten führen Abfälle wieder der Nahrungskette zu. Aber dafür, dass das in großem Maßstab gelingen wird, ist noch viel Forschung nötig (denn auch Insekten scheiden Methan aus, enthalten Giftstoffe, brauchen viel Wärme – und nur mit verbesserter Fütterung, Anlagentechnik und Tierzucht lassen sich die Parameter verbessern).

Die Tier- und Pflanzenzucht tragen dazu bei, die „Food-Systeme" effizienter zu machen – wahrscheinlich, und nach sorgsamer wissenschaftlicher und ethischer Folgeabschätzung, leisten das auch die neuen Gentechniken. Nur ein weiteres Beispiel für deren möglichen Nutzen ist dieses: Wie 2019 in der Zeitschrift Science veröffentlicht wurde, stieg der Ertrag von Tabakpflanzen durch Genmanipulation, die den Stoffwechsel der Pflanzen veränderten. Und zwar war das in diesem Fall energetisch betrachtet nicht mehr – wie etwa im Fall früherer Hybridzüchtungen – durch gleichzeitige Mehr-Düngung möglich, sondern durch eine beschleunigte Photosyntheseleistung. So „lieferte", wenn diese Pflanzen einmal in Freiland- oder Gewächshausbedingungen wüchsen, dasselbe Sonnenlicht eine größere Erntemenge. Solche gentechnischen Revolutionen wären nützlich im Sinne abfallarmer Kreislaufwirtschaft. Fände der Anbau nur im Gewächshaus statt, wären die Diskussionen um Freisetzung in der Natur passé.

Und auch die Nutzung menschlicher Fäkalien als Pflanzennährstoffe wird technisch möglich werden und muss wieder Akzeptanz finden. Wie genau das gelingen kann, füllt eigene Bücher, aber es ist wichtig, dass über dieses abstoßende Thema überhaupt erst einmal wieder ernsthaft geredet wird.

Man könnte Ideen von Kreislaufwirtschaft unendlich und ins Absurde weiterspinnen: Man könnte Knochen von alten Gräbern ausgraben und das Phosphor nutzen, man könnte auch an die frischen Toten herangehen und Phosphor, Kali und Mikronährstoffe aus ihren Knochen extrahieren – zunächst zumindest – oder, nun wieder ein ernst gemeinter Vorschlag, auch die Schlachtkörper der Tiere, die oft und in der EU immer noch infolge der BSE-Gesetze pflichtmäßig verbrannt werden, nutzen.

Man könnte den Menschen mittels der Gentechnik womöglich auch wieder ein Fell anzüchten, ein schönes, warmes Affenfell, damit sie die Häuser nicht mehr heizen müssten und die Körper im Winter weniger Energie benötigten. Ein alberner Witz, doch soll er eine Ahnung davon geben, dass erstens die Idee der Kreislaufwirtschaft einen großen erfinderischen, unternehmerischen Freiraum an Ideen und Möglichkeiten eröffnet – aber dass es zweitens dann doch Grenzen und Konflikte geben wird, vor allem (bio-)ethische.

Und Afrika? Diesbezüglich *kann* schnell alles anders kommen, als die „malthusianischen" Pessimisten meinen. Dort nämlich sieht man, wie sich das Smartphone selbst in Gegenden verbreitet, wo es bisher keinen Computer, kein Telefon, keinen Traktor gab. Plötzlich haben arme Bauern, sodenn sie lesen können, Zugang zu allem Wissen der Welt. Wie dieser Technikssprung wirken wird – agrarisch, kulturell, demographisch – steht überhaupt noch in den Sternen. Und er ist eine Blaupause für das gesamte Landwirtschaftssystem: Wer sagt, der globale Norden müsse sich eine Kreislaufwirtschaft der Ernährung zur Leitperspektive machen, der kann die Entwicklungsländer nicht davon ausnehmen. Auch diesbezüglich muss und wird es Technikssprünge geben – auch in Afrika. Es kann angesichts der skizzierten Probleme der Ressourcenabhängigkeit und ökologischen Schadfolgen in Afrika nicht die Lösung sein, die Brachial-Industrialisierung des globalen Nordens zu wiederholen.

Felix Kangwa zum Beispiel, der „Weniger-als-vier-Hektar-Farmer" aus Sambia. Eine „Grüne Revolution" Sambias nach dem Vorbild der 1950er Jahre würde für ihn bedeuten, dass er vom Land in die Stadt gehen müsste, und in ganz Afrika dutzende Millionen Bauern und ihre vielen, vielen Kinder mit ihm. (Kangwa will zwar in der Stadt leben, aber er will und kann ja auch dort nur als Bauer arbeiten.) Als mittelfristig sinnvollere Idee erscheint es, dass Kleinbauern wie Kangwa von den Techniksprüngen profitieren. Sie brauchen Traktoren und Ernteroboter in ihrem Maßstab. Auch Wasserpumpen und Bewässerungssysteme im kleinen Ausmaß nützen dem Anliegen einer produktiveren bäuerlichen Welternährung sehr – es war zu erfahren, dass solche Traktoren gerade in Afrika selbst entwickelt werden. Von Nutzen sind solche Kenntnisse über Bereiche von systemisch intelligentem Anbau nach Art der Permakultur, die die Abhängigkeit von Chemikalien und Dünger senkt (Pflanzen, die Schädlinge anziehen; Pflanzen, die Nützlingen einen Lebensraum bieten). Die Kleinbauern brauchen mehr Kenntnisse in bodenschonender Landwirtschaft, über Humuserhalt, vielleicht mittels Erd-Verbesserungen wie „Terra Prata“ – je nachdem, was in ihrer Region sinnvoll ist. Das einfache Rezept, mehr Hybridmais, mehr Dünger, führt gerade in Zeiten zunehmend schwankenden Wetters in die Irre. Zudem haben Millionen Bauern wie Kangwa zwar genügend Kalorien, aber zu wenig Nährstoffe. Die bekommen sie durch diverseren Anbau, vor allem aber durch einen Zugang zu Märkten, Einkommen und Supermärkten.

Ein Teil der Kleinbauern wird aufgeben müssen, andere werden von den kleinen Verbesserungen profitieren, die es ihnen ermöglichen, größere Teile der Ernten zu konservieren. Dazu zählen besser durchlüftete, wenn auch bescheidene Holz-Lagerhäuser, vakuumierbare Plastiksäcke oder wasserschonende Grow-Tüten. Prozesstechnisch ermöglichte industrielle Konservierungstechniken und neue lokale Unternehmen, die in kleinem industriellen Maßstab aus Früchten wie Bananen und Tomaten, die sonst verderben würden, Nahrungsmittel wie Ketchup produzieren, kommen hinzu. Sie sind die Abnehmer für die Ernten.

Nochmals, das alles nützt aber nur, wenn die Bauern *Marktzugang* bekommen, um die höheren, besser konservierten und mit weniger Handarbeit erzielten Erträge auch verkaufen können. Auf der Ebene der jeweiligen Entwicklungsländer ist der Weg dahin klar: bessere Straßen und Kühlräume, Internet-Infrastruktur, aber auch Allianzen von Handel und Erzeuger-Genossenschaften (die sich vielerorts überhaupt erst noch gründen müssen). Vom globalen Norden aus betrachtet, ist bezüglich des Marktzugangs ein technischer „Quantensprung“ zu erwarten: Er liegt in Möglichkeiten des direkten Onlinehandels mit Lebensmitteln begründet. Über die Smartphone-App kann der Verbraucher die Erzeugnisse direkt vom Bauern oder einem einzigen Zwischenhändler beziehen. Ein großer Raum für Neugründungen kleiner Logistik- oder Handelsdienstleister entsteht, vor allem für die Bauern. Die App „Crowd-Farming“ ist ein Beispiel: Ein spanischer Bauer, der seine Farm auf „bio“ umgestellt hat, kann hier nun direkt Orangenkisten anbieten, der Handelsgewinn gehört ihm. In Zukunft könnten, wenn es zoll- und handelspolitisch möglich gemacht wird, immer mehr afrikanische Kleinbauern im derartigen Direkthandel mit im Spiel sein. Das gilt im Prinzip auch für zunehmend in afrikanischen Staaten selbst verarbeitete Lebensmittel wie Kakao und Kaffee, die via Onlineshopping zu den europäischen Verbrauchern kommen. Kleinere Verarbeiter und Lebensmittel-Industrieunternehmen aus Entwicklungsländern können ihre Produkte womöglich dem europäischen, amerikanischen oder kaufkräftigen urbanen afrikanischen Verbraucher direkt anbieten.

Nicht zuletzt könnten Hunderttausende afrikanische und südasiatische Kleinbauern oder Fischer auf Insekten oder auch Algenzucht umstellen. Letzeres, wenn sie an der Küste leben.

Und was kann der „reiche Norden“ tun? Er kann die Forschungs- und Förderpolitik konsequent am Ziel der Kreislaufwirtschaft ausrichten, ebenso die staatliche Entwicklungshilfe.

Dass es aber selbst dort, wo es an Idealen, Ideen, Geld und gutem Willen nicht mangelt, an der Umsetzung des „Mehr-Erntens“ oft hapert, zeigte exemplarisch der Beitrag von Caspar Schwietering. In der Wirklichkeit stellen sich gegen jede theoretisch auch noch so überzeugende Lösung oft Widerstände ein. Politisch kaum durchsetzungsstarke Staatsapparate, *Bad Governance* und Korruption sind die Hauptgründe. Sie müssen politisch bekämpft werden, von mutigen Menschen vor Ort, unter dem Druck der internationalen Gemeinschaft. Um diese kulturellen Missstände zu verstehen, helfen Bücher über Agrartechniken und unfairen Handel allein nicht weiter, dazu muss man die menschliche Destruktivität studieren – etwa bei Erich Fromm, Arno Grün oder

Hannah Arendt. Die menschliche Destruktivität bleibt ein ewiges Ernährungsrisiko, vielleicht das größte überhaupt.

Und was wird der Verzicht etwa auf Fleisch zu der Ernährung der Milliarden Menschen beitragen? Zunächst ist klar: Je mehr Verzicht, desto besser! Je besser der Fleischersatz aus Getreide schmeckt, desto mehr Menschen werden auf das Original verzichten. Aber Verbote sind schwierig, Steuern unbeliebt und wenig wirksam. Das zeigen viele Beispiele. Kein einziger der 193 Mitgliedsstaaten der Vereinten Nationen erreichte etwa Fortschritte im Bemühen, die Rate der Übergewichtigen zu verringern, berichtet die Welthungerhilfe. Dabei gab es zunehmend ordnungspolitische Bemühungen, von Limonadensteuern bis hin zur kritischen Thematisierung von Essstilen in den Schulen.

Zwar wäre es – theoretisch – sinnvoll Kalorien umzuverteilen. Denn bis Mitte des Jahrtausends, wenn statt wie derzeit 7,6 dann bis zu 10 Milliarden Menschen auf der Welt leben dürften, soll laut der Universität Oxford die Zahl der weltweit Mangelernährten schließlich bei knapp 2 Milliarden liegen – aber die Zahl der Übergewichtigen soll bis dahin von derzeit rund 2 auf 4 Milliarden angestiegen sein. Natürlich wäre es – wenn die Universität Oxford Recht hat – eine sinnvolle Idee, dass, wenn die einen auf Kalorien verzichten, die anderen sie bekommen. Aber gerade in den Zeiten des Populismus gibt es in den reichen Ländern immer weniger Spielraum für Verbote und Verbrauchssteuern; sie führen sofort zu agressiver Ablehnung und hysterischen Reaktionen. Sparsamkeit ließe sich politisch nicht ohne erheblichen Widerstand verordnen. Daran hat auch keine Regierung ein Interesse. Aber eines zeigt die Prognose aus Oxford deutlich: Die Welternährung der Zukunft könnte – Verfügbarkeit von ausreichend Dünger vorausgesetzt – noch mehr zum Verteilungsproblem werden, als sie es gegenwärtig schon ist. Der globale Süden braucht Finanzkraft durch Beteiligung am Handel, durch lokale und internationale Marktzugänge der Bauern.

In den Entwicklungs- und Schwellenländern müssen die Ernten mit dem Bevölkerungswachstum deutlich steigen. Man wird *mehr*

Nahrung brauchen, wie letztlich auch alle Autoren dieses Bandes sagen. Der genügsamere Mensch ist zwar ein sympathischer Fall, aber ein seltener.

Was die Prognosen über die zukünftige globale Kalorienumverteilung nicht zuverlässig vorhersagen können, ist die eines Tages in erhöhten Rohstoffpreisen spürbar werdende Ressourcenknappheit. Mehr Output bei weniger Input kann es nur in *zirkularen Produktionssystemen* geben. Ökologische Krisen und die noch drohenden Versorgungsmiseren haben einen gemeinsamen Grund: die Verschwendung von Stoffen. Auf technischen Fortschritt, der diese Verschwendung bremst, kommt es also an.

Nur wer Essen und die Umwelt wertschätzt, wird weniger, klüger und genussreicher verschwenden. Auf politischer Ebene lässt sich das nicht herbeiregulieren, aber auf der individual-menschlichen lässt es sich erhoffen. Der kulturelle Bezug zum Essen und zum Anbau von Nahrungsmitteln ist somit ein Puzzleteil der künftigen Welternärung. Nicht ohne Grund entdeckte der Philosoph Byung-Chul Han, nachdem er in seinen vorherigen Büchern den Verlust des „Eros" des durch die Arbeitswelt geprägten Gegenwartsmenschen beschrieben hatte, in seinem darauf folgenden Werk seinen *Garten*. Es beginnt mit den Worten:

„Eines Tages spürte ich eine tiefe Sehnsucht, ja ein akutes Bedürfnis, der Erde nahe zu sein."

Beim Gärtnern lernt der Mensch die Natur von ihrer großzügigen und gleichgültigen Seite kennen. Er lernt den Wert und den Kreislauf der Pflanzennährstoffe schätzen. Um nicht nur zu verstehen, sondern zu begreifen, dürften wir in manchem so werden wie Felix Kangwa. Ein wacher, realistischer und die Schöpfung liebender Gärtner, der auf die Technik trotzdem große Hoffnung setzt.

Autorenbiografien

Jan Grossarth, geb. 1981. Volkswirt, Promotion über Metaphern agrarpolitischer Diskurse, mehrere Jahre leitender Redakteur der Frankfurter Allgemeinen Zeitung (F.A.Z.). Dort 2018 Koordinator eines journalistischen Langzeitprojekts über die Gegenwart und Zukunft der Welternährung. Zehn Kapitel in diesem Buch, etwa über die Kultivierung der israelischen und jordanischen Wüste oder das sambische Dorf Nkolemfumu. Herausgeber des Buches.

Eva Konzett, Jahrgang 1984, Journalistin in Wien, zuletzt Redakteurin bei der österreichischen Wochenzeitung „Falter". Davor freie Journalistin in Bukarest. Spezialisiert auf landwirtschaftliche Themen. Mehrere Auszeichnungen. Drei Kapitel in diesem Buch: über den Sojaanbau in Europa, die Schnecke und den Maiszünsler.

Tirza Meyer, Jahrgang 1989. Historikerin mit Spezialisierung auf maritime Geschichte, Promotion. Lebt in Norwegen. Autorin der Frankfurter Allgemeinen Sonntagszeitung. Drei Kapitel: über Zuchtlachs, Saatgutspeicher und Quallen.

Thomas Daum, Jahrgang 1990, Agrarökonom. Wissenschaftlicher Mitarbeiter der Universität Hohenheim, freier Journalist für die Süddeutsche Zeitung und andere. Verbrachte für seine Forschungen viele Monate in Sambia. Drei Kapitel: über Ideologien kleinbäuerlicher Lebensweisen, sambische Kinderträume und die Guinea-Savanne.

Christopher Piltz, Jahrgang 1988, Studium der Volkswirtschaftslehre und Politik, Absolvent der Henri-Nannen-Schule, dann Redakteur bei der Zeitschrift NEON und bei DER SPIEGEL. Lebte mehrere Monate in Tansania. Reiste nach Sambia und recherchierte dort die drei Kapitel über Landgrabbing, Traktoren und die Pflanzenzucht.

Ulrich Schaper, Jahrgang 1981, Medienwissenschaftler, Promotion über die gesellschaftliche Wahrnehmung des Klimawandels. Redakteur bei den Westfälischen Nachrichten. Zwei Beiträge für diesen Band: über den Klimawandel und die Welternten sowie über die Mikroalgenzucht.

Marcus Jauer, geb. 1974, freier Reporter und Buchautor. Zuvor viele Jahre Redakteur bei der Süddeutschen Zeitung und für das Feuilleton der Frankfurter Allgemeinen Zeitung. Mehrfach ausgezeichnet. Wuchs als Sohn des Leiters einer Landwirtschaftlichen Produktionsgenossenschaft südlich von Leipzig auf. Ein ausführliches Kapitel über den globalen Weizen.

Frank Röth, Jahrgang 1968. Redaktionsfotograf bei der Frankfurter Allgemeinen Zeitung, zahlreiche Reisen für seine Fotoreportagen, u. a. nach Nkolemfumu, Sambia.

Christian Schwägerl, Jahrgang 1968. Studierte Biologie und Biodiversitätsforschung. Mitgründer von RiffReporter, freier Journalist für GEO, ZEIT WISSEN und andere Magazine. Bücher, etwa über das Anthropozän. Leiter der Masterclass Wissenschaftsjournalismus von Bosch-Stiftung und Reporter-Forum. Zuvor Korrespondent bei der Frankfurter Allgemeinen Zeitung und bei DER SPIEGEL. In diesem Buch ein Kapitel über die globale Stickstoffdüngung.

Christian Schubert, Jahrgang 1964, Volkswirt, Korrespondent der Frankfurter Allgemeinen Zeitung in Paris. Buchveröffentlichungen. In diesem Buch ist von ihm das Kapitel über die Permakultur.

Caspar Schwietering, Jahrgang 1988, Absolvent der Deutschen Journalistenschule. Trug ein Kapitel bei über Babakar, den Rückkehrer vom Chiemsee nach Senegal.

Linda Tutmann, Jahrgang 1981, Historikerin und Politologin, Autorin und Reporterin u. a. für Taz am Wochenende und Die Zeit. Lebte ein Jahr in Kapstadt. Buchveröffentlichung über Südafrika. In diesem Band: das Kapitel über Urban Farming in Kapstadt.

David Klaubert, Jahrgang 1983, Redakteur bei der Frankfurter Allgemeinen Zeitung Studium der Journalistik und Lateinamerikanistik, Auslandssemester in Daressalam. Sein Kapitel ist Ergebnis einer Recherchereise zu den Tomatenplantagen Siziliens.

Regina Birner, Jahrgang 1965, Agrarökonomin. Inhaberin des Lehrstuhls für Sozialen und institutionellen Wandel in der landwirtschaftlichen Entwicklung an der Universität Hohenheim. Zuvor leitende Funktion im International Food Policy Research Institute (IFPRI) in Washington. Mitglied im Wissenschaftlichen Beirat für Agrarpolitik des Bundesministeriums für Ernährung und Landwirtschaft und im Bioökonomierat der Bundesregierung. Beraterin der Ernährungs- und Landwirtschaftsorganisation der Vereinten Nationen (FAO). Mit *Thomas Daum* zusammen ein Kapitel über Kleinbauern-Diskurse.

Peter Hermes, Jahrgang 1991, Studium der Geographie. War mehrere Monate auf Weltreise auf der Suche nach dem Potenzial der Meeresalgen, von den Fjorden der Färöer bis zu den Stränden Südkoreas. Davon handelt sein Kapitel.

Friederike Haupt, Jahrgang 1982, Studium der Theaterwissenschaften, Politikredakteurin bei der Frankfurter Allgemeinen Sonntagszeitung. Beobachtete den „grünen" Bananenanbau in Island.

Anne Waak, Jahrgang 1982, freie Journalistin unter anderem für Die Welt. Gründerin des literarisch-journalistischen Portals „wahr.de". Ein Buch über Selbstmord, eines über Hartz IV. In diesem Band ein Beitrag über den Schrotthandel mit Ghana.

Birgit Ochs, Jahrgang 1966. Zuständig für „Wohnen" bei der Frankfurter Allgemeinen Sonntagszeitung. Züchtete im Selbstversuch Salat im Keller und schrieb darüber in diesem Buch.

Maja Brankovic, Jahrgang 1988, Studium der Volkswirtschaftslehre und Wissensphilosophie, Redakteurin bei der Frankfurter Allgemeinen Zeitung. In diesem Band: ein Beitrag über Urin als Dünger.

Lukas Weber, Jahrgang 1957, Volkswirt, und *Georg Küffner*, Jahrgang 1947, Maschinenbauingenieur. Beide langjährige Technikredakteure bei der Frankfurter Allgemeinen Zeitung. Schrieben hier über das Wassersparen.

Klara Keutel, Jahrgang 1994, Masterstudium der Industriellen Ökologie und Wissenschaftskommunikation; journalistische Arbeit. Sie schreibt in diesem Buch über Inhouse-Farmen in Holland.

Ortsverzeichnis

Accra 39, 40, 43, 44, 45
Antarktis 164–166
Antwerpen 283, 285–287
Aqaba 172, 173

Bec Hellouin 270, 272–276
Be'er Schewa 174
Belgrad 119
Bleiswijk 156–158
Bonn 222, 223, 227, 229, 230, 252

Cottbus 131

Dubai 293, 294
Dumba 201, 204

Erlangen 164–166

Färöer Inseln 137
Foggia 95, 96–102
Frankfurt am Main 66, 71, 239
Frøya 134, 135, 137, 145–148

Göttingen 189, 227, 228
Großhofen 129
Guinea-Savanne 123–125, 127

Halle an der Saale 30
Hatzerim 167, 169–171
Hitra 145
Hohenheim 36, 215, 216, 226, 231
Hveragerði 153

Illinois 121
Indonesien 17, 133, 142, 147, 274

Kaffrine 103, 105–109, 111
Kairo 19–20, 29, 71
Kampala 205
Kasama 33, 34, 51–53, 56, 57, 64, 65, 246–248, 285
Kasenengwa 91, 92, 94
Klötze 181, 183

Lake Bosomtwe 37, 41
Lusaka 33, 34, 47, 49, 52, 54–56, 63, 65, 78, 81, 87, 91, 94, 175, 204, 205, 209, 246, 248

Mato Grosso 78
Mexiko-Stadt 26
Mnenya 212
Mutundu 207–209

Nkolemfumu 14, 32, 33, 46, 47–76, 128, 191–200, 207, 209, 210, 246, 249, 250, 284, 288, 289, 302
Nyanga (Kapstadt) 234–238

Oslo 144
Qingdao 138, 139

Rabat 22
Rehovot 168
Rongcheng 139–141

Spitzbergen 257–261
Stockholm 300, 301
Südkorea 133, 141, 142, 274
Sylt 143

Trondheim 135, 136, 146, 147

Usolskij 287

Vechta 262, 263

Wageningen 127, 129, 156, 157, 159, 216–221, 268
Wien 129, 131, 132, 171, 185–190
Wintersheim 14, 46–69, 286, 288, 289–291
Witzenhausen 114, 216, 225–227

Zürich 211, 212, 214, 215, 229, 230, 247, 300

Namensverzeichnis

Akufo-Addo, Nana 41
Amoateng, Kwaku 37–39, 41
Andersson, Kim 301, 302
Andreas, Nils 239–244
Annan, Kofi 115

Banadda, Noble 205, 207
Barlow, George 203–205
Bartels, Uwe 262, 263
Baum, Michael 22, 23, 30
Ben Dor, Yaacov 174,175
Ben-Gurion, David 168, 174
Bennett, Alan 218
Birner, Regina 111, 179, 231
Blumwald, Eduardo 218
Bobbink, Roland 266
Boerma, Imke 269
Borgemeister, Christian 223
Borlaug, Norman 17, 18, 26, 31, 32
Brander, Michael 214
Braun, Hans 26, 27, 252–255

Chamberlin, Jordan 124
Chibesakunda, Emanuel 78–80
Collier, Paul 112
Cousteau, Jaques 185

Damba, Emanuel 178, 179
Daum, Thomas 87, 111, 123, 179, 231
De Shutter, Olivier 202
Dejongh, Filip 285–287
Dettweiler, Axel 46, 50, 51, 61–70, 211, 253, 283–292
Duijvestijn, Peter 158, 159, 162, 163

Fowler, Cary 259–262
Fresco, Louise 220

Giller, Ken 268
Glørstad, Heidi 147
Gregersen, Olavur 137, 138
Gugumuck, Andreas 186–189

Haber, Fritz 264
Haberlandt, Friedrich 131
Han, Byung-Chul 311
Hartung, Hans 298, 299
Heine, Heinrich 227
Hervé-Gruyer, Charles 271, 275
Heß, Jürgen 227, 228
Hesse, Michael 225–227
Himoonga, Nora 201–204
Holmgren. David 274
Huss, Matthias 214

Kangwa, Felix 32–34, 46–75, 111, 128, 129, 191, 209, 246, 283–288, 292, 293, 302, 307, 308, 311
Kjølbo Rød, Kaia 135, 136
Kolbjørn, Ulvan 148
König, Klaus 84, 279, 297, 298
Kraska, Thorsten 225
Kreuzer, Michael 229
Kuhlmann, Heiner 224

Lebert, Michael 166
Lotze-Campen, Hermann 256, 257
Lüdeling, Eike 225

Manderscheid, Remy 254, 256
Mathus, Thomas 9, 10, 112, 126
Mathys, Alexander 230
Mellor, John 113
Melnichenko, Andrey 287
Mempel, Heike 243
Mertes, Claus 296
Mohr, Marius 299
Mollison, Bill 274
Moshelion, Menachem 186, 218
Mr. Lee 143–149
Mulunda, Archie 81–84
Mwanga, Robert 179, 180
Mweeka, Kelvin 204, 205

Naser El-Din Ahmed, Osama 29
Nglukumeshe, Sheila 233–237
Ngosa, Daniel 207–211
Niggli, Urs 117
Nkole 46, 60

Ordon, Frank 255, 256
Óskarsson, Elías 154

Phiri, Lothar 232

Qaim, Matin 228

Ramaphosa, Cyril 236
Regev, Jonathan 167
Retter, Danny 171
Ripfl, Leopold 129, 130, 133
Ruthenberg, Hans 231

Samazakas, David 175
Sané 96–99, 102
Schoormans, Maren 158, 160, 161
Schubert, Daniel 164, 165, 270, 273
Schumacher, Klaus Dieter 24, 25
Seufferheld, Manfredo 121
Shaojun, Pang 139–141
Shumo, Marva 222
Siebert, Stefan 228, 229
Siliya, Dora 78, 80, 81
Six, Johan 231
Sjømatbedriftene, Norsk 144
Smulders, René 217
Spiekermann, Uwe 189, 190
Stachniss, Cyrill 224
Stofile, Liziwe 237, 238
Swart, Human 85, 86

Timmermans, Toine 219–221, 228

Ullmann, Jörg 181–185
Urhahn, Jan 86
Utsola, Frank 173

Van der Goot, Atze Jan 221
Van der Salm, Caroline 156–159
Van Ittersum 221, 222
Vollmann, Johann 132
Von Braun, Joachim 252, 253, 255
Von Liebig, Justus 264

Walter, Achim 230
Weigend, Maximilian 223
Wieck, Christine 35, 36

Zabel, Paul 164
Zellner, Michael 120
Zollitsch, Werner 189

Ausblick auf die jordanische Wüste (Jan Grossarth)

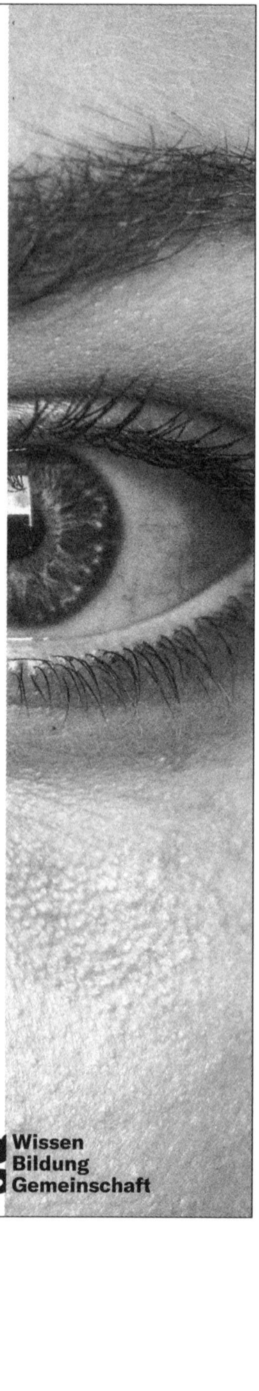

Hveragerði
Färöer
Bleiswijk
Antwerpen
Bec Hellouin
Illinois
Sylt
Vechta
Klötze
Cottbus
Göttingen
Halle
Witzenhausen
Bonn
Frankfurt/Main
Wintersheim
Erlangen
Hohenheim
Mexiko-Stadt
Rabat
Kaffrine
Lake Bosomtwe
Mato Grosso